AF534021

Matthias Alexander Castrén

Reisen in Taiga und Tundra

Aus dem Schwedischen
von Henrik Helms

Mit einem Nachwort
und einem Anhang

Frühe Fotografien
aus Lappland und Sibirien

herausgegeben von
Klaus-Jürgen Liedtke

FRIEDENAUER PRESSE

Reise nach Lappland im Jahr 1838

I

Vor ungefähr fünfzehn Jahren fasste ich den Entschluss, die Untersuchung der Sprache, Religion, der Sitten, Lebensweise und übrigen ethnografischen Verhältnisse des finnischen Volkes und anderer mit ihm verwandter Völker zur Aufgabe meines Lebens zu machen. In dieser Absicht hatte ich es mir bereits während meiner Studienzeit auf der Universität angelegen sein lassen, sowohl theoretische als auch praktische Kenntnisse der finnischen Sprache zu erwerben, und außerdem gleichfalls angestrebt, zu einer vorbereitenden Kenntnis der mit dieser so nahe verwandten lappischen und estnischen Sprache zu gelangen. Es zeigte sich jedoch bald, dass ich, um meine Studien auf diesem Gebiet mit Erfolg fortsetzen zu können, darauf bedacht sein müsste, mir ein reicheres und zuverlässigeres Material anzueignen als das, welches ich in Büchern fand, und zu dem Ende war ich genötigt, Forschungsreisen in verschiedene Teile von Europa und Asien anzutreten. Allein die Schwierigkeiten, die sich mit der Beschaffung der Mittel zu dergleichen weit ausgedehnten Reisen verknüpften, ließen mich zweifeln, jemals den liebsten Plan meiner Jugend ausführen zu können; da bot mir im Jahr 1838 ein Freund und Studiengenosse, Dr. Ehrström, freie Reise in die finnische Lappmark an, welche er in seiner Eigenschaft als Arzt im Verlauf des Sommers zu bereisen beabsichtigte. Wie gering die Ausbeute auch sein mochte, die eine so eilige Reise versprach, nahm ich doch mit Freuden das freigebige Anerbieten meines Freundes an und verließ schon in den ersten Frühlingstagen Helsingfors.

Kurz nach meiner Abreise hatte ein anderer Alumnus der Alexander-Universität, Magister Blank, den Entschluss gefasst, zu naturhistorischen Zwecken Lappland zu besuchen und seine Reise in unserer Gesellschaft zu unternehmen. Außerdem wollte der Zufall, dass ein Pfarrer namens Durchman vom Domkapitel zu Åbo den Auftrag erhalten hatte, sich um dieselbe Zeit in die Enare-Lappmark zu begeben, um sich dort der Seelsorge zu widmen. Wir trafen nun kurz vor Johanni in Torneå zusammen, das Ehrströms Wohnort war, entwarfen hier einen gemeinschaftlichen Reiseplan und traten am 25. Juni unsere lappländische Reise an.

Einige Meilen jenseits von Torneå erhebt sich der berühmte Berg Aavasaksa, zu dem Reisende von Osten und Westen alljährlich wallfahrten, um von seinem Gipfel aus die Mitternachtssonne zu bewundern. Von einem jungen Deutschen begleitet, kletterten wir den hohen Berg hinan und erreichten seinen Gipfel mit dem Schlage 12.* Hier fanden wir einige Herren und Damen aus der Umgegend versammelt, trafen einen holländischen Professor Akkersdyk, der, wie es schien, sich nur deshalb hier befand, um seine Uhr zu regulieren; stießen ferner noch auf eine Schar, die »antakaa lantti«** rief, und auf einige Männer und Weiber, die sich um ein großes Feuer gelagert hatten. Nachdem die Erstgenannten glücklich fort waren und wir uns von den Schreiern Ruhe erkauft hatten, gesellten wir uns Letzteren zu, und jetzt erst konnten wir das Gemälde vollständig überschauen und genießen. Der Bergesgipfel selbst ist nicht schön, allein die Aussicht nach allen Seiten umso schöner. Der große Torneå-Fluss und der Tengeljoki, die gerade am Fuße des Berges ineinanderfließen, die Ufer dieser Flüsse, geschmückt mit schönen Dörfern und Bauernhöfen, ferner zwei Kirchen: Matarängi auf schwedischer, Alkkula auf finnischer Seite, und der Horizont, begrenzt von hohen Gebirgen – dies ist die Umgegend des berühmten Berges. Denke dir unsere kleine Gesellschaft im Kreis gelagert, in dem die Weinflaschen die Runde machen, die jungen Männer große Steine die Felswand hinabstürzend, die Mädchen plaudernd und lachend um das Feuer u. s. w., denke dir diese Szene be-

* Die hier folgende Beschreibung ist zum größten Teil ein Auszug aus dem Tagebuch des Dr. Ehrström. Siehe das *Helsingforser Morgenblatt* 1838, Nr. 84, 86.

** »Geben Sie uns einen Groschen!«

leuchtet vom hellsten Sonnenschein, und du hast ein Schattenbild von der Nacht, die wir um Johanni auf dem Aavasaksa verlebten.

Unser Abschied gab das Signal zu einem allgemeinen Aufbruch. Die lange Reihe, die nun den sich schlängelnden Bergpfad hinabkletterte, bot einen herrlichen Anblick. Man begleitete uns bis zum Ufer des Flusses; die Mädchen sangen ihre Lieder, und als wir uns von unseren Begleitern trennten, war es bereits vier Uhr. Unser Deutscher war außer sich vor Entzücken. »Herrlich, schön, wunderschön!«, rief er bei jedem Schritt aus. Alles schien ihm im höchsten Maße interessant und außergewöhnlich, und als wir später im Gasthaus frühstückten, steckte er ein Stück gewöhnliches Brot (wie hier üblich Gerstenbrot) in die Tasche, damit er bei seiner Rückkehr nach Lübeck seinen Freunden zeigen könne, wie man in den »Lappmarken« isst.

Der folgende Tag verstrich mit einem Besuch in der Kirche Alkkula und mit dem Ersteigen des Berges Luppio, eines merkwürdigen *lusus naturae*, einer wirklichen Bergveste mit senkrechten Mauern, mit Treppen aus rektangulären Steinblöcken, mit Grotten, Gewölben u. s. w. Sagen hinsichtlich des Ortes hatten wir nicht ermitteln können; als ich aber auf dem Berg selbst unseren Führer fragte: »Onko tässä haltiota?« (Gibt es hier einen Geist?), schien er bestürzt und antwortete flüsternd: »Kyllähän se täällä on haltio« (Wohl gibt es hier einen Geist).

Bei der Kirche Alkkula hört die Landstraße auf, und wir setzten deshalb unsere Reise in Booten fort. Die Ufer des Flusses sowie die Bäume längs derselben trugen tiefe Spuren von den Verheerungen des Eises, das mit entsetzlicher Gewalt vom Strom dahin geführt wird; an einigen Stellen war der Fluss gar bis zu drei Klafter über seinen gewöhnlichen Stand gestiegen. Man hat in der Gegend die Beobachtung gemacht, dass die Flut (*tulva*) ihre zwanzigjährigen Perioden hat. So spricht man noch vom Frühjahr 1798, wo die Flut gar entsetzlich gewütet haben soll, ferner vom Frühjahr 1818; jetzt, im Frühjahr 1838, standen die Gewässer zwar wieder höher als gewöhnlich, doch waren sie nicht so reißend wie in den beiden vorher erwähnten Jahren.

Am 25. Juni um 11 Uhr vormittags nahmen wir einen bemerkenswerten Übergang in der ganzen uns umgebenden Natur wahr. Berge und Anhöhen verschwanden, das Land verflachte, eine Menge von Sümpfen und Moorstrecken kam zum Vorschein, und an den Ufern fanden wir Pflanzen, die ausschließlich der lappländischen Flora angehörten. Bäume finden sich hier zwar im Überfluss, namentlich Fichten, allein sie tragen das Gepräge des hohen Alters, sie sind eingehüllt in Pelze von Moos und gewähren einen so finsteren, düsteren, traurigen Anblick, als stünden sie da, um das Grab der Schöpfung zu bezeichnen. Man vermisst nur das große Kreuz mit der Inschrift: »Hier ruht –«, und doch erblickt man einige Fragmente desselben. Siehst du jene weißen Massen, empfindest du die Kälte, die sie um sich her verbreiten. Und der Grund dieser ganzen Veränderung? Wir passierten soeben den Polarkreis.

Somit befinden wir uns jetzt also innerhalb der natürlichen Grenzen Lapplands. Nach einem solchen Übergang in das Reich der Kälte und der Nacht erwartet man kaum ein ferneres Zeichen irgendeines Anbaus. Nichts ist deshalb angenehmer, als in dieser Annahme getäuscht zu werden, und ich kann es auch nicht unterlassen, zwei Lichtpunkte in diesem Chaos namhaft zu machen.

Der eine Punkt ist das Haus des Direktors E. in Turtola, zwölf Meilen nördlich von Torneå, ein Haus, das überall in Finnland eine Zierde abgeben würde. Bücher, Musikalien, Instrumente u. s. w. – nichts von alledem vermissten wir dort, was ein höheres und feineres Kulturleben dem Menschen zum Bedürfnis macht. Die Töchter des Hauses waren leider abwesend, allein man traktierte uns dessen ungeachtet mit Musik, und bevor wir uns zur Ruhe begaben, erblickten wir von den Fenstern aus die mitternächtige Sonne und sahen sie einen neuen Tag beginnen.

Der zweite Lichtpunkt ist das Eisenwerk Kengis, noch nördlicher als Turtola. Hier hat die Kultur vor mehr denn

200 Jahren Wurzeln geschlagen. Das Werk hat seine Privilegien im Jahr 1637 von der Königin Christine erhalten und wird noch immer mit unverminderter Kraft betrieben; es holt das Erz aus den Bergen der Umgegend, hat früher sogar Kupfer geliefert und liegt malerisch am Flusse Torneå gleich hinter dem Punkt, an welchem dieser mit dem Muonio in einer wild-schönen Gegend zusammenfließt. Der Wasserfall dort ist einer der größten, den ich je gesehen habe, und soll in einer Ausdehnung von ungefähr 1000 Ellen einen Sturz von 72 Fuß haben.

Einmal in Lappland muss ich einige Worte über den hiesigen gemeinen Mann, über das eigentliche Volk sagen. Dasselbe besteht von Torneå aus bis nach Muonioniska aus lauter Finnen, die teils Nachkömmlinge der älteren Einwohner des Landes, der Lappen, teils Ansiedler aus verschiedenen Gegenden Finnlands sowie von den Küsten des Weißen Meeres sind. Viele Familien vermögen noch über ihre Einwanderung Auskunft zu geben, und was sie davon erzählen, liefert den deutlichen Beweis, dass der Reichtum an Wild und Fischen die ersten Ansiedler zur Niederlassung in dieser Wildnis verlockt hat. Allmählich haben sich diese Nahrungszweige jedoch immer mehr verschlechtert, weshalb Ackerbau und Viehzucht Jahr um Jahr größere Fortschritte in der Gegend gemacht haben. Überhaupt bemerkt man in den jetzigen Sitten und der Lebensweise der Bewohner am Flusse Torneå viel Übereinstimmung mit den übrigen Einwohnern des Landes. Dies zeigt sich selbst in der Art und Weise, wie sie ihre Wohnungen erbauen und einrichten. Der Hof bildet gewöhnlich ein Viereck und ist an allen Seiten folgendermaßen umbaut: 1) das Wohnhaus, aus einem großen geräumigen Zimmer (*pörte*) bestehend, woselbst man sich am Tage aufhält und auch arbeitet; ferner aus einer oder zwei kleinen Räumlichkeiten für die Sommernächte; 2) ein kleineres Gebäude, das Räumlichkeiten für Gäste und für den Aufenthalt im Sommer enthält; 3–4) besondere Wirtschaftsgebäude. Um Fenster und Türen sind verschiedene Arten von Verzierungen ins Holz geschnitzt und bunt bemalt, mitunter hängt sogar ein Blumenstrauß (gewöhnlich von *Trollius europaeus*, der Trollblume) von der Decke herab, oder dergleichen Blumen sind auf den Fußboden gestreut.

Diese Ausschmückungen, so unbedeutend sie auch sind, erfreuen das Auge, denn sie bekunden, dass die Bewohner doch einige Stunden erübrigen, in denen sie sich von den drückenden Nahrungssorgen lossagen können. Das Meublement der Zimmer ist höchst dürftig, doch überall in den Räumen, die nicht täglich benutzt werden, herrscht Ordnung und Reinlichkeit. Vor allem die Milchkammern der Frauen mit ihren weißen hölzernen Trögen und deren appetitlichem Inhalt gewähren einen sehr wohltuenden Anblick.

Ein zufälliger Grund der außerordentlichen Reinlichkeit, die uns überall, wo wir einkehrten, umfing, war ohne Zweifel der, dass die Leute über die baldige Ankunft der französischen Polarexpedition benachrichtigt waren und man ihnen anbefohlen hatte, alles für den Empfang und die Weiterreise derselben in Bereitschaft zu halten. Man harrte mit gespannter Neugierde der seltenen Fremdlinge, allein es war deutlich, dass diese doch keine besonders willkommenen Gäste sein würden. Es waren bereits früher Franzosen in dieser Gegend gewesen, und dieselben hatten sich von keiner besonders vorteilhaften Seite gezeigt. Namentlich tadelte man, dass sie die Strapazen nicht hätten ertragen können, und äußerte keinen geringen Verdruss darüber, dass sie sich nicht wie andere Reisende dazu hätten bequemen wollen, an Land zu steigen, um den Weg zu Fuß zurückzulegen, während die Boote durch große Ruderstangen die Strömung der Wasserfälle hinaufgestakt wurden. Allerdings, hieß es, trugen auch die Engländer Sorge um ihre Bequemlichkeit, sie aber bezahlten auch doppelt und dreifach für die Fahrt, stellten sich oft zum Angeln in die Wasserfälle und schenkten ihren ganzen Fang den Ruderknechten.

Was uns betrifft, so vermochte man wenigstens keine Klage darüber zu führen, dass wir zu sehr um unsere Bequemlichkeit besorgt waren. Wir streiften nicht selten den ganzen Tag über durch Wald und Feld, legten mitunter ganze Meilen durch seichte, sumpfige Gegenden zurück, waren auch dann und wann unseren Ruderern dabei behilflich, das Boot zu ziehen, unsere Sachen an den Wasserfällen vorüber zu tragen u. s. w. Und dabei hatten wir gegen eine unleidliche Hitze, gegen Mücken und anderes Geschmeiß zu kämpfen; die Hitze war mitunter so unerträglich, dass wir uns genötigt sahen, den Tag über zu rasten und unsere Reise in der Nacht fortzusetzen. Geschah es zuweilen, dass wir auf den weiten Wegen von einer Station zur anderen von Regen und Unwetter überfallen wurden, dann zündeten wir am Ufer der Flüsse ein Feuer von Baumstämmen und Reisern an und trockneten an diesem unsere Kleider. Schlecht mit Proviant versehen, waren wir oft genötigt, unseren Hunger durch ein mit Stroh untermischtes Brot und andere weniger wohlschmeckende Gerichte zu stillen. Dieser Mühen und Unannehmlichkeiten ungeachtet, setzten wir die Reise frohen Mutes fort und trafen am 30. Juni bei der Kirche zu Muonioniska ein.

Hier machten wir einige Wochen Halt, teils um nach den überstandenen Mühen auszuruhen und neue Kräfte zu sammeln, teils auch um anderen, mehr oder weniger drängenden Geschäften nachzugehen. Ich war eigentlich derjenige, der für diesen Aufenthalt stimmte, nicht allein weil die vorhergehende Reise meine Kräfte sehr erschöpft hatte, sondern auch weil ich hier eine ebenso gute wie unverhoffte Gelegenheit fand, den wissenschaftlichen Zweck meiner Reise zu befördern. Der Zufall wollte, dass ein eingeborener lappischer Katechet, der von Pastor Stockfleth erzogen worden war und diesem bei der Abfassung religiöser Schriften in der lappländischen Sprache geholfen hatte, sich um diese Zeit in Muonioniska aufhielt. Da das Studium der genannten Sprache die hauptsächliche Triebfeder meiner Reise war, so wollte ich natürlicherweise diese Gelegenheit zum Erreichen ihres Zwecks nicht ungenutzt aus den Händen geben. Seinerseits war es dem Katecheten ebenso angelegen, meine Anleitung in der finnischen Sprache zu nutzen, denn gerade um dieser Sprache willen hatte er die Reise von Norwegen nach Muonioniska unternommen. Von gemeinschaftlichen Interessen geleitet, fassten wir den Entschluss, uns im gemeinschaftlichen Streben zu vereinigen, und jeder von uns arbeitete nun eifrig auf seinen Zweck hin. Selbst meine Reisegefährten fanden an diesem Ort Gelegenheit, sich nach ihrem Geschmack zu beschäftigen. Blank durchstreifte die Gegend mit seinem Insektenkescher, Durchman war bei geistlichen Handlungen behilflich und Ehrström beschäftigte sich mit der Ausübung seines Berufes als praktischer Arzt. Unvorhergesehene Ereignisse nötigten ihn jedoch, seine Beschäftigung zu unterbrechen, nach einem Aufenthalt von nur einigen Tagen Muonioniska zu verlassen und nach Torneå zurückzukehren.

Wir übrigen drei Reisenden blieben bis zum 16. Juli in Muonioniska, als der lappländische Sommer bereits so weit vorgeschritten war, dass wir durchaus aufbrechen mussten, wenn wir noch in der angenehmen Jahreszeit aus Lappland zurückkehren wollten. Bei unserer Abreise von Muonioniska hatten wir noch keinen vollständigen Reiseplan entworfen, sondern nur den Entschluss gefasst, die Richtung einzuschlagen, die nach dem großen Landrücken führt, der die Gewässer des Eismeers und die des Bottnischen Meerbusens trennt. Um auf kürzesten Wege dorthin zu gelangen, gingen wir über den gefeierten Pallastunturi, den einer meiner Reisegefährten mit einem kolossalen »Riesentempel mit vielen Kuppeln« verglich. Nachdem wir jenes Gebirge überschritten hatten, setzten wir unsere Wanderung zu Fuß fort und erreichten nach einem Marsch von vier Meilen das Dorf Kyrö im Pastorat Kittilä, Kirchspiel Sodankylä. Von hier aus reisten wir in Booten auf dem Ounasjoki, einem mächtigen Arm des Flusses Kemi, legten weitere fünf Meilen zurück und gelangten endlich nach Peltovuoma, einem Dorf in der Enontekis-Lappmark.

Nach unserer Ankunft in diesem Dorfe wurden die ältesten und erfahrensten Männer zu einer Beratschlagung über den Weg zusammengerufen, den wir einzuschlagen hätten, um mit möglichst geringer Beschwernis und geringsten Kosten über den Landrücken zu gelangen. Zwar hatten wir früher den Gedanken gehegt, uns in Vuontisjärvi (einem Dorf in der Nähe von Peltovuoma) ein Boot zu kaufen, in demselben vier Meilen weit auf einem Waldfluss, Käkkäläjoki, zu fahren, später unser Boot eine ganze Meile über Land nach Nuolasjoki ziehen zu lassen und mithilfe dieses Flüsschens den Fluss Enare zu erreichen, der in seinem unteren Lauf den Namen Teno trägt und in die Utsjoki-Lappmark führt. Gegen diesen Plan hatten die Bewohner von Peltovuoma bei jener Beratschlagung jedoch viele triftige Gründe anzuführen. »Der Käkkäläjoki«, sagten sie, »ist reißend und um diese Jahreszeit so seicht, dass kaum ein leeres Boot auf ihm schwimmen kann. Um das Gepäck zu tragen und das Boot über die Felsen hinwegzuziehen, sind viele Leute, besser noch einige Pferde erforderlich. Der Nuolasjoki führt selbst während der Flutzeit so wenig Wasser, dass das Boot den ganzen Weg längs des Flusses gezogen werden muss.« Mehr noch als die Schilderung der Mühen und Beschwernisse, die mit dieser Reise verknüpft waren, schreckten uns die Kosten. Man sprach von 100 Rubeln und mehr, einer Summe, welche die Einwohner von Vuontisjärvi früher für eine solche Reise verlangt hätten. Außerstande, über so große Summen zu verfügen, sahen wir uns genötigt, diesen Plan ganz und gar fallen zu lassen. In demselben Augenblick wurde jedoch der Vorschlag gemacht, dass wir, anstatt ein Boot in Vuontisjärvi zu kaufen, ein neues am Saunajärvi zimmern lassen könnten, wo der Fluss Enare seinen Ursprung hat. Dieser Plan fand anfänglich großen Beifall, und wir fragten bereits die anwesenden Bootsbauer, ob es jemand von ihnen übernehmen wollte, uns ein Fahrzeug zu bauen, als Erik Peldovuoma, eine der Hauptpersonen unseres Rates, höhnisch lächelnd die Frage aufwarf, woher wir das Holz nehmen wollten. Darauf gab er uns sehr wohlmeinend folgenden Rat: »Die Herren«, sagte er, »nehmen ihre Ranzen auf den Rücken, verproviantieren sich auf vier oder fünf Tage und wandern nach Jorgastak (einem Lappendorf am Fluss Teno). Dort haben Sie die Gewissheit, Fischer anzutreffen, die Sie bereitwillig in ihren Booten auf dem Teno nach Utsjoki bringen werden. Wenn dieser Vorschlag nicht gefallen sollte«, fuhr Erik fort, »dann gibt es keinen anderen Rat, als dass Sie den 20 Meilen längeren und vielfach beschwerlicheren Weg über Enare einschlagen.« Zwei Umstände bewogen uns, diesen letzten Vorschlag anzunehmen. Vor allen Dingen wollte Blank nur in diesem Falle unser Reisegefährte bleiben, und zweitens glaubte Durchman, dass seine Zuhörer ungefähr um die Zeit, wenn wir in Enare eintreffen, dort versammelt sein würden, um ihre Andacht zu verrichten.

Die Hauptfrage war somit entschieden, und wir hatten nur noch zu überlegen, inwieweit irgendjemand im Ort zu finden sei, der sich entschlösse, uns auf der Reise zu begleiten. »Jessiö und niemand anders schickt sich zu diesem Amte«, äußerte Erik ohne Bedenken. »Jessiö«, versetzte ein anderer, »wird Sie an Ort und Stelle geleiten; mag er Sie über oder unter Wasser führen, er wird Sie nicht verlassen.« Diese vorteilhafte Meinung von Jessiö teilten auch die übrigen Mitglieder des Rates. Der Mann wurde herbeigerufen und erklärte sich bereit, unser Führer zu sein. Er bat sich jedoch aus, vorher nach Vuontisjärvi gehen zu dürfen, um dort Abschied von Frau und Kind zu nehmen, verpflichtete sich aber, binnen anderthalb Tagen wieder nach Peltovuoma zurückzukehren. Sodann löste die Versammlung sich auf, und alle begaben sich zur Ruhe. Der folgende Tag verstrich größtenteils unter allerlei Vorbereitungen zur Reise. Jessiö kehrte am dritten Morgen zurück und erklärte sich nun bereit, die Reise anzutreten. Selbst Erik erbot sich, uns als Wegweiser während der ersten zwei Tagesreisen zu begleiten, oder bis wir über den Landrücken gelangt sein würden. Wir vertrauten uns mit voller Zuversicht dem Schutz dieser beiden Männer an und drängten uns in einem kleinen Boote zusammen. Das war der eigentliche Anfang unserer lappländischen Reise.

Der Tag unserer Einschiffung war regnerisch, und es ist weniger angenehm, an einem solchen Tage eine Reise anzutreten, während der man auf 30 Meilen kein anderes Obdach zu finden hoffen darf als den finsteren Himmel Lapplands, keinen anderen Herd als denjenigen erblickt, der, um dem Augenblick zu genügen, von einem Fichtenstamm bereitet wird, kein anderes Bett als den feuchten Boden oder im besten Falle eine Felsspalte. Der Gedanke an die Beschwernisse des folgenden Tages trug das Seinige dazu bei, die Unannehmlichkeit beim Beginn unserer Reise zu steigern. Selbst mit dem besten Willen vermochten wir nicht, unsere schwermütigen Gefühle zu besiegen, sondern saßen niedergeschlagen und schweigsam im Boot, jeder in seine eigenen Betrachtungen versenkt. Ich, der ich die Unannehmlichkeit hatte, etwas unbequem zu sitzen, interessierte mich jedoch in dem Maße für das allgemeine Beste, dass ich darüber nachzusinnen begann, wozu wohl unser Gepäck vonnöten sei. Dieses Gepäck war an und für sich recht unbedeutend, und ich meinesteils hätte gern gegen einen bequemeren Sitz etwas von dem Proviant abgegeben, der in zwei bis drei Liespfund Brot, fünf Pfund Fleisch und ebenso viel Fisch, drei Kannen Branntwein, fünf Pfund Tabak u. s. w. bestand. Außerdem hatte jeder der Reisenden auf eigene Rechnung einen Ranzen von fünfzehn Pfund Gewicht und einen lappländischen Pelz (Mudd) mitgenommen. Von den letztgenannten Dingen schien mir namentlich der Pelz ziemlich überflüssig, als ich gerade in demselben Augenblick meinen Rücken nass werden fühlte und mich daher dazu bewogen sah, das lappländische Kleidungsstück anzuziehen. Meine dadurch hervorgebrachte Verwandlung bewirkte einige Heiterkeit im Kreis meiner Gefährten. Der Pelz hatte nämlich nur einen Ärmel, war an einigen Stellen rau, an einigen kahl, und reichte kaum bis an die Knie, wo zwei mit Riemen um die Waden festgebundene Stiefelschäfte ihren Anfang nahmen. Eine weiße Mütze nach der Mode der Hauptstadt und eine Brille bildeten einen schreienden Gegensatz zu dem übrigen Anzug.

Den ganzen ersten Tag unserer Reise regnete es fast ohne Unterlass, während wir uns langsam auf einem kleinen Fluss, *Peltojoki* genannt, vorwärtsarbeiteten. Erst gegen Abend begann der Himmel sich aufzuklären, und die Sonne strahlte durch die lichten Wolken. Ein lebhafter Glanz ergoss sich über den dunklen Wasserspiegel, Blumen und Bäume nahmen eine heiterere Färbung an, die Fische schnellten über die Wasserfläche empor, und die Bewohner der Luft schwebten zwitschernd aus ihren Verstecken hervor. Auch in unserem Kreis begann eine heitere Stimmung Platz zu greifen. Am Steuerruder sitzend, erhob Erik seine Stimme und sang nach der einfachen Melodie der Väter von den abenteuerlichen Fahrten Väinämöinens nach Pohjola, von der schönen Louhi-Tochter u. s. w. Erstaunt, innerhalb der Grenzen Lapplands Töne zu vernehmen, die selbst in Finnland selten sind, begann ich einige Nachforschungen über den Ursprung der Einwohner von Peltovuoma anzustellen und erhielt von Erik die Aufklärung, dass seine Familie aus dem gesangreichen Karelien herstamme. Seinen nach Lappland eingewanderten Stammvater nannte er *Aisari* und glaubte zu wissen, dass dieser einen Sohn namens *Päiviö* oder *Päiviä* gehabt habe, der wiederum nebst seinen drei Söhnen große Berühmtheit in der ganzen finnischen Lappmark genossen habe. Erik bat sich aus, beim nächsten Nachtlager einige Erzählungen von den wunderbaren Taten des Päiviö-Geschlechts mitteilen zu dürfen; allein bevor wir diese Erzählungen niederschreiben, sei es uns erlaubt, aus des Propstes und Pfarrers Mag. Tornæus' *Beschreibung der Torneå- und Kemi-Lappmarken, verf. im Jahre 1672* folgenden Auszug mitzuteilen:

»In einem Dorfe, Päldo-Järv, wohnte ein Lappe, Päder Päiviä, ein ehrlicher, wohlhabender und gottesfürchtiger Lappe. Er starb vor zwei Jahren und hinterließ viele Söhne, hatte anfänglich auch eine Zeitlang mit seinem ganzen Hausgesinde getreulich seiner Seita gedient und sie angebetet; allein es geschah einmal, dass ihm viele Rentiere starben, weshalb er die Seita anrief und fleißig verehrte. Doch es half nichts, die Rentiere starben immerfort. Endlich zieht er mit allen seinen Söhnen nach dem Götzen, führt mit sich viele Fuder trockenes Brennholz, verziert ihn schön mit frischen Tannenreisern rings umher, bringt ihm Opfer, die Felle mit Beinlingen, Geweihen und Kopf, die er den toten Rentieren abgezogen hatte; dann knien sie alle nieder, innig die Seita bittend, sie möge durch irgendein Zeichen zu erkennen geben, ob sie ein Gott sei. Als ein solches Zeichen nicht gegeben ward, obgleich sie den ganzen Tag wie die Propheten des Baals (1. Kön. 18) gefleht hatten, erhoben sie sich von ihrem vermeintlichen Gottesdienst und warfen all das trockene Holz, welches sie mit sich gebracht hatten, auf den Götzen, steckten ihn in Brand und verbrannten den Götzen des ganzen Dorfes; als seine Pagani ihn deshalb töten wollten, antwortete er mit Gideon (Richter 6): ›Mag der Götze sich selbst an mir rächen.‹ Dieser Lappe Päiviä war dermaßen stark in seinem Glauben, dass er, als Tollkühne gegen ihn kämpften und sagten, sie wollten ihn verzaubern, die Lieder des Glaubens und das Vaterunser zu singen begann. Item sang er: ›*Nun bitten wir den heil'gen Geist. – O, heil'ger Geist, o komm, zerreiße die Netze des Teufels*‹ u. s. w. Er verbrannte später jede Seita, wo er sie antraf, und sandte seinen ältesten Sohn aus, der Vuolabba hieß, um in der berühmten Lappenstadt Eenar, die drei Königen steuerpflichtig ist, zu wohnen, damit er dort alle ihre Götzen und Seitas verbrenne, deren recht viele in jener Stadt waren, was Vuolabba auch tat; und deshalb musste er nach einem anderen Königreich, nach Norwegen fliehen – dort wohnt er noch immer.«

Aus diesen Worten des Tornæus ersieht man deutlich, dass das Päiviö-Geschlecht ganz gegen die Aussage unseres Erzählers lappländischen Ursprungs war, was auch die Lappen selbst feierlich versichern. Nach Tornæus hat das erwähnte Geschlecht seinen Namen durch den heldenmütigen Kampf für den Sieg des Christentums verherrlicht. Dies erkennt auch die Tradition an, doch nach ihrem Zeugnis sollen Päiviö und seine drei Söhne sich ferner durch viele andere Taten, namentlich durch ihre Kämpfe mit den russischen Kareliern, ausgezeichnet haben, die in den lappländischen Traditionen meist unter der Bezeichnung »Russen« vorkommen. Ihrerseits besitzen auch die Karelier Traditionen von den kriegerischen Taten des Päiviö-Geschlechts, und in dem *Kalevala* selbst werden Päivilä und Päivän-poika (Päivä-Sohn) als Feinde des Kaleva-Volkes genannt. Allerdings haben sowohl die Traditionen der Lappen wie der Karelier von dem fraglichen Geschlecht eine mythische Färbung, allein dass sie sich auf einen historischen Grund stützen, kann umso weniger infrage gestellt werden, als es ein bekanntes Faktum ist, dass die Karelier früher häufig Streifzüge nach Lappland unternommen haben.

Doch um unserem Erzähler nicht vorzugreifen, steigen wir jetzt an Land und lagern uns in einem Hain von üppigen Birken. Hier ließ Erik sich an meiner Seite nieder und begann andächtig und feierlich seine Erzählung. Von dem Stammvater des Päiviös wusste er jedoch wenig mehr, als dass dieser ein mächtiger Kämpe in den Fehden gegen die Karelier war, »die in großen Horden nach Lappland einwanderten, um dort zu plündern und zu rauben, die die Menschen in jeder nur denkbaren Weise plagten, bis sie gewiss waren, wo ihre Schätze verborgen lagen, und die nicht eher zurückkehrten, als bis sie ihre Boote mit Silber und anderen Kostbarkeiten beladen hatten«. Namentlich Päiviö war sehr der Raubgier der Karelier ausgesetzt, weil er im Besitz unermesslicher Schätze war. Sein hauptsächlicher Reichtum soll in Rentierherden bestanden haben, die so zahlreich waren, dass er, um sie zu hüten, 30 Knechte und 30 Mägde halten musste. Außerdem soll er gleichfalls einen großen Vorrat an Silber besessen haben, den er jedoch kurz vor seinem Tod in der Erde vergraben ließ, ohne dass es später irgendjemandem geglückt sei, dieses Schatzes habhaft zu werden.

Unter den drei Söhnen Päiviös war, nach der Aussage unseres Erzählers, Olof (lappl. *Vuolabba*) der berühmteste. Groß, stark und mutig wie der Vater, sah auch er die Aufgabe seines Lebens darin, die russischen Karelier zu befehden. Eine der Taten Olofs gegen die Karelier schilderte Erik mit folgenden Worten: »Als Olof einmal beabsichtigte, eine Reise zu unternehmen, und die Furcht siegte, der Feind könne unterdessen seiner Heimat einen Besuch abstatten, trug er einen ungeheuren Baumstamm auf den Fels hinauf, legte ihn vor den Eingang seines Zeltes nieder und bat seine Frau, sie möchte dem Feinde sagen: Unser Sohn hat diesen Stamm hier hinaufgetragen. – Kurz nach seiner Abreise stellte sich auch wirklich eine Schar Russen ein, deren Aufmerksamkeit sich sofort auf den großen Baumstamm heftete. Sie begriffen nicht, wie derselbe den steilen Fels hinangetragen worden war, und begehrten bei der jungen Frau Olofs Aufklärung darüber. Die Frau antwortete, wie der Mann es ihr befohlen hatte; die Russen erstaunten im höchsten Maße, als sie vernahmen, dass ein so junges Weib die Mutter eines so starken Sohnes sei, und ließen von der Plünderung ab. Indessen fassten sie den Entschluss, die Rückkehr Olofs abzuwarten, um womöglich ihn ums Leben zu bringen. Allein als Olof endlich erschien, wagte niemand, ihn anzugreifen. Dessen ungeachtet versicherten die Russen prahlerisch, dass in ihrem Lande ein Kämpe hause, der dem Olof weit überlegen sei, und schlugen dem Päiviö-Sohn vor, ihnen nach Russland zu folgen, um dort seine Kräfte mit dem karelischen Helden zu messen. Olof nahm das Anerbieten an und begab sich mit den Russen nach ihrem Land. Als die beiden Kämpen einander dort begegneten, begrüßten sie sich mit einem Handschlag, bei dem der Russe Olofs Hand entsetzlich drückte. Darauf umfasste Olof seinen Gegner und schlug ihn zu Boden. Der Russe erhob sich, griff seinerseits Olof wieder an, wurde aber aufs Neue zu Boden geschlagen. Jetzt warnte Olof ihn, er möchte sein Glück nicht wieder versuchen, doch umso erbitterter stürzte der Russe auf ihn ein. Zum dritten Male schlug Olof seinen Feind zu Boden und ersparte ihm die Mühe, sich ferner zu erheben.«

Als Beweis der Kraft Olofs führte Erik noch einige andere Erzählungen an, von denen eine folgendermaßen lautete: »Als Olof einst von einem Fischfang zurückkehrte, überfielen ihn auf dem Enare-See Gegenwind und Unwetter. Anstatt die Ruder zu ergreifen und gegen die Wellen anzukämpfen, die drohten, sein mit Netzen und Fischen beladenes Boot zu füllen, entschloss er sich, bei einer Insel zu landen. An die Küste gelangt, hob er das schwere Boot auf die Schulter und trug es aufs Land.« Eine andere Erzählung war folgenden Inhalts: »Als Olof einst im Walde ging, erblickte er einen Stalo, damit beschäftigt, einen Stein zu heben. Der Stein aber war von einer so unerhörten Größe, dass der Stalo ihn nicht zu heben vermochte, weshalb er begann, ihn langsam und gemächlich vor sich hin zu rollen. Ungesehen schaute Olof eine Weile dem Unternehmen zu, trat später aus seinem Versteck hervor, lachte über die Schwäche des Stalo und trug den Stein an den Ort, der ihm bestimmt war. Aus Furcht vor seinem mächtigen Feinde lief der Stalo davon. Olof ließ ihn erst laufen, bereute es nachher jedoch und begann ihn zu verfolgen. Bei dem Nejd-Fluss angelangt, sprang der Stalo auf das entgegengesetzte Ufer hinüber und glaubte nun, er habe sich seines Verfolgers entledigt. Aber Olof tat einen ähnlichen Sprung, erwischte den Stalo und brachte ihn ums Leben.« Bei dieser Erzählung muss bemerkt werden, dass *Stalok* (Plural von *Stalo*) bei den Lappen den *Jättar* der Schweden, den *Jättiläiset* und *Hiidet* der Finnen (riesenhafte, übernatürliche Wesen) entspricht. Die Stalok werden von den Lappen gewöhnlich als ein grausames menschenfressendes Geschlecht geschildert. Sie sagen, dieselben seien während des Heidentums zahlreich über ganz Lappland verbreitet gewesen, allein nach der Einführung des Christentums, glaubt man, haben sie sich nach den Meeresinseln geflüchtet.

Ferner habe Olof viele außerordentliche Proben seiner Schnelligkeit gegeben. So z. B. soll er einmal einen Wolf, der seine Rentiere verfolgte, eingeholt, ihn am Schweif ergriffen und das reißende Tier an einem Felsblock zerschmettert haben. Ein anderes Mal sei er in Begleitung seines treuen Knechts und Gefährten Vuolleb (Olof) Valle auf der Jagd nach wilden Rentieren gewesen und habe absichtlich eine Kuh mit ihrem Kalb, die an den Jägern vorübersprangen, verscheucht. Als Valle seinem Herrn dieses Übermuts wegen nun Vorwürfe machte, lief Olof den beiden Rentieren nach, tötete die Kuh mit seinem Spieß und fing das Kalb lebendig.

Darauf schenkte er, diesen Fang verachtend, die geringe Beute seinem anspruchslosen Diener; denn es war so Sitte Olofs, dass er die wilden Rentiere nur dann verfolgte, wenn sie ihm in Scharen erschienen.

Ungefähr dasselbe, was Mag. Tornæus laut meinem vorhergehenden Bericht von dem Stammvater der Päiviös oder, wie er ihn nennt, *Päder Päiviä* und dessen Bekehrung zum Christentum sagt, erzählte mir später Erik von Olof. Dieser sei lange ein eifriger Götzendiener gewesen, bis er das Gerücht von der neuen Lehre vernahm und den Entschluss fasste, die alten Götter auf die Probe zu stellen. Er schlug die Wahrsagetrommel, um aus dem Klang der Schellen zu erforschen, wie eine beabsichtigte Rentierjagd ausfallen würde. Die Trommel versprach eine günstige Jagd; doch dieselbe missglückte nichtsdestoweniger. Ein anderes Mal nahm er sich vor, im Regenwetter ein Feuer anzuzünden, und flehte seine Seitas um Beistand an. Als sein Vorhaben ihm dennoch nicht glückte, wandte er sich im Gebet an den wahren Gott, und der Zunder fing sogleich Feuer. Nach diesen Proben verbrannte Olof die Zauber- und Wahrsagetrommeln, riss die Seitas nieder und zerstörte jedes heidnische Zeichen, das er erblickte.

Von dem anderen Päiviö-Sohn, *Isak* genannt, erzählte unser Führer, dass er sich als ein gar tüchtiger Bogenschütze ausgezeichnet habe. Die Sicherheit, mit der er schoss, sei so groß gewesen, dass er die Äsche getroffen habe, wenn sie über die Wasserfläche emporschnellte. Auch Isak soll die sogenannten Russen befehdet und in diesen Fehden viele glänzende Taten verübt haben, von denen ich, nach der Erzählung Eriks, die folgende hier anführe. »An der Spitze einer Schar Russen, die in Lappland plünderten, stand ein Häuptling, der von Kopf bis Fuß in Kupfer gekleidet war. In dieser Rüstung war der Russe dermaßen ungelenkig, dass er, wenn er aß, nicht selbst die Gabel an den Mund führen konnte, sondern sich von seinem Knappen füttern ließ. Isak habe dem Häuptling seit Langem aufgelauert und erblickte ihn endlich einmal, gerade als er seine Mahlzeit hielt. Nun spannte Isak seinen Bogen, und in dem Moment, da der Knappe die Gabel an den Mund des Häuptlings führte, flog der Pfeil zischend dahin, traf die Gabel und trieb sie tief in den Hals des Häuptlings hinein.«

Der Name des dritten Päiviö-Sohnes soll Johan gewesen sein. Von diesem erzählte Erik, dass er einer jener mächtigen Zauberer gewesen sei, wie sie jetzt nicht mehr geboren werden. Seine Zauberkunst soll er nicht selten dazu verwendet haben, die Russen zu behexen, die in der Absicht, zu plündern, ins Land kamen. Einmal hatten sie ihn zwingen wollen, sie irgendwo hinzuführen, wo große Beute zu erwarten sei. Johan führte sie an eine steile Wand des Pallastunturi und bewirkte durch seine Kunst, dass Glockengeläute sich vernehmen ließ, flackerndes Feuer und ganze Städte sich am Fuße der Felswand zeigten. »Dort geht der Weg«, sagte Johan, »doch damit niemand sich in der finsteren Nacht verirre, werde ich mit einer Fackel in der Hand vorausgehen.« Darauf warf er seine Fackel von der steilen Felswand herab; er selbst aber blieb, vom Feind ungesehen, an Ort und Stelle stehen. Die Russen stürzten dem Fackelschein nach und zerschellten im Abgrund.

Diese letztere Erzählung ist bei den Lappen wie bei den Finnen gang und gäbe; allein sie wird nicht immer auf den Päiviö-Sohn bezogen, sondern auf einen anderen gefeierten Helden, der in der finnischen Sprache *Laurukainen*, in der lappländischen *Laurukadsch* heißt. Von diesem wusste Erik einige andere Überlieferungen, die er am folgenden Tage während unserer Fahrt auf dem Peltojoki erzählte. Seine Worte waren an mich gerichtet und lauteten ungefähr folgendermaßen:

»Wenn du nach dem eigentlichen Lappland kommst, wirst du erfahren, dass die Lappen vorzügliche Wegweiser sind. Daran gewöhnt, von Kindheit an wie die Hunde umherzulaufen, kennen sie in einem Umfang von mehreren Meilen jeden Stein, jeden Baum, jede Quelle. Allein noch ist der Mensch nicht geboren, der in dem Maße wie der Laurukainen in Lappland zu Hause wäre. Deshalb war es auch den

Russen sehr daran gelegen, ihn als Führer auf ihren Streifzügen zu benutzen. Seinerseits war der Laurukainen ebenso bereitwillig, ihnen den Weg zu zeigen, denn er war ein gescheiter Mann und wusste es stets so zu lenken, dass die Russen, wenn sie in seine Gewalt gerieten, nimmermehr einem schmählichen Tod entgingen. Einmal hatte er es übernommen, eine Schar dieser Räuber über den See Ounasjärvi zu geleiten. Während der Fahrt verspürten die Russen Hunger und befahlen dem Laurukainen, an einer kleinen Insel zu landen. Nachdem sie hier ihren Hunger gestillt hatten, legten sie sich schlafen, doch nicht ohne einen Wachposten bei ihren sieben (nach anderen nur drei) Booten aufgestellt zu haben, die sämtlich mit Lebensmitteln und geraubten Kostbarkeiten vollauf beladen waren. Das Schicksal fügte es jedoch in dem Maße für die Russen unglücklich, dass selbst der Wachposten einschlief. Nun trug der Laurukainen alles, was die Russen mit an Land genommen hatten, Äxte, Schwerter, Kochtöpfe, Esswaren u. s. w., in die Boote. Darauf stieß er diese vom Land ab und war mit knapper Not in eines derselben gestiegen, als der Posten erwachte. Dieser griff nach seinem Schwert, allein es war fort. Als der Posten sich entwaffnet sah, sprang er ins Wasser und hing sich an das nächste Boot, an das, in dem der Laurukainen sich befand. Dieser jedoch ergriff eines der Schwerter und hieb seinem Feinde alle fünf Finger der einen Hand ab, die nebst einem großen goldenen Ring in das Boot fielen. Jetzt alarmierte der Posten die anderen Russen, der Laurukainen aber befand sich, als diese auf das Ufer zueilten, schon weit vom Land auf dem See. In ihrer Not flehten sie den Laurukainen um Erbarmen und sagten: »Komm hierher, heiliger Bruder, hier sollst du Grütze mit schwedischer Butter essen, und zwar mit deinem eigenen Löffel (nach anderen: mit dem Löffel deines Herrn).« Der Laurukainen indes antwortete: »Hier ist ja Grütze und Mehl noch obendrein.« Als die Russen endlich einsahen, dass ihre Bitten vergeblich waren, riefen einige unter ihnen: »Komm hierher, und wir wollen dir geschmolzenes Zinn in die Kehle gießen.« Der Laurukainen aber ruderte in neun Tagen und Nächten um die Insel herum und bewachte die Russen, dass sie nicht entkämen. Als er am zehnten Tage an Land stieg, waren sie bis auf einen gestorben, und dieser eine vermochte nur noch den Kopf ein wenig zu schütteln. Die Insel, die der Schauplatz dieses Ereignisses war, heißt noch heute die Karelische (*Karjalan saari*).«

»Ein anderes Mal«, fuhr Erik fort, »hatten die Russen den Laurukainen als Steuermann auf einer Fahrt auf dem Patsjoki gedungen. In der Nähe eines im Fluss befindlichen Wasserfalls band der Laurukainen ihre sieben Boote aneinander und überredete die Russen, sich unter das Verdeck zu begeben, damit sie beim Anblick des entsetzlichen Wasserfalles nicht erschrecken möchten. Ohne Verrat zu ahnen, unterzogen die Russen sich seiner Anweisung. Nun steuerte der Laurukainen die Boote so, dass sie hart an dem Ufer blieben, indem er sich selbst auf einen Felsen rettete; die Russen aber kamen in dem Wasserfall um.«

»Bei einer anderen Gelegenheit steuerte er gleichfalls das Boot der Russen auf eine Felsklippe in demselben Fluss. Das Boot zerschellte, und die Russen kamen in großer Anzahl um, doch der Laurukainen rettete sich auch dieses Mal, weil er gegen jede Wirkung des Wassers geschützt, oder wie die Finnen es nennen, ein *veden ärimys* war.«

»Durch solche Taten lud der Laurukainen dermaßen den Hass der Russen auf sich, dass diese den Entschluss fassten, ihn umzubringen. Dies soll ihnen auch gelungen sein, doch erst nach großen Mühen und nachdem der Laurukainen ihnen großes Unglück zugefügt habe. Einmal überraschten sie ihn in seinem Fleischspeicher und wähnten nun, sie seien seiner Person ganz und gar gewiss. Vor dem Speicher stehend, harrten die Russen sehnsüchtig und ungeduldig seines Heraustretens und versuchten es durch Drohungen zu beschleunigen. Allein der Laurukainen übereilte sich nicht, sondern steckte in der schönsten Ruhe immerfort Fleisch in die Taschen seines Pelzes. Indes wurden die Russen stets vorlauter und drohten, ihn in dem Speicher zu überfallen, wenn er sich nicht beeile. Endlich wirft der Laurukainen seinen mit Fleisch gefüllten Pelz durch eine Lücke ins Freie hinaus. Die Russen nehmen den Pelz für den Laurukainen selbst und stürzen sich alle darauf, um ihn zu durchbohren. Der Laurukainen entflieht während des Wirrwarrs und verwirrt die Russen obendrein solcherart durch seine Zauberkünste, dass sie in dem Wahn, den Laurukainen zu töten, ihre Waffen gegen sich selbst kehren und bis auf den letzten Mann ums Leben kommen.« Diese Überlieferung hörte ich später andere mit der Abänderung erzählen, dass der Laurukainen seinen Pelz mit Federdaunen gefüllt, ihn herausgeworfen und, während die Russen in den Nebel der umherfliegenden Daunen gehüllt gewesen seien, die Gelegenheit zur Flucht ergriffen habe.

Erik hatte kaum seine Erzählung von dem Laurukainen beendet, als wir ein kleines Gewässer erreichten, das den Namen *Seitajärvi* trug. Durch Erik von diesem Namen benachrichtigt, bemerkte ich, dass es eher *Saivojärvi* hätte heißen sollen, weil das Wasser hier besonders klar sei. Denn, laut der Erzählung der Lappen, trügen dergleichen kleine Gewässer oft diesen Namen, und zwar der früher bei den Lappländern herrschenden Vorstellung zufolge, dass hier göttliche Wesen namens *Saivos* wohnten, von denen man ferner berichtete, dass sie den Fischern nicht erlaubten, ihr Gewerbe im Umkreis eines solchen Gewässers zu üben, weshalb jeder, der hier sein Glück versuchen wollte, darauf bedacht sein müsse, die Götter durch leises Rudern zu täuschen. Dieser Bemerkung schenkte Erik aber gar keinen Glauben, sondern blieb bei seiner Behauptung, dass der wahre Name des Ortes Seitajärvi sei, und gab als Ursprung desselben an, dass auf der uns zur Linken vorspringenden Landzunge früher eine lappländische Seita gestanden habe. Diese Seita habe einem berühmten Zauberer namens Lompsolo angehört, der unter dem Schutz des Gottes einen immer glücklichen Fischfang trieb. An dem gegenüberliegenden Ufer habe ein anderer Zauberer sein Fischlager gehabt, allein derselbe besaß keine Seita, weshalb ihm auch sein Fang missglückte. In der Absicht, seinem Unglück entgegenzusteuern, fasste er den Entschluss, während Lompsolo schlief, dessen Seita umzustürzen; die Tat hatte denn auch die berechnete Folge, dass ihm sein Fang glückte, Lompsolo hingegen, der früher der Seita sein gutes Glück verdankte, von nun an keine Fische mehr fing. Lompsolo ließ die Sache jedoch nicht auf sich beruhen. Er versah sich mit einer neuen Seita, und jetzt gingen wiederum alle Fische in sein Netz, bis der andere Zauberer die neue Seita gleichfalls niederriss. Um diesem Streit ein Ende zu machen, kamen die beiden Zauberer überein, sich auf einem nahegelegenen Berge zu treffen und dort einen Zweikampf auszutragen, bei dem nur Zauberkünste und Beschwörungen als Waffen dienen sollten. Lompsolo begab sich in der Gestalt eines Rentier-Ochsen zum Kampfplatz und wähnte, hinter dieser Maske von seinem Gegner nicht erkannt zu werden. Doch als der andere, der bereits kampffertig dastand, den Ochsen den Berg hinanspringen sah, rief er ihm schon von ferne zu: »Du bist Lompsolo.« Ohne sein Glück weiter herauszufordern, erklärte Lompsolo sich besiegt und entfloh; denn er wurde jetzt gewahr, dass er sich ohne den Beistand seiner Seita in nichts mit seinem Feinde zu messen vermochte.

– »Das kann nimmer richtig sein, der Führer muss sich geirrt haben«: So lautet die Besorgnis, die den Reisenden in Lappland gar oft beunruhigt, wenn er unter seiner Last zu ermüden beginnt und sich nach dem Ziele sehnt. Vielleicht ist dieselbe Besorgnis bei dem günstigen Leser erweckt, der sich der Mühe unterzog, die Reisenden auf ihren Irrfahrten in den sagenreichen Gegenden Lapplands zu begleiten. Es ist in einem solchen Falle meine Pflicht, die Rolle eines Führers zu übernehmen und meine Begleiter zu überzeugen, dass wir noch auf richtigem Wege sind. Wir haben seit unserer Abreise vom Dorf Peltovuoma vier Meilen zurückgelegt, und zwar auf dem Flusse Peltojoki, und befinden uns jetzt an dem Ufer des Seitajärvi, nicht weit von dem Berg Peltotunturi. Von diesem Berg nimmt der Peltojoki seinen Anfang, der nun durch den Pahtajärvi und Armojärvi fließt, aber erst fahrbar wird, nachdem ihm auch der Seitajärvi seinen Beitrag hat zufließen lassen. Selbst während der Flutzeit soll man nur mit Mühe auf dem Fluss zum Armojärvi gelangen können, und um die jetzige Jahreszeit, meinte Erik, sei dieser Weg schwerlich zu passieren. Er schlug deshalb vor, dass wir nun das ganze Wassersystem des Peltojoki verlassen und versuchen, auf einem anderen Wege über den Landrücken zu gelangen. Er benachrichtigte uns, dass an der Südseite des Peltotunturi, und zwar in einer weiten Strecke, eine Menge kleiner Bäche flössen, die alle auf den Landrücken selbst führten. Ferner machte er uns darauf aufmerksam, dass diese Bäche ohne Zusammenhang miteinander seien, weshalb es notwendig sein würde, von dem einen Bach zum anderen das Boot zu ziehen und das Gepäck zu tragen. Wenn diese Arbeit uns auch mühsam genug erschien, so glaubten wir doch den Weg wählen zu müssen, und zwar in Anbetracht der Bäche, die wir auf demselben vorfänden und die uns die Mühen etwas erleichtern würden. Demnach wurde bei Seitajärvi das Gepäck in drei Lasten geteilt, jede zu einem Gewicht von drei bis vier Liespfund, die Erik und Jessiö ohne viel Umschweife auf unsere Schultern luden. Selbst zogen sie das leere Boot, und wir mit dem Gepäck beladen schritten dicht hinter ihnen einher. In solcher Weise wurde der Weg zwischen dem Seitajärvi und Kaakkurinjärvi, Nokkanainen, Kouhtajärvi, Pitkäjärvi, Nimitöinjärvi und Pahtajärvi zurückgelegt. Die Entfernung dieser Bäche voneinander war sehr gering, aber vom Pahtajärvi zu dem nächsten Bach, *Viettajärvi* genannt, rechnet man wenigstens eine Viertelmeile. Auf dieser ganzen Strecke ward das Boot durch vereinte Kräfte gezogen, und nachdem wir es bis an den Viettajärvi gebracht hatten, kehrten wir alle nach Pahtajärvi zurück und holten dort unser Gepäck. Wir ruderten nun über den Viettajärvi und befanden uns unter dem Landrücken selber, der hier, wenn ich mich nicht irre, den Namen *Korsatunturi* trägt. Erst jetzt begannen die größten Mühen, denn von dem Ufer des Viettajärvi erhob der Fjäll sich ziemlich steil, und um über ihn zu gelangen, mussten wir einen Weg von drei Viertelmeilen zurücklegen. Ermüdet durch die vorhergehenden Anstrengungen des Tages, schlugen einige unserer Gesellschaft vor, wir sollten jetzt ausruhen und die Wanderung über den Fjäll bis auf den folgenden Tag verschieben; allein Erik erklärte sich eifrig gegen diesen Entschluss und behauptete, dass wir nach einer Rast von einigen Stunden nur noch müder, ja wie gerädert sein würden. Da nun auch Jessiö dieser Ansicht beipflichtete, befanden wir es für gut, die mühsame Wanderung um 9 Uhr des Abends anzutreten. Ganz wie beim Pahtajärvi ließen wir auch hier alle fahrende Habe hinter uns zurück und fingen damit an, das leere Boot vorwärtszuziehen. Nach vielen Anstrengungen glückte es uns denn auch, den Berg zu ersteigen, aber dabei begannen selbst die besten Kräfte zu versagen. Obendrein rückte Erik mit dem Geständnis hervor, dass er des Weges nicht vollkommen kundig sei, sondern uns führe, wie man es ihm beschrieben habe. In dieser trostlosen Lage ließen wir uns auf dem Berge nieder, zündeten unsere Pfeifen an und beratschlagten. Bei dieser Beratschlagung kam jedoch weiter nichts heraus, als dass einer der Gesellschaft zum Viettajärvi zurückkehren und von dort eine Flasche Rum – die einzige, die wir besaßen – holen solle, wogegen die übrigen vier sich verpflichteten, nach besten Kräften das Boot unter Anweisung Eriks weiter zu schaffen. Der Auftrag zur Beschaffung der Rumflasche fiel mir zu, und ich bewährte das mir geschenkte Vertrauen zur allgemeinen Zufriedenheit, wenn auch wenig daran fehlte, dass ich mich auf dem wilden Berg verirrt hätte. Unterdessen waren die Gefährten an einen kleinen Felsbach gelangt, welcher, nach der Beschreibung, die Erik erhalten hatte, zu beweisen schien, dass wir noch auf dem richtigen Weg seien. Wie Erik behauptete, fiel dieser Bach in den Korsajärvi, und gerade auf dieses Gewässer war unsere Wanderung gerichtet. Nachdem wir die Rumflasche geleert hatten, zogen wir mit erneuerter Kraft das Boot vorwärts und folgten anfänglich dem Lauf des genannten Baches; bald jedoch versperrten uns große Steine den Weg und zwangen uns, den Bach zu verlassen und die frühere Richtung einzuschlagen. Die ganze Nacht hindurch zogen wir mühsam das Boot, allein ohne zum Korsajärvi zu gelangen, weshalb wir uns denn endlich veranlasst sahen, unseren Führer vorauszuschicken, um das Gewässer zu suchen. Er kehrte nach Verlauf einiger Zeit zurück, und zwar mit der frohen Nachricht, dass wir uns dem Ziel ganz nah befänden, dass aber unser Weg nicht ganz richtig sei. Erst um 6 Uhr des Morgens erreichten wir den See. Erik und Jessiö begaben sich nun auf den Rückweg, um unser am Viettajärvi hinterlassenes Gepäck zu holen, wir anderen ruhten uns an den Ufern des Korsajärvi aus.

Kurz nach Mittag erwachten wir durchfroren und durchnässt, mit müden Beinen, geräderten Seiten, Stechen in der Brust und in einer üblen Stimmung. Dass die weitere Reise, bei solchem Befinden und nachdem unser gesprächiger Führer sich am Korsajärvi von uns getrennt hatte, im höchsten Maße angstvoll und unangenehm war, liegt in der Natur der Sache. Ich werde mich deshalb nicht bei den Details aufhalten, sondern nur künftigen Reisenden zur Nachricht einige Worte von der Richtung anführen, die wir einschlugen. Wir ruderten anfänglich weiter auf dem Korsajärvi, der durch seine von Bergen begrenzte Lage leicht zu erkennen ist. Der See ist ungefähr eine halbe Meile lang und so schmal, dass man das Gewässer vom Lande aus kaum gewahr wird, ehe man sich an seinen Ufern befindet. Gegen Norden hin verengt der See sich immer mehr und verliert sich allmählich in eine unbedeutende Ader, in der das Boot nur durch Ziehen vorwärtsgelangt. Längs dieses Baches setzt man die Wanderung ungefähr eine halbe Meile fort und erreicht dann endlich den Ivalojoki, einen größeren Fluss, der in den Enare-See fällt. Schon an seinen Quellen hat er ein so tiefes Gewässer, dass der Reisende fast ununterbrochen im Boot sitzen bleiben kann – es sei denn, er zieht es vor, an dem nassen und unebenen Ufer zwischen dem Weidengestrüpp umherzulaufen. Nach einer Fahrt von einigen Stunden auf dem Ivalojoki erreicht man einen sogenannten *Lompolo*, d. h. eine breite, einem See ähnliche Erweiterung des Flusses. Hier entfalteten sich vor unseren

Augen schöne, trockene Ufer mit üppigen Birken und einer reichen Vegetation. Der Botaniker wird an diesem Orte gewiss viele seltene Pflanzen entdecken, allein für uns war die Zoologie von größerem Interesse. Wir unternahmen deshalb eine Jagd auf die wilden Gänse und hatten das Glück, dass unsere kleinen Speisevorräte sich bedeutend vergrößerten. Dann erst setzten wir unsere Ruderfahrt gemächlich auf dem Flusse fort.

»Rauch! Menschen!« – Dieser Ausruf ertönte nach einer mehrstündigen Fahrt fast zu gleicher Zeit von unseren Lippen. Noch bevor wir ans Land stiegen, begrüßte uns ein Fischer, der sich an einem Feuer gelagert hatte, mit folgenden Worten: »Wer seid ihr, die ihr rudert auf dem Ivalojoki, und wohin geht euer Weg? Doch weshalb frage ich euch um Dinge, die ich bereits weiß – habe ich euch doch alle im Schlaf gesehen und dich, Jessiö, in der Gestalt deines verstorbenen Vaters.« Nachdem der Fischer in solcher Weise verraten hatte, wes Geistes Kind er sei, begann ich sofort meine Artillerie spielen zu lassen, d. h., ich reichte dem Mann einen Schnaps und ein wenig Tabak, kaufte ihm allerlei Kleinigkeiten ab, und zwar ohne im Geringsten zu feilschen, und schenkte seinem Sohn einige Bücher. Noch einen Schnaps, und der Fischer war der aufrichtigste Zauberer der Welt. Er erzählte ganz sonderbare Dinge und Taten, die er selbst wie auch andere Zauberer erfahren und verübt hatten. Leider ging seinen Erzählungen aller Zusammenhang ab, was wahrscheinlich eine Folge des zweiten Schnapses war. Der folgende Bericht von Johan Päiviö und einem anderen gefeierten Zauberer, *Toragas* genannt, war einer der verständlichsten.

Eine Zauberhexe aus der russischen Lappmark, *Kirsti Nouhtua* genannt, hatte sich nach Kittilä in der Absicht begeben, von dort alle wilden Rentiere durch Zauber nach ihrem eigenen Lande hinüberzulocken. Päiviö, der um ihre geplante Arglist wusste, sandte Toragas zum Ivalojoki, um dort die Hexe selbst zu behexen und die Rentiere daran zu hindern, dass sie über den Fluss setzten. Als Toragas die

Rentiere kommen sah, musterte er sie sehr genau, weil er ahnte, dass die Hexe möglicherweise selbst die Gestalt eines Rentiers angenommen habe. Doch in der ganzen Herde erblickte er kein Geschöpf, das er für eine verwandelte Kirsti hätte halten können, und am allerwenigsten kam es ihm in den Sinn, seinen Verdacht auf das letzte Rentier zu werfen, welches lahm, mager, missgestaltet war und nur mühsam der Herde folgte. Außerstande, die Hexe wiederzuerkennen, vermochte er nicht, die Rentiere daran zu hindern, dass sie über den Fluss schwammen. Erst als er das lahme und missgestaltete Rentier nicht wie die anderen über den Fluss schwimmen, sondern darin untertauchen sah, gewann er die Überzeugung, dass gerade dieses die verrufene Kirsti sei. Allein nachdem sie glücklich das entgegengesetzte Ufer erreicht hatte, konnte er ihren Plan nicht mehr durchkreuzen. Er kehrte also wieder zurück und erzählte Päiviö, wie die Sache abgelaufen sei. Nun fasste dieser den Entschluss, Toragas nach der russischen Lappmark zu entsenden, damit er genaue Nachricht von dem Namen der Hexe, von ihren Eigenschaften u. s. w. einziehe. Nachdem Toragas diesen Auftrag zur Befriedigung des Päiviö erledigt hatte, unternahm dieser es selbst, mithilfe seiner mächtigen Zauberkünste die Rentiere zur Rückkehr zu bewegen, und sandte zu gleicher Zeit Toragas aus, damit dieser erspähe, ob die Rentiere schon sichtbar seien. Diese kamen in der Tat dermaßen eilig angesprungen, dass Toragas ihr knarrendes Getrappel (*nasasi*) bereits in einer Entfernung von drei Meilen vernahm. Die Herde stand vor einem Fluss, der zur Erinnerung an dieses Ereignis *Nasamajoki* genannt wird.

Ähnlichen Inhalts waren die meisten Erzählungen, die mir der Fischer mitteilte. Sie enthielten eine Schilderung der Taten ausgezeichneter Schamanen, und namentlich priesen sie die Fähigkeit der Schamanen der Vorzeit, nach Gutdünken jedwede Gestalt anzunehmen. Der Glaube an eine solche Kraft bei den Schamanen ist früher sowohl in Finnland wie insbesondere in Lappland weit verbreitet gewesen, und noch heutigen Tages ist dieser Aberglaube bei den Lappen nicht vollkommen verschwunden. Wenigstens vernimmt man von den finnischen Lappen oft die Versicherung, dass in der russischen Lappmark Schamanen existieren, die sich, wie Päiviö, Toragas und andere, die Gestalt von Rentieren, Bären, Wölfen, Fischen, Vögeln u. s. w. zu geben vermögen. Dergestalt verwandelt heißt der Schamane bei den Lappen *Viroladsch*, bei den Finnen *Virolainen*, was eigentlich so viel wie *Estländer* bedeutet. Unser Fischer sang mir ein Lied in finnischer Sprache vor, dessen Inhalt aus einer Menge Metamorphosen dieser Art bestand. Am Lied vermisste ich jedoch jeden inneren Zusammenhang, und ich führe deshalb seinen Inhalt nur summarisch an. Es beginnt mit einer Einleitung, in der ein Zauberer namens Karkias sich wegen des Schadens beklagt, der dadurch seinem Land zugefügt worden ist, dass Toragas durch seine Zauberkünste alles Rentierwild aus ihm fort nach Kittilä verscheucht habe. Nach dieser Einleitung folgt eine Beschreibung der Schmach, die Karkias selbst durch diesen seinen bösen Feind (*onda ovän*) hat erleiden müssen. Toragas hatte nämlich den Karkias getötet und ihn in einen See geworfen. Hier sei Karkias jedoch wiederaufgelebt und habe sich viele Jahre hindurch, wenn auch in einer anderen Gestalt, nämlich in der der Leber eines Hechts, aufgehalten. Hierauf habe Toragas diesen Hecht gefangen und ihn mitsamt dem Karkias drei Jahre lang in seiner Hütte verwahrt. Aus diesem Gefängnis befreit, sei Karkias einige Zeit in menschlicher Gestalt umhergewandert, jedoch bei einer Jagd entdeckt und zum zweiten Male von Toragas getötet worden. Hierauf lässt das Lied den Karkias wieder genesen, allein, wie es scheint, erst im Grabe. Dort überkommt ihn die Sehnsucht nach seinem Sohn, und kaum hatte er diese Sehnsucht geäußert, als auch der Sohn in der Gestalt eines Auerhahns auf ihn zufliegt. Aus Verdruss darüber, dass der Sohn ihm an Zauberkünsten gleichkommt, überhäuft Karkias ihn mit Vorwürfen. Hierüber ergrimmt, fliegt der Sohn von dannen. Nun nimmt der Vater die Gestalt einer Schellente an, verfolgt seinen Sohn, holt ihn ein und bringt ihn zurück. Schließlich geraten Vater und

Sohn in einen heftigen Wortwechsel, der damit endet, dass der Sohn seinen Vater für immer verlässt.

Nachdem ich einige der Lieder und Sagen dieses Fischers aufgezeichnet und ihm freigebig Tabak und Branntwein spendiert hatte, fasste er eine solche Freundschaft für meine Person, dass er mich bat, ich möchte ihn doch später in seiner Heimat, in Kittilä, besuchen. Er versprach, mir dort weitere Wundertaten zu erzählen und mir obendrein die Seita Päiviös zu zeigen. »Diese«, äußerte er mit feierlichem Ernst, »frisst Menschen, doch wenn ich dein Begleiter bin, hast du nichts zu befürchten.« Neben diesem Vertrauen zu seiner eigenen Zauberkunst hegte er keine geringen Gedanken von den Kenntnissen, die Blank und ich in demselben Fache besitzen mochten. Er nahm die Insektenkescher und Fallen des Begleiters für Zaubermaschinen, und als ich aus einem Papier eine Beschwörung vorlas, deutete er auf eine durchgestrichene Stelle, indem er sagte: »Ja, darin liegt die Kraft.« Der Fischer war ein geborener Lappe, allein von Kindheit an lebte er unter den Finnen und hatte dadurch seine Nationalität und mit ihr jedes Gefühl seines Menschenwerts eingebüßt. In seinem Wesen machte sich ein Gemisch von Feigheit und verstellter Demut, von Schlauheit, Habsucht und anderen der Eigenschaften geltend, die sich gewöhnlich bei niedergdrückten Kindern der Not entwickeln. Namentlich legte er ein großes Talent im Feilschen an den Tag. Wir kauften ihm einige frische Äschen ab, deren Bezahlung er unserem Belieben anheimstellte. Mehr als zufrieden mit unserer außerordentlich freigebigen Bezahlung, entnahm er seiner widerwärtig stinkenden Jagdtasche sofort zwei getrocknete schmutzige Äschen und bestimmte nun für diese ungefähr denselben Preis, wie er ihn für die frischen erhalten hatte. Nachdem dieser ihm ausgehändigt worden war, begann er die Reste seiner letzten Mahlzeit – einige Gänsefüße – zusammenzuklauben, und als es ihm glückte, auch diese zu verkaufen, äußerte er selbstzufrieden: »Wer hätte gedacht, dass ich am Ivalojoki so gute Geschäfte machen würde!« Unterdessen hatte sein Knabe unsere Stiefel geschmiert und dazu unsere eigene Schmiere benutzt. Die Mühe des Burschen hatten wir reichlich durch Geld, Bücher und Brot entgolten, dennoch rief der Fischer, als wir schon im Begriff waren, ins Boot zu steigen: »Die Schmiere ist nicht bezahlt, die Schmiere ist noch nicht bezahlt!« Nachdem nun auch diese bezahlt worden war, glaubten wir, wir hätten ihm mehr als Gerechtigkeit widerfahren lassen, allein der Fischer forderte obendrein noch einen Schnaps!

Die Weiterfahrt auf dem Ivalo war bemerkenswert durch die großartigen Naturumgebungen. Wir hatten kaum unseren obdachlosen Wirt aus den Augen verloren, als wir das Dröhnen brausender Wasserfälle vernahmen – eine Musik, die von nun an drei volle Tage und Nächte in unseren Ohren klang. So fürchterlich diese Wasserfälle auch waren, so blieb uns doch kein anderer Ausweg als der, uns heldenmütig mitten hinein in die siedenden Brandungen zu werfen, die uns fast jeden Augenblick mit Gefahr bedrohten. Die Wassermassen des Ivalo waren zwar nicht gar zu groß, aber sie hätten mehr als genügt, um uns und unser kleines Fahrzeug zu verschlingen. Damit uns der reißende Strom nicht gegen Felsen und Schären warf, mussten wir das Boot mithilfe großer Ruderstangen, sogenannter Lehrlinge, unablässig abstoßen und zurückhalten. Den ganzen Tag hindurch fanden wir Beschäftigung bei dieser mühevollen Arbeit, die Nacht verbrachten wir bei einem Feuer aus Baumstämmen und Reisern. Wir fanden kein Obdach, sondern verlebten fast acht Tage unter freiem Himmel, stets einem anhaltenden Regen und einer kalten Witterung ausgesetzt.

Doch um auf den Fluss und dessen Beschaffenheit zurückzukommen, so war dieser größtenteils an seinem oberen Lauf mit hohen fürchterlichen Felsen eingefasst, die sich an einigen Stellen senkrecht über die Wasserfläche erhoben und ganze Meilen weit in ununterbrochenem Zusammenhang fortliefen. Blank und ich erkletterten oft unter Lebensgefahr diese Felsen, und zwar in der Hoffnung, uns endlich an dem Anblick des Enare-Sees erfreuen zu können. Doch so weit das Auge reichte, erblickten wir im Norden und

Süden, im Osten und Westen nur unübersehbare Felsen. An Stellen, woselbst ein tieferes Tal sich hinab zwischen die Felsen senkte, bot der Nebel, der über dem Tal ruhte, zuweilen den Anblick eines Sees dar, und wir glaubten schon einmal in einer solchen Erscheinung den ersehnten Enare in der Ferne erblickt zu haben; aber Jessiö störte unsere Illusionen mit der Versicherung, dass wir, solange die Felsen unsere Begleiter seien, diesen See nicht erreichen würden.

Einige Meilen vor dem Ausfluss des Ivalo in den Enare-See verschwanden endlich diese düsteren Felsenreihen, die, einem bösen Geiste gleich, den reißenden, in wilder Verzweiflung dahin fliehenden Strom verfolgt hatten. Die kahlen Gipfel anderer Felsen, so schien es, tauchten zwar in der Ferne empor, doch rings um uns her erblickten wir nur schöne grasreiche Ebenen. Der Fluss ließ in seinem reißenden Laufe nach und bildete hin und wieder kleine »Holme«, mit reich belaubten Bäumen bewachsen. Bald zeigten sich Spuren von Menschen; wir gewahrten z. B. einige Heuschober, eingezäunte Äcker u. s. w. Wir boten unsere letzten Kräfte auf, um durch angestrengtes Rudern baldigst eine menschliche Wohnung zu erreichen, und trauten kaum unseren eigenen Augen, als sie anstatt jämmerlicher Hütten, tief inmitten von Lappland, wohlerbaute finnische Häuser erblickten, von grünen Wiesen und schönen Kornfeldern umgeben. Es ist unglaublich, wie wohltuend ein solches Bild auf das Gemüt wirkt, wenn man eine Reise der Art überstanden, wie wir sie soeben zurückgelegt hatten. Der stete Anblick himmelhoher Felsen und brausender Wasserfälle übt einen betäubenden Einfluss. Der Mensch vermag es nicht, auf die Dauer hin das wilde Spiel der Natur in sich aufzunehmen und zu reproduzieren. Die Sinne verlieren die Elastizität, die erforderlich ist, um den Eindruck der grauenhaften Umgebungen zu verarbeiten, und es bemächtigt sich ihrer ein stummes Erstaunen. Wenn aber die Natur endlich wieder zur Ruhe gelangt ist, wenn die wilden Elemente sich friedlich einigen und die wahre Schönheit der Natur spiegeln, dann regen sich auch fröhliche, frische Gefühle im Herzen des Menschen. Und doch bleibt es bemerkenswert, dass selbst die schönste Natur gleichsam im Leichentuch zu liegen scheint, sobald sie keine Spuren von Menschen verrät, wohingegen ein Wegweiser, eine zerbrochene Ruderstange, ein Feuerherd, mit einem Wort: die geringste Kleinigkeit, an der man den Herrn der Natur wieder gewahr wird, Leben und Lust selbst über eine düstere Wildnis verbreitet. Welches Paradies ist also das Dorf Kyrö!

2

Man sagt, das Kirchdorf Kittilä sei zu allen Zeiten die eigentliche Heimat der Armut und des Elends gewesen. Vor ungefähr hundert Jahren hatte eine große Hungersnot einen dort wohnhaften Gutsbesitzer namens Henrik Kyrö gezwungen, Haus und Heimat zu verlassen, um an fremden Orten seinen Unterhalt zu suchen. In solcher Absicht begab er sich nach dem später nach ihm benannten Dorf Kyrö am Ivalojoki, woselbst gute Weiden und fischreiche Gewässer ihm eine sorgenfreie Zukunft versprachen. Anfänglich ging es ihm hier auch gut; allein nach kurzer Zeit spürten Wölfe und Bären seine einsame Hütte auf, vernichteten die Herden und brachten ihn wieder in Armut. Henrik hatte eine zahlreiche Familie, die er nach dem erlittenen Unglück nicht länger in der Heimat zu ernähren vermochte. Er musste deshalb die ältesten seiner Kinder aus dem väterlichen Hause schicken, damit sie anderswo ihr Fortkommen suchten. Einer dieser Flüchtlinge, der Sohn Lars, ging zuerst nach Norwegen, begab sich aber später nach Kittilä und bot dort eine Siedlerstelle zum Verkauf, welche er, wie er vorgab, im Dorf Kyrö angelegt und in schönste Ordnung gebracht habe. Einer seiner Anverwandten namens Thomas Kyrö war schon längst der Armut in Kittilä überdrüssig und kaufte unbesehen das angebotene Haus und Land für eine ziemlich große Summe. In den ersten Frühlingstagen begab er sich nach der neuen Heimat, und zwar auf dem Ivalojoki. Er selbst lenkte sein

Boot den Strom hinab, während sein Weib die Herden über die Berge in dieselbe Richtung trieb. Jeder von ihnen hatte unterwegs mit unerhörten Mühseligkeiten zu kämpfen, und ihr einziger Trost dabei war das neue Haus und das angebaute Land, welches ihnen eine sorgenfreie Zukunft bereiten sollte. Als sie aber endlich ihr Ziel erreichten, fanden sie dort weder ein Obdach noch irgendeinen Streifen angebauten Landes. Es war rührend, die Frau des alten Thomas dieses traurige Geschick schildern zu hören; die Erinnerung daran presste ihr bittere Tränen ab, während Thomas selbst mit ruhiger Stimme äußerte: »Lass das Geschehene vergessen sein, mein Weib, und klage nicht über die Schickungen der Vorsehung.« Dem, was die Frau von ihren vereitelten Hoffnungen hinsichtlich der neuen Heimat erzählt hatte, fügte Thomas hinzu: »Wenn hier auch kein Haus und Hof war, so gab es doch Holz, ein Haus zu bauen, und haben wir wohl ein Pferd nötig gehabt, um Holz aus dem Wald zu holen? Nein! An dieser Stelle, wo das Haus steht, ist auch das Bauholz von diesen zwei Armen gefällt worden. Außerdem ist der Sandgrund in eine grünende Wiese umgewandelt, die, dessen entsinnst du dich wohl, bereits 30 Kühe und 60 Schafe ernährt.« Hier wurde Thomas von seiner Frau mit der Bemerkung unterbrochen, dass die 60 Schafe sämtlich in wenigen Augenblicken von Wölfen getötet worden seien. »Das mag sein«, erwiderte Thomas, »aber haben wir für unsere Mühen und unser Unglück nicht eine Münze auf der Brust zu tragen und einen silbernen Becher erhalten, aus welchem zwei hohe Herren getrunken haben?«

Der Wohlstand, zu dem Thomas sich emporzuschwingen verstanden hatte, lockte allmählich andere Finnen von Kittilä und Enontekis an. Diese ließen sich in seiner Nähe nieder, und in solcher Weise entstand allmählich ungefähr ein Dutzend finnischer Häuser und bewirtschafteter Grundstücke am niederen Lauf des Flusses Ivalo. Es sind diese Ansiedlungen, die den Namen *Kyrö* tragen.

Dem Wink folgend, den ihnen die Natur gab, haben die Ansiedler in Kyrö eine Lebensweise angenommen, die für das ganze nördliche Finnland die zweckmäßigste sein dürfte. Sie ernähren sich vorzugsweise durch Viehzucht, Jagd und Fischfang, wohingegen der Ackerbau mehr als eine Nebensache betrachtet wird und sich hauptsächlich auf den Anbau von Gerste, Kartoffeln und Rüben beschränkt. Die Wiesen werden mit einer solchen Umsicht gepflegt, dass ich selten schöneres Gras und Heu als im Dorf Kyrö gesehen habe. Die Butter führt man Ende November auf Rentieren nach den norwegischen Küsten und Fjorden und tauscht dafür Mehl ein. Von diesem ist bis jetzt der größere Teil zum Erzeugen von Branntwein verwendet worden, denn der Verbrauch an Brot ist bei den Finnen in Enare sehr unbedeutend.

Von den sittlichen und religiösen Verhältnissen der Ansiedler in Kyrö hat die Geistlichkeit der Gegend mir sehr vorteilhafte Mitteilungen gemacht. Ich selbst habe einen Beweis ihrer außerordentlichen Dienstfertigkeit und Gastfreundschaft erhalten, und ich kann es nicht unterlassen, ihn hier mitzuteilen. Der Zufall wollte, dass unser Vorrat an Brot während der langen Fahrt auf dem Ivalojoki ein allzu frühes Ende genommen hatte. In Kyrö angelangt, kauften wir nun zwar dem Thomas seinen ganzen Vorrat an Mehl ab, allein dieser reichte nur zu acht Broten, von denen zwei auf der Stelle verzehrt wurden. Die sechs übrigen mussten freilich fünf Tage für vier Personen ausreichen, aber nach reiflicher Überlegung fanden wir doch, dass dieses Quantum allzu ungenügend sein dürfte, und beschlossen deshalb, auf unserer weiteren Fahrt auf dem Ivalo einen anderen Ansiedler aufzusuchen, der, wie man uns sagte, reichlich mit Mehl versehen sein sollte. Einmal bei diesem angekommen, mussten wir jedoch zu unserer Betrübnis vernehmen, dass der ganze Vorrat schon in Branntwein verwandelt sei. Es konnte hier also von Brotbacken nicht die Rede sein, und wir wären unverzüglich weitergereist, wenn uns nicht in dem Augenblick, in welchem wir diesen Entschluss in die Tat umsetzen wollten, ein starker Gewitterregen einige Stunden bei dem Ansiedler zurückgehalten hätte. Als wir endlich die Fahrt fortsetzten und ungefähr zwei Meilen zurückgelegt hatten, erblickten wir plötzlich eine ziemlich große Versammlung von Männern und Frauen, die auf einem bei einer dritten Ansiedlung befindlichen Hügel stand und deren Mitglieder sämtlich ihre Festkleider trugen. Der Tag war jedoch seinem Ende nahe, weshalb die Ruderer darauf drangen, dass wir nicht hier beilegen, sondern unsere Fahrt beschleunigen sollten, um noch vor Abend das lappländische Dorf Juutua, auf einer Insel im Enare-See gelegen, zu erreichen. Man sagte, es sei gefährlich, des Nachts den genannten See zu befahren, weil dieser sich nach Sonnenuntergang oft mit dicken Nebelwolken bedecke, die selbst den geschicktesten Steuermann irreleiten könnten. Die Versammlung auf der Anhöhe bot mir indessen einen so einladenden Anblick, dass ich sie um jeden Preis aus der Nähe betrachten wollte. Um diesen meinen Plan durchzusetzen, bemerkte ich unter anderem, dass Jessiö, wie er mir früher erzählt habe, der Vetter des Ansiedlers sei, und dies wurde auch von allen, nur nicht von Jessiö selbst, als ein triftiger Grund betrachtet, um an Land zu gehen. Doch wir hatten noch nicht die Küste erreicht, als die auf dem Hügel stehenden Männer auf uns zueilten und bis über die Knie in den Fluss sprangen, das Boot packten, es auf das trockene Land zogen und uns mit einem herzlichen Willkommen begrüßten. Man führte uns in eine Gaststube, woselbst der Fußboden gescheuert und mit grünen Tannenreisern bestreut war, Bänke und Tische in der schönsten Ordnung waren und der Kamin erst seit so Kurzem repariert, dass er noch nicht trocken geworden war. Alle bezeigten uns ein ganz besonderes Wohlwollen, und die Wirtin überreichte mir zwei gewaltige, noch warme Brote, indem sie einige Worte der Entschuldigung hinsichtlich ihres gegenwärtig geringen Vermögens hervorstammelte. Dieses ganze Ereignis findet seine Erklärung darin, dass man von der Ansiedlung aus, wo wir des Regens wegen länger verweilt hatten, ohne unser Wissen einen Eilboten hierher gesandt hatte, um diese Ansiedler von unserer Verlegenheit um Brot zu benachrichtigen. Der Bote sei im Vorübergehen in einige Waldhütten eingekehrt, und die Bewohner derselben seien nun zusammengeströmt, um uns und namentlich ihren neuen Pfarrer willkommen zu heißen. Damit man uns in einer würdigen Weise empfangen konnte, hatte man in aller Eile das Zimmer in Ordnung gebracht. Glücklicherweise fand sich in der Ansiedlung doch noch ein kleines Quantum Mehl, das im Verlauf einiger Stunden in gebackenes Brot verwandelt wurde. Wie all dies so schnell geschehen konnte, darüber vermag ich keine nähere Aufklärung zu geben; es bleibt aber dessen ungeachtet eine Tatsache.

Nachdem wir uns eine Weile mit den freundlichen Bewohnern des Ortes unterhalten hatten, verließen wir die Ansiedlung und setzten unsere Reise auf dem Ivalo fort. Als wir den Enare-See erreichten, war der Abend schon weit vorgeschritten. Indessen vermochten wir zur Linken des Sees noch die dunklen Konturen hoher Felsen zu unterscheiden, während am östlichen Ufer unzählige kleine Inseln sich vor dem Auge breiteten. Zwischen den Inseln schimmerten hier und da die unermesslichen Binnengewässer, über welche die Nacht ihre dunklen Schleier zu werfen begann. Unsere Richtung führte uns nicht über diese großen offenen Gewässer hin, sondern nur über eine Bucht des Binnensees. Während der Überfahrt unterhielt uns der Steuermann durch verschiedene Erzählungen von der Beschaffenheit des Sees. Er glaubte zu wissen, dass der Enare (auch *Enari*, *Enara*; Finn. *Inari*, Lapp. *Anara*, *Einara*) zwölf Meilen lang, acht Meilen breit und so reich an Inseln sei, dass kein Sterblicher sie jemals gezählt habe – es müsste denn Päiviö sein. Die Tiefe des Sees habe in alten Zeiten ein Lappe in der Weise ermitteln wollen, dass er einen Kessel an ein Tau gebunden und denselben in den See gesenkt habe. Aber nachdem er 260 Klafter vom Tau habe ablaufen lassen, soll der Schutzgeist des Gewässers (*haltia*) das Tau abgerissen und sich des Kessels bemächtigt haben. Nach diesem Ereignis habe niemand es ferner gewagt, die Tiefe zu messen, und die allgemeine Ansicht sei die, dass das große Binnengewässer ohne Grund und Boden sei.

In der Hoffnung, vor Einbruch der Nacht nach Juutua zu gelangen, lösten wir unsere Ruderer ab und nahmen selbst die Ruder zur Hand. Wir wechselten uns bei der Arbeit ab; ich schlief jedoch, nachdem die Reihe an mir gewesen war, ein und erwachte erst gegen Morgen wieder – freilich nicht in Juutua, sondern am Ufer einer kleinen, unbewohnten Insel, an welcher der Steuermann hatte beilegen müssen, aus Furcht, sich auf dem in Nebel gehüllten See zu verirren. Bei meinem Erwachen hatten die Nebel sich bereits zu lichten begonnen, und wir setzten die Fahrt aufs Neue fort. Nach Verlauf einiger Stunden erreichten wir glücklich das vorher genannte Lappendorf, das erste, welches wir während unserer ganzen Reise zu sehen bekamen.

Der Anblick eines Lappendorfes gehört, zumindest während der Sommerzeit, nicht zu den angenehmsten Erscheinungen. Ringsum auf dem Boden erblickt man Gedärme, Schuppen von Fischen, verfaulte Fische und allerlei Unflat, der die Atmosphäre mit einem widerwärtigen Gestank verpestet. Kaum hat man voll Ekel diese Prüfung überstanden, muss man eine noch schwerere aushalten. Durch den niedrigen Eingang des Zeltes drängt sich eine Schar Menschen hervor, und zwar dermaßen mit Schmutz und Ungeziefer überhäuft, dass man bei ihrem Anblick zurückschreckt. Sie selbst jedoch nehmen die Sache ganz ungeniert. Die Höflichkeit gebietet, dass jedes menschliche Wesen im ganzen Lager, die kleinen Kinder nicht ausgenommen, den Reisenden mit einem Handschlag bewillkommt. Nachdem diese peinliche Zeremonie in aller Stille begangen ist, muss man fast immer folgender Fragen gewärtig sein: »Ist Friede im Lande? Wie befinden sich der Kaiser, der Bischof und der Regierungspräsident (*Landshövdingen*)?« In Juutua fragte man mich außerdem über meine Heimat aus, und als ich zur Antwort gab, dass die weit hinter den Bergen liege, fragte ein Lappe, ob ich aus dem Lande sei, wo der Tabak wachse. Dies erinnert an Goethes: »Kennst du das Land, wo die Zitronen blühn?«

Während meines Gesprächs mit den Lappen bemerkte ich eine außerordentliche Lebhaftigkeit unter dem weiblichen Personal des Dorfes. Es war erstaunlich, wie schnell diese kleinen, kurzen und dem Anschein nach schwerfälligen Wesen von einem Zelt zum anderen liefen. Das Resultat dieser Rührigkeit war eine Einladung in eine kleine, finstere, elende Hütte, die ein Haus vorstellen sollte. Blank und ich nahmen die Einladung unerschrocken an, Durchman aber hatte schon vorher Reißaus genommen und sich waldeinwärts begeben; er blieb mehrere Stunden im Wald, ehe er es wieder wagte, sich den schmutzigen Nestern der Lappen zu nähern. Indessen schlief ich ganz gut in der schmalen Hütte und fühlte mich danach so erquickt, dass ich nun sogar den Mut hatte, in eine der Lappenkoten einzutreten.

Diese Kote war, wie die Koten der Enare-Lappen überhaupt, in der Weise aufgeführt, dass die Unterlage oder der Grund ein Viereck von drei übereinander gelegten Stangen bildete, wohingegen der obere Teil eine pyramidale Form hatte und von Brettern zusammengefügt war. In Utsjoki pflegt man aus Mangel an Holz die untere Abteilung aus Steinen zu errichten und der Wärme wegen das ganze Zelt mit Torf zu belegen. Dort haben die Koten auch keine pyramidale, sondern eine runde Form und gleichen am ehesten einer Halbkugel. Was die Einrichtung der Zelte betrifft, so ist diese überall in den Lappmarken ungefähr dieselbe. Der Länge nach, d. h. von der Tür bis zur Hinterwand, sind zwei parallel laufende Balken angebracht. Diese werden von zwei anderen durchschnitten, die von der einen Wand zur anderen quer durch das Zelt gehen. Hierdurch bilden sich neun besondere Abteilungen, von denen die drei ersten, der Tür am nächsten, zur Aufbewahrung des Brennholzes, des Schuhzeugs und der gröberen Hausgerätschaften verwendet werden, während wiederum die drei letzten Abteilungen an der Hinterwand für Esswaren und feinere Gerätschaften bestimmt sind. Von den in der Mitte befindlichen drei Abteilungen dient die mittlere, die unter dem Rauchfang liegt, als Feuerherd. Die Räumlichkeit an der rechten Seite des

Herdes ist das Wohnzimmer des Wirts und der Wirtin. Die zur linken Seite hat die übrige Einwohnerschaft des Hauses inne. Ist die Familie groß, dann mögen die weniger bedeutenden Mitglieder sich in einer der übrigen Abteilungen einlogieren.

Die Kote oder das Zelt sind jedoch nicht das einzige Gebäude des Enare-Lappen. An seinem Hauptlager besitzt er ferner immer einen oder mehrere kleine Fischspeicher, die auf hohen Balken errichtet sind, damit ihr Inhalt umso besser gegen die Nachstellungen der Wölfe, Füchse, Bären und anderer Raubtiere geschützt sei. Wohlhabendere Lappen besitzen außerdem noch Häuser, die im Sommer jedoch unbewohnt sind.

Als wir in Juutua anlangten, überraschten wir die Lappen in ihren alltäglichen Kleidern, aber während wir ruhten, hatten sie ihre Sonntagsgewänder angelegt. Sowohl die Männer als auch die Frauen hatten den schwarzen Pesk abgeworfen, ein im Sommer gebräuchlicher Überwurf von gegerbten Rentierhäuten in der Form eines Hemdes, und stattdessen einen ähnlichen Überwurf von Tuch angezogen. Über diesem trugen die Frauen ein Leibchen, und um den Hals hatten sie einen losen, leinenen Kragen befestigt, dessen lange Zipfel auf die Brust herabhingen und eine Art Taschen bildeten. Beide Geschlechter trugen einen mit blanken silbernen oder messingenen Schnallen reich verzierten Gürtel um den Leib. Besonders charakteristisch war die Kopfbedeckung der Frauen. Diese zeichnete sich namentlich durch einen ungefähr drei Zoll hohen Zierrat in der Form eines Hufeisens aus, der über dem Scheitel hervorsah. Die Kopfbedeckung der Männer hatte keine allgemein bestimmte Form. Beide Geschlechter trugen Schuhe und Beinkleider aus weichem Rentierfell, von dem die Haare abgeschabt waren. Eine genauere Beschreibung der Kleidung der Lappen liefert A. J. Sjögren in seinen *Aufzeichnungen über die Gemeinden in der Kemi-Lappmark* (Seite 244 f.). Hier will ich nur noch hinzufügen, dass Männer wie Frauen im Winter ein Überkleid von rauem Rentierfell tragen, das ähnlich dem Pesk vorn zusammengenäht und mit einer so kleinen Öffnung versehen ist, dass derjenige, der nicht daran gewöhnt ist, es nur mit der größten Mühe an- und auszuziehen vermag.

Was das Aussehen der Lappen betrifft, so ist bekannt, dass sie im Allgemeinen ziemlich klein sind und dass die Gesichtsform sich dem mongolischen Typus nähert, d. h., sie haben eine niedrige Stirn, hervorstehende Backenknochen, kleine Augen u. s. w. Was ihren Charakter betrifft, sind sie ein schwerfälliges, schwermütiges und sauertöpfisches Geschlecht. Man tadelt sie des Neides, der Unversöhnlichkeit, der Verschmitztheit und anderer mit diesen Untugenden zusammenhängenden Eigenschaften wegen. Dahingegen lobt man sie ob ihres frommen Gemüts, ihres Wohlwollens, ihrer Dienstfertigkeit und Gastfreundschaft, ihrer Gottesfurcht und ihres sittlichen Wandels u. s. w.

In Enare hat der fischreiche See die Lappen von ihrem ursprünglichen mühsamen Nomadenleben abgebracht und der bequemeren Lebensweise des Fischers zugeführt. Für den Augenblick findet man in der ganzen Enare-Lappmark keinen einzigen wirklichen Berglappen, d. h. einen nomadisierenden Lappen, der sich nur der Rentierzucht widmet; die Lappen sind hier entweder Fischer oder sogenannte Waldlappen, wobei Letztere sich während des Sommers mit dem Fischfang, während des Winters mit der Rentierzucht beschäftigen. Aber selbst die Waldlappen betrachten den Fischfang als ihren Hauptnahrungszweig und versäumen die Zucht der Rentiere, weshalb deren Zahl nach eigener Aussage der Einwohner stark abnehme. Eine Erleichterung hinsichtlich der Rentierzucht erfährt der Waldlappe nun zwar dadurch, dass seine Rentiere sich nicht wie die des Berglappen im Frühjahr nach den Küsten des Eismeeres wenden, sondern daran gewöhnt sind, im Winter wie im Sommer in den Waldregionen zu verbleiben; allein sie bedürfen doch sehr der Pflege und Aufsicht, damit sie sich nicht verlaufen, damit sie nicht verwildern, von den Wölfen getötet werden oder unter den zahlreichen Herden der Berglappen verschwinden. Je weiter der Lappe in das Gebiet des Fischers hineingerät, desto schwieriger wird es für ihn, seinen Rentieren die nötige Pflege angedeihen zu lassen. Es ist deshalb das unausbleibliche Schicksal des Waldlappen, dass er früher oder später ganz Fischer wird, und diese Verwandlung hat nicht allein im Kirchdorf Enare, sondern im ganzen Hauptkirchspiel Utsjoki schon stattgefunden. Im Allgemeinen sind die Lappen der gesamten finnischen Lappmark über die zwei ersten Stadien der Wildheit hinaus. Sie haben den Bergen und dem Walde den Rücken gekehrt, oder mit anderen Worten, sie haben aufgehört, *Berg*- und *Waldlappen* zu sein. Ihr gegenwärtiges Stadium habe ich durch das Wort *Fischer* bezeichnet, und die Zeit dürfte nicht allzu fern sein, in der sie ganz und gar das wilde Leben aufgeben und *Siedler* werden.

Was nun die näheren Umstände hinsichtlich der Lebensweise der Lappen in der finnischen Lappmark und namentlich im Kirchdorf Enare betrifft, so dürfte eine kurze Schilderung derselben nicht ohne alles Interesse sein. Die wichtigste Epoche des einförmigen Lebens der Lappen bildet vor allen anderen Jahreszeiten der Frühling oder die Marienzeit. Um diese Zeit ziehen Fischerlappen von Utsjoki und Enare, zuweilen selbst Bauern von Sodankylä an die norwegische Meeresküste, um dort einem alten Gesetze und alter Sitte gemäß der Fischerei in dem sogenannten Fælleds-Distrikt nachzugehen. Die Art und Weise, wie dies geschieht, ist folgende: Zwei oder drei Lappländer vereinigen sich mit einem an der Meeresküste wohnenden norwegischen Fischer, der ein Boot und Gerätschaften besitzt, überlassen ihm die eine Hälfte des Fanges und teilen die andere Hälfte unter sich auf. Von diesem Fang müssen jedoch sowohl die finnischen wie die norwegischen Fischer der dortigen Geistlichkeit den Zehnten entrichten, der ihnen an Ort und Stelle von Handelsleuten abgefordert wird, die sich im Sommer an den Fjorden aufhalten und die Ersparnisse der Fischer gegen Mehl eintauschen. Die Lappen tadeln diese Kaufleute ihrer gewissenlosen Prellerei wegen und betrachten es als ein Glück, wenn sie während der Monate Juli und August, in denen der Freihandel in den Fjorden gestattet ist, ihre Fische an die Russen veräußern können, die sich um diese Zeit zahlreich einstellen. Wenn man den Angaben Glauben schenken darf, welche die Lappen mir machten, dann ist das Verhältnis zwischen den Preisen norwegischer und russischer Kaufleute wie folgt: Für eine Waage Mehl fordert der Norweger fünf Waagen frischen oder eine Waage getrockneten Fisch, wohingegen der Russe eine Waage Mehl gegen 2½ Waagen frischen Fisch und eine Waage acht Mark gegen eine Waage getrockneten Fisch tauscht. Aber nur wenige der finnischen Lappen genießen den größeren Vorteil, den ihnen der Handel mit den Russen bietet, denn sie begeben sich gewöhnlich um Johanni, also früher, von den Fjorden nach ihrer Heimat zurück. Um Johanni nämlich beginnt schon die Fischerei der finnischen Lappen in ihren eigenen Binnenseen, die alsdann vom Eise frei sind.

Nun naht die goldene Zeit des Lappen – eine Zeit, die er den ganzen darauffolgenden Winter hindurch als ein verlorenes Paradies betrachtet, das ihm die höchste irdische Glückseligkeit geschenkt hat, die nämlich, ungestört von Mücken, mit einem gesättigten Magen und ohne Sorgen für den nächsten Tag in seinem Zelte schlafen zu können. Diese Glückseligkeit möchte der Lappe gewiss nicht gegen alle Schätze der Welt eintauschen, wenn er auch einen Umstand dabei zu beklagen hat, der seine Ruhe und Gemächlichkeit jedenfalls etwas zu stören vermag. Er muss im Verlauf des Sommers nämlich dann und wann von einem Gewässer zum anderen ziehen, und diesem Umzug muss sich fast jeder Fischerlappe in Enare unterwerfen. Hier sind die Lappen von alters her in den Besitz einer Menge kleiner Gewässer gekommen, und gleich nach der Laichzeit der Fische geht man dem Fang in dem einen oder dem anderen Gewässer nach. Oft hängen diese Gewässer durch eine kleine Ader zusammen, und in diesem Fall geschieht der Umzug in aller Bequemlichkeit mithilfe des Bootes; wenn die Gewässer aber nicht miteinander verbunden sind, muss der Lappe sich der

Mühsal unterziehen, die Boote, die Netze und Hausgerätschaften u. s. w. über Land zu transportieren.

Wenn der Sommer zu Ende ist, suchen die Lappen wieder ihre Winterhütten auf, um sich dort von den Ersparnissen zu ernähren, die sie während des Sommers gemacht haben und die zum größten Teil in getrockneten Fischen bestehen. Diese Vorräte genügen jedoch nicht für den Bedarf des langen Winters, und die Herbstfischerei unter dem Eise (Lapp. *juongas*, Finn. *juomus*) reicht kaum für den Bedarf des Tages aus. Lohnender ist dagegen die Jagd und namentlich der Fang von wilden Rentieren, der im Herbst vom Kreuzerhöhungstag bis zum Allerheiligentag stattfindet und im Frühjahr von der Marienzeit bis der Boden vom Schnee befreit ist. Bereits in älteren Zeiten war der Fang wilder Rentiere eine wichtige Nahrungsquelle der Lappen, und man wandte dabei eine nicht länger gebräuchliche Methode an, *Vuomen* genannt, die der Mag. Tornæus, auf den ich mich schon früher bezog, in folgender Weise schildert. »Der Vuomen wird so angestellt: Eine oder zwei Meilen weit auf flachen und nackten Felsen, wo nirgends Wald zu erblicken ist, und eine Meile oder etwas mehr in der Breite steckt er (der Jäger) hohe Stangen *quasi duo cornua* auf; anfänglich lässt er ziemlich weiten Raum zwischen den Stangen, später, weiter gegen das Ende der Strecke hin (denn diese ist eine oder zwei Meilen lang), steckt er sie näher aneinander auf, und an jeder Stange befestigt er irgendetwas Schwarzes oder Hässliches, was das Rentier scheu machen kann: Wenn er zu den *angustiora* kommt, wirft er einen Wall auf, wie in Schweden die Ackerzäune, die das Rentier nicht zu überspringen vermag; später *in angustissimo* ist ein jäher Fall mit fünf Treppen abwärts versehen, um diesen wiederum ein hoher starker Zaun, wie ein Staket und Sack wohl verwahrt, damit keine Kreatur daraus entkommen kann. Dann fährt der Lappe auf allen Felsen umher; wo er einen Haufen Rentiere findet, verscheucht er ihn, und zwar so, dass die Rentiere langsam und gemächlich in die Richtung seines Vuomen ziehen. Wenn die Rentiere zwischen die aufgestellten Stangen geraten, wagen sie es weder auf der einen noch der anderen Seite, durch diese hindurchzugehen, weil sie vor dem Schwarzen zurückscheuen, das an den Stangen befestigt ist. Der Lappe mit seinen Leuten ist hinterher und gibt darauf Acht, dass die Rentiere nicht wieder zurückkehren, sondern langsam vorwärtsschreiten, zuweilen etwas weißes Moos fressen (das nun ihre Speise ist), sich niederlegen und ausruhen, als wenn gar keine Gefahr vorhanden wäre; aber wenn sie *ad angustiora* und *angustissima* kommen, woselbst ein starker Zaun an beiden Seiten steht, da fährt er mit Macht hinterher und treibt die Rentiere *in praecipitium* die fünf Treppen hinab, die er gemacht hat; von hier vermögen sie nicht wieder zurückzuspringen, sondern müssen dort *in suo carcere* bleiben: Nachher kommt der Lappe, wann er will, und tötet sie alle, die kleinen wie die großen, und vertilgt dadurch den Rentierstand im Land, sich selbst und anderen zum Schaden; deshalb solche auch von anderen Lappen gehasst sind.« Den Berichten der Lappen zufolge hat man in früheren Zeiten die wilden Rentiere auch in Gruben gefangen, und es ist wahrscheinlich, dass die in Finnland hier und da vorkommenden »Lappengräber« größtenteils alte Fanggruben für wilde Rentiere sind. Die Sitte, das wilde Rentier in Schlingen zu fangen, hat sich bis auf unsere Tage erhalten. Gegenwärtig liebt der Lappe es jedoch am meisten, das Rentier mithilfe seiner sicheren Büchse zu erlegen, und ich habe Lappen erzählen hören, dass sie sowohl während des Fanges im Herbst wie im Frühjahr oft 30 bis 40 Rentiere geschossen haben. Allein wie lohnend dieser Rentierfang auch ist, so liegt es doch in der Natur der Sache, dass er, als Nahrungszweig betrachtet, immer unzuverlässig bleibt. Das sicherste Mittel des Fischerlappen, sich im Winter gegen Mangel zu schützen, war früher der Branntweinhandel mit den Berglappen. Das Mehl, welches der Fischerlappe sich während seines vorhin erwähnten Aufenthalts in den Fjorden eintauschte, ließ er später durch den finnischen Ansiedler in Branntwein verwandeln und tauschte nun wiederum gegen diesen Rentierfleisch bei den Berglappen ein, die sich im

Winter in großer Menge in Enare aufhalten. Der gewöhnliche Preis für eine Kanne Branntwein soll ein Rentierochse und für eine halbe Kanne eine Rentierkuh gewesen sein. Der Fischerlappe selbst ist gerade kein allzu leidenschaftlicher Liebhaber starker Getränke, und der Branntweinhandel brachte ihm deshalb einen außerordentlichen Gewinn. Doch die demoralisierende Wirkung des Branntweins ist der Grund gewesen, weshalb der Handel mit dieser Ware in späteren Zeiten in unserer finnischen Lappmark ganz und gar verboten worden ist. Was der Enare-Lappe dadurch an äußerem Wohlstand eingebüßt hat, dürfte er jedoch mit der Zeit durch eine verbesserte und zweckmäßigere Lebensweise ersetzen können.

Doch ich vergesse, dass wir uns noch immer in der Kote des Lappen befinden und dass es wohl zuträglich sein könnte, nach einem so langen Verweilen in derselben ein wenig frische Luft einzuatmen. Sagen wir deshalb Juutua Lebewohl und setzen unsere Reise fort, wobei wir jedoch nicht versäumen, in dem auf unserem Wege liegenden Enare-Pfarrhof einzukehren. Das Hauptgebäude dieses Pfarrhofs besteht aus zwei Räumlichkeiten, die für alles, nur nicht für die Sonne zugänglich sind. Dem äußeren Zimmer dient als Schmuck eine Bank, die durch die schmutzigen Pelze der Lappen allmählich einen schwarzen Anstrich erhalten hat; im Inneren erblickt man ein Bett, das mehr als die Hälfte des Zimmers einnimmt und mit vorjährigem Birkenlaub angefüllt ist. Anstatt der Kachelöfen ist in jeder Räumlichkeit ein Feuerherd angebracht, und die Wärme wird in den beiden Zimmern dadurch gefesselt, dass man von außen, vom Dach aus, durch einen großen Zapfen von Heu den Schornstein verschließt. Die einzigen sichtbaren Bewohner des Pfarrhofes waren einige ausgestopfte Eulen und Eichhörnchen. Durchmans Hoffnung, bei unserer Ankunft in Enare die Lappen in der Kirche versammelt zu finden, ging somit nicht in Erfüllung, weshalb er sich entschloss, mit uns die Reise nach Utsjoki fortzusetzen. Wir beglückwünschten ihn jedoch vorerst zu seiner neuen Wohnung, reisten darauf ab und legten zu Fuß eine Meile bis an das Ufer des Stuorrajaur zurück. Hier fanden wir eine Lappenkote vor, leider aber war sie leer und die Boote fort. Der Führer behauptete, der See sei nicht umgehbar. Mein Vorschlag, ein Feuer am Ufer anzuzünden, fand keinen Beifall, weil dieses in Lappland gebräuchliche Signal an diesem Orte durch mehrere höher liegende Landzungen nicht sichtbar sein würde. Wir überlegten nun lange, was zu tun sei, und fassten endlich den Entschluss, den Lappen und Jessiö nach einer der Landzungen zu senden, damit sie dort ein großes Feuer anzündeten. Jessiö kehrte jedoch nach Mitternacht zurück und berichtete, dass der Lappe kein Feuer angezündet, sondern in aller Stille an den Landzungen vorübergewandert sei, und zwar ohne auf die Frage Jessiös eine andere Antwort zu geben als die, er möchte ihm folgen. Endlich habe Jessiö durch Drohungen den Lappen zu dem Geständnis gebracht, dass dieser den Aufenthaltsort der Bewohner der vorhin erwähnten leeren Kote kenne und dass es seine Absicht sei, sich dorthin zu begeben, um ein Boot herbeizuschaffen. Jessiö habe er mit sich genommen, damit dieser auf dem Rückweg das Boot rudern solle. Verärgert über das unredliche Betragen des Lappen habe Jessiö endlich beschlossen, wieder zurückzukehren, nachdem er dem Lappen jedoch erst streng befohlen, die Zeit nicht unnütz zu verschwenden. Nichtsdestoweniger war es morgens vier Uhr geworden, bevor der Lappe zurückkehrte. Dieser war in einer sehr verdrießlichen Laune und hatte wahrscheinlich aus Verdruss ein so gebrechliches Boot ausgesucht, dass wir darin nur mühsam das nächste Lappendorf auf einer kleinen Insel in dem Stuorrajaur erreichten. In diesem Dorf befanden sich zwei ziemlich wohleingerichtete Wohnhäuser, aber die Lappen wohnten nichtsdestoweniger in ihren Koten, und zwar, wie sie sagten, weil sie in den raucherfüllten Koten nicht von den Mücken belästigt würden. Es war gerade Sonntag, weshalb Durchman glaubte, er sei verpflichtet, hier Gottesdienst zu halten, nach dem wir denn auch erst unsere Reise fortsetzten, fernere zwei Meilen auf dem See zurücklegten und endlich bei einer finnischen Ansiedlung am Ausfluss des Kama rasteten. Hier zeigten sich deutliche Spuren der Art des Elends, die nicht in zwingenden äußeren Umständen, auch nicht in einer mangelhaften Bildung zu suchen ist – die Wirtin war von guter Familie –, sondern auf einer durch den Genuss des Branntweins hervorgerufenen moralischen Depravation beruht. Nach einer kurzen Rast verließen wir diese Wohnung des Elends und erstiegen den Fjäll. Erst jetzt befanden wir uns in dem wahren Rentierland. Weit und breit erblickten wir weiter nichts als Rentiermoos – dieses graue Gras, dessen Anblick mich immer verstimmt hat; die großen Sümpfe und Moräste, die hier und dort die Fjälls unterbrachen, steigerten unser Wohlbefinden durchaus nicht. Um das Maß vollzumachen, hatten wir von Juutua aus als Führer einen wortkargen, ungefälligen Lappen erhalten. Verdrießlich schritt er uns voran, trug missvergnügt seine Last auf dem Rücken und war weder durch Branntwein noch durch gute Worte oder Drohungen zu einer befriedigenden Antwort auf unsere Fragen zu bringen; gewöhnlich speiste er uns mit dem Lieblingsausdruck der Lappen ab, fast immer hieß es: »Ich weiß nicht, ich weiß wahrhaftig nicht.« Diese Phrase wendet der Lappe jeden Augenblick an, und zwar ohne einen besonderen Sinn damit zu verbinden. Wenn ich einen Lappen bei irgendeiner Gelegenheit fragte, wie lange er wohl an seinem gegenwärtigen Aufenthaltsorte gewohnt habe, antwortete er gewöhnlich folgendermaßen: »Ich weiß wahrhaftig nicht, dieses Jahr ist aber das neunte.«

Nach einer ununterbrochenen Wanderung von acht Stunden hatten wir vier Meilen zurückgelegt und gelangten um zwei Uhr nachts an einem Ort an, wo der Vater unseres Führers, ein Fischerlappe, sein Lager aufgeschlagen hatte. Wir hatten somit allen Grund, auf Gastfreundschaft zu rechnen, doch dessen ungeachtet bleibt dieser Ort der einzige in ganz Lappland, an dem wir unfreundlich aufgenommen wurden. Ermüdet von der beschwerlichen Wanderung, wünschte ich bei meiner Ankunft einen Trunk Wasser, aber anstatt mir diese geringfügige Labung zuteilwerden zu lassen, deutete der Lappe auf einen Teich, der obendrein ungefähr eine Werst vom Zelt entfernt lag. In der deutlichen Absicht, uns gar nichts darreichen zu wollen, begann er über den schlechten Ausfall des Fischfangs zu klagen. Wir sagten ihm, dass wir nicht der Speise, sondern der Ruhe bedürftig seien, allein der Lappe wollte auch kein Obdach für uns haben. Wir waren schon im Begriff, die nötigen Maßnahmen für ein Nachtlager im Freien auf dem Fjäll zu treffen, als uns endlich ein kleiner Verschlag zur Verfügung gestellt wurde. Hier fanden wir uns jedoch bald in unserer Ruhe gestört, und zwar weil man uns auf Rentierhäute gebettet hatte, die voll Ungeziefer waren. Wir beeilten uns nun, diesen ungastfreundlichen Ort zu verlassen, und erreichten nach einer Wanderung von ungefähr zwei Meilen eine Kote, in der man uns mit der zuvorkommendsten Freundlichkeit aufnahm. Das Haupt der Familie war ein fröhlicher, gesprächiger, freimütiger Mann. Zwar sei ihm der Fischfang während des Sommers zum Teil missglückt, doch er tröstete sich im Unglück damit, dass seine und die Bedürfnisse der Lappen überhaupt nicht viel größer seien als die der Mücken. Als ich nichtsdestoweniger die Armut der Lappen beklagte, äußerte er fröhlichen Mutes: »In all unserer Armut führen wir ein sorgenfreies Leben und sehnen uns nach keinem bessern.« Er sprach zugleich die Überzeugung aus, dass der Lappe sich unbedingt ein frühes Grab bereitet, sobald er den Bergen seiner Heimat den Rücken kehrt, und führte als Beweis seiner Ansicht eine Erzählung von einem Knaben an, den der Vater kürzlich, wie die Worte lauteten, »einem reichen Herrn *verkauft* habe«. Der Knabe sei kurz darauf gestorben, und die Lappen hegten allgemein den Glauben, Gott habe den geizigen, gefühllosen Vater durch den Tod des Sohnes bestrafen wollen. Diesen Vater traf ich später an der Kirche zu Utsjoki. Er war dort erschienen, um dem Gottesdienst beizuwohnen, glaubte jedoch bei tieferem Nachdenken, er sei unwürdig, das Haus Gottes zu betreten. Stumm und düster wanderte er während des ganzen Gottesdienstes, einem Gespenst gleich, auf dem Friedhof umher.

Als wir dieses Lappendorf verließen, hörte ich, dass der Führer unseren Wirt um den Weg nach Mieraschjaur, unserer nächsten Station, fragte. Das Gespräch wurde jedoch ganz leise in der lappländischen Sprache geführt, weshalb ich weiter nichts vernahm, als dass wir bei fortgesetzter Wanderung einen Berg zu ersteigen und dabei dem Lauf eines seichten Felsenbaches zu folgen hätten. Um 4 Uhr des Nachmittags traten wir unsere Wanderung an und hofften, noch am Abend das Ziel zu erreichen. Dies hätte unter gewöhnlichen Verhältnissen auch der Fall sein müssen, allein das Unglück wollte, dass unser Führer des Weges nicht ganz kundig war. Bereits nach einer halbstündigen Wanderung standen er und wir zweifelnd an einem großen Gewässer, nicht wissend, längs welchem Ufer wir unseren Weg fortsetzen sollten. Dem Rat Jessiös folgend entschieden wir uns endlich für das nördliche Ufer und setzten unsere Wanderung später auf gut Glück fort. Zu meiner großen Freude entdeckte ich nach Verlauf von drei bis vier Stunden den von unserem Wirt erwähnten Berg. Doch nachdem wir denselben überschritten hatten, bemerkten sowohl ich wie Durchman, dass der Führer gar zu oft eine neue Richtung einschlug. Infolgedessen musste der Lappe sich einem strengen Verhör unterwerfen. Er sah sich zu dem Geständnis gezwungen, dass er des Sommers nie in dieser Gegend gewesen war, behauptete aber, dass er zur Winterzeit mehrmals die Reise nach Utsjoki unternommen habe und die Gegend, wenn er uns auch nicht den geradesten Weg führe, genau kenne; er habe deshalb so oft die Richtung gewechselt, weil er genötigt sei, die öden, ungebahnten Stellen zu umgehen, die sich auf unserem Wege befänden. Wir unsererseits waren genötigt, uns mit dieser Erklärung zu begnügen. Nachdem wir wiederum eine weite Strecke gewandert waren, deutete unser Führer auf den Gipfel eines hohen Fjälls, den wir ersteigen mussten, und versicherte uns, dass wir von dort aus Mieraschjaur erblicken würden. Wir kletterten den Berg hinan, erreichten den Gipfel und erblickten nicht Mieraschjaur, sondern eine Wolkenmasse, finster wie die Nacht. Ein kalter Wind umfing uns, und bald kam obendrein ein so heftiger

Regen auf, dass die Felsbäche zu brausen begannen. Ohne ein Wort setzte der Lappe seine Wanderung fort, und zwar so schnellen Schrittes, dass wir ihm nur mühsam zu folgen vermochten. Erst gegen Mitternacht erreichten wir ein Obdach in Mieraschjaur.

Wir waren gerade im Begriff, in das Zelt einzutreten, als die Tür sich von innen her öffnete und ein Lappe betrübter Miene und tränenvollen Blickes heraustrat. Er stammelte mit unsicherer Stimme folgende Worte: »Ich werde Witwer sein«, kehrte darauf in das Zelt zurück und schloss die Tür hinter sich. Nach einigen Augenblicken trat er wieder hervor und erzählte nun, dass er uns in seinem Zelt nicht aufnehmen könne, weil seine Frau mit dem Tode ringe. Er bat uns, ein Boot umzustülpen und so gut wir es vermöchten darunter Schutz gegen den Regen zu suchen. Dies war zwar kein schlechter Rat, doch ganz durchfroren und durchnässt, wie wir es bereits waren, bedurften wir eines Feuers. Unglücklicherweise ließ sich, so weit das Auge reichte, kein einziger zu diesem Zwecke dienlicher Baum erspähen. Vor dem Zelt des Lappen lag zwar eine gefällte Kiefer, allein es schien, als diene ihm diese zum Trocknen seiner Fischnetze, die er über die Zweige ausbreiten mochte. Nichtsdestoweniger erklärte Jessiö den Baum zur willkommenen Beute, unser Führer aber erklärte sich mit aller Macht dagegen, dass wir den für Peder so notwendigen Baum zerstörten. Seine Einwände blieben erfolglos, und Jessiö betrieb die Sache dermaßen, dass wir bald um ein flammendes Feuer gelagert waren. Darauf beorderten wir ihn ins Zelt zu treten, um wo möglich der Frau des Lappen beizuspringen. Auch dies glückte ihm vortrefflich, und noch bevor wir eingeschlafen waren, trat der Lappe Peder selbst aus dem Zelt und forderte für seine durch die Hilfe Jessiös mit einem totgeborenen Kind entbundene, glücklich erlöste Frau einen Schnaps. Am folgenden Morgen senkten wir das Kind in ein Grab, das wir sorgfältig mit Baumstämmen und Steinen bedeckten, damit die wilden Tiere die Leiche nicht aufspüren würden. Nach dieser Zeremonie setzten wir auf eigene Faust und in dem

Boot Peders unsere Reise auf dem Fluss Utsjoki fort und erreichten noch an demselben Abend das Ziel unserer mühsamen Fahrt: den Pfarrhof zu Utsjoki.

3

Um die Zeit unserer Ankunft im Pfarrhof zu Utsjoki lebte dort eine finnische Pfarrersfamilie, die schon viele Jahre in dieser öden Wildnis verbracht hatte, getrennt von Freunden und Verwandten, weit entfernt von der Heimat und der ganzen gebildeten Welt. Das Haupt dieser Familie war der Pastor J. S., ein Mann von hoher Bildung und energischem Charakter. Eine innere Stimme hatte ihn zu dem Entschluss geführt, sich in Lappland niederzulassen, nicht um durch neue Entdeckungen im Reich der Wissenschaft Lorbeeren zu ernten, noch weniger um sich einen kürzeren Weg zur künftigen Beförderung im Staatsdienst zu bahnen, sondern um mit redlichem Ernst seinem mühsamen Beruf der geistlichen Mission bei den wilden Söhnen der Berge nachzugehen.

Um jedoch seinen Aufenthalt in dieser freudlosen Gegend einigermaßen erträglich zu gestalten, war S. gleich nach seiner Ankunft in der Lappmark darauf bedacht gewesen, dem einsamen Eremitenleben zu entsagen, das die meisten der Missionare vor ihm dort geführt hatten. Zu diesem Ende reparierte und richtete er die alte Wohnung der Missionare mit möglichster Sorgfalt ein – eine Wohnung, die nur aus einer elenden kleinen Hütte am Mandu-See bestand, dicht bei der Kirche zu Utsjoki. Darauf begab er sich nach Finnland und führte von dort eine junge, liebenswürdige Gattin heim, die, ihrer schwächlichen Gesundheit ungeachtet, ohne Bedenken ihren Mann fast bis an das Ende der Welt begleitete. Und ihr folgte in edler Selbstaufopferung Fräulein E. R., die um jene Zeit erst ein fünfzehnjähriges Mädchen war.

In der strengsten Winterzeit bahnte die kleine Familie sich einen Weg über die gefürchteten Fjälls Lapplands.

Hier mussten die jungen Damen darauf bedacht sein, den kleinen, schwankenden Schlitten (Pulka) zu balancieren, während das vorgespannte Rentier in rastloser Fahrt die steilen Berge hinan- und hinabeilte. Tagaus, tagein sahen sie sich genötigt, wie in einem Gefängnis in dieser unbequemen Equipage zu verweilen, die ihnen nicht den geringsten Schutz gegen die eisigen Fjällwinde gewährte; und wenn die Nacht einbrach, wie oft mussten sie sich nicht mit einem Obdach begnügen, wie es die großen Schneewehen oder ein elendes Lappenzelt gerade boten. Außer dergleichen Mühseligkeiten, mit denen jeder Lapplandfahrer zu kämpfen hat, sahen sich unsere Reisenden noch vielen zufälligen Gefahren und Abenteuern ausgesetzt, die sie gar leicht das Leben hätten kosten können. Die schützende Hand der Vorsehung führte sie jedoch ungefährdet zum Ziel. Sie erreichten glücklich den Ort ihrer Bestimmung und, wie klein und niedrig die Hütte auch war, die nun ihre Heimat bildete, so fühlten sie sich doch unendlich glücklich, den Stürmen und Gefahren der Fjälls entgangen zu sein und ruhig am warmen Herd zu sitzen.

Diese Freude war leider von kurzer Dauer, denn bald nach ihrer Ankunft in Utsjoki wurde die kleine Wohnung ein Raub der Flammen. Pastor S. war derzeit auf einer Amtsreise, selbst die Dienstboten waren nicht in der Nähe, und die jungen Damen waren so gut wie die einzigen Bewohner des Hauses. Man denke sich das Entsetzliche ihrer Lage bei jenem unglücklichen Ereignis. Nicht weniger schrecklich muss dem Pastor zumute gewesen sein, als er bei seiner Rückkehr die Trümmer des niedergebrannten Hauses erblickte und noch dazu in Ungewissheit über das Schicksal der Seinigen war. Selbst äußert er sich hierüber in einem Brief an einen Freund: »Welch entsetzlicher Anblick, als ich zwei Tage nach der Feuersbrunst zurückkehrte und vor mir die noch rauchenden Trümmer des Hauses lagen! Mein Rentier, das von einer Reise von sechzehn Meilen etwas ermüdet war, ließ ich auf dem See zurück, entledigte mich der Reisekleider und lief auf mein Haus zu. Unterdessen besann ich mich, dass der Weg zum nächsten Nachbarhof südwärts (Pfarrhof Sodankylä) fünfzig Meilen und nordwärts nach Vadsö sechzehn Meilen betrug und dass meine Gattin sich in gesegneten Umständen befand. In der Nähe standen zwar zwei bis drei Hütten, aber ohne Dach und ohne Türen. Als ich einen Blick hineinwarf, fand ich dort kein lebendes Wesen. Da stieg der entsetzliche Gedanke in mir auf: Sind sie verbrannt? Oder sind sie, zwar den Flammen entronnen, erfroren? Letzteres schien mir sogar sehr wahrscheinlich zu sein, denn in einem Umkreis von einer Meile wohnte kein einziger Lappe. Ich wollte laut aufschreien, allein ich vermochte keinen Laut hervorzubringen. In einer solchen Lage wäre ich gewiss in wenigen Augenblicken wahnsinnig geworden, doch da kamen mir Emeli und Emma aus einer der Lappenhütten entgegen. Das Feuer war in der Nacht ausgebrochen; um 3 Uhr des Morgens sei meine Gattin erwacht und habe das Mädchen gerufen, jedoch ohne irgendeine Gefahr zu ahnen, weil sie nur ein wenig Rauch in der Schlafstube bemerkt habe. Die Küche stand jedoch schon in vollen Flammen, und der Ausgang durch die Tür war bereits versperrt. Meine Frau musste durchs Fenster springen, und zwar ohne alle andere Bekleidung als eine leichte Jacke, in welchem Aufzug sie mir nun auch entgegenkam. Unwillkürlich flossen meine Tränen vor Freude, meine Liebsten noch am Leben zu finden. Der Verlust des Eigentums machte mir wenig Kummer, die Möglichkeit aber, dass meine Gattin in ihrem damaligen Zustand durch den Schreck und die Anstrengung gelitten haben könnte, beunruhigte mich – umso mehr, als sich später noch andere unglückliche Zufälle ereigneten, die sie leicht das Leben hätten kosten können.«

Nach der unglücklichen Feuersbrunst sah S. sich genötigt, mit seiner Familie mehr als ein halbes Jahr eine Hütte zu bewohnen, die sonst den Lappen als Obdach diente, wenn sie zum Gottesdienst hierherkamen. Von dieser Hütte heißt es in dem vorher erwähnten Briefe: »Nachdem man sich am Kohlenfeuer an der einen Seite erwärmt hatte, wendete man die andere Seite, die unterdessen abgekühlt worden, dem Feuer zu. Das Zimmer war immer von Rauch erfüllt, allein das alte Sprichwort ›Ohne Rauch keine Wärme‹ ließ sich hier nicht anwenden. Durch das Dach der Hütte troff das Wasser wie durch ein Sieb, und Wind und Wetter pfiffen durch die Mauerritzen.«

Im Verlauf der fünf Jahre, die seit jenem traurigen Ereignis verstrichen waren, hatte S. sich jedoch mit einer neuen Wohnung zu versehen gewusst, die zwar klein und beschränkt war, aber nichtsdestoweniger ein solches Maß von Glück und Wohlbefinden in sich schloss, das gewiss größer war als in den geräumigsten Gemächern. Die Mitglieder der kleinen Familie waren durch das schöne Band der Liebe vereint, und dies war alles, was sie zu ihrem Glücke nötig hatten. Wenigstens versicherte mir S., dass er sich nirgends in der Welt so glücklich gefühlt habe wie gerade in dieser Felsenkluft, und selbst der jungen Frau glitt das Leben an der Seite eines geliebten Gatten und von niedlichen Kindern umgeben leicht und angenehm dahin. Was Fräulein R. betrifft, so fand sie nicht allein ihr Behagen im Schoße der Familie, sondern sie liebte auch leidenschaftlich die hohen Fjälls, und es war ihre Freude, mit den wildesten Rentieren über ihre Gipfel dahinzueilen. Nichtsdestoweniger glaubten wir aus den Tönen ihrer Harfe zuweilen wehmütige Klagen über die Leere des Lebens zu vernehmen. Diese Töne machten auf Durchman einen so tiefen Eindruck, dass wir nach einem zehntägigen Aufenthalt im Pfarrhof zu Utsjoki seine Verlobung mit dem liebenswürdigen Mädchen feiern konnten. Bei dieser Verlobungsfeier war jedoch Blank nicht mehr zugegen; kurz zuvor hatte er sich auf dem Flusse Teno nach Muonioniska begeben, und am Tag nach der Verlobung, die am 9. August stattfand, traten auch Durchman und ich die Rückreise nach Enare an.

Man hat in Lappland nicht die Wahl unter vielen Wegen, sondern dieselbe Richtung, die bei der Hinreise eingeschlagen worden war, mussten wir auch jetzt befolgen, um auf der Rückreise die Kirche Enare zu erreichen. Der Fluss Utsjoki mit seinen brausenden Wasserfällen bildete vorläufig unsere Landstraße. Während Jessiö und Durchman sich mithilfe der Ruderstangen an den Wasserfällen vorüber einen Weg bahnten, wanderte ich zu Fuß über die Berge dahin. Wehmütige Gefühle ergriffen mich auf meiner Wanderung, als ich überall die Zerstörung erblickte, welche der Frost, dieser Feind des Sommers, während unseres Aufenthaltes im Pfarrhof zu Utsjoki angerichtet hatte. Die hier und dort am Fjällrande wachsenden Zwergbirken hatten schon zum Teil ihr grünes Laub verloren; die Blumen hatten einen Leichenteint erhalten und beugten ihr Haupt wehmütig zur Erde. Die Vögel der Gebirge flogen stumm umher, einen Schutz gegen den kalten Wind suchend. Alles um mich her war so öde, dass ich oft mit Sehnsucht die Blicke auf den trefflichen Pfarrhof zurücklenkte; doch auch dieser verschwand bald aus meinem Gesichtskreis, und vor meinem Auge, in dicken Nebel gehüllt, türmte sich der Gipfel des schneebedeckten Berges Rastekaise auf. Jene Nebel verwandelten sich allmählich in finstere Wolken, die zu meinem Ärger und zu meiner Betrübnis noch den Entschluss gefasst zu haben schienen, mir auf den Fersen zu folgen. Ich besaß zwar in meinem lappländischen Pesk einen guten Talisman gegen diese Begleiter, bloß hatte ich ihn im Boot zurückgelassen, und dieses war wiederum mehrere Stunden hinter mir zurück. Um dem drohenden Unwetter zu entgehen und in der Hoffnung, Schutz in einem kleinen Fischerzelt zu finden, über dessen Existenz die Hinreise mich belehrt hatte, beschleunigte ich meine Schritte. Es gelang mir auch, vor dem Ausbruch des Unwetters die Hütte zu erreichen, allein dieselbe war zum Unglück durch das gewöhnliche hölzerne Schloss der Lappen verriegelt, zu dessen Eröffnung man zwar keines Schlüssels, aber doch geübterer Finger als der meinigen bedarf. Als ich nicht durch die Tür hineingelangen konnte, versuchte ich, mir einen Weg durch den Rauchfang zu bahnen, doch auch dieser Versuch scheiterte. Endlich entdeckte ich zu meinem großen Vergnügen einen kleinen Schuppen, nicht weit von der Hütte selbst entfernt. Dieser war zwar auch in der lappländischen Weise verriegelt, aber hart bedrängt von Regen, Schnee und Sturm, verfiel ich in meiner großen Not schließlich auf den Kunstgriff, der das Schloss öffnete. Somit war ich nun glücklich unter Dach, wenn es mich auch noch viel Mühe kostete, in dem engen, von Kesseln und Töpfen und anderem Hausgerät angefüllten Schuppen so weit aufzuräumen, dass ich eine Ruhestätte fand. Nachdem mir auch dies gelungen war, fiel ich nach wenigen Augenblicken auf einer ausgebreiteten Rentierhaut in den Schlaf. Als ich wieder erwachte, war mein erster Gedanke, dass ich wahrscheinlich verschlafen hätte und dass meine Gefährten, die nichts von meinem Versteck wussten, an mir vorübergefahren und ihre Reise weiter, vielleicht schon bis Enare, fortgesetzt haben mochten. Durch diesen Gedanken aufgeschreckt, eilte ich ans Ufer, und in demselben Augenblick wurde das Boot vom Lande abgestoßen. Man hatte mich in der Tat gesucht und gerufen, glaubte aber, weil man keine Antwort erhielt, dass ich meine Wanderung bis an das Zelt des Lappen Peder, das sich in der Nähe befand, fortgesetzt habe.

Als wir das eben erwähnte Zelt erreichten, war der Tag schon zu Ende, und wir sahen uns genötigt, hier zu übernachten – jedoch nicht in dem unsauberen Zelt selbst, sondern neben einem Feuer (*nuotio*) von den Überresten jener Kiefer, von der Jessiö auf unserer Hinreise Besitz ergriffen hatte. Es versteht sich, dass wir bei dieser Gelegenheit nicht unterließen, die milden Gaben zu besichtigen, welche die auf alles bedachte Pfarrersfamilie uns auf die Reise mitgegeben hatte. Und da sich herausstellte, dass wir mit Essen und Trinken wohl versehen waren, bereiteten wir uns ein gutes Mahl an dem flammenden Feuer und leerten ein Glas auf das Wohlergehen des Wirts und der Wirtin, die wir jetzt vermissten, und auf die einsam zurückgebliebene trauernde Braut. Diese Erfrischung war überhaupt nicht überflüssig, denn das Unwetter raste die ganze Nacht hindurch und überhäufte uns dermaßen mit Regen und Schnee, dass wir, der Labung des Abends ungeachtet, am nächsten Morgen beim Erwachen sehr durchgefroren und missgelaunt waren.

Um zur rechten Zeit an der Kirche zu Enare einzutreffen, waren wir gezwungen, am frühen Morgen, ohne ein ordentliches Mahl eingenommen und ohne unsere Kleider getrocknet zu haben, die Reise fortzusetzen. Es war nämlich angekündigt, dass Durchman in zwei Tagen in der Kirche zu Enare mit den Lappen Gottesdienst halten wollte. Die unvermutete Verlobung hatte uns länger als geplant in Utsjoki aufgehalten, und damit die Amtsgeschäfte nicht darunter zu leiden hatten, mussten wir nun alle Kräfte aufbieten, um unsere Schritte zu beschleunigen. Mit Peder als Führer an der Spitze setzten wir über die Berge und Moräste mit einer Hast, als gälte es das Leben. Während sechzehn Stunden rasteten wir nur ein einziges Mal und nahmen uns selbst dann nicht die Zeit, ein ordentliches Mahl zu halten. Geplagt von Hunger und Durst versuchte ich, im Vorübergehen Sumpfbrombeeren zu pflücken, die hier und da auf den Bülten wuchsen, allein ein unfreundliches Schicksal hatte uns eine neidische Lappin in den Weg geführt, die mich in meinem Vorhaben sehr beeinträchtigte. Sie folgte dicht hinter mir, und so oft ich mich niederbeugte, um eine Beere zu pflücken, war sie mir schon mit der Schnelligkeit eines Raubvogels zuvorgekommen. Es führte zu nichts, dass ich sie bald durch gute, bald durch böse Worte zu einem besseren Betragen zu bewegen suchte – sie verspottete lachend meine Ermahnungen. Erst als sie bemerkte, dass meine Kräfte zu schwinden begannen, schälte sie etwas Rinde von den Bäumen ab und reichte mir diese Scheiben als Ersatz für die Beeren. Mit dieser mageren Kost setzte ich meine Wanderung fort, und wie viel Mühe es mich auch kostete, meine ranzenbeschwerte Person vorwärtszuschleppen, so erreichten wir doch um Mitternacht die erste finnische Ansiedlung, nachdem wir an diesem Tage nicht weniger als acht schwedische Meilen (achtzig Werst) zurückgelegt hatten. Nach dieser Kraftanstrengung war ich in dem Maße ermüdet, dass es mir unmöglich gewesen wäre, die Reise am folgenden Tage fortzusetzen, wenn dies nicht größtenteils zu Wasser geschehen wäre. Selbst mehrere Tage danach fühlte ich mich noch immer sehr entkräftet und außerstande, eine neue Fußwanderung zu unternehmen.

Diese Zeit verbrachten wir teils in der nächsten Umgebung der Kirche zu Enare, teils im Dorf Kyrö. Während des Aufenthalts an dem erstgenannten Ort hatte ich Gelegenheit, die tiefe, ausdauernde Andacht zu bewundern, mit der die Lappen ihren Gottesdienst begehen. Fast volle vierundzwanzig Stunden beschäftigten sie sich beinahe ununterbrochen mit Andachtsübungen, teils in der Kirche, teils in ihren eigenen kleinen Hütten. Einige unter ihnen waren derart belesen, dass sie das Neue Testament nahezu auswendig kannten, und während des Gottesdienstes machte ich die Beobachtung, dass beim Absingen der Lieder kein einziger Lappe, wohl aber mancher Finne des Gesangbuchs bedurfte. Es ist in der Tat eine höchst bemerkenswerte Erscheinung, dass die Enare-Lappen sich eine so gründliche Kenntnis der Religion haben erwerben können, und das, obwohl sie viele Jahre ohne Seelsorger geblieben waren. Dabei ist es gar nicht so lange her, dass die Lappen zum ersten Male in eine innige Beziehung zum Christentum traten. Zwar dürften sie schon in den katholischen Zeiten getauft worden sein, die ältesten Kirchen in der Lappmark aber wurden erst unter der Regierung Karls IX. und auf eigene Kosten dieses Königs, ungefähr im Jahr 1600, erbaut. Indessen bedauerte man noch immer die schwache Religionskenntnis der Lappen, und Nils Fellman versichert in einem Bericht vom Jahre 1751 an das Domkapitel zu Åbo, dass sie »bis auf die Zeiten der Königin Christine als verirrte Schafe in heidnischer Finsternis gewandelt, Zauberei und Aberglauben zugetan, steinerne und hölzerne Götzen verehrt und angebetet und dass sie, was ein Gräuel gewesen, diesen Götzen ihre eigenen Kinder geopfert hätten.«

Seit jener Zeit ist sozusagen selbst die Erinnerung an das Heidentum verschwunden. Ihre früheren Götter: Aija (Finn. *Äijä*, *Ukko*), Akka (Finn. *Akka*, *Ämmä*), Tuona (Finn. *Tuoni*) u. s. w. kennen sie jetzt kaum dem Namen nach. Allgemeiner bekannt sind die vorher erwähnten steinernen und hölzernen Götzen oder Seitas, welche die Lappen in alten Zeiten als Penaten verehrt haben. Von den hölzernen Seitas habe ich erzählen hören, dass sie der menschlichen Gestalt nachgebildet waren, ungefähr in derselben Weise, wie dies noch heutigen Tages bei den Ostjaken, Wogulen und anderen entfernteren Zweigen des finnischen Volkes der Fall ist. Idole solcher Gestalt will man vor nicht langer Zeit in der Gemeinde Tervola, im Kirchspiel Kemi, aufgefunden haben, wo man ihnen den Namen *Molekit* beigelegt hat. Diese Benennung ist wahrscheinlich von christlichen Pfarrern gebildet, die dadurch haben andeuten wollen, dass man den Seitas, gleich dem Moloch, Menschenopfer dargebracht habe – eine Angabe, deren Richtigkeit man jedoch bezweifeln dürfte. Hinsichtlich der sogenannten Stein-Seitas besagt die Tradition, dass sie vorwiegend aus rohen, durch ihre Größe oder äußere Form ungewöhnlichen Steinen bestanden haben. In den Gegenden der Lappmarken, die von Finnen bewohnt sind, heißen dergleichen Steine zuweilen *Kenttäkivet*, aus den finnischen Worten *kenttä*, d. h. Lagerstätte, und *kivi* (Pl. *kivet*), d. h. Stein, und gerade diese Benennung sowie andere Gründe deuten darauf hin, dass die Seitas die Penaten der Lappen gewesen sind. Doch um auf ihre Form zurückzukommen, so hat es auch unter den Stein-Seitas solche gegeben, die von Menschenhänden gebildet waren, und zwar durch eine Menge aufeinandergehäufter Steine, von denen einige den Kopf, andere die Schultern und die Brust u. s. w. vorstellen.

Eine Seita dieser Art hatte ich Gelegenheit, auf einer kleinen Insel, einem sogenannten Holm, im Enare-See auf unserer Reise von der Kirche nach dem Dorf Kyrö zu sehen. Die Lappen befiel großes Entsetzen vor diesem Götzen, sie deuteten mit Abscheu auf die finsteren Flecken, die Spuren von Fett und Blut, womit die Seita in alten Zeiten, wie es hieß, beschmiert worden sei, und überhaupt schien es, als glaubten sie, ein böser Geist wohne dem steinernen Bild noch immer inne. Aus Furcht, dass dieser Geist uns mit einem Unwetter heimsuchen möchte, bestand ein lappischer Katechet unserer Begleitung darauf, dass wir unverzüglich diesen Ort des Gräuels verlassen sollten, und kaum befanden wir uns wieder auf dem See, als er dem wahren Gott zu Ehren ellenlange Bußpsalmen und Gebete anstimmte. Das befürchtete Unwetter blieb in der Tat aus, und wir kamen wohlbehalten bei dem alten Thomas an, der uns nun wieder auf einige Tage ein gastfreundliches Obdach gewährte.

Ein längerer Aufenthalt in Kyrö lag eigentlich nicht in unserer Absicht, allein meine Kräfte waren durch besagte »Verlobungs-Promenade« noch immer dermaßen mitgenommen, dass ich es kaum vermochte, über den Fußboden zu gehen, geschweige denn eine Wanderung von drei Meilen über den Sombio-Fjäll zu unternehmen. Somit gezwungen, vorläufig in Untätigkeit zu verharren, sah ich mit Kummer, wie der lappländische Himmel mit jedem Tag trüber und bedrohlicher wurde, wie das Gras vergilbte, die Bäume ihr grünes Laub verloren, die Zugvögel zurückkehrten, und vernahm, wie die Stürme über all diese Anzeichen des Herbstes dahinbrausten. Endlich durch diese Erscheinungen aufgerüttelt, entschloss ich mich, am 15. August die schwere Wanderung über das Gebirge anzutreten, obgleich ich noch immer schwach an Kräften war und mit geschwollenen Gliedmaßen und schmerzenden Fußsohlen zu kämpfen hatte.

Der Tag war schon weit vorgeschritten, als wir mit unseren Ranzen auf dem Rücken und mit einem Finnen zum Führer die weite Reise antraten. Kaum waren wir jedoch zwei Stunden gewandert, als der Donner zu rollen begann und heftige Regenschauer aus dem finsteren Himmel sich über uns ergossen. Glücklicherweise durchliefen wir gerade eine waldige Gegend und fanden bald Schutz unter immergrünen Fichten. Hier entdeckten wir zugleich eine Quelle mit klarem, rinnendem Wasser, und nun lagerten wir uns für den restlichen Tag und suchten neue Kräfte für die Mühen des folgenden Morgens in den Vorräten, die wir noch vom Pfarrhof zu Utsjoki her besaßen.

Das Unwetter verzog sich zwar gegen Abend, allein der folgende Tag brachte wieder Gewitterregen und heftige Stürme, und dieses Mal fanden wir keinen Schutz in den Senken und auf den nackten Felsen, über die uns an diesem Tage unsere Wanderung führte. In meinem Tagebuch finde ich gar nichts über die nähere Beschaffenheit dieser Gegend notiert; das Unwetter war zu heftig, als dass ich der uns umgebenden Natur einige Aufmerksamkeit hätte schenken können; ich musste Sorge um meine eigene Person tragen.

Ermüdet und sehr angegriffen, vom Wetter wie unseren Anstrengungen, bereitete der Führer uns in der Tat eine frohe Überraschung, als er uns beim Einbruch der Nacht unter eine große alleinstehende Föhre führte, deren Zweige uns, wenn auch nur einen schwachen, so doch Schutz gegen die Regengüsse gewährten. An Ruhe war jedoch nicht zu denken, denn die ganze Nacht dröhnte über uns der Donner und vertrieb den Schlaf. Am nächsten Morgen setzten wir unsere Wanderung unter andauerndem Regen und Unwetter fort. Es stand uns nun bevor, einen Berg zu ersteigen, richtiger zu erklettern, dessen ganze Oberfläche mit losen Steinen und Felsbrocken bedeckt war, die durch den Regen so scharf und schlüpfrig waren, dass man bei jedem Schritt darauf achten musste, nicht zu stürzen und sich Arme und Beine zu brechen. Wir gelangten jedoch mit heilen Gliedmaßen über den Berg und standen kurz darauf am Ufer des Sombio-Sees. Hier entdeckten wir ein kleines Boot, bemächtigten uns desselben, ruderten über den See bis an die Mündung des Flusses Luiro und setzten die Reise auf diesem Flusse weiter fort bis zu einer kleinen Ansiedlung, woselbst wir nach der mühsamen Bergwanderung einige Stunden ausruhten. Einer längeren Rast glaubten wir nicht bedürftig zu sein, weil die Reise der folgenden Tage auf dem Flusse zu Wasser zurückgelegt werden sollte.

Auf dieser Fahrt besuchten wir einige finnische, am Flussufer liegende Ansiedlungen. Ihre Namen habe ich größtenteils vergessen und finde sie auch nicht in meinen

Reisenotizen, allein was die Zeit nicht zu verwischen vermocht hat, ist der Eindruck des tiefen Elends, das unter den Einwohnern dieser unglücklichen Gegend herrschte. Siebzehnjährige Missernten hatten die Leute in dem Maße verarmen lassen, dass sie im buchstäblichen Sinne *Heu essen* mussten. Wie bekannt, wird in mehreren Gegenden Finnlands das sogenannte Rindenbrot gegessen, welches zur Hälfte aus Baumrinde, zur Hälfte aus Getreide besteht. Von einem solchen Überfluss hatte man jedoch hier am Ort kaum eine Ahnung; die armen Bewohner von Sombio vermischten die Rinde mit Stroh. Dieses Jahr hatte das Stroh nun ein allzu frühes Ende genommen, und man fristete das elende Leben mit einem Brot aus Baumrinde und einer Art Gras, das bei den Finnen *vesirikko* (*Cerastium vulgare*) heißt. Fische gab es in dieser Gegend nur in sehr geringer Menge, und die Viehzucht wurde ohne alle Umsicht betrieben, obgleich die Ufer des Luiro fette, grünende Wiesen bildeten. In dieser verzweifelten Lage sprachen viele der Einwohner die Absicht aus, diesen »Ort der Verdammnis« zu verlassen und sich an den Fjorden des östlichen Finnmarken niederzulassen, wohin, wie man sagte, bereits ganze Scharen ausgewandert seien. Die Bessermeinenden jedoch hegten noch immer die Hoffnung, dass ihre Leiden endlich einmal aufhören würden, und betrachteten die gegenwärtige Hungersnot als eine gerechte Strafe der Vorsehung.

Verstimmt durch den Anblick des tiefen Elends, der sich uns hier in allen Ansiedlungen darbot, beschleunigten wir unsere Reise und trafen nach zwei Tagen zu Wasser im Dorf Lokka ein. Dort nahmen wir wieder die Ranzen zur Hand und setzten die Reise zu Fuß fort; es wäre nämlich ein bedeutender Umweg gewesen, wenn wir jetzt den weiten Strömungen des Flusses mit unserem Boot gefolgt wären. Nach einer Wanderung von drei Meilen durch öde, unbewohnte Gegenden stießen wir bei einer Ansiedlung, Tanhua, wieder auf den Fluss. Allein auch hier wollten wir seinem Lauf nicht folgen, sondern entschlossen uns, landeinwärts nach der Kirche Sodankylä, von dort längs des Kittinen nach Kemitrösk weiterzureisen. Kaum hatten wir jedoch den Ansiedlern diesen Entschluss mitgeteilt, da bildeten sie eine förmliche Verschwörung gegen uns und weigerten sich, uns den Weg nach der Kirche zu führen. Die Richtung, die wir einzuschlagen beabsichtigten, sei mit der größten Lebensgefahr verbunden, indem der Weg über niedrige, bodenlose Sümpfe führe, die nach dem anhaltenden Regen dermaßen aufgeweicht sein dürften, dass man kaum der Gefahr entgehen könne, im Morast stecken zu bleiben. Anstatt uns aber durch diesen Widerstand abschrecken zu lassen, setzten wir im Gegenteil einen hohen Preis für denjenigen aus, der uns über die sich fünf Meilen weit erstreckenden Sümpfe führen wollte, und verpflichteten uns außerdem, einen solchen Führer freigebig mit Brot und Branntwein zu bewirten. Verlockt durch diese Anreize, erklärte endlich einer der Ansiedler, er wolle unser Führer sein und gar mit uns in den Tod gehen. Nebenbei sprach er jedoch die tröstende Versicherung aus, dass er denselben Weg früher oft gewandert und ihn glücklich am hellen Tag wie in finsterer Nacht, im nüchternen Zustand wie im Schwindel des Rausches zurückgelegt habe.

Die Sonne hatte sich kaum erhoben, als wir uns wieder in Bewegung setzten. Unser Weg führte uns anfänglich durch eine trockene, ganz angenehme Gegend, aber bald breiteten sich vor unseren Blicken die weit ausgedehnten Sümpfe aus. Nicht ohne ein Gefühl von Erschaudern betrachtete ich die teils mit Moos bewachsene, teils ganz nackte schlammige Oberfläche dieser Sümpfe. Das gleiche Gefühl schien zunächst selbst unseren Führer zu überwältigen, aber wir versahen ihn reichlich mit Essen und Trinken, wodurch er bald ermutigt wurde, sich mit einer fünf Ellen langen Stange versah und nun unerschrocken vorwärtsschritt. Wir folgten dicht hinter ihm und mussten stets darauf bedacht sein, in seine Fußstapfen zu treten, denn ein einziger falscher Schritt hätte uns leicht ins Verderben stürzen können. Von Kindheit an mit diesen Sümpfen vertraut, vermochte der Führer zwar besser als wir anderen die Beschaffenheit des Bodens zu beurteilen, aber selbst er geriet oft in Zweifel und sah sich genötigt, seine lange Stange als Sonde zu benutzen. Wenn eine größere Strecke eines Sumpfes ihm verdächtig erschien, gebot er uns, stehen zu bleiben, und begab sich ganz allein auf Rekognoszierung aus. Von einer solchen kehrte er jedoch selten zurück, um uns weiter zu lotsen; vielmehr deutete er uns in einiger Entfernung mit der Stange die Richtung an, die wir einschlagen mussten. In solchen Fällen hatten wir nun keine Fußstapfen, in die wir treten konnten, und gerieten deshalb nicht selten in Angst und Not. Es ist auch durchaus nicht leicht, immer die Geistesgegenwart zu behaupten, wenn man fast bei jedem Schritt bis ans Knie in den Morast hinabsinkt und weder seine eigene Schwere noch die Festigkeit der schlüpfrigen Oberfläche zu berechnen vermag, auf der man gleichsam nur schwebt. Der sumpfige Boden war in dem Maße unzuverlässig, dass er sich unter unseren Füßen wie die Wellen des Meeres hob und senkte.

Die öden Sümpfe, über welche wir nun dahinschritten, waren hier und da von schmalen Landrücken durchschnitten, und diese dienten uns als Ruhepunkte auf unserer mühsamen Wanderung. An solchen Stellen unterließ unser Führer nie, seine Rechte auf den Branntwein geltend zu machen, und wenn er in dieser Hinsicht befriedigt worden war, pflegte er uns mit Erzählungen von diesem und jenem zu unterhalten, was sich in den Gegenden, die wir jetzt durchwanderten, zugetragen haben sollte. Die meisten dieser Erzählungen trugen eine mythische Färbung; eine jedoch berührte ein Abenteuer, das der Mann selbst bestanden haben wollte. Laut seiner eigenen Aussage sei er einst auf dem Heimgang von der Kirche ganz unvermutet auf eine Bärin mit zwei Jungen gestoßen, die in einem Baume saßen. Er sei bei dieser Gelegenheit angetrunken gewesen und habe es nicht für ratsam gehalten, die drei Bären sofort anzugreifen, sondern den Entschluss gefasst, erst den Rausch auszuschlafen und dann zu sehen, was zu tun sei. Bei seinem Erwachen saßen die drei Bären noch immer im Baum, und er nahm nun seine Büchse zur Hand, um sie zu laden. Hierbei machte unser Held jedoch die unangenehme Entdeckung, dass er nur im Besitz einer einzigen ordentlichen Kugel war und seine übrige Munition nur in einem Kugelstück und einem verrosteten Nagel bestand. Die drei Bären mit dergleichen Waffen anzugreifen, schien ihm zwar etwas abenteuerlich, aber nach näherer Überlegung meinte er doch, er könne seine eigene ausgehungerte Haut wohl gegen die drei schönen Bärenhäute wagen. Er legte nun dreist auf die Bärenmutter an, und er habe so gut gezielt, dass das Tier sofort vom Baum herabstürzte. Die beiden Jungen habe er darauf mit dem Kugelstück und dem verrosteten Nagel getötet.

Eine reiche Quelle der Erzählungen unseres gesprächigen Führers bot die hässliche Schlange, auf die man in Sodankylä fast bei jedem zweiten Schritt stößt, während man sie im eigentlichen Lappland gar nicht erblickt. Es scheint fast, als könne dieses Tier den Sombio-Berg nicht überschreiten und als träfe man es deshalb in solcher Menge an dessen südlichem Fuße an. Ebenso erzählt man am Flusse Kemi von der Natter, dass sie in unglaublicher Menge in der nächsten Umgebung des Taivalkoski angetroffen wird, weil dieser Wasserfall ein unbesiegbares Hindernis für ihr weiteres Vordringen ist. Wie dem auch sein mag, gewiss ist, dass die Schlange sehr zahlreich in der Gegend von Sodankylä angetroffen wird und ein Dauerthema der Erzählungen des gemeinen Mannes bildet. Die Summe dieser Erzählungen dürfte folgende sein. Wie die Menschen, so leben auch die Schlangen in ordentlichen Staaten mit eigenen Gesetzen und Institutionen. In jedem solchen staatlichen Verband trifft man auf einen Häuptling und andere unter ihm stehende Beamte. Einmal jährlich versammeln die Schlangen jeden Verbandes sich zu einer gerichtlichen Sitzung und konstituieren sich als Thing (*käräjät*) an gewissen dazu auserwählten Orten. Bei dieser Gelegenheit hat jeder Untertan das Recht, einen Antrag bei dem Häuptling geltend zu machen. Der Schlangenhäuptling spricht Recht nicht allein über die Schlangen, sondern seine Macht dehnt sich auch außerhalb des Schlangenverbandes aus. Unter anderem verhängt er bestimmte Strafen, sowohl über Menschen wie über andere Individuen, die einen seiner Untertanen getötet oder in anderer Weise verletzt haben mochten.

Es ist bemerkenswert, dass ich ungefähr dieselben Vorstellungen von den Schlangen bei mehreren in Sibirien wohnenden, mit den Finnen verwandten Volksstämmen angetroffen habe. Es scheint sogar, als walte bei diesen Stämmen eine Art Schlangenkultus. Gewiss ist, dass ihre Schamanen im höchsten Maße die Schlangen verehren und an deren Macht glauben, so wie sie im Zusammenhang hiermit an ihren Zaubertrachten ineinandergeschlungene Schlangen tragen. Die finnischen Schamanen tragen, soviel ich weiß, keine solchen Symbole, aber man findet doch auch bei ihnen verschiedene Zaubergerätschaften, die auf den Glauben an die übernatürliche Macht der Schlangen hindeuten. Von diesen Gerätschaften mögen unter anderem folgende genannt sein:

1) Der *Gerichtsstein der Schlangen* (Käärmehen käräjäkivi), den man in der Erntezeit, wenn die Schlangen ihre gerichtlichen Sitzungen aufgehoben haben, auf den Felsen findet. Diesen Stein halten die Schamanen für einen sehr guten Beistand in Gerichtssachen.

2) Der *Darm der Schlange* (Käärmehen suoli) wird mit dem Futter und dem Getränk der Pferde vermischt, damit die Tiere sich gut und kräftig halten.

3) Die *Gurgel der Schlange* (Käärmehen suunahka). Durch diese tröpfelt der Schamane denjenigen Personen Wasser in den Mund, die an Halskrankheiten leiden.

4) Der *Zahn der Schlange* (Käärmehen hammas). Diesen legt der Schamane auf die kranken Körperteile und spricht dabei seine Beschwörungsformeln.

5) Ein *Grashalm*, den die Schlange, wenn sie schwimmt, immer im Mund halten muss, um nicht zu sinken. Von diesem Halm wird behauptet, er könne das härteste Eisen zerschneiden. Auch glaubt man sich mit diesem Grashalm in Gerichtssachen verteidigen zu können.

Mag dies genug sein von Schlangen und Bären. Was unsere eigenen Personen betrifft, gelangten wir, nachdem wir einen ganzen Tag in den Sümpfen gewatet waren, kurz vor Mitternacht in einer wohlversehenen Ansiedlung an, wo wir bis zum folgenden Morgen ausruhen wollten. Als ich in die Hütte eintrat, bemerkte ich zu meinem Erstaunen, dass die Bewohner, anstatt uns willkommen zu heißen und uns zum Sitzen einzuladen, sich schweigend in den entferntesten Winkel des Zimmers zurückzogen und sich dort, so gut sie es vermochten, unseren Blicken entzogen. Ermüdet von der langen Wanderung, kümmerte mich dies wenig; ich schnallte meinen Ranzen ab, warf mich auf eine Bank und schlief sogleich ein. Nach einer Weile jedoch weckte mich die Wirtin selbst, lud mich unter Versicherung des größten Wohlwollens in die Badestube und bat in der eindringlichsten Weise um Entschuldigung für ihr unhöfliches Betragen bei unserer Ankunft. Zu gleicher Zeit flüsterte der Führer mir heimlich zu, dass man uns anfänglich für entwichene Verbrecher und Straßenräuber gehalten, dass er selbst viele Vorwürfe wegen seiner schlechten Gesellschaft habe erleiden müssen und dass es ihm nur mit knapper Not geglückt sei, den Ansiedlern die Überzeugung beizubringen, dass wir ehrliche und anständige Leute seien, wenn wir auch im Gebüsch zerrissene und am Feuer geschwärzte Kleider trügen. Jetzt, nachdem der richtige Zusammenhang an den Tag gekommen war, suchte man in bester Weise das Missverständnis wiedergutzumachen. Nicht genug, dass die Wirtin die Badestube bereitete und uns dort eigenhändig bediente, sondern sie zeigte uns nun auch ein solches Vertrauen, dass sie uns aus der Badestube in ihr eigenes Schlafzimmer führte und dort ein Bett hart an dem ihrigen für uns aufschlug. Als am folgenden Morgen die Sonne aufging, stand sie schon festlich angezogen vor unserem Lager, und zwar mit einem eleganten Präsentierteller, beschwert mit einem strahlenden Kaffeeservice.

Nach eingenommenem Frühstück setzten wir unsere Wanderung fort und trafen noch vor Beginn des Gottesdienstes im Pfarrhof zu Sodankylä ein. Die geistlichen Herren begaben sich in die Kirche, ich aber unternahm eine Revision des Kirchenarchivs. Ich hoffte dadurch Aufklärung über die Herkunft der Bewohner des Kirchspiels Sodankylä zu erhalten. In der Regel fand ich in den Büchern meine schon immer gehegte Vermutung bestätigt, dass ein großer Teil der Bevölkerung des Ortes von Lappen abstamme und im Lauf der Zeit die Lebensweise und die Sprache der Finnen angenommen habe. Hinsichtlich der Sprache wurde ich jedoch, sowohl früher wie später, bei den von Lappen herstammenden Familien gewisse Idiotismen gewahr, während ich in der Lebensweise wenig oder gar keinen Unterschied zwischen den älteren und jüngeren Bewohnern des Ortes bemerkte.

Ich habe schon früher erwähnt, dass die Bewohner von Sodankylä, was ihre Lebensweise betrifft, ein Ackerbau treibendes Volk sind, und obgleich ihre mühsame Arbeit in dieser Richtung selten von Erfolg gekrönt wird, so glauben sie dessen ungeachtet ein gottgefälliges Werk zu tun, wenn sie jedes Jahr einen Acker umbrechen. Den Ackerbau versäumen heißt nach ihrer Meinung, ein Lappe oder Heide zu sein, und sie hegen die feste Überzeugung, dass die Natur für diesen Nahrungszweig keine Grenze abgesteckt hat. Wenn eine Frostnacht ihre Saat vernichtet, so erblicken sie hierin keine Naturnotwendigkeit, sondern eine gerechte Züchtigung der Vorsehung. Unglücklicherweise erfahren sie diese Züchtigung fast jedes Jahr, und wenn sie auch zuweilen ausbleibt, so dürfte dies gewöhnlich darin zu suchen sein, dass man zu frühzeitig die unreife Saat in Sicherheit bringt.

Außer dem Ackerbau treiben die Bewohner des Kirchspiels Sodankylä auch Jagd, Fischfang und Viehzucht, jedoch ohne die erforderliche Energie. Meinen Kenntnissen der physischen Beschaffenheit des Ortes nach dürfte die Viehzucht die ergiebigste Nahrungsquelle für Sodankylä sein, und doch muss ich es dahingestellt sein lassen, ob selbst auf diesem Wege ein größerer Gewinn zu erzielen wäre. Im Allgemeinen ist das genannte Kirchspiel hinsichtlich seiner materiellen Hilfsquellen wahrlich eine der verwahrlosten Ortschaften in ganz Finnland. Hier sind die Bewohner zuweilen, wie ich bereits erwähnt habe, dazu gezwungen, sich von Gras zu nähren, und es ist durchaus nicht ohne Beispiel, dass man dort totes Vieh wieder aus der Erde graben und das halb verrottete Fleisch hat verzehren müssen.

Aus dieser Heimat des Elends versetzten wir uns an die Flüsse Kittinen und Kemi sowie in das einige Meilen südlicher gelegene Kemiträsk. Auch dieses Kirchspiel war in einer nicht allzu entlegenen Zeit von Lappen bewohnt, die allmählich die Sprache, Sitten und Lebensweise der Finnen angenommen haben. Über diese Verwandlung schreibt N. Fellman in seinem oben erwähnten Bericht an das Domkapitel zu Åbo, dass die ersten Missionare in der Kemi-Lappmark, Jacob Lapodius und Esaias Mansveti, »die Lappen die finnische Sprache gelehrt, sogleich angefangen, sie in ihrem Christentum im reinen österbottnischen Finnisch zu unterweisen, finnische Bücher herbeigeschafft und ihre Jugend in Büchern lesen gelehrt haben«. Ferner heißt es in demselben Bericht: »Und dieweil mein seliger Großvater (Esaias Mansveti) namentlich im Anfang viele Mühe gehabt hat, die finnische Sprache bei den Lappen einzuführen, so hat er in Anbetracht der hiesigen vorteilhaften Lage für Ansiedlungen es dahin gebracht, dass mehrere aus den Kirchspielen Ijo und Uleå sich hierher begaben, von denen einige sich hierselbst (in Kemiträsk), andere höher oben in der Lappmark niedergelassen haben, und obgleich die Lappen sie anfangs haben austreiben wollen, wurden sie doch von den Befehlshabern des Königs in ihren Ansiedlungen aufrechterhalten.« – »Diese Bauern, die Finnen, aber Leute von Lebensart und zugleich bücherkundig waren, haben den Lappen unglaublich genützt und sind meinem seligen Großvater eine nicht geringe Stütze bei ihrer Bekehrung gewesen, sodass sie nicht allein durch täglichen Umgang die Lappen die finnische Sprache gelehrt, sondern sie auch durch ihr Beispiel ermuntert haben, von ihrem Götzendienst abzulassen, das Lesen zu erlernen und die wahre Kenntnis eines rechten Christentums in Ehren zu halten. Ferner haben sie ihnen eine ganz andere Lebensweise beigebracht: sodass sie begonnen haben, sich Häuser zu bauen, Vieh aufzuziehen und sich auf den Ackerbau zu verlegen; namentlich seitdem sie sich durch Verheiratung mit den Bauern befreundet, haben sie meistenteils die lappische Sprache abgelegt und unter sich und mit ihren Kindern Finnisch zu reden begonnen, ganz wie andere Bauern.«

Gegenwärtig findet man im ganzen, die Niederungen des Kemi umfassenden Kirchspiel keine Lappen, aber wie in Sodankylä verraten die Einwohner doch auch hier an einzelnen Orten, besonders im Kirchdorf Kuolajärvi, ihren lappischen Ursprung durch die Eigentümlichkeiten der Sprache und zum Teil auch durch ihr Äußeres. Man findet an diesem Orte ebenso viel Zivilisation wie in vielen der südlichen Regionen des Landes.

Diese Zivilisation und mit ihr der äußere Wohlstand steigert sich noch in Rovaniemi und Kemi, Kirchspiele, die gleichfalls in älteren Zeiten von Lappen bewohnt gewesen sind, später aber einen großen Teil ihrer Bevölkerung aus dem russischen Karelien oder dem Land der alten Bjarmier erhalten haben. Die Bewohner dieser Kirchspiele sind ohne Ausnahme Ackerbauern, aber die Natur im Allgemeinen sowie namentlich das kalte Klima treten jedem bedeutenden Fortschritt dieses Nahrungszweiges beschränkend entgegen. Dahingegen ist der Lachsfang hier von außerordentlicher Bedeutung, und selbst die Viehzucht ist eine wichtige Nahrungsquelle. Endlich haben die Bauern in Kemi und Rovaniemi von ihren Vorvätern, den vorhin erwähnten Bjarmiern, eine große Vorliebe für Handelsspekulationen geerbt. Sie lieben es nicht, ihre Zeit schlafend und müßig am warmen Herd zu verbringen, sondern streifen weit umher auf Handelsreisen, die sich oft bis nach Stockholm und Petersburg erstrecken. Ohne Zweifel ist in diesem letzten Umstand der Grund der merkwürdigen Zivilisation zu suchen, durch welche die Bewohner des Ortes sich auszeichnen. Hieraus erklärt sich gleichfalls ihre außerordentliche Lebhaftigkeit, Geistesgegenwart, Entschlossenheit und Energie, wenn auch vielleicht gewisse lokale Zustände ihrerseits dazu beigetragen haben, die eigentümlichen Charakterzüge der Bewohner von Kemi und Rovaniemi zu entwickeln. Wie bekannt, ist der Fluss Kemi in seinem unteren Lauf sehr reißend und voll brausender Wasserfälle. Diesen Strom auf- und niederwärts zu befahren, ist nicht allein mit vielen Gefahren verknüpft und erfordert nicht nur große körperliche Anstrengungen, sondern auch ein entschlossenes, lebhaftes Gemüt. Erwägt man, dass die Einwohner des Landes den größten Teil ihres Lebens auf diesem Strom verbringen, so darf man annehmen, dass dieser Umstand von einigem Einfluss auf ihren Charakter ist.

In den letzten Jahren soll eine gebahnte Landstraße von Kemi nach Rovaniemi und Kemiträsk angelegt worden sein. Um die Zeit, als unsere lappländische Reise stattfand, war dieser Weg noch kaum in Angriff genommen, weshalb wir zu Wasser auf dem Strom reisen mussten. Mit wechselnden Gefühlen legte ich diese Fahrt zurück, denn von Rovaniemi bis nach Kemi war jeder Wasserfall mir nicht allein aus den Tagen meiner frühesten Kindheit bekannt, sondern die Wasserfälle waren sogar die einzigen Bekannten, die der Tod mir an diesem Orte, wo ich zuerst das Tageslicht erblickte, zurückgelassen hatte. Neben den schmerzlichen Eindrücken, welche die Gräber geliebter Anverwandter auf mein Gemüt machten, war es eine Freude, die Bekanntschaft mit dem reißenden Strom und den Wasserfällen zu erneuern – mit diesen übermächtigen Spielkameraden, denen es oft beinahe geglückt war, mein Boot umzuwerfen und mich ins Verderben zu stürzen. Jetzt, wie früher, betrachtete ich es nur als ein fröhliches Spiel, über die brausenden Wellen dahinzueilen und von den schäumenden Brandungen überspült zu werden. Oft versuchten die Bootsleute mich dahin zu bringen, an den gefährlichsten Wasserfällen an Land zu steigen und die Strecke zu Fuß zurückzulegen. Sie versicherten feierlich, dass sie, obgleich sie vereidigte Männer seien, nicht für einen glücklichen Ausgang einzustehen wagten. Nichtsdestoweniger blieb ich stets im Boot sitzen und hatte keine Gelegenheit, meine Verwegenheit zu bereuen, denn derjenige, der Steuermann aller Boote ist, gewährte uns eine glückliche Fahrt und ließ uns wohlbehalten in Kemi anlangen, wo unsere lappländische Reise endete.

Reise in das russische Karelien im Jahr 1839

Bei meiner Rückkehr aus Lappland erfuhr ich von mehreren Seiten, dass die Kaiserliche Akademie der Wissenschaften zu St. Petersburg binnen Kurzem eine wissenschaftliche Expedition nach Sibirien zu entsenden beabsichtige und dass man dieser Expedition einen Finnen beizugeben wünsche, damit er die Sprache und die ethnografischen Verhältnisse mehrerer in Sibirien wohnender, mit dem finnischen verwandter Völker untersuche. In der Hoffnung, möglicherweise mit dieser Untersuchung betraut zu werden, leitete ich mit meinem Landsmann, Herrn Sjögren, der bei der Akademie angestellt war, eine Korrespondenz ein, die dann auch zur Folge hatte, dass ich unverzüglich einige vorbereitende Studien für die Reise beginnen musste. Ich setzte diese Studien ununterbrochen bis zum Frühjahr 1839 fort, um welche Zeit Herr Sjögren mich jedoch benachrichtigte, dass die Vorbereitungen für die wissenschaftliche Expedition unterbrochen seien. Er wisse nicht, fügte er hinzu, wann oder ob überhaupt wieder die Rede von dieser Expedition sein würde, und riet mir, keine Hoffnungen für die Zukunft auf dieselbe zu bauen, sondern ganz unabhängig von der Akademie meine Studien nach meiner eigenen Neigung zu treiben. Kaum hatte ich diese Nachrichten erhalten, da reichte ich bei der Finnischen Literaturgesellschaft ein Gesuch um Unterstützung einer bereits früher beabsichtigten Reise nach dem Gouvernement Archangelsk zwecks eines Besuches bei den dort lebenden Kareliern ein. Die Gesellschaft kam meinem Wunsch bereitwillig entgegen und erteilte mir eine Unterstützung von 300 Rubeln Bco-Assign. für vier Sommermonate. Begleitet von zwei jungen Studenten, den Herren J. M. und J. R. Tengström, reiste ich Anfang Mai 1839 von Helsingfors ab und kehrte Mitte September wieder dorthin zurück.

Als Zweck dieser Reise hatte ich der Literaturgesellschaft angegeben, dass ich Lieder, Sagen, Traditionen und andere Auskünfte zur Erhellung des *Kalevala* sammeln wollte. Mein

Wunsch, gerade diesen Gegenstand zum Zweck der Reise zu machen, hing mit meinem schon lange genährten Plan zusammen: die Ausarbeitung einer finnischen Mythologie und einer schwedischen Übersetzung des *Kalevala*. Hinsichtlich der mythologischen Arbeiten enthalten das *Kalevala* und andere ältere Sammlungen von Runo-Gesängen ein reiches Material, allein es schien mir doch wahrscheinlich, dass die noch ungesammelten Zauberrunen, Sagen und mündlichen Traditionen viele für die Mythologie wichtige Beiträge würden liefern können. Mehr jedoch als dies alles interessierte mich bei dieser Gelegenheit die Übersetzung des *Kalevala*, weil diese nicht allein für Finnland selbst ein Bedürfnis, sondern auch für den Ausländer das einzige Mittel ist, durch das er sich für den Augenblick mit unserem National-Epos bekannt machen kann. Durchdrungen von der Wichtigkeit dieser Arbeit, hatte ich mich bereits früher damit beschäftigt, doch der Mangel an genügenden Wörterbüchern und anderen nötigen Hilfsmitteln veranlasste mich, sie so lange fallen zu lassen, bis es mir möglich sein würde, eine Reise nach der Heimat der Runen zu machen und mir dort alle erforderlichen Auskünfte zu verschaffen.

Erfüllt von solchen Plänen, reiste ich von Helsingfors über Savolax nach Kuopio. Von hier war es zwar meine Absicht, die Reise durch Iidensalmi und Kajana fortzusetzen, allein ich fand mich später veranlasst, meinen Plan zu ändern, weil ich auf der Reise nach Kuopio die Erfahrung gemacht hatte, dass für meine Zwecke in Savolax nur eine gar kleine Ernte zu holen war. Ich fasste also in Kuopio den Entschluss, einen kleinen Abstecher nach Karelien zu machen und die Reise nach Kajana durch Kaavi, Libelits, Juuka, Nurmis und Sotkamo zu unternehmen. Kaum befand ich mich auf dem Gebiet von Karelien, als sich mir eine neue Welt eröffnete. Schon das äußere Leben der Karelier, wie es sich in Sitten und Lebensweise kundgibt, versetzt den Forscher in die Zeiten des Altertums; aber namentlich offenbart sich das Uralte im inneren Leben des Volks in dessen ganzer Gefühls- und Vorstellungsweise. Es offenbart sich ferner in der Lust und Liebe, mit welcher es die Lieder, die Sagen und Traditionen der Vorzeit umfasst. Ich lenkte meine Aufmerksamkeit hauptsächlich auf die Traditionen, von denen ich hier vorzugsweise die geläufige Sage anführen will, dass die Finnen des Altertums gleichwie die Lappen, Ostjaken und andere verwandte Stämme in heiliger Ehrfurcht gewisse Bäume angebetet haben. Hinsichtlich der Finnen findet diese Sage ihre Bestätigung in einer Bulle des Papstes Gregor IX., in der es heißt, dass es bei den Tavastern in früheren Zeiten Sitte war, Personen, die das Christentum angenommen hatten, so lange um die heiligen Bäume im Kreis zu jagen, bis sie das Leben einbüßten. Selbst unsere alten Lieder reden von heiligen Bäumen, z. B. vom Vogelbeerbaum, der oft *ppyhä puu* (heiliger Baum) genannt wird. An einigen Orten betrachten die Finnen gewisse Bäume noch immer mit einer solchen Ehrfurcht, dass sie sie ungern umhauen, was namentlich der Fall sein soll mit dem *Tapion puu*, dem Baum des Waldgottes, einer Kiefer, die ohne Harz ist, und mit dem *Tapion kanto*, dem Baumstumpf des Waldgottes, einem noch wurzelnden Baumstamm, aus welchem neue Schösslinge hervorsprießen u. s. w.

Die Mehrzahl der Traditionen, die ich im finnischen Karelien aufzeichnete, ruhten auf einem mythischen Grund und waren stark mit magischen wie mit christlichen Vorstellungen untermischt. Daneben gelang es mir aber auch, mehrere Sagen historischen Inhalts aufzulesen. Diese betrafen größtenteils die älteren Bewohner des Landes, die Lappen, und zeigten eine nahe Übereinstimmung mit den Sagen, die ich in Lappland aufgezeichnet hatte. Die Erzählungen von dem Laurukainen, der in Karelien Larikka heißt, sind wenigstens in Libelits allgemein bekannt, und viele der Taten, welche die Lappen dem Päiviö-Geschlecht zuschreiben, werden hier diesem Larikka nachgesagt. Wie die Lappen, so erzählen auch die Karelier, dass er seine Heldentaten in den Fehden mit den Russen vollbracht habe.

Auf meiner Reise durch Karelien hielt ich mich einige Tage in einem von griechisch-katholischen Finnen bewohnten Dorf namens *Sotkuma* auf. Es war mir gesagt worden, dort wohnten zwei ausgezeichnete Sänger, und ich wollte mir nach Möglichkeit ihre Lieder aneignen. Das Unglück wollte indessen, dass ich sie nicht antraf, da sofort nach meiner Ankunft nicht allein sie, sondern auch mehrere andere Einwohner des Dorfes die Flucht ergriffen hatten, weil sie befürchteten, ich sei ein Steuereinnehmer. Außer diesen Sängern befand sich im Dorf zwar ein altes Weib, das, wie man sagte, gleichfalls in der Kunst bewandert sei, zugleich aber im Ruf eines heftigen und boshaften Charakters stand. Mir hätte sie beinahe eine ganz handgreifliche Probe dieser ihrer letztgenannten Eigenschaften gegeben, denn kaum hatte ich die Bitte an sie gerichtet, sie möchte mich einige ihrer Lieder lehren, als sie den Kehrbesen ergriff und die deutliche Absicht zeigte, mich aus dem Zimmer zu jagen; sie kam jedoch bald wieder zur Besinnung und begnügte sich nun, mir folgende Erzählung von dem *Knaben und Manalainen* mitzuteilen. »Es war einmal ein Knabe«, begann die Alte, »der hatte sich in den Kopf gesetzt, er wolle ein großer, berühmter Sänger werden. In dieser Absicht ging er lange Zeit bei den kundigsten Meistern in die Lehre, aber von allen erhielt er das übereinstimmende Zeugnis, er könne die edle Kunst nicht erlernen. Hierüber wurde er nun sehr betrübt, grübelte Tag und Nacht und ging mit sich selbst zu Rate, was er wohl tun solle, um seinen Wunsch erfüllt zu sehen. Allein wie sehr er auch sann und grübelte, es wurde doch kein besserer Sänger aus ihm. Einmal geschah es, als er in traurigen Gedanken versenkt saß, dass eine unbekannte Person gar plötzlich vor ihn hintrat. Es war Manalainen, der da kam und ihn über den Grund seines Kummers befragte. Nachdem der Knabe alles gebeichtet hatte, ergriff Manalainen seine Hand und zog ihn mit sich fort, weit fort in eine entlegene Wildnis. Als sie hier den düstersten, unheimlichsten Ort erreicht hatten, verschwand Manalainen ebenso plötzlich, wie er gekommen war, und überließ den Knaben seinem Geschick. Nunmehr einsam und verlassen inmitten der tiefen Wildnis, erwachte der rechte Kummer in seinem Herzen und machte sich Luft in Liedern – in den herrlichsten Liedern, die jemals ein Sterblicher gedichtet.« Diese Erzählung suchte die Alte nun auf mich zu beziehen und riet mir, die Sagen und Lieder nicht in Karelien, sondern in meiner eigenen Brust zu suchen. Indessen ließ sie sich doch endlich bewegen, mir dieses und jenes Lied vorzusingen. Ihre Lieder gehörten der Zahl der sogenannten *häävirret* (Hochzeitslieder) an und waren in ihrer Art ganz ausgezeichnet, aber ich hielt es doch nicht der Mühe wert, sie aufzuzeichnen, weil sie größtenteils mit bereits früher gedruckten Liedern übereinstimmten. Überhaupt lag es eigentlich nicht in dem Plan meiner Reise, Lieder von lyrischem Inhalt zu dokumentieren.

Außer Sotkuma besuchte ich gleichfalls ein anderes Dorf mit griechisch-katholischen Einwohnern – *Taipale* genannt –, allein ich verweilte dort bloß kurze Zeit, weil ich daselbst nur auf Hochzeits- und Begräbnislieder stieß. In Juuka und Nurmes hätte ich mir vielleicht Beschwörungs- oder Zauberlieder verschaffen können, hätte aber zu dem Ende von der allgemeinen Landstraße abweichen müssen, und dies schien mir schon deshalb zwecklos zu sein, weil man mir erzählte, dass Dr. Lönnrot bereits alle Schamanen der ganzen Gegend besucht und ihre Vorräte geleert habe. Ein Aufenthalt im russischen Karelien wäre dadurch zu flüchtig geworden, und ich musste mich außerdem beeilen, Kajana zu erreichen, um dort noch Lönnrot anzutreffen, bevor er sich auf seine medizinischen Inspektionsreisen im Distrikt begebe.

Ich hatte alles so wohl berechnet, dass ich zur rechten Zeit bei dem gefeierten Liedersammler eintraf, und nachdem ich von ihm die nötigen Aufklärungen und Ratschläge für die Fortsetzung meiner Reise erhalten hatte, verließ ich Kajana Anfang des Monats Juni wieder. Bis jetzt war ich auf der allgemeinen Landstraße in einem Karren gefahren, von nun an musste ich die Reise auf Flüssen und Seen fortsetzen. Nach einer solchen Wasserfahrt von einigen Tagen erreichte ich die russische Grenze, ging zu Fuß über den

Landrücken und gelangte bald in das Dorf Kolvasjärvi im Gouvernement Olonetzk. Ich machte hier keinen längeren Halt, sondern setzte meine Wanderung ununterbrochen nach der Kirche Repola fort. Hier verweilte ich einige Tage und beschäftigte mich namentlich mit der Aufzeichnung von Liedern von epischem und magischem Inhalt. Man hatte mir erzählt, dass hier ein ausgezeichneter Sänger wohne, allein dieser war für den Augenblick verreist, und da man nichts Bestimmtes über seine Rückkehr wusste, setzte ich, so gern ich auch ihrer geharrt hätte, meine Wanderung nach dem nahen Dorfe Miinoa fort, wo nicht weniger als 60 Bauern, zwecks der damals stattfindenden Grenzregulierung zwischen Finnland und Russland, versammelt sein sollten.

Meine Ankunft in diesem Dorf geschah unter sehr ungünstigen Auspizien. Das Unglück wollte, dass einer meiner Gefährten am Eingang des Dorfes Durst verspürte und diesen mit dem Wasser eines Brunnens befriedigte, ferner dass er später bei der Mahlzeit ein unseren Wirtsleuten gehörendes Messer benutzte. Sowohl den Brunnen wie das Messer betrachteten nun die Einwohner des Dorfes, die aus strengen Raskolniken bestanden, als in dem Maße verunreinigt, dass man glaubte, sie könnten wenigstens während der jetzigen Fastenzeit nicht benutzt werden. Eine solche Verletzung der Religionsgebräuche der sektiererischen Einwohner rief natürlicherweise ihrerseits die schärfsten Demonstrationen hervor. Ein glücklicher Zufall enthob uns jedoch aller Verantwortung für die begangenen religiösen Verstöße. Während unser verbrecherischer Gefährte nach beendeter Mahlzeit, auf einer Bank ruhend, die Auseinandersetzungen der Raskolniken anhörte, geschah es, dass ein an der Wand befindliches Heiligenbild herunterfiel und seinen Kopf traf, was ihm einigen Schmerz verursachte. Dies deuteten die Raskolniken dahin, als habe der Heilige in eigener hoher Person den Verbrecher bestraft, weshalb sie es nunmehr für unpassend hielten, uns eine weitere Buße aufzuerlegen. Doch kaum waren wir glücklich diesem Ungemach entronnen, da sollte uns ein noch größeres bereitet werden. Kurz nach unserer Ankunft in Miinoa gelangte dort auch ein Subaltern-Beamter der Landpolizei oder ein sogenannter *Semskij Sasädatel'* an und quartierte sich zufälligerweise in demselben Zimmer ein, in dem wir uns aufhielten. Von Diensteifer geleitet, hatte er in der Nacht eine Visitation nicht allein unserer Ranzen, sondern auch unserer Taschen angestellt und dadurch die Überzeugung gewonnen, dass wir ohne Pässe wären und als Vagabunden zu behandeln seien. Er glaubte sich deshalb berechtigt, uns zu arretieren und per Gefangenentransport in die nächste russische Stadt zu senden; bevor er diesen Entschluss jedoch zur Ausführung brachte, war er vorsichtig genug, die Sache den obersten Beamten der Grenzregulierungs-Kommission zu melden, wahrscheinlich weil ihm bekannt war, dass wir am vorhergehenden Tage einen dieser Beamten aufgesucht hatten und von ihm sehr freundlich aufgenommen worden waren. Unsererseits hatten wir allen Grund, auf den Schutz dieses Herrn zu rechnen, denn er war nicht allein unser Landsmann, dem wir aus Finnland einen Empfehlungsbrief übergeben hatten, sondern wir hatten bereits die Gelegenheit gehabt, ihm eine Gefälligkeit zu erzeigen. Trotzdem glaubte er nun doch nicht für uns einstehen zu können, und wir sahen uns schon zum Gefängnis verurteilt und in Ketten geworfen, als ein russischer Kollegienrat, eine uns ganz unbekannte Person, sich unserer erbarmte und uns einen Schein ausstellte, durch den der eifrige Sasädatel' zum Schweigen gebracht wurde. Von nun an ließ man mich ungestört Sagen und Lieder aufzeichnen und meinen übrigen Geschäften nachgehen. Der bittere Geschmack des Baumrindenbrotes ließ mich diese Geschäfte zwar etwas schwer empfinden, allein ich hielt mich nichtsdestoweniger eine ganze Woche in diesem Dorfe auf, das sehr viel Interessantes darbot.

Von Miinoa unternahm ich einen kleinen Ausflug nach dem naheliegenden Dorf Lusmanlahti, woselbst wiederum ein berühmter Sänger wohnen sollte. Der Zufall wollte, dass ich auch diesen nicht antraf, da er sich gerade an dem Tag meiner Ankunft auf eine Handelsreise nach Finnland begeben hatte, und obgleich ich dem Manne sofort nachsetzte, gelang es mir doch nicht, seiner habhaft zu werden. Ich nahm deshalb nun auch meine Wanderung nach Akonlahti wieder auf, dem ersten Dorf, das ich im Kirchspiel Vuokkiniemi im Gouvernement Archangelsk betrat. Hier teilte mir eine einzige Person gegen vierzig Zauberlieder und außerdem eine Menge Sagen und Traditionen mit, und dies hielt mich fast volle fünf Tage in strenger Tätigkeit. Ein anderer, ebenso ausgezeichneter Sänger war, wie man mir sagte, in Handelsangelegenheiten nach Finnland gereist, aber ich fand mehrere weniger berühmte Sänger in diesem Dorfe vor, und die Zahl derjenigen, die nichts zu singen oder zu erzählen hatten, war sehr gering.

Der größte Teil der Traditionen, die ich hier aufzeichnete, bezog sich auf die Lappen. Man erzählte unter anderem, dass früher, im Altertum, als noch nicht die Zaren, sondern die Knäsen in Moskau herrschten, zwei ausgezeichnete Schamanen in Akonlahti ansässig gewesen seien. Diese sollten der Sage nach einem sterbenden Knäs das Leben geschenkt und als Belohnung für diese Handlung das ausschließliche Recht erhalten haben, dass der eine in Lusmanlahti den Lachsfang, der andere in Särkiniemi den Fuchsfang betreiben durfte. Die Tradition besagt ferner, dass einige finnische Grenzbewohner die Lappen niedergemetzelt und sich ihre Besitztümer angeeignet hätten, obgleich die Lappen ihnen dieselben in Güte hätten abtreten wollen. Überhaupt war allgemein am Ort die Tradition verbreitet, dass die Lappen die ältesten Bewohner des Landes gewesen und während der sogenannten *varastus-sodat* und *peitto-sodat* (Diebeskriege, Geheimkriege) allmählich von den Finnen ausgerottet worden seien. In Akonlahti zeigte man mir jedoch einige Altertümer lappischen Ursprungs. Schon früher, sowohl in Finnland als auch im russischen Karelien, hatte ich Gelegenheit, die Erinnerungszeichen zu sehen, an denen die jetzigen Einwohner die Spuren der Lappen erkennen wollen, allein mir schien es immer, als seien viele dieser Zeichen von der Beschaffenheit, dass ihr lappischer Ursprung vielleicht doch fraglich sein könne. Namentlich sind meiner Ansicht nach viele der sogenannten lappischen Steinhügel (*Lapin rauniot*) höchst zweideutiger Natur. Unter diesem Namen versteht man zwar eigentlich nur die früheren Feuerherde der Lappen, doch derselbe wird dessen ungeachtet an vielen Orten auf alle Arten von steinernen Anhäufungen bezogen, die eine seltene oder eigentümliche Form besitzen, mögen sie nun von der Natur oder durch Menschenhände gebildet sein. Vornehmlich legt man jene Benennung den in Finnland sehr zahlreich vorkommenden Familiendenkmälern bei, die doch größtenteils skandinavischen Ursprungs sein dürften. Übrigens gehen unter diesem Namen gleichfalls alle Öfen und Feuerherde, die den Jäger- und Fischerhütten der Finnen einverleibt gewesen, sowie ferner die Rauchfänge oder geheimen Feuerherde (*piilo-pirtit*), die man in Kriegszeiten tief in den Wäldern errichtete. Es sind meist altertümliche Überreste dieser Art, die man mir gegenüber in den nördlichen Teilen von Finnland als lappisch bezeichnete. In der Gegend von Kajana und im russischen Karelien hatte ich außerdem Gelegenheit, eine andere Art Überreste des Altertums zu betrachten, die man Lappengräber (*Lapin haudat*) nennt und die unwiderlegbar lappischen Ursprungs sind. Diese haben der Tradition nach den Lappen als Wohnungen gedient und zeigen in der Tat eine nahe Übereinstimmung mit einer Art Hütten, die ich in den waldärmeren Gegenden von Lappland selbst gesehen habe. Letztgenannte sind Gruben mit einem gewölbten, von Holz, Steinen und Rasen gebildeten Dach, und mit dergleichen Dächern sollen der Tradition nach die im nördlichen Finnland und Karelien vorkommenden Lappengräber oder -gruben ursprünglich versehen gewesen sei. In diesen Lappengruben findet man Kohlen, Asche und gebrannte Steine, Eisenschlacken, verbrannte eiserne Gerätschaften u. dgl. mehr, was deutlich beweist, dass sie in der Tat der Bestimmung gedient haben, welche die Tradition ihnen beilegt. Es gibt in den nördlichen Gegenden von Finnland und Russland allerdings auch eine andere Art Lappengruben, die, wie man sagt, nur zum Fang wilder Rentiere gedient haben. Ich übergehe die übrigen allgemein verbreiteten Traditionen von Lappen und will nur noch erwähnen, dass man im Kirchspiel Vuokkiniemi sehr viel von einem lappischen König erzählte, der in alten Zeiten in der Gegend der Stadt Kemi gewohnt haben soll, und man behauptete, dass die Ruinen seiner Burg noch heutigen Tages zu sehen seien.

Sagen von dem Jatulin-kansa oder den Jättiläiset und Hiidet, die in Finnland sehr verbreitet sind, fand ich hier, jenseits der russischen Grenze, nicht, allein von *Hiisi* (Pl. *Hiidet*) abgeleitete Ortsnamen sind auch hier allgemein, z. B. *Hiisivaara, Hiiden hauta* u. s. w. Was die lokalen Benennungen betrifft, muss ich die Bemerkung machen, dass viele Ortschaften im russischen Karelien ihren Namen von den Tavasten erhalten haben, z. B. die Dörfer Häme, Hämehen niemi und Hämehen saari im Kuittijärvi-See, und noch andere. Dies könnte zu der Vermutung veranlassen, dass Kolonisten aus Tavastland sich im russischen Karelien niedergelassen hätten, und in dieser Vermutung werden wir ferner dadurch bestärkt, dass die Einwohner im Dorfe Latvajärvi in der Tat vorgaben, von einer tavastländischen Kolonie herzustammen, die schon sechs Menschenalter hindurch auf russischem Gebiet existiere. Auch in vielen anderen Dörfern des Kirchspiels Vuokkiniemi habe ich Familien angetroffen, die ihren Ursprung aus diesen oder jenen Gegenden Finnlands herleiten und noch Auskunft über ihre dortigen Familienverhältnisse zu geben wissen. Die Grundbevölkerung des Landes dürfte jedoch weder von Finnen noch von Lappen herstammen, sondern sie ist wahrscheinlich ein Überrest der alten Bjarmier oder der Sawolotscheskaja Tschud der russischen Chroniken.

Traditionen mythologischen Inhalts kamen im russischen Karelien sehr spärlich vor. Überhaupt will es mir scheinen, als seien sowohl bei den Finnen als auch bei den russischen Kareliern alle Mythen von irgendeiner größeren Bedeutung durch das Lied verewigt. Nur mit Mühe gelingt es einem, dann und wann eine mythische Sage in der Form der Erzählung zu ermitteln, und selbst diese Sagen beziehen sich dann gewöhnlich nur auf alltägliche Begebenheiten. Ich habe indessen auch solche Sagen sehr sorgfältig aufgezeichnet, weil das, was beim ersten Anblick gering und unbedeutend erscheint, in einer wissenschaftlich ausgearbeiteten Mythologie doch leicht ein großes Gewicht erhalten kann.

Ich erwähnte soeben, dass die mythischen Denkmäler des finnischen Volkes wesentlich in seinen Liedern enthalten sind. Wie ist denn der Inhalt der Sagen? Nach meiner Erfahrung sind ein nicht geringer Teil der Sagen, die in Karelien von Mund zu Munde gehen, Übersetzungen russischer Sagen, denn sie beziehen sich meist auf Zaren, Zarensöhne und Zarentöchter, Bojaren und Bogatyre u. s. w. Einige von ihnen verraten eine Verwandtschaft mit den Erzählungen in *Tausend und eine Nacht*, andere wiederum tragen ein germanisches Gepräge. Als eine seltene Erscheinung verdient bemerkt zu werden, dass ich im russischen Karelien sogar eine Sage antraf, die an Odysseus in der Grotte Polyphems erinnerte. Der Held der karelischen Sage ist in einer Burg eingeschlossen, wo ein an dem einen Auge erblindeter Riese ihn bewacht. Um aus der Burg zu gelangen, bedient sich der karelische Held derselben List wie der griechische. Er sticht in der Nacht dem Riesen das Auge aus, und als dieser am folgenden Morgen die Schafe auf die Weide sendet, verbirgt der Gefangene sich unter einem von ihnen und gelangt in solcher Weise glücklich durch das Burgtor. Wahrscheinlich sind sowohl diese wie viele andere allgemein verbreitete Sagen durch russische Mönche nach Karelien verpflanzt worden. Die Mehrzahl dürfte jedoch teils aus russischen, teils aus skandinavischen Volkssagen bestehen, wenn auch nicht in Abrede zu stellen ist, dass es im russischen Karelien manche Sagen gibt, die einen einheimischeren Charakter tragen. Diese beziehen sich meist auf eine mythische Person, ein Weib, *Syöjätär-akka* (das Fressweib) genannt. Indessen sind die Sagen von diesem Weib sehr mit russischen Bestandteilen untermischt, und die Sagen überhaupt sind einander so ähnlich, dass man sie fast als Variationen desselben Themas betrachten könnte. Wenn nun auch, wie bereits erwähnt, die mythischen Traditionen im russischen Karelien gering an Zahl und Bedeutung waren und die Sagen gleichfalls einen meinen mythologischen Studien fremden Inhalt hatten, so war es natürlich, dass ich darauf bedacht sein musste, auf irgendeinem anderen Wege meine Wünsche erfüllt zu sehen. Dies, glaubte ich, würde am besten durch eine Sammlung von Zauberliedern (*trollrunor*) geschehen können. Dergleichen Sammlungen existieren zwar bereits von Ganander, Topelius, Lönnrot und Sjögren, allein nur wenige haben bis jetzt das Tageslicht erblickt, und was in den Bibliotheken verborgen liegt, dürfte auch nichts Vollständiges ergeben. Meiner Ansicht nach ist diese Art Literatur überhaupt so reich, dass sie nie vollständig wird gesammelt werden können. Zwar sind die Gegenstände, die in den Zauberliedern besungen werden, gering an Zahl, aber umso größer ist der Vorrat der Varianten, und weil diese Lieder auf einem mythischen Grund beruhen und also höchst wichtige Beiträge zu einer finnischen Mythologie abgeben, legte ich mich mit großem Eifer gerade auf diese Literatur.

Nach diesen Bemerkungen kehre ich zu meiner Reise zurück. Ich hatte meine Geschäfte in Akonlahti beendet und reiste nun weiter durch einige kleinere Dörfer nach Latvajärvi. Dieses letztere Dorf lag zwar etwas abseits von der allgemeinen Landstraße, allein ich wollte es doch besuchen, um einen dort wohnhaften, sehr gefeierten Sänger namens *Archippa* anzutreffen. Da die meisten seiner Lieder bereits im *Kalevala* gedruckt sind, notierte ich nur, um meinem eigenen Gedächtnis zu Hilfe zu kommen, die Reihenfolge, in der er sie singt, und schrieb ferner einige bis jetzt ungedruckte Lieder* nieder, die den Sieg des Christentums oder eigentlich des Erlösers über die heidnische Welt besingen. Ganz gegen meine Erwartung erhielt ich von Archippa keine Zauberlie-

* Mittlerweile sind auch diese Runen im 3. Teil der *Kanteletar* gedruckt worden.

der; er sagte, er habe nie von diesen Kenntnis nehmen wollen, weil er das ganze Schamanenwesen für eine sündhafte und gottlose Sache hielte. Dessen ungeachtet war er nicht gerade sehr von den religiösen Vorurteilen seiner Landsleute eingenommen, vielmehr hegte er so liberale Ansichten, dass er uns nicht allein bei unserer Mahlzeit den Gebrauch seiner Schüsseln und Messer gestattete, sondern uns sogar das Tabakrauchen in der Hütte erlaubte – Freiheiten, die uns anderswo im russischen Karelien nicht vergönnt wurden.

Von Latvajärvi aus fuhr ich an der Kirche von Vuokkiniemi vorüber, nach dem Dorf Vuoninen. In diesem Dorf hielt ich eine ganz bedeutende Ernte von Traditionen und Zauberliedern. Auch nahm ich hier eine ziemlich vollständige Sammlung verschiedener Gerätschaften in Augenschein, welche die Schamanen bei der Heilung von Krankheiten gebrauchen. Der Besitzer dieser Sammlung, der berühmteste Schamane in der ganzen Umgegend, ließ mich in die tiefsten Mysterien seiner Kunst eindringen, indem er mir entdeckte, in welcher Weise er seine Heilmittel zubereitete und welche Kunstgriffe er bei der Ausübung seines ärztlichen Amtes anwendete. Ferner teilte er mir eine Variante zu dem ersten Gesang des *Kalevala* mit, deren Inhalt ich hier kurz anführen will: Die ersten Wesen der Welt seien ein Adler, der in der Luft schwebte, und Väinämöinen, der auf dem Meere umherirrte, gewesen. Von der Höhe herabblickend wurde der Adler den vom Wind und Wetter umhergetriebenen Väinämöinen gewahr, senkte sich nieder, baute ein Nest auf dem Knie des Väinämöinen und legte darin einige Eier. Diese rollten später vom Nest in die Meerestiefe, woselbst ein Hecht sie verschlang. Der Adler suchte nun überall seine Eier und fand sie endlich im Magen des Hechtes wieder, wo sie jedoch schon verdorben waren. Erzürnt hierüber rief der Adler:

Miks on muuttunut munani,
Kuks on soanut soalihini?

Das heißt:

Was ist doch mein Ei geworden,
Worein meine Frucht verwandelt?

Der Adler war zwar außerstande, sein Geschlecht durch die verdorbenen Eier weiter fortzupflanzen, fasste jedoch den Entschluss, seine Brut nicht ganz verloren gehen zu lassen, und schuf nun aus ihr die Welt, welches mittels der bekannten Schöpfungsworte geschah:

Munasen ylänen puoli
Yläseksi taivahaksi*

Auch zum letzten Gesang des *Kalevala* habe ich sowohl in Vuoninen als auch an anderen Orten eine Variante gehört, welche von jener, die Lönnrot anführt, erheblich abweicht. Nach der ersteren hatte der Schöpfer (*luoja*) den Entschluss gefasst, Väinämöinen ums Leben zu bringen, weil dieser sich dünkte, *luojoa parempi, jumaloa ylävämpi*, d. h. besser als der Schöpfer, höher als Gott zu sein.** Durch vieles Bitten gelang es dem Väinämöinen dennoch, seine Lebenszeit verlängert zu sehen, und zwar so lange, bis er drei paar eiserner Schuhe verbraucht haben würde. Nun verstrich eine lange Zeit, während welcher Väinämöinen die Schuhe durchaus nicht benutzte, und der Schöpfer sendete zu wiederholten Malen seine Boten zur Erde, damit er erfahre, ob Väinämöinen die Schuhe noch nicht verschlissen habe. Als die Boten immer mit der Antwort zurückkehrten, dieselben seien noch ganz, wurde der Schöpfer endlich vom Zorn ergriffen, beschloss, dass Väinämöinen nun ewig leben solle, aber sprach dabei folgendes Urteil über ihn aus:

* Aus des Eies obrer Hälfte / Wird des hohen Himmels Bogen. (Kalev. I. 235)

** Laut einer anderen Variante habe Gott den Väinämöinen zum Tode verurteilt, weil er seine eigene Mutter beschlafen hatte.

Mene tuonne, kunne käsken,
Kurimuksen kurkun suuhun,
Meren ilkiän kitahan,
Ikuisille istuimille,
Polvusille portahille,
Sielt et pääse päivinäsi,
Selkiä sinä ikänä.

Das heißt:

Geh', wohin ich dich verbanne,
In die tiefen Wasserwirbel,
In des wilden Meeres Rachen,
Dort zu dem beständ'gen Sitze,
Hin zu einer ew'gen Brücke,
Nimmermehr von dort entrinnen,
Nimmermehr zum Licht gelangen.

Eine andere Variante stellt das Verschwinden des Väinämöinen in der Weise dar, dass der Schöpfer ihn verurteilte, erst auf dem Meer umherzuirren und die Schicksale zu erleiden, die im Beginn des *Kalevala* geschildert sind, und nach langen Irrfahrten endlich in den Schlund des Wasserstrudels zu geraten.

Nachdem ich einige Tage in Vuoninen verbracht habe, ging ich weiter über Jyvälahti nach Uhtuva, einem Dorf, das, wie man mir erzählte, aus 90 Häusern bestand. Hier verweilte ich elf Tage und beschäftigte mich, wie früher, hauptsächlich mit der Aufzeichnung von Zauberliedern. Außerdem fand ich in diesem Dorf mehrere Traditionen vor, die historischen Inhalts waren und sich meist auf die vorhin erwähnten Diebesfehden bezogen. Eine dieser Überlieferungen schilderte einen Streifzug von finnischen Grenzbewohnern nach dem Dorf Alajärvi. Nachdem sie das Dorf geplündert hatten, wollten sie gewaltsamer Weise einen von ihnen lange verfolgten und gehassten Greis entführen. Während sie nun den Greis längs dem einen Ufer des Sees dahinschleppten, folgte ihnen auf dem anderen Ufer sein jüngster, zwölfjähriger Sohn und stieß fortwährend die Drohung aus, er wolle sie allesamt niederschießen, sofern sie den Vater nicht in Freiheit setzten. Die Gewalttäter jedoch, weit entfernt, den Drohungen des Knaben Gehör zu schenken, verhöhnten ihn nur und verfuhren umso grausamer mit dem Vater. Allein der Knabe ließ sich nicht abschrecken, sondern fuhr fort in seinen Drohungen, und die Feinde versprachen endlich, seinem Begehren unter der Bedingung willfahren zu wollen, dass er von dem entgegengesetzten Ufer aus durch einen Pfeilschuss den Apfel (*omena*) zerspalte, den sie auf den Kopf des Vaters legen würden. Der Knabe ging in der Tat auf diesen gefährlichen Versuch ein, und der Vater gab ihm dabei folgenden Rat: *Käsi ylennä, toinen alenna, järven vesi vetää* u. s. w. (Erhebe die eine Hand, senke die andere, denn die Gewässer des Sees ziehen [den Pfeil] an u. s. w.). Ganz gegen die Berechnung der Feinde traf der Pfeil sein Ziel; der Apfel fiel in zwei Stücken vom Haupt des Vaters herab, und dieser wurde aus seiner Gefangenschaft befreit. – Eine andere, zuverlässigere Überlieferung erzählt von einer zahlreichen Schar finnischer Grenzbewohner, die sengend und brennend weit und breit im russischen Karelien plünderten. Um so viel als möglich vor Feindes Hand zu retten, hatten die Bewohner des Landes ihre Schätze vergraben und ihre noch vorrätige Saat teils dem Vieh vorgeworfen, teils auf dem Schnee umhergestreut, wodurch sie, wie die Erzählung lautet, später eine gute Ernte gehabt haben. Auf diesem Raubzug überraschte der Feind einen Karelier, *Lahonen-Tiitta* genannt, im tiefsten Schlaf. Durch das Lärmen geweckt, sprang Lahonen von seinem Lager auf, ergriff schnell seinen Bogen, seinen Köcher und warf die Beinkleider über die Arme; solcher Gestalt entfloh er dem verfolgenden Feinde. Er war ein schneller Läufer und würde sich wohl durch die Flucht gerettet haben, allein die strenge Kälte des Winters zwang ihn, an seine nackten Beine zu denken. Als er somit einen kleinen Vorsprung gewonnen hatte, blieb er in der Absicht stehen, die Beinkleider anzuziehen, doch kaum hatte er das eine Bein bedeckt, da holten die Feinde ihn ein. Mutig und geistesgegenwärtig spannte er nun seinen Bogen, richtete denselben bald auf den einen, bald auf den anderen der sich ihm nähernden Feinde und rief dabei: »Katscho, mie ammun« (sieh dich vor, ich schieße dich nieder). Durch diese List schuf er eine solche Verwirrung unter seinen Feinden, dass er Gelegenheit zur Flucht und zum Ankleiden fand, woraufhin er in die tiefen Wälder verschwand. Die raubgierigen Feinde setzten indessen ihren Streifzug fort und gelangten endlich nach Ausübung vieler Gewalttaten an die Ufer eines Sees, *Tuoppajärvi* genannt. Von hier aus wünschten sie seewärts nach Pääjärvi zu gehen, aber selbst des Weges unkundig, baten sie einen Bauern in Kiisjoki, ihr Boot ans Ziel zu lenken. Auf dem Weg, den die Feinde einschlagen wollten, befindet sich der Scheitelpunkt des großen Wasserfalls. Als sie in die Nähe desselben gelangten, steuerte der Bauer hart am Ufer entlang, sprang plötzlich auf einen über das Wasser hervorragenden Stein und stieß im Sprung das Boot in den Fluss hinaus. Die Feinde waren nunmehr nicht länger imstande, das Boot zu lenken oder in seiner Fahrt aufzuhalten; die Strömung führte sie in den brausenden Wasserfall hinein. Später las man vierzig Mützen am Fuße des Falles auf.

Außer diesen und anderen ähnlichen Erzählungen von den Streifzügen der finnischen Grenzbewohner im russischen Karelien hörte ich in Uhtuva Erzählungen von einem riesenhaften Volk, *Naikkolaiset* oder *Naikon-kansa* genannt. Von diesem Volk ging die Sage, dass der Waldgeist (*metsänpaha*) ein christliches Weib geraubt und mit diesem einen Knaben und ein Mädchen gezeugt habe, die später einander zugetan eine gottlose Nachkommenschaft, unter dem zuvor erwähnten Namen *Naikkolaiset* bekannt, zur Welt gebracht hätten. Allen christlichen Umgang verabscheuend, habe dieses Volk sich auf dem Berg Haapavaara aufgehalten und dort eine eigene Rotte gebildet. Die Zahl der diesem Geschlecht angehörenden Personen gab man nur auf siebzehn bogenführende Männer an, die, wie man behauptete, in den vorhin erwähnten Diebesfehden bis auf den letzten Mann ausgerottet worden seien. Von diesem Volk habe ich weder früher noch später eine Sage vernommen.

Nachdem ich mit den erfahrensten Personen in Uhtuva beratschlagt und ihren ganzen Vorrat an Kenntnissen geleert hatte, begab ich mich zuerst nach Tuoppajärvi und setzte später von dort aus meine Reise durch Pääjärvi und Kuusamo fort. Auf dieser Reise fand ich wenig mehr von Interesse für meine Zwecke als eine Menge Traditionen von den Lappen. Man erzählte unter anderem von ihnen, dass sie früher in feindlicher Beziehung zu einem Volke namens *Kivekkäät* gestanden hatten. Vielleicht ist dieser Name eine Verdrehung des Wortes *kivikäet* (Sg. *kivikäsi* – Steinhand) und deutet darauf hin, dass jenes Volk Steine als Streitwaffen gebraucht hat. Zur Bestätigung dieser Vermutung dient ferner, dass man an einem Ort, wo der Tradition nach ein Kampf zwischen den Lappen und dem Volke Kivekkäät vorgefallen sei, einen Stein, einer Schleuder ähnlich, gefunden haben will. Von den übrigen Traditionen, die in dieser Gegend von Lappen verbreitet waren, will ich noch eine anführen, die einen Begriff von der Art und Weise gibt, wie die Lappen untereinander Recht sprechen. Ein Lappe, in Kuusamo wohnhaft, hatte heimlich sein Weib entleibt, allein diese Untat kam später durch den eigenen Sohn des Lappen, ein zehnjähriges Kind, ans Tageslicht. Der Knabe entdeckte den Anverwandten seiner getöteten Mutter das Verbrechen, und diese beriefen wiederum die Ältesten im Dorf, um hierüber Nachforschungen anzustellen. Nach alter Sitte versammelten die Richter sich in der Hütte des Verbrechers selbst und hielten hier ein sogenanntes Zelt-Thing (*kåta-käräjät*) ab. Seines Verbrechens überführt, wurde der Mörder zum Tod durch Erhängen verurteilt und das Urteil sofort von denselben Männern, die es gefällt hatten, zur Ausführung gebracht. Man zeigt noch den Ort, wo der Lappe gehängt wurde, und die Einwohner des Dorfes wissen zu erzählen, wie man vor gar nicht langer Zeit neben einer umgestürzten Kiefer sein Skelett, einen verrosteten Kessel, ein Messer und ein Beil gefunden habe.

Bei meiner Ankunft in Kuusamo war der Sommer bereits zu Ende und meine Reisemittel fast erschöpft, weshalb ich meine wissenschaftlichen Forschungen und Beschäftigungen abbrechen musste. Außerdem waren auch die Gegenden, die ich nunmehr zu durchreisen hatte, arm an allen Denkmälern der Vorzeit. Mein Weg ging von Kuusamo nach Uleåborg, von dort durch Österbotten und Tavastland nach Helsingfors. Auf dieser ganzen Strecke sind sowohl der Runengesang wie fast alle Denkmäler der mythischen Vorzeit verschwunden. Vielleicht dürften diese Gegenden dem Ethnografen und Linguisten ein reiches Feld darbieten, allein für den damaligen Zweck meiner Reise hatten sie keine Bedeutung. Nur den leblosen Denkmälern des Altertums, namentlich den verschiedenen Arten von Steinhaufen, die in großer Menge an der Meeresküste vorkommen, schenkte ich eine flüchtige Aufmerksamkeit. Ich konnte mich damals nicht näher mit denselben befassen, sondern begnügte mich, Nachrichten über die Stellen einzuziehen, woselbst, wie man mir erzählte, noch andere solche Denkmäler vorkommen sollen; ich hatte die Absicht, sie später zum Gegenstand einer sorgfältigen Untersuchung zu machen.

Reise nach Lappland, dem nördlichen Russland und Sibirien in den Jahren 1841–44

I

Im Jahre 1841 trat ich in Gesellschaft von Dr. Lönnrot und zum Teil auf seine Kosten eine Reise an, die sich nach unserem ursprünglichen Plan nur auf einige Teile Lapplands und des Gouvernements Archangelsk erstrecken sollte, später aber eine weit größere Ausdehnung erhielt. Der Ausgangspunkt dieser Reise war die Haupt- und Mutterkirche Kemi, die ungefähr 25 Werst östlich der Stadt Torneå liegt, woselbst wir Anfang November zusammentrafen und am 13. desselben Monats den Fluss Kemi aufwärts unsere Reise antraten.

Gegen unsere Berechnung war der Winter in dieser Gegend noch so mild, dass wir unsere Reise anfänglich nur mit der größten Mühe fortsetzen konnten. Die kürzlich von Kemi aus nach Rovaniemi und eine Strecke weiter in der Richtung nach Kemiträsk angelegte Landstraße war nicht allein schlecht gebahnt und deshalb sehr mühsam zu befahren, sondern auch an manchen Stellen noch ohne Schnee. Zwar ist der Fluss Kemi der Weg, den die Reisenden selbst zur Winterzeit allgemein benutzen; allein jetzt war auch dieser nicht zu befahren, weil das Eis noch immer schwach und unsicher war. Wir drangen indes, so gut wir es vermochten, vorwärts; fuhren meist Schritt für Schritt und spazierten auch oft zu Fuß, während das Skjuts-Pferd unser Gepäck schleppte. Nach Verlauf von vierzehn so verbrachten Tagen hatten wir 240 Werst zurückgelegt und gelangten in das Kirchdorf Salla im Kirchspiel Kuolajärvi und der Gemeinde Kemiträsk. Von hier aus war es unsere Absicht, in die russische Lappmark vorzudringen, wo wir, weil unserem Wissen nach noch kein Reisender diesen Teil von Lappland weder linguistisch noch ethnografisch gründlich untersucht hatte, auch eine reiche Ausbeute für die Wissenschaft erhofften. Ganz besonders interessierten uns die Lappen im Dorf

Akkala, weil die finnischen Bauern und Fischer uns erzählt hatten, dass diese Lappen in strenger Abgeschiedenheit sowohl von Russen als auch von anderen Nationen lebten, weshalb wir annahmen, dass Sprache und Nationalität sich bei ihnen reiner als in anderen Teilen Lapplands erhalten haben dürften. Dieses Interesse wurde noch dadurch gesteigert, dass man sie sowohl in Finnland als auch in Lappland für das zauberkundigste Volk des ganzen Nordens hält. Ein unvorhergesehener Zwischenfall zwang uns jedoch, die beabsichtigte Akkala-Reise aufzugeben. Wir gerieten in Salla einem unfreundlichen, schachernden, arglistigen Volk in die Hände, das durchaus nicht unserem Wunsch entgegenkam, uns für mäßige Zahlung durch die Wildnis zu führen, welche in einer Ausdehnung von 140 Werst Akkala von Salla trennt, sondern nur darauf bedacht war, unsere kleine Reisekasse zu plündern. Außerstande, die Bauern von ihren hohen Ansprüchen abzubringen, blieben wir nun vorläufig in Salla, um dort bessere Konjunkturen abzuwarten. Wie wir es vermutet hatten, kamen in der Tat nach einigen Tagen Akkala-Lappen nach Salla, um dort Handelsartikel zu veräußern, worauf sie mit ihren leeren, von Rentieren gezogenen Schlitten (Kerisse) wieder in ihre Heimat zurückkehren wollten. Wir setzten voraus, dass dieser Zufall uns den raubgierigen Händen der Bewohner Sallas entreißen würde, allein diese Menschen waren zu klug. Während noch die Lappen eine Strecke vor Salla Rast hielten und wir noch keine Kenntnis von ihrer Ankunft hatten, vereinigten einige Bauern sich dahin, ihre sämtlichen Vorräte zu kaufen und sie zur Rückkehr zu bewegen, noch ehe sie das Dorf betreten hätten. Diese List misslang zwar gänzlich, weil man sich nicht auf den Preis der Waren einigen konnte, doch nun schlugen die Bauern einen anderen Ausweg ein: Sie verleumdeten uns bei den einfältigen Lappen. Man redete ihnen ein, wir seien ausgesandt, um sie zum Lesenlernen zu zwingen, wir würden ihnen das Kreuz nehmen und unseren Glauben aufdrängen u. s. w. Diese Verschwörung hatte zur Folge, dass die Lappen, ohne dass wir es erfuhren, das Dorf heimlich verließen. Ärgerlich über diesen Streich änderten wir nun zum Verdruss der Bauern unseren Reiseplan insoweit, dass wir den Entschluss fassten, uns erst nach Enare zu begeben und von dort aus nach Weihnachten die Reise in die russische Lappmark fortzusetzen. Zu diesem Entschluss trug ferner noch die Nachricht bei, die wir in Salla erhielten, nämlich dass die russischen Lappen bis Weihnachten mit der Fischerei beschäftigt sind und in den jämmerlichsten Hütten wohnen, wohingegen sie später ihre Winterwohnungen beziehen, die, wie man uns sagte, einen besseren Schutz gegen Wind und Wetter bieten sollen.

Mit diesem neuen Plan vor Augen verließen wir Salla in den ersten Tagen des Dezembers, legten zuerst einige Meilen zu Pferde zurück, stiegen aber später jeder in seinen Rentierschlitten. Wir fuhren am ersten Tag auf der Eisdecke eines kleinen Flusses dahin, die allerdings leider dermaßen mit Flusswasser überschwemmt war, dass unsere Reise in den runden Kerissen fast einer Wasserpartie glich. Mein Keris war besonders niedrig, und gar oft schlug das Wasser darüber hinweg. Einmal machte ein Hund mein Rentier scheu, worauf dieses die Bahn verließ und in wilder Flucht auf dem Eise hin und her rannte; der Schlitten fiel zuletzt um, und ich lag in einem See von Flutwasser. Ein schöner Anfang! Die folgenden Tage ging es über Berge und durch Moorgründe, und wir hatten manches Abenteuer mit unseren unlenksamen Rentieren zu bestehen, bis wir endlich das Dorf Tanhua am Flusse Luiro erreichten. Nachdem wir hier einige Tage gerastet hatten, fuhren wir weiter längs des Flusses und gelangten glücklich nach Korvanen, dem nördlichsten Bauernhof des Distrikts Sodankylä, welcher 200 Werst von Salla und ungefähr ebenso weit von der Kirche zu Enare entfernt liegt.

Hier bekamen wir zu unserer Bequemlichkeit ein Zimmer, wo, nach Lönnrots Worten, »im Jahr zuvor sechs junge Füchse aufgezogen worden waren«. Diese Räumlichkeit war natürlicherweise sehr schlecht eingerichtet; sie hatte zwar einen offenen Feuerherd, aber ohne Klappe, und nach jeder

Feuerung mussten wir demnach aufs Dach steigen, um den Rauchfang mit Heu zu verschließen. Volle zwölf Tage und Nächte verbrachten wir in diesem Nest, in der Hoffnung, dass der Zorn Ukkos, des alten Schneegreises, sich mildern würde. Wie oft trat ich ins Freie hinaus, um zu erspähen, ob er uns nicht bald von der Tyrannei der Schneefälle befreien würde, doch kein Hoffnungsschimmer war am Himmel zu entdecken. Die Sonne war schon seit Langem verschwunden und die Luft so dick und finster, dass man oft mitten am Tage nur bei Licht zu lesen vermochte. Als endlich das Wetter sich aufklärte, strömten aus Osten und Westen Menschen an diesem Ort zusammen, um sich, wie wir, nach der Kirche zu Enare zu begeben. Auch sie waren vom Unwetter zur unfreiwilligen Rast auf den angrenzenden Höfen gezwungen worden. Am Tage vor dem Weihnachtsabend fand endlich der Aufbruch statt. Die Billigkeit hätte zwar verlangt, dass alle zu gleicher Zeit aufgebrochen wären, um sich mit vereinten Kräften einen Weg über den gefürchteten Sombio-Fjäll zu bahnen, allein viele der Anwesenden blieben bis zum folgenden Tage zurück, weil sie es bequemer fanden, auf gebahntem Wege hinter uns her zu fahren. Wir verließen uns auf die guten Rentiere und raschen Schneeschuhläufer, die wir in Korvanen erhielten, und traten im Verein mit drei Finnen und zwei Lappen die Reise an. Wir waren demnach sieben Personen, und die Zahl der Rentiere, die Lasttiere inbegriffen, betrug dreißig. Die ersten zwei Meilen wurden in der Weise zurückgelegt, dass einer der Lappen an der Spitze des Zuges auf Schneeschuhen lief und hinter sich ein unbelastetes Rentier führte, in dessen Spuren nun die anderen traten; die nächsten zwei Meilen, nach denen unsere erste Tagesreise beendet war, legten wir ohne Schneeschuhläufer zurück, weil auf dieser Strecke der Schnee nicht so hoch lag. Bei Einbruch der Nacht lagerten wir uns an einer der Schneewehen und zündeten hier ein Feuer an, das jedoch mehr dem Namen nach ein Feuer war, als dass es uns in der Wirklichkeit von Nutzen gewesen wäre. Während wir schliefen, brach ein heftiges Unwetter aus, und als ich des Morgens erwachte, vermisste ich zwei unserer Reisegefährten. Wir fanden sie jedoch endlich unter dem Schutze einer Schneewehe, wo sie die ganze Nacht ungestört geschlafen hatten. Mit dem wiederkehrenden Tage und bei dem noch anhaltenden Unwetter verließen wir unsere Ruheplätze, anfänglich mit den Schneeschuhläufern an der Spitze, später aber, nachdem wir den eigentlichen Fjäll erstiegen hatten, ohne diese, weil hier der Schnee dermaßen vom Wind zusammengedrückt war, dass er fast überall das Rentier auf seiner Oberfläche zu tragen vermochte. Bald hatten wir den Fjäll hinter uns, und der Weg wurde wiederum schlecht; doch hörten glücklicherweise der Sturm und das Unwetter auf. Der Mond kam sogar zum Vorschein, und die Sterne schimmerten am Firmament. Ermüdet von der Reise schlief ich in meinem Keris ein und sah mich im Traum in einen eleganten Salon versetzt. Die Sterne schienen mir Weihnachtslichter zu sein, die Fichten traten mir als menschliche Gestalten entgegen, in denen ich meine liebsten Freunde erblickte, die sich zur Feier des Christabends versammelt hatten. Mit einem der versammelten Weihnachtsgäste geriet ich wegen einiger lappischer Vokallaute in Streit, und dieser endete damit, dass ich in der Hitze mit meiner Stirn gegen die seinige rannte. In demselben Augenblick erwachte ich und empfand nicht wenig Schmerz an der Stirn, denn das Rentier hatte mich mit dem Kopfe gegen eine Fichte gestoßen. In der Verwirrung wollte ich meinen Gegner um Verzeihung bitten und war eifrig damit beschäftigt, mir die festgebundene Mütze vom Kopf zu reißen, als der Lappe, der hinter mir fuhr, die vernünftige Bemerkung machte, dass ich die Mütze ruhig sitzen lassen, die Zügel aber von der Tanne freimachen sollte. Kurz nach diesem Abenteuer erreichten wir eine unbewohnte Kote, die man zur Bequemlichkeit der Reisenden in dieser Gebirgsgegend aufgestellt hatte. Hier schlugen wir unser Nachtlager auf, obgleich wir an diesem Tage nur drei Meilen zurückgelegt hatten. Inmitten der Hütte wurde ein großes Weihnachtsfeuer angezündet, die Fleischtöpfe wurden übers Feuer gebracht, und nachdem die Kraftsuppe verzehrt war, wurde ein Tee veranstaltet, wie ihn die Suoma-Kote wohl noch nie erlebt hatte. Nachher begab man sich zur Ruhe und streckte sich teils auf den Bänken aus, teils auf dem Fußboden, der aus der bloßen Erde bestand, die mit Heu und Tannenreisern bestreut war. Als ich am anderen Morgen erwachte, blickten die Sterne freundlich durch das halboffene Dach unserer Hütte herein. Einen noch schöneren Anblick aber gewährte die freie Welt vor der Kote. Sie war so still, so friedlich und feierlich, als wenn auch sie ihre Andacht am Tage des Lichtes und der Versöhnung gefeiert hätte. Doch kurz ist die Ruhe des nordischen Winters. Schon am Vormittag zog ein Unwetter herauf, und wir dankten dem Schöpfer, als wir beim Einbruch der Nacht eine schützende Lappenhütte an dem See Akujärvi erreichten. Umso erfreulicher war der Eintritt in diese Hütte, als wir bereits die Hoffnung darauf aufgegeben hatten; denn in der ganzen Gesellschaft befand sich nur ein Mann, der des Weges kundig war, und dieser war nicht allein fast blind, sondern hatte obendrein, zu Ehren des Christtages, für einen so gründlichen Rausch gesorgt, dass er kaum sein Rentier lenken konnte. Doch gerade dieser letztere Umstand schien unser Glück zu sein, denn der Mann gestand selbst ein, dass es sein vortreffliches Rentier gewesen sei, das uns, obgleich es nur einmal früher diesen Weg betreten, im Verlaufe des Tages an Ort und Stelle geführt habe. Von Akujärvi brachen wir bereits am folgenden Morgen auf und hofften noch an demselben Tage die Kirche zu Enare zu erreichen; doch dies war eine falsche Berechnung, denn als wir uns auf der Eisdecke des Enare-Sees befanden, brach der Abend schon ein, und mit ihm verirrten sich sowohl der Führer als auch sein Rentier, das früher nie auf dem See gewesen war. Stephanus zu Ehren fuhren wir nun lange auf dem See hin und her, und das auf dem Eise stehende Wasser bahnte sich einen Weg in meinen Keris und hing sich als Eiszapfen an meine Kleider. Endlich fand man die Spur, allein unser blinder Führer wagte sich nun nicht mehr weiter hinaus. Wir kehrten um und suchten eine Lappenhütte auf, woselbst wir uns bei den Schafen und anderen Haustieren lagerten; die menschlichen Bewohner der Hütte hatten sich zur Kirche begeben. Zwar entdeckten wir später, dass noch zwei Lappenmädchen zurückgeblieben waren, allein auch diese konnten nicht in die Hütte hinein, sondern schliefen im Wald auf Tannenreisern, wo sie ihre Rentiere bewachten. Am folgenden Morgen, noch beim Sternenschimmer, war das eine Mädchen unsere Führerin zu der Kirchstadt Enare. Hier ruhten wir nun in ganz angenehmer Weise nach unseren Mühseligkeiten aus. »Als ich im Jahre 1837 in Enare war«, schreibt Lönnrot an einen Freund, »erblickte ich hier nur die Kirche und einige elende Lappenhütten; jetzt, nachdem der Ort seinen eigenen Prediger hat, gewährt er einen ganz anderen Anblick. Die Kirche ist rot angestrichen, der Prediger hat ein Haus mit fünf Zimmern, und außerdem befindet sich hier noch ein anderes Haus mit einer großen Stube und zwei Kammern, die, wenn ich mich recht besinne, für den Hauptpastor eingerichtet sind, der zwar in Utsjoki wohnt, sich aber doch dann und wann in dieser Filiale einfinden muss. Künftigen Sommer wird man hier außerdem ein Gerichtshaus erbauen. Wundere dich nicht, dass ich dergleichen Gebäude erwähne; an anderen Orten würde ich es gewiss nicht tun, aber hier in der Lappmark! Erst wenn man einige Zeit in den räuchrigen Lappenhütten verbracht hat, weiß man ein ordentliches Haus zu schätzen; es geht damit wie mit der Gesundheit, die man nach einer überstandenen Krankheit am vollständigsten genießt; wie mit der Sonne, als wir sie am 18. Januar zum ersten Male wieder erblickten: Sie schien uns so wunderbar herrlich, dass wir auf lange nicht die Augen von ihr abwenden konnten.«

Während unseres Aufenthaltes in Enare erhielten wir die Nachricht, dass der gefeierte lappländische Missionar und Schriftsteller, Pastor Stockfleth, den wir in Alta aufsuchen wollten, sich gegenwärtig in Karasjok befand, nur sechzehn kurze Meilen von Enare entfernt. Dieser glückliche Zufall veranlasste uns, im Anfang des Januars nach Karasjok aufzubrechen und eine Strecke zurückzulegen, die durch zwei große Fjällmassive, Muotka- und Iskuras-Tunturi, bemerkenswert ist. Der Weg führt fast ununterbrochen über diese Berge hin, und wir passierten den ersteren bei einer strengen Kälte, doch ohne von irgendeinem bedeutenden Unwetter überfallen zu werden. Als wir uns nach einer Reise von anderthalb Tagen den genannten Bergrücken abwärts begeben wollten, traf mich das Unglück, dass mein Rentier plötzlich in seiner Fahrt stehen blieb, wodurch der Keris umgeworfen wurde und mein rechter Arm samt dem Lenkriemen darunter gerieten. Eine so unglückliche Lage gebot mir, vor allen Dingen darauf hinzuarbeiten, meinen Arm freizubekommen, allein dies war unmöglich, ohne zu gleicher Zeit, gegen alle Regeln, den Lenkriemen fahren zu lassen. Es war jedoch vorauszusehen und wohl ganz natürlich, dass das Rentier, wenn es sich frei fühlte, nicht warten würde, bis ich in den Keris gestiegen wäre, sondern, seiner Natur folgend, eiligst seinen Kameraden, den anderen Rentieren, nachsetzen und mich allein auf dem Berg zurücklassen würde. Um dem vorzubeugen, ergriff ich sofort mit der freien linken Hand die Rückenlehne des Keris und ließ mich vom Rentier ins Schlepptau nehmen, aber diese Art des Reisens war in der Tat beschwerlich; ich musste sie sehr bald aufgeben und allein zurückbleiben. Bei Unwetter und Finsternis hätte dieser Tag mein letzter werden können, allein jetzt hatte ich nichts zu befürchten, denn nur leichte Winde umspielten mich, und der Abend war so klar, dass ich mich nicht leicht verirren konnte. Meine Reisegefährten hatten indes schon eine halbe Meile zurückgelegt, bevor sie mein Ausbleiben bemerkten, und es war bereits spät am Abend, als sie mir entgegenkamen. Kurz nach diesem Abenteuer erreichten wir Jorgastak, ein im Winter unbewohntes Fischer-Lager am Flusse Teno, bei dem die Lappen immer Halt machen, um zumindest die Rentiere ausruhen zu lassen. An diesem recht unheimlichen Orte verbrachten wir eine schlaflose Nacht und begaben uns bereits in der Morgendämmerung weiter, legten eine halbe Meile auf dem Teno zurück und bestiegen darauf die Bergkette Iskuras-Tunturi, woselbst mich erneut ein Abenteuer erwartete. Mein etwas wildes Rentier bekam plötzlich bei einer Fahrt bergab den Einfall, die Spur zu verlassen und mit aller Kraft gegen eine große Birke anzurennen, mit der ich nun gleichfalls in so unsanfte Berührung geriet, dass das Blut mir aus Mund und Nase strömte. Hierdurch zwar in keine angenehme Stimmung versetzt, musste ich doch lachen, als Lönnrot die Hoffnung aussprach, die Nase sei wohl noch zu retten, wenn sie auch übel zugerichtet sei. Da es natürlicherweise einem jeden darum zu tun ist, wenigstens diesen Körperteil zu erhalten, so fasste ich nun den festen Entschluss, auf künftigen Rentierfahrten die Nase keiner Gefahr auszusetzen. Diese Vorsicht lässt sich auch in den meisten Fällen üben, wenn man es wiederum nicht zu genau mit seinen Beinen nimmt, sondern diese bei jeder bedenklichen Gelegenheit im Stich lässt und sie namentlich dazu verwendet, die schwankenden Bewegungen des Schlittens zu steuern. Hierbei vermeide man jedoch sorgfältig, die Ferse anzusetzen, weil man dadurch leicht Gefahr läuft, die Beine zu brechen; man muss sich quer über den Schlitten setzen, die Knie fest an dessen Seiten drücken, die Beine hinterherschleifen lassen und nur mithilfe der Füße den Keris daran hindern, dass er gegen Bäume und Steine anrennt. Diese Theorie ist zwar ganz einfach, die Praxis aber ist schwer, weil das Rentier gerade dann die kürzeste Zeit zur Überlegung lässt, wenn man diese am nötigsten hat, nämlich bei der Fahrt bergab. Oft geht es mit einer solchen Eile die Berge hinab, dass man kaum die Gegenstände um sich herum zu unterscheiden vermag, wenn man es überhaupt wagt, die Augen offen zu halten und sie der Menge von Schnee auszusetzen, die das Rentier fortwährend mit seinen Hinterfüßen gegen das Gesicht schleudert. Sich im Notfall mit dem Schlitten umzuwerfen, ist, wo der Schnee hoch liegt, ein empfehlenswerter Kunstgriff, indem das Hinterteil des Schlittens sich in den Schnee hineinbohrt und dadurch die Fahrt des Rentiers fast augenblicklich gehemmt wird; allein auf den Bergen und Fjälls kann dies nicht zur Anwendung kommen, weil hier der Schnee stets von heftigen Stürmen hinweggefegt ist. Reiche und vornehme Reisende führen gewöhnlich ein loses Rentier als Reserve mit und binden dieses, wenn es bergab geht, hinten an den Schlitten; ein solches hinten angebundenes Rentier kämpft nämlich stets aus allen Kräften gegen die Fahrt an. Für weniger bemittelte Reisende, die diesen Ausweg nicht ergreifen können, ist es die Hauptsache, das Rentier von den Berghöhen herab ungehindert nach seinem eigenen Gutdünken laufen zu lassen. Dass dies das Beste ist, davon erhielt ich einen Beweis auf der Fahrt von dem Iskuras-Tunturi herab, einem der höchsten Fjälls, die ich passiert habe. Derselbe senkt sich in vielen jähen Absätzen. Bei der Abfahrt von einem solchen versuchte ich aus allen Kräften, das Rentier zurückzuhalten, stieß aber dadurch zu wiederholten Malen gegen Bäume und Steine an. Bei einem anderen Abhang ließ ich das Rentier ungehindert in der wildesten Fahrt dahinlaufen, fuhr zwar ein anderes Rentier um und setzte über einen Lastschlitten hinweg, gelangte aber immerhin glücklich über den Abhang. Wenige Minuten später fuhren wir auf dem Pfarrhof zu Karasjok ein und wurden hier mit offenen Armen vom Pastor Stockfleth empfangen. In seiner Gesellschaft verbrachten wir nun zehn lehrreiche Tage und begaben uns später, am 18. Januar, wieder nach Enare zurück. Ein außerordentlich schönes Wetter begünstigte uns, und die Rückreise war in der Tat eine Lustreise. Auf dem Iskuras-Tunturi zeigte sich uns gar die Sonne, wenn sie sich auch nur wenig über den Horizont erhob. Als wir nach einer Tagesreise in Jorgastak anlangten, konnten wir nicht umhin, anlässlich der Wiederkehr der Sonne einen fröhlichen Abend zu veranstalten. Unterdessen ergriffen alle unsere Rentiere die Flucht, wurden aber glücklicherweise auf einem naheliegenden Berge wieder eingeholt. Noch an demselben Abend brachen wir wieder auf und fuhren lange Zeit auf Irrwegen umher, bis wir endlich eine Lappenhütte entdeckten, woselbst wir den Rest der Nacht verbrachten. Tags darauf erreichten wir Enare.

Kurz nach dieser Ankunft in Enare erhielt ich ein Schreiben aus Petersburg von Herrn Sjögren, in dem er mich von dem gefassten Entschluss der Kaiserlichen Akademie, jene wissenschaftliche Expedition nach Sibirien abgehen zu lassen, benachrichtigte und die Aufforderung hinzufügte, ich möchte ihr als Linguist und Ethnograf beitreten. Diese Auffassung stimmte vollkommen mit meinen eigenen, innigsten Wünschen überein, und ich erklärte mich bereit, ihr nachzukommen. Zwar enthielt jenes Schreiben ferner die Bestimmung, dass die Reise nach Sibirien erst nach Verlauf eines Jahres stattfinden könne, doch es blieb mir überlassen, diese Zwischenzeit nach eigenem Gutdünken zu nutzen, und Herr Sjögren erteilte mir überdies den Rat, meine lappländische Reise nicht zu unterbrechen, sondern mich nach dem früher entworfenen Plan von Enare aus in die russische Lappmark, von dort nach Archangelsk, von dort zu den europäischen Samojeden zu begeben, und endlich über den nördlichen Teil des Ural mir einen Weg nach Sibirien zu bahnen, wo meine Tätigkeit im Dienste der Akademie beginnen sollte.

2

Der Gemeinde Enare ermangelte es bis vor Kurzem eines eigenen Pfarrers, und nur einige wenige Male im Jahr hielt der Pastor zu Utsjoki dort Gottesdienst; kein Wunder also, wenn die Gemeindemitglieder sich bei solchen Gelegenheiten umso zahlreicher zu gemeinschaftlichen Andachtsübungen in der Kirche versammelten. Und doch möchten vielleicht bei der Mehrzahl der versammelten Lappen nicht gerade die Andachtsübungen der Beweggrund zu diesen für manche sehr weiten Kirchreisen sein. Mit Gewissheit dürfen wir es wenigstens nicht nur von den russischen Lappen, sondern auch von den norwegischen und finnischen Berglappen behaupten, die sich gewöhnlich in großer Menge um die sogenannten Versammlungs- und Jahrmarktszeiten bei der Kirche zu Enare einfinden. Welche mächtige Triebfeder mag es aber gewesen sein, die es vermochte, die Menschen aus so vielen und so weit entfernten Gegenden hier zusammenzuführen? Fast alle Völker besitzen Traditionen von einer irdischen, einer zeitlichen Glückseligkeit, die ihnen verloren gegangen ist. So reden auch die Lappen im Gefühl der Sehnsucht und Trauer von der goldenen Zeit, da die Bäche um die Enare-Kirche von Wein überschäumten und die Menschen zu Hunderten hier zusammenströmten, um ihr von den Bergwinden abgekühltes Blut zu erwärmen. Der Berglappe, wenn er in seiner einsamen Kote vor dem matt flammenden Feuer sitzt, bricht zuweilen in eine Elegie aus über jene dahingeschwundene Zeit mit ihren vielen Vergnügungen und Genüssen. Jetzt schenkt ihm der Marktplatz zu Enare nur ein trauriges Andenken an das Verlorene. Sehr selten geschieht es in unserer ordentlichen Zeit, dass irgendein dreister Abenteurer es wagt, dem Gesetz zu trotzen und in den tiefen Wäldern einen kleinen Vorrat des elysäischen Getränkes zu verbergen, der dann überhaupt nur sehr guten und bewährten Freunden zuteilwird. Unter solchen Verhältnissen ist es leicht erklärlich, dass sowohl die Russen wie selbst die Berglappen ihre Besuche der Jahrmärkte zu Enare größtenteils eingestellt haben. Ihre *ursprüngliche* religiöse Bedeutung haben dieselben gleichfalls verloren, nachdem die Gemeinde ihren eigenen Pfarrer erhalten hat, dem es obliegt, innerhalb seines Bezirks tätig zu sein. – Nichtsdestoweniger finden sich die Enare-Lappen nach alter Sitte an gewissen Sonntagen zahlreicher als sonst zum Gottesdienst ein und halten sich alsdann mehrere Tage in ihren in der Nähe erbauten Hütten auf. Es ist schwer zu bezeichnen, was diese Menschen eigentlich vorhaben, wenn sie sich in solcher Weise versammeln. Es werden zwar einige Hochzeiten, Kindstaufen und Verlobungen gefeiert, allein es stellt sich klar heraus, dass der Lappe von Natur aus keinen Sinn für Vergnügungen, für öffentliche Feste oder überhaupt für ein soziales Leben hat. Jeder scheint von seinen eigenen kleinen Beschäftigungen erfüllt zu sein, er kocht, er schleppt Brennholz herbei, versorgt seine Rentiere u. s. w. Höchstens bemerkt man einige Freunde und Verwandte, die umhergehen und miteinander reden; nur ein ganz besonderes Ereignis vermag es, eine größere Volksmenge zusammenzubringen. So geschah es an einem der letzten Tage des Februars, als wir, zwei Finnen und ein paar Individuen des edleren germanischen Stammes, den Marktplatz verlassen wollten. Nicht allein die Neugierde, sondern auch eine natürliche Teilnahme für die Abreisenden brachte den größten Teil der versammelten Lappen zusammen. Jeder wollte sich nun durch die Menge hindurcharbeiten, um uns zum Abschied die Hand zu reichen und seinen Segen als Geleit mitzugeben. Dabei strahlte die innigste Herzlichkeit und Liebe, eine unbegrenzte Teilnahme für die Reisenden aus den wohlgenährten, von der Sonne beleuchteten Gesichtern der Lappen. Viele Leser mögen hier auf dieses »einfältige Wohlwollen« vornehm herabsehen, der Lapplandfahrer aber, der nur daran gewöhnt ist, die nackten Felsen um sich zu erblicken, zeichnet ein solches Ereignis nicht allein in sein Tagebuch, sondern auch tief in sein Herz ein.

Unter vielen Segnungen und Glückwünschen traten wir somit unsere lange und beschwerliche Reise nach dem russischen Städtchen Kola an, während die Deutschen, die mit uns zugleich aufbrachen, die Richtung nach dem Nordkap einschlugen. Eine große Anzahl Lappen kehrte in unserer Gesellschaft in ihre Heimat zurück. Die Reise ging anfänglich quer über den Enare-See, allein wir gewannen an dem ersten Tage nur ungefähr die Mitte dieses weiten Gewässers; die Finsternis überfiel uns, und wir sahen uns genötigt, in einer unbewohnten Kote auf einer kleinen Insel Schutz zu suchen. Wir waren an diesem Tage über zwei größere Buchten des Sees, Ukon-selkä und Kattilan-selkä, gefahren. Wie man erzählte, hieß Letztere deshalb *Kattilan*, weil ein Lappe einst mithilfe eines an einem Tau befestigten Kessels (*kattila*) die Tiefe der Bucht gemessen habe. Der Name *Ukon-selkä* (*Äije jarngga*) hat einen mythischen Ursprung und veranlasst mich zu einigen Bemerkungen über die frühere Götterlehre der Lappen.

Überall, so weit die lappische Sprache reicht, vernimmt man Traditionen über die Seita, *Sieita*, d. h. Götterbilder aus Stein, welche die Lappen kniend angebetet und denen sie Opfer dargebracht haben. Die Opfer bestanden meist in Hörnern und Knochen der Rentiere, namentlich der wilden Rentiere. Högström erzählt, dass einige Seitas mit einem weitausgedehnten Wall umgeben waren und dass der Lappe ihnen von den Tieren, die er innerhalb eines solchen Umkreises erlegte, den Kopf und die Füße sowie die Flügel vom Vogelwild geopfert habe. Auch ich habe erzählen hören, dass die Lappen, wenn sie sich auf die Rentierjagd begaben, den Seitas Kopf und Hals eines solchen Tieres als Opfer versprachen, für den Fall, dass die Jagd ergiebig wäre. Die übrigen besseren Teile verzehrten die Jäger selbst an der Opferstätte, doch nichtsdestoweniger kehrten sie stets mit hungrigem Magen nach Hause zurück, weil alles, was man verzehrte, nur den Seitas zugutekam. Nach Högström hatten die Rentierlappen auch die Sitte, ihre Seitas mit Blut zu bestreichen, ähnlich wie die Fischerlappen mit Fischtran, und wenn nachher der Tran in der Sonnenhitze trocknete, glaubten die einfältigen Fischer, die Seita habe ihr Opfer verzehrt. – Tornæus wie Högström stimmen darin überein, dass die Seitas nicht von Menschenhand gebildet, sondern so beschaffen sind, »wie die Natur sie selbst gemacht zu haben scheint; doch meist von einer sonderbaren Gestalt, wie Versteinerungen, gekräuselt und knotig« (Högström). Dies mag bei den meisten der Fall gewesen sein, allein ich habe Gelegenheit gehabt, auf einer kleinen Insel in dem Enare-See eine Seita zu sehen, die von kleineren Steinen aufgetürmt und an Gestalt und Größe menschenähnlich war. – Über die von Högström erwähnten hölzernen Bilder, »die aus Wurzeln in Menschengestalt ausgehauen sind«, habe ich in Lappland keine Aufklärung erhalten können; aber in den nördlichen Gegenden Finnlands trifft man Bilder in menschlicher Gestalt an der Außenseite wachsender Bäume. Diese nennt man *Molekit*, und es heißt, man habe sie in älteren Zeiten als Götter angebetet. Im Kirchspiel Sodankylä formt man dergleichen Bilder noch heutigen Tages, aber nur, wenn eine Person zum ersten Male einen Ort besucht.

Ein solches Bild heißt dann *Hurikkainen*, wohl von dem *Karsikko* zu unterscheiden, das in dem Distrikt Kajana zu demselben Zwecke gebraucht, allerdings so gemacht wird, dass man mit Ausnahme eines einzigen Zweiges alle übrigen von einem Baum abhaut; dieser eine muss dabei nach der Gegend gerichtet sein, wo der Reisende seine Heimat hat. – Es ist wahrscheinlich, dass die genannten *Hurikkaiset* nicht weniger als die *Molekit* alte Götzenbilder der Lappen gewesen und mit den bei Scheffer und anderen Verfassern genannten *Viron Akka*, *Storjunkare* u. s. w. sowie mit den von Högström beschriebenen Götterbildern aus Holz identisch sind. Ohne irgendein bestimmtes Resultat aus dieser Hypothese ziehen zu wollen, wird aus dem Vorerwähnten doch klar, dass die Lappen der rohen, sinnlichen Naturanbetung ergeben gewesen sind. Sie haben in den Seitas zwar nicht den Stein selbst angebetet, aber andererseits haben sie sich diese steinernen Bilder auch nicht als bloße Repräsentanten oder Symbole eines göttlichen Wesens, sondern die Gottheit als dem Bilde selbst innewohnend gedacht. In Übereinstimmung mit dieser Auffassung von dem Wesen der Seitas lässt man sie nicht allein die Opfer verzehren, sondern erkennt ihnen auch Leben und Bewegung zu. »Viele Lappen«, sagt Högström, »stehen ganz in dem Glauben, dass diese Steine Leben haben und gehen können«; und dies findet seine Bestätigung in einer unter den Enare-Lappen verbreiteten Tradition, nach welcher die Seitas sich lange Zeit auf der Wasseroberfläche bewegt haben, ohne zu sinken, bis Päiviö einige von ihnen in den Enare-See gestürzt habe.

Außer den Seitas und den vorhin erwähnten Götzenbildern aus Holz trifft man in der lappischen Mythologie einige persönliche Götter wie Äije oder Äijsch (in den schwedischen Lappmarken: Aija, Aijeke, Atja), Akku, Hiidda, Tuona, Lempo, Madderakka oder Mudderakka, Uksakka oder Juksakka, Jaabmeakka. Ältere Schriftsteller nennen noch andere Götter, allein diese dürften entweder den Lappen angedichtet sein, oder es liegt ihnen ein Missverständnis zugrunde, denn sie setzen so hohe Religionsbegriffe voraus, die man bei einem wilden Naturvolk unmöglich finden kann. Von denjenigen Begriffen, die wirklich der lappischen Mythologie angehören, scheint es wenigstens, als stimmten die meisten mit den finnischen Ausdrücken überein. So ist auch in der finnischen Mythologie *Ukko* unter dem Namen *Äijä* bekannt; *Akku* ist das finnische *Akka* oder *Ämmä*. *Hiida, Lempo, Tuona* sind die finnischen Götzen *Hiisi, Lempo, Tuoni*. – *Äije* und *Akku* kommen in Enare als Benennungen von Bergen, hohen Felsen, großen Seen vor. Ferner heißt der Donner in der finnischen Lappmark *Äijsch*, ein Diminutivum von *Äije*, so wie der Donner von den Finnen gewöhnlich mit der Diminutivform *Ukkonen* bezeichnet wird. Der Regenbogen heißt bei den finnischen Lappen *Äije daugge*, was mit der finnischen Benennung *Ukon kaari* übereinstimmt. *Hiida* habe ich nur in der Phrase: *mana Hiidan* – mene hiiteen (geh zu Hiisi) gehört. *Tuona, Tune* oder *Tuon* ist zwar in das Wörterbuch von Lindahl und Öhrling aufgenommen, doch das Wort ist sowohl in den norwegischen als auch in den finnischen Lappmarken unbekannt. *Jaabmeakka* (finn. *Tuonen akka*) und *Madderakka* (finn. *maan akka, mannun eukko*) findet man gleichfalls in der finnischen Mythologie, aber *Saarakka* und *Uksakka* sind ihr fremd. Die Mythologen sind der Ansicht, dass sowohl Madderakka als Saarakka und Uksakka bei der Geburt der Kinder angerufen worden sind, allein ihre Angaben sind überhaupt nicht zuverlässig, und in dem gegenwärtigen Falle haben sie vielleicht nur einen philologischen Grund. In den schwedischen Lappmarken bedeutet, nach dem Wörterbuch von Lindahl und Öhrling, das Wort *madder* (gebräuchlicher ist *maddo*) Ursprung, Herkunft, das Wort *saret* schaffen; durch diese Deutungen wird man leicht auf die Eigenschaften hingeführt, die dem Madderakka und Saarakka beigelegt worden sind. Doch Dr. Lönnrot hat meine Aufmerksamkeit darauf gelenkt, dass jene Wörter möglicherweise von dem finnischen *manner*, Festland, Erde, und *saari*, kleine Insel, Holm herstammen. In philologischer Hinsicht tritt dieser Ableitung keine Schwierigkeit entgegen, insofern *manner* (ursprünglich *mantere*, davon *mander* und endlich *manner*) in Übereinstimmung mit dem Geist und den Gesetzen der lappischen Sprache in *madder* übergehen kann, wie *hinta* in *hadde*, *rintā* in *radde*, *pinta* in *bidde*, *kant* in *gadde*, *sand* in *saddu* u. s. w. übergehen. Eine solche Ableitung wird, was Madderakka betrifft, noch ferner durch ein mir von dem Prediger J. Fellman gütigst mitgeteiltes Fragment bestätigt, das folgendermaßen lautet: *Man laem Madderest ja Madderi mon boadam, Madderakast mon laem aellam ja Madderakka kuullui mon boadam*, d. h. »von Madder bin ich und zu Madder komme ich, von Madderakka habe ich gelebt und zu Madderakka komme ich«; was augenscheinlich eine Übersetzung der in unseren christlichen Begräbniszeremonien vorkommenden Worte ist: »Von Erde bist Du und zu Erde sollst Du werden.« Wenn nun die finnischen Wörter *manner* und *saari* in der Tat synonym mit Madderakka und Saarakka sind, dann ist auch anzunehmen, dass die Finnen die lappischen Seitas umgetauft und die auf dem festen Land befindlichen Seitas *Madderakka*, die auf den kleinen Inseln der Binnenseen angebeteten Seitas *Saarakka* genannt haben. Was ferner *Uksakka* oder *Juksakka* betrifft, so dürfte dieses Wort am nächsten von dem lappischen *Juksu*, Fang, Beute, herzuleiten sein, und *Juksakka* wäre somit identisch mit der *Viljan Eukko* der Finnen.

Nach diesem kleinen Ausflug in die dunkle Vorzeit der Lappen kehren wir zu unserer Reisegesellschaft zurück. Um das erwärmende Feuer, das in der Mitte der Kote flammte, hatte sich eine Gruppe gelagert. Die Frauen halten sich jedoch etwas vom Feuer entfernt, und ein junges, blühendes Mädchen hat sich weit in einen Winkel zurückgezogen, wo sie mit kindlicher Freude einen Ring, einen Löffel und ein Tuch betrachtet – Geschenke, die ihr Bräutigam ihr auf dem Jahrmarkt gemacht hat. Die Männer wetteifern in ihrer Sorge um die dampfenden Töpfe, drücken schnell jeden emporsteigenden Fleischbissen wieder unter das kochende Wasser, langen dann und wann ein Stück heraus und untersuchen mit Kennermiene, ob das Fleisch schon gar gekocht sei. Zuweilen wird ein Glas norwegischen Branntweins geleert. Der Wein löst die Zungen der Lappen; man scherzt, man erzählt lustige Geschichten, man hat mit einem Wort einen vergnügten Abend. Endlich werden die Töpfe vom Feuer genommen; die Gesellschaft sondert sich in kleinere Gruppen, jede um einen Fleischtopf gelagert. Nachdem unter tiefem, andachtsvollem Schweigen ein reichliches Mahl eingenommen worden, sinkt einer nach dem anderen vergnügten Sinnes auf sein Lager von Birkenreisern nieder, und bald sind alle in den tiefsten Schlaf versenkt. Selbst das Feuer schläft ein – nur die Sterne draußen wachen.

Am folgenden Morgen trennte sich die Gesellschaft; wir setzten unsere Reise über die Gewässer des Enare-Sees fort und kamen zu einer einfachen Lappenhütte im Dorf Patsjoki. Der Eigentümer dieser Hütte war ein ungewöhnlich kluger und vorurteilsfreier Lappe. Er sprach sich sehr klar über das Verkehrte in der Lebensweise der Enare-Lappen aus und wies selbst deutlich auf den Weg hin, auf dem sie sich zu größerem Wohlstand aufschwingen könnten. »Unsere Rentiere«, äußerte er unter anderem, »bleiben ein höchst unsicheres Besitztum. In einer einzigen Nacht kann der Wolf einen großen Teil der geringen Rentierherde des Fischerlappen vernichten, und des Sommers, wenn die Rentiere ohne alle Beaufsichtigung sind, geschieht es nicht selten, dass sie verschwinden, ohne jemals wiedergefunden zu werden. Was den Fischfang betrifft, so ist dieser Nahrungszweig fast ebenso unzuverlässig wie die Rentierzucht. Wenn also die Fischerei des Sommers schlecht ausfällt und die Rentierherde vernichtet ist, womit will der arme Fischer dann sein Leben während der langen Winterzeit fristen? Würde er sich hingegen auf die Viehzucht werfen, so hätte er nicht allein ein gesichertes Eigentum, sondern er könnte sich auch durch den Handel mit Butter nach Norwegen einen guten Verdienst verschaffen.« – Es ist unbestreitbar, dass die Viehzucht hier mit Erfolg betrieben werden könnte, denn die Ufer des Flusses Ivalo, die von finnischen Kolonisten urbar gemacht worden sind, beweisen deutlich, dass die Wiesenkultur in der Enare-Lappmark möglich ist. Nur an wenigen Stellen in Finnland wird man einen so üppigen Graswuchs wie an dem genannten Flusse antreffen, und ich habe an dessen Ausfluss große Ebenen überschaut, die durch geringes Anbauen zu derselben Fruchtbarkeit gelangen könnten. Wiesenland findet man gleichfalls in Kamasjoki, Joenjoki, Patsjoki, auf den Inseln der Binnenseen und dann und wann an den Seeufern. – Es ist natürlich nicht meine Ansicht, dass die Viehzucht ganz und gar die Rentierzucht und den Fischfang verdrängen sollte; sie muss nur die vornehmste Nahrungsquelle des Enare-Lappen werden. Daneben halte er immerhin einige Rentiere, betreibe die Fischerei, die Jagd auf die wilden Rentiere und mache sich überhaupt all die Nahrungszweige zunutze, welche die lokalen Verhältnisse ihm darbieten. Aber wenn die Viehzucht keinen Eingang in den Distrikt Enare gewinnen sollte, dann wird diese Landschaft unfehlbar immer mehr und mehr in Armut und Elend versinken. Dies ist leicht einzusehen, wenn man bedenkt, dass die Rentierzucht, die in Enare seit langer Zeit im Rückgang begriffen ist, in früheren Zeiten eine ebenso wichtige, wenn nicht gar eine noch wichtigere Nahrungsquelle als die Fischerei abgab. Die Viehzucht wäre somit nur ein Surrogat für die Rentierzucht, so wie einst der Branntweinhandel mit den Berglappen. Doch sollte es nicht vielleicht zweckmäßiger sein, die Rentierzucht womöglich zu beleben und alles zurück ins alte Gleis zu bringen? Dies ist nach meiner unmaßgeblichen Ansicht ein Ding der Unmöglichkeit, da ich die Überzeugung hege, dass nicht so sehr die äußeren Verhältnisse als vielmehr die höhere Kultur der Enare-Lappen den Verfall der Rentierzucht herbeigeführt hat. Es entspricht zwar der Wahrheit, dass die Berglappen nach vielen Richtungen hin den Rentierherden der Fischerlappen gefährlich sind; allein der hauptsächliche Grund zur Abnahme des Rentierbestandes ist ohne Zweifel darin zu suchen, dass der Enare-Lappe sich bereits an eine Art stationäre Lebensweise gewöhnt hat. Je dauernder der Wohnsitz des Lappen, desto unmöglicher wird es ihm, eine größere Herde von Rentieren zu unterhalten, denn die Rentierweide, selbst in den besten Gegenden, ist bald abgefressen, und ein Menschenalter muss vergehen, ehe neues Moos nachwächst.

Ich habe gerade erwähnt, dass die Enare-Lappen schon einige Fortschritte auf dem Wege der Bildung gemacht haben. Dies zeigt sich namentlich in ihrem religiösen Wesen. Sie sind sehr belesen und wohl bewandert im Christentum und lieben ein stilles gottesfürchtiges Leben. Gröbere Verbrechen sind sehr selten, ausgenommen das nicht ungewöhnliche Vergehen des Fischerlappen, zuweilen einen der Renochsen, die sich von den Herden der Berglappen verirren, durch eine Kugel zu töten. Dies wird jedoch als ein geringes Vergehen betrachtet, und nur ein sehr gewissenhafter Fischerlappe richtete einmal in vollem Ernst die Frage an mich, ob es denn wirklich Sünde sei, ein Rentier der Berglappen niederzuschießen. Im Allgemeinen aber verabscheut man jeden unrechtmäßigen Eingriff in das Eigentum eines anderen. Der Enare-Lappe ist ferner, im Gegensatz zu den meisten anderen Lappen, exemplarisch nüchtern. Gleich den meisten anderen Sterblichen verschmäht er ein Glas nicht, wenn man ihm ein solches anbietet, allein er betrinkt sich nie. – Man wirft den Enare-Lappen Eigennutz, Gewinnsucht, Prellerei vor, und dies wohl nicht ganz ohne Grund. Namentlich habe ich die Beobachtung gemacht, dass sie äußerst minutiös in allem sind, was im Geringsten ihre Privatinteressen berühren könnte, und dass sich damit ein gewisser Neid auf das Glück oder Erfolge anderer verbindet. Aber solche Eigenschaften gedeihen fast zwangsläufig bei jedem Volk, das in Armut lebt und, um sein Leben zu fristen, immer gegen eine karge, harte Natur ankämpfen muss.

Im Hinblick auf das häusliche Leben der Enare-Lappen hat die Zivilisation wenigstens so viele Fortschritte gemacht, dass sie Häuser besitzen, wenn diese auch nur des Winters benutzt werden. Im Sommer führen die Fischer ein nomadisierendes Leben, ziehen von einer Kote zur anderen und fischen bald in diesem, bald in jenem Gewässer. Wenn aber der Fischfang zu Ende ist, zieht sich der Fischer in seine einsame Hütte, in irgendeine elende Gebirgsgegend zurück. Bei der Wahl eines solchen Winteraufenthalts zielt er auf keine anderen Vorteile als eine gute Weide für seine Rentiere, die nötige Baumrinde für seinen eigenen Unterhalt und das nötige Brennholz. Gebricht es später an einem dieser Bedürfnisse, so muss er einen neuen Wohnplatz aufsuchen. Ältere Leute haben mir erzählt, dass sie in dieser Weise drei, vier, ja fünf Mal in ihrem Leben den Wohnplatz haben wechseln müssen. Es ist klar, dass der Lappe unter solchen Umständen wenig auf den Bau eines Hauses verwendet. Seine Hütte ist im Allgemeinen nicht viel größer, als dass sie mit knapper Not die Mitglieder der Familie und ein paar Schafe aufnehmen kann, wobei letztere, ihres zahmen Charakters ungeachtet, in Gewahrsam unter dem Bett liegen. Die Höhe der Hütte ist unter der obersten Dachsparre die eines sehr großen Mannes, an den Seiten aber kann niemand aufrecht stehen. Zuweilen bildet jener Teil der Hütte, der für die Schafe bestimmt ist, eine separate Räumlichkeit, indem er sich ein wenig in die Erde herabsenkt. Eine zweite Abteilung der Hütte ist die Küche. Der Feuerherd und seine Einrichtung sind sehr einfach. Er besteht aus zwei in die Augen springenden Teilen: einem entsetzlichen Schlund und einem Rohr, durch das die Flammen sich ungehindert in die freie Luft hinausschwingen. Das Einzige, was in einer Lappenhütte nach Luxus aussieht, ist hin und wieder eine Scherbe von einer Glasscheibe in einer kleinen Fensteröffnung. Tische und Stühle müssen wir als seltene Erscheinungen betrachten. Selbst Löffel sind nicht allgemein, indem der Lappe gewöhnlich seine Suppe mithilfe der Kochkelle einschlürft. – Vor einigen Lappenhütten befindet sich ein kleiner Anbau, in dem die Kleidungsstücke und andere Sachen aufbewahrt werden, die nicht in der Hütte selbst Raum finden. Reichere Lappen haben ein besonderes Haus für die Schafe, und diejenigen, die Kühe besitzen, benötigen natürlicherweise einen besonderen Viehstall. Außerdem gehören zu jeder Haushaltung, sowohl auf den Sommer- als auf den Winterstationen, eine oder mehrere kleine Speicher. Diese sind so gebaut, dass sie auf hohen Balken stehen, damit ihr Inhalt, gewöhnlich Esswaren, umso besser gegen Wölfe, Vielfraße und andere Raubtiere geschützt sei.

Was die Ökonomie der Enare-Lappen betrifft, so ist von dieser sehr wenig zu sagen, was nicht bereits durch frühere Beschreibungen der Lappmarken jedermann bekannt wäre. Sie sind insgesamt Fischerlappen, und ihr vornehmster Nahrungszweig ist demnach der Fischfang. Die Fische, welche im Sommer nicht verzehrt worden sind, werden getrocknet und für den Winter aufgespart. Doch während der kälteren Jahreszeit begnügt sich der Lappe nicht gern mit dieser leichten Nahrung. Er hält täglich eine Hauptmahlzeit, und zwar spät am Abend, bei der er sehr das Fleisch liebt. Des Morgens verzehrt er die Überreste vom vorigen Tage oder begnügt sich mit seinem getrockneten Fisch. Viele Lappen sind überdies mit Brot, Käse von Rentier-, Kuh- und Schafmilch, mit gefrorener Rentiermilch, mit Sumpfbrombeeren, Krähenbeeren und anderen dergleichen Leckereien versehen. – Fleisch erhält der Fischerlappe teils durch Jagd auf wilde Rentiere, teils von seinen eigenen kleinen Herden, aber namentlich von den Berglappen der Umgegend. Diese verkaufen zwar ungern ihre Rentiere, weil ihre Herden sich fast täglich durch die Wölfe verringern, die, um die Worte eines Berglappen zu gebrauchen, »den Rentieren ebenso gefährlich sind wie der Teufel den Menschen«; aber der Branntwein ist ein mächtiger, alles besiegender Fürsprecher. Erreicht man als Reisender ein Gebirgsdorf und bietet nach der Sitte des Landes seinen Wirtsleuten einen oder ein paar Schnäpse an, dann wird man auch reichlich mit Rentierbraten, Zungen, Markknochen u. s. w. beschenkt. Es wird mit Recht als eine Beleidigung betrachtet, wenn man sich weigert, diese Geschenke anzunehmen, allein hat man sie einmal angenommen, dann ist es auch Pflicht und Schuldigkeit, mit Branntwein das Empfangene zu lohnen, und zwar getreu dem Sprichwort: »Gabe gegen Gabe«, oder »gib mir zurück, was ich dir gab«. Sollte man diese Schuldigkeit vergessen, so wird man sehr bald daran erinnert; und nun folgen aufs Neue Geschenke und Bewirtung, bis der Reisende keinen Tropfen mehr übrig hat. Hieraus wird deutlich, welch unerhörten Gewinn ein berechnender Hausierer aus dem Branntweinhandel mit den Berglappen ziehen kann. Kein Wunder, dass die Enare-Lappen diesen Handel als einen wichtigen Nahrungszweig betrachten.

Einige fernere Bemerkungen über die Berglappen dürften hier vielleicht an Ort und Stelle sein. In religiöser und sittlicher Hinsicht stehen die Berglappen weit unter den Fischerlappen, und dieser Unterschied ist nicht allein in ihrer nomadisierenden Lebensweise, sondern auch in ihrer Unkenntnis der Sprache zu suchen, in welcher der Religionsunterricht bis jetzt erteilt worden ist. Nichtsdestoweniger scheint es, als besäße auch der Berglappe tiefe religiöse Anlagen, denn er betet täglich gewisse Tisch-, Morgen- und Abendgebete und unterrichtet sorgfältig seine Kinder in allem, worin er selbst bewandert ist. Gleich den Fischerlappen ist er ein entschiedener Feind des Aberglaubens und Heidentums, und er weiß deshalb wenig oder gar nichts von seiner Vorzeit. Das religiöse Gemüt des Berglappen zeigt sich ferner in einer unendlichen Liebe zu seiner Frau, seinen Kindern und Dienstboten. Ein Berglappe erzählte mir, dass er während seiner dreißigjährigen Ehe kein böses Wort mit seiner Gattin gewechselt, sie nie anders als mit dem Liebeswort *loddadsham* (*lintuiseni*, mein Vöglein) angeredet habe. Ich selbst habe den Berglappen beobachtet, wenn er des Abends von seinen Rentieren oder von einer Reise zurückkehrte und Frau und Kinder aus warmem, vollem Herzen liebkoste. Neben diesem weichen Gemüt besitzt der Berglappe eine Derbheit und Dreistigkeit des Charakters, die zuweilen in Trotz und Verachtung gegen Sitte und Gesetz ausarten. Gröbere Verbrechen sind zwar bei den Berglappen ebenso seltene Erscheinungen wie bei den Fischerlappen, aber die Menschen, die in gesellschaftlichem Verbande leben, haben doch viel Sitten und Gebräuche angenommen, die in den Zehn Geboten Gottes nicht ausdrücklich verzeichnet sind, und von diesen hat der Berglappe wenig Kenntnis. In echt altnordischer Weise liebt er es, seinem Willen durch das Faustrecht Geltung zu verschaffen; seine Rede ist oft frech und sein ganzes Betragen plump und übermütig. Dies kann jedoch nicht anders sein, denn obwohl die Berglappen das Christentum angenommen haben, so gehören sie doch noch der Zahl der wilden Völker an. Die Wildheit tritt schon klar in ihrem äußeren Leben hervor. Um mit ihren Wohnungen den Anfang zu machen, so halten sie sich, wie die meisten der übrigen wilden Völker, in elenden Zelten auf. Diese werden aufgerichtet, indem man vier bogenförmige Hölzer in die Erde treibt, und zwar so, dass je zwei einen Halbzirkel bilden und in paralleler Richtung wenige Ellen voneinander entfernt stehen. Diese, durch einige Querbalken verbunden, bilden den fertigen Rumpf oder Unterbau.

Daran setzt man Stangen in schließender Lage an und lässt nur ein kleines Zugloch für den Rauch und eine Öffnung für die Tür. Um dieses ganze Gerüst zieht man später eine wollene Decke, deren einer Zipfel zugleich die Tür bildet. In der Mitte dieser Kote wird der Feuerherd einfach durch einige Steine um die Stelle, wo das Feuer flammen soll, bezeichnet. Werfen wir nun noch einige Tannenreiser auf den Fußboden und breiten einige Rentierhäute darüber, so ist das Gebäude fertig eingerichtet. Ein solches Zelt (*goatte*) ist das Hauptquartier des Berglappen. Darin wohnen Frau und Kinder und die altersschwachen Leute. Er selbst und seine Dienstboten folgen der Rentierherde nach und lagern sich zuweilen in den Schneewehen, zuweilen in einer sogenannten *lavvu*, einer noch mangelhafteren Einrichtung als die *goatte*. Diese wird abgetragen, sobald die Rentierweide um die Kote herum ein Ende nimmt und die Rentiere sich nur eine kleine Strecke von ihm entfernen. Findet man in der Nähe keine Weide, so geschieht ein allgemeiner Umzug mit dem Zelt, den Hausgerätschaften, Esswaren und dem übrigen Besitz. Dergleichen Wanderungen finden nach Högströms Angaben zwei Mal jeden Monat statt. Außerdem ziehen die Berglappen im Frühjahr nach der Meeresküste und kehren im Herbst auf die Berge zurück. – So mühsam diese Wanderungen auch sind, so hat doch der Berglappe noch größere Mühe bei der Bewachung seiner Rentiere. Tag und Nacht muss er gegen den Wolf auf der Hut sein, diesen listigen Feind, der im Gebüsch lauert und jede Gelegenheit wahrnimmt, um seine Beute zu ergreifen. Die Hauptsache bei der Bewachung der Rentiere ist die Kunst, sie wohl zusammenzuhalten. Die Zahl der Rentiere eines Berglappen beträgt oft Tausende, und da nun alle Bewohner eines sogenannten Fjälldorfes ihre Rentiere in einer Herde zusammentreiben, so ist es natürlicherweise eine Unmöglichkeit, auf sie alle ein Auge zu haben, vor allem wenn es ihnen gelingt, sich in mehrere kleinere Herden zu teilen. Deshalb gebraucht der Lappe dann und wann die Skier und versucht, die ganze Rentierherde durch Hunde zusammenzuhalten, die so gut dressiert sind, dass der Lappe nur auf das Rentier deuten muss, welches sich von der Herde getrennt hat, worauf der Hund es sofort zurücktreibt. Ungeachtet einer so sorgfältigen Aufsicht geschieht es dennoch oft, dass der Wolf Gelegenheit findet, in einer einzigen Nacht mehrere Rentiere zu töten. Während der ganzen Winterzeit ist der Berglappe nicht der Unannehmlichkeit ausgesetzt, ein Rentier zum eigenen Bedarf zu schlachten; er isst dann alltäglich nur das Fleisch, welches der Wolf bereits angefressen hat; dadurch aber gehen ihm nicht allein die besten Bissen, sondern namentlich das Blut verloren, ein Leckerbissen, den er roh zu trinken liebt. – Man hegt gewöhnlich die falsche Ansicht, dass der Berglappe sich nur von Fleisch ernährt. Freilich kocht er sich zur Abendmahlzeit eine kräftige Fleischsuppe, die er, im Gegensatz zu den Fischerlappen, ungesalzen genießt; doch selbst die Dienstboten der Berglappen habe ich Brot, Butter, gesalzene Fische, Rentierkäse u. s. w. essen sehen. Zur Baumrinde, die für den Fischerlappen ein wichtiges Nahrungsmittel abgibt, braucht der Berglappe nicht seine Zuflucht zu nehmen. Er ist in seiner Art reich, und dies ist sein einziger wirklicher Vorzug vor dem Fischerlappen; denn es folgt aus dem, was ich vorhin angedeutet habe, dass der Fischerlappe sowohl in religiöser als auch in sittlicher

Hinsicht weit über seinem Bruder auf dem Gebirge steht. Ferner habe ich nachzuweisen gesucht, dass die ganze Lebensweise des Berglappen weit wilder und unzivilisierter ist als die des Fischerlappen. Dieser verbringt den größten Teil des Winters in einer vielleicht allzu ungestörten Ruhe in seiner Hütte, während der Berglappe gegen Kälte, Sturm und Unwetter anzukämpfen hat und überhaupt gezwungen ist, ein Leben zu führen, das dem des Tieres ähnlicher ist als dem des Menschen. – Die Bauweise des Fischerlappen bekundet zwar keine großen Fortschritte in der Architektur, aber wenn er einmal ein Haus erbaut, wenn er sich Schafe und womöglich noch eine Kuh angeschafft hat, so ist er dadurch einer stationären Lebensweise um einen großen Schritt näher gerückt. Insofern er aber des Sommers umherirrt und zuweilen selbst des Winters seinen Aufenthaltsort wechselt, ist er noch zur Hälfte ein Nomade und bildet somit eine Art Verbindungsglied zwischen dem Berglappen und dem Siedler. Der Fischerlappe befindet sich wirklich in einer Übergangsperiode; doch alle dergleichen Perioden sind mühsam, und bei den Enare-Lappen hat der Übergang von einem nomadisierenden Volk zu Ansiedlern mit festem Wohnsitz einen ökonomischen Verfall bedingt. Möchten diejenigen, in deren Macht es steht, für das Wohl Lapplands tatkräftig wirken zu können, den wahren Charakter der genannten Übergangsperiode erkennen und dahin wirken, die Enare-Lappen nicht auf die Berge, auch nicht nach den Küsten Norwegens, sondern zu dem Ziel hinzuführen, nach dem sie selbst unbewusst streben – nach einer *vollständig stationären Lebensweise.*

Nach all diesen Umwegen wollen wir uns endlich zur Reise rüsten. Dies braucht jedoch durchaus nicht sehr eilig zu geschehen, denn, damit die Rentiere auf den zwölf Meilen zwischen Patsjoenniska und dem russischen Lappendorf Synjel (*Suenjel*) durchhalten, müssen sie ungestört ihre *koittolepo* (Morgendämmerungs-Ruhe) genießen und darauf noch eine Stunde weiden. Hierauf kommt die Schwierigkeit, die Rentiere einzufangen. Dies geschieht mithilfe einer Schlinge, die so geworfen wird, dass das Geweih darin hängen bleibt. Allein einige Rentiere, namentlich solche, die wilder Rasse sind, lassen sich nicht leicht fangen, sondern weichen schon in großer Entfernung scheu vor dem Menschen zurück. – Die Morgenmahlzeit hindert zwar den Lappen nicht in dem Maße wie gewöhnlich den Finnen; aber sie besitzen beide eine Virtuosität darin, die Zeit hinauszuzögern, ohne dass doch irgendetwas Wesentliches ausgerichtet wird. Infolgedessen war es beinahe Mittag geworden, als unser Wirt in Patsjoenniska endlich das Zeichen zum Aufbruch gab. Dies geschieht gewöhnlich noch, bevor die Rentiere angespannt sind; denn diese Operation ist so einfach, dass sie, nach der Redeweise der Lappen, gar keine Zeit erfordert. Sie geschieht folgendermaßen. Um den Kopf des Rentieres legt man ein Halfter, an dem der Zügel (der Lenkriemen) befestigt ist. Das Joch besteht aus weichem Rentierfell und bildet eine Art Reifen um den Hals des Tieres, der sich bis unter die Vorderfüße erstreckt. Der Zugriemen ist ein Teil für sich; er läuft zwischen den Beinen des Tieres, ist mit dem einen Ende am Joch, mit dem anderen an einer Schleife unter der Spitze des Schlittens befestigt. Dieser gleicht in seiner äußeren Form einem in der Mitte quer durchgesägten Boot, ist mit einer Rückenlehne versehen und ruht des Gleichgewichts wegen auf einem breiten Kiel. Was die Größe eines solchen Rentierschlittens betrifft, so kann eine Person mit Bequemlichkeit darin sitzen und ein Ränzel als Stütze der Füße liegen haben.

Nun sind die Rentiere endlich angespannt und alles ist in Ordnung. Der Lappe betet noch im Stillen sein »Vaterunser«, und darauf geht es vorwärts über Hügel und Berge, mit einer Schnelligkeit, die kaum von etwas anderem als von der beflügelten Flucht des Vogels übertroffen werden kann. Bald jedoch mäßigt das Rentier seine Fahrt, und nun beginnt der gewöhnliche, unveränderliche Hundetrab, der durch seine Einförmigkeit Körper und Seele ermüdet. Es ist recht erfrischend, zuweilen eine Felswand hinabzufahren, allein der Weg von Patsjoenniska nach Synjel führt leider über eine unzählige Menge mehr oder weniger großer Seen, und diese setzen die Geduld der Reisenden am meisten auf die Probe, indem sie nicht allein öde und einförmig sind, sondern außerdem noch Wind und Wetter freien Spielraum lassen. Glücklicherweise geht unser Weg auch durch mehrere Wälder, die wenigstens einigen Schutz gegen den Wind bieten; aber auch hier gibt es keine andere Abwechslung als die der Ungleichheit der Kiefern, kein anderes Leben als das, welches sich in den Fährten der Raubtiere offenbart, keinen anderen Laut als das Heulen des Windes und die Wehklagen irgendeines altersschwachen Baumes, der unter dem Gewicht der Jahre geneigt bei seinem Nachbarn um Stütze fleht und vor Furcht zittert, dass der Sturm ihn zerschmettern wird. Viele seiner Brüder liegen schon da, von dem schonungslosen Tyrannen zu Boden geworfen; allein dieser hat ihnen doch die letzte Ehre als heldenmütige Gegner vergönnt, indem er ungeheure Hügel von Schnee über sie aufgeworfen hat. Was sind aber diese Schneewehen gegen jene kolossalen Wahrzeichen, welche die Natur über ihrem eigenen Grab errichtet hat! Du glaubst vielleicht, es seien nur Nebelwolken – jene finsteren Gespenster, die dort weit in der Ferne emporragen? Siehst Du nicht, wie sie festgebannt an Ort und Stelle bleiben? Sagt Dir nicht alles, was Du um Dich schaust, darunter das eigene, weiße Leichentuch der Erde, dass sie dort stehen, um von Tod und Vergänglichkeit Zeugnis abzulegen?

Ein solch düsteres Bild bot mir die lappische Natur beim Beginn unserer Reise von Patsjoenniska dar. Um meinen Betrachtungen eine andere Richtung zu geben, lenkte ich gelegentlich meinen Schlitten in die Nähe unseres Führers und versuchte irgendein fröhliches Gespräch mit dem Lappen anzuknüpfen. Ich fragte ihn unter anderem, woher es wohl kommen möchte, dass ein so vollständiges Unwetter über uns hereingebrochen sei, nachdem wir die russische Grenze passiert hatten. Der Lappe erwiderte, dass an der Grenze selbst, anstatt des Zollhauses, ein heiliger Ort, ein sogenannter *basse baikke* wäre, weil sich dort eine Seita befände. In früheren Zeiten seien die Lappen nie an einer Seita vorübergereist, ohne an dem Ort ihre Mahlzeit zu halten und natürlich auch dem Götzen hiervon zu opfern. Noch heutigen Tages beachten die russischen Lappen diese Sitte, und zwar aus Furcht, dass sie mit Hunger und anderen Qualen heimgesucht würden, mit denen der erzürnte Gott eine solche Übertretung bestrafe. »Vielleicht«, fügte der Lappe lächelnd hinzu, »hat die Seita auch von uns ein Opfer gefordert und will nun durch dieses Unwetter zeigen, was sie vermag.« In der Absicht, den Zorn des Gottes zu mildern, wurde nun eine Libation veranstaltet, allein das Unwetter fuhr zu rasen fort und nahm fast zu. Wir hatten demnach keinen anderen Ausweg, als in stoischer Ruhe sein Ende abzuwarten, und trösteten uns mit der Hoffnung, die Nacht an einem flammenden Feuer zu verbringen. Diese Hoffnung ging denn auch in Erfüllung. Wir fanden eine Kiefer, die vom Sturm umgestürzt worden war und eine Wurzel hatte, an der man sozusagen ewiges Feuer hätte unterhalten können. An dem Ort, wo die Wurzeln der Kiefer lagen, gruben wir eine geräumige Grube, warfen darein eine Menge Reiser, steckten an der Windseite ein Segel (*loudet*) auf, stellten den Topf auf das Feuer und saßen fröhlich um die erwärmende Flamme. Wir wurden nun vom Wind nicht mehr getroffen; dieser erhielt im Gegenteil unser Feuer bei frischem Leben und ergötzte uns durch seine Konversation mit den anderen Kiefern. Es versteht sich von selbst, dass man es bei einer solchen Gelegenheit nicht unterlässt, ein Glas zu leeren und die Gefühle durch die Erinnerung an seine Freunde und was man sonst Teures in der ersehnten Heimat besitzt zu beleben. Auf diese Weise verstreicht die Zeit leicht und lustig, während man auf die köstliche Suppe wartet, die dem Lapplandfahrer unfehlbar zu einer angenehmen Ruhe selbst in der unheimlichen Wildnis verhilft. – Erquickt durch einen süßen Schlaf, ist man bereit, jedweder Gefahr des neuen Tages entgegenzutreten. Der 27. Februar war ein Tag, von dem ich hätte sagen können: *perdidi diem*, d. h. wenn ich wirklich ein *iso herra* (großer Herr) wäre, wie die finnischen Skjuts-Bauern mich zuweilen nannten, weil ich, im Gegensatz zu den Justizbeamten und anderen

Reisenden, gut mit ihren Pferden umging und vertraulich mit ihnen selbst über ihre Ökonomie, ihre Lebensverhältnisse u. dgl. mehr sprach. Von diesem Tage finde ich in meinen Notizen wenig mehr als die Namen einer Menge Seen verzeichnet, die auf dem Weg von Patsjoki nach Synjel lagen. Sie heißen: 1) Sulkishjäyri, 2) Puoltshihjäyri, 3) Alkäsjäyri, 4) Kamajäyri, 5) Njannomjäyri, 6) Tshoalmejäyri, 7) Kallajäyri, 8) Noblasjäyri, 9) Gukkisjäyri. Zwischen Njannomjäyri und Tshoalmejäyri erstreckt sich ein ziemlich hoher Bergrücken, *Ukka-shaelke* genannt. Auf demselben musste sich wahrscheinlich gleichfalls eine hungrige Seita befinden, denn kaum hatten wir ihn passiert, als ein heftiges Unwetter ausbrach und sich immer weiter steigerte, je mehr wir uns dem Dorf näherten; auf dem meilenlangen Gukkisjäyri war es so gewaltsamer Natur, dass wir sogar Halt machen mussten. Endlich glückte es uns aber, über den See zu gelangen, und nun hatten wir nur noch eine halbe Meile bis zum Dorf. Jeder wird jedoch schon die Erfahrung gemacht haben, dass, so wie man die Länge der Zeit nicht immer nach Stunden und Minuten bestimmen kann, gleichfalls der geometrische Maßstab von Klaftern und Fuß sehr oft nicht ausreicht, um die Länge eines Weges festzustellen. Es ist unglaublich, wie lang einem eine halbe Meile in Lappland erscheint, wenn man, ermüdet von einer beschwerlichen Reise, vom Unwetter überfallen wird und Sehnsucht fühlt, bald unter ein gastfreundliches Dach zu treten. Man strengt seine Sehorgane bis aufs Äußerste an, um einen Schimmer des ersehnten Feuers zwischen den Bäumen zu entdecken. Die Fantasie unterlässt es nicht, ihre mutwilligen Scherze mit dem ungeduldigen Reisenden zu treiben und ihm tausend Feuer zu zeigen, die ihm freundlich einladend winken, aber im nächsten Augenblick verschwinden, um später in derselben Weise wieder emporzuflammen – und zu erlöschen. Ermüdet und verdrießlich über diese Gaukelei betrachtet man selbst das echte Feuer als einen ähnlich trügerischen Schein, bis der unverkennbare Gruß der Hunde den Reisenden überzeugt, dass er endlich das Ziel erreicht hat.

Wir befinden uns also in dem ersten Lappendorf auf russischem Gebiet, und man könnte meinen, wir müssten der Ordnung halber nun auch das in Augenschein nehmen, was der Ort an Sehenswertem darbietet. Allein Synjel ist auf russischer Seite die nächste Nachbarstadt von Enare, und sie hat deshalb sehr viel mit der finnischen Lappmark gemein, was man nicht in anderen russischen Lappendörfern findet. Um somit einige Kenntnis von dem russischen Lappen zu erwerben, dürfte es zweckmäßig sein, wenn wir dieses Dorf in seiner Ähnlichkeit mit so vielen anderen Lappendörfern als bekannt voraussetzen und nun in allgemeinen Zügen den Charakter, die Lebensweise und andere Verhältnisse und Zustände der russischen Lappen hervorheben. Was die Lebensweise betrifft, so unterscheiden sich die russischen Lappen nicht sehr von unseren Enare-Lappen. Sie ernähren sich hauptsächlich durch Fischerei und halten sich während des Sommers an den Seen, Flüssen und Meeresküsten, in ihren Koten oder Fischerhütten auf. Allein im Herbst, spätestens nach Ablauf der Weihnachts-Fasten, beziehen sie ihre Winterwohnungen, die nicht so weit auseinander liegen wie die der Enare-Lappen, sondern nach russischer Sitte gewöhnlich in engen Dörfern zusammengedrängt sind. Diese Art zu wohnen zeigt schon deutlich, dass die russischen Lappen keine großen Rentierherden besitzen können, indem dadurch die Umgegend in kurzer Zeit ohne alle Rentierweide sein und das ganze Dorf sich genötigt sehen würde, ein Mal nach dem anderen aufzubrechen und neuen Grund und Boden zu wählen. Die Anzahl ihrer Rentiere ist aber in der Tat so gering, dass kleinere Dörfer sich Jahrzehnte an demselben Ort aufhalten können. Dass die russischen Lappen sich von der Rentierzucht abgewendet und sich fast ausschließlich auf die Fischerei gelegt haben, hat mehr als einen Grund. Vor allen Dingen begünstigt die Natur in ausgezeichneter Weise diesen letztgenannten Nahrungszweig; das Eismeer und das Weiße Meer sind wahre Goldgruben für den Fischer; und außerdem hat die russische Lappmark zwei große fischreiche Gewässer, Imandra und Nuotosero, sowie eine unzählige Menge kleinerer Binnenseen aufzuweisen. Weshalb sollte der Lappe nicht aus diesen Nahrungsquellen schöpfen und anstatt des wilden Berglebens das vergleichsweise viel leichtere Geschäft des Fischers wählen? Die griechisch-katholische Kirche dürfte ferner nicht ohne Einfluss auf die Wahl des Lappen gewesen sein; denn die Bekenner dieses Glaubens müssen fast die Hälfte des Jahres hindurch jenen Nahrungsmitteln ganz entsagen, die der Lappe von seiner Rentierherde bezieht, und ein religiöser Grund zwang somit den russischen Lappen, sich auf einen anderen Nahrungszweig zu werfen. Da er sich der Fleischspeise gerade um die Zeit enthalten muss, um welche er, einmal auch Fischer geworden, seine Rentiere hüten muss, und nur einige wenige Monate des Jahres ihr Fleisch genießen darf, so hat er in der Tat wenig Grund, große Rentierherden zu unterhalten, wenn dies einem Fischerlappen überhaupt möglich wäre. Indessen ist doch nächst dem Fischfang die Rentierzucht der vornehmste Nahrungszweig der russischen Lappen. – Auch der Handel dient ihm als Mittel seines Unterhaltes. An der Wand seiner Hütte findet man gewöhnlich neben dem Heiligenbild die Handwaage hängen, und selten wird gefragt, was man den Reisenden vorsetzen darf, sondern derselbe muss sich Fisch, Brot und was er sonst zu verzehren gedenkt abwägen lassen. In allem offenbart sich ein außerordentlicher Handelsgeist, aber der russische Lappe ist noch zu arm, um eigentliche Spekulationen unternehmen, Reisen machen und die Märkte besuchen zu können. Und doch zeigt sich zuweilen an der Kirche zu Enare dieser oder jener Lappe aus einem russischen Nachbardorf in Handelsgeschäften. So besuchen die Akkala-Lappen in denselben Geschäften das Dorf Salla. Wenn man an das Fortschreiten der russischen Lappen in ökonomischer Hinsicht glauben darf, so ist ohne Zweifel ihr Handelsgeist das Mittel, durch das sie sich heben werden. Die Viehzucht ist ihnen ganz und gar fremd. Kein Einziger unter ihnen besitzt eine Kuh, und nicht einmal alle halten Schafe; und es ist umso unwahrscheinlicher, dass ihre Aufmerksamkeit sich auf diesen Nahrungszweig richten wird, weil die Viehzucht selbst von den Russen, ihren Lehrmeistern, vernachlässigt wird.

Was die Wohnungen der russischen Lappen betrifft, so zeigt sich in diesen eine große Mannigfaltigkeit. Größtenteils wohnen sie des Winters in Hütten, die viel Ähnlichkeit mit denen der Enare-Lappen haben und wie diese niedrig, sehr eng und mit einem offenen Feuerherd versehen sind. Die Unähnlichkeit, die am meisten in die Augen springt, betrifft das Dach, welches in Enare erhöht, in der russischen Lappmark dagegen flach ist. Im Innern der Hütte zeigt sich der Unterschied, dass die russischen Lappen anstatt des Bettes den Raum mit breiten Bänken umzogen haben. – An der Meeresküste, im Fjäll und allgemein in holzarmen Gegenden wohnen die russischen Lappen selbst während des Winters in sogenannten Koten (*kåtor*). Diese werden von Bäumen und Brettern gebildet, die in eine etwas hängende Lage gebracht worden sind. Die Kote ist in der Mitte am breitesten und verengt sich nach beiden Enden hin. Die Wände laufen jedoch nicht zusammen, sondern jedes Ende schließt mit einer Querwand. Das Dach ist platt und mit Torf gedeckt; die Kote hat keinen anderen Fußboden als die Erde, und in ihrer Mitte befindet sich ein gewöhnlicher Feuerherd. – Eine dritte Art Wohnungen sind die sogenannten *pörten*, die aber weit kleiner und baufälliger sind als die finnischen *rökpörten*. Der Ofen ruht auf einer Unterlage aus Holz und hat eine runde Form; er gleicht den finnischen Badstubenöfen, ist aber gewöhnlich sehr klein und so schlecht gebaut, dass die Flamme durchschlägt. Das Rauchloch wird mit einem ausgestopften Sack oder einem Kissen zugestopft, das man mithilfe einer Stange aufhebt. – Zudem findet man bei einzelnen russischen Lappen eine vierte Art Wohnungen, nämlich ordentliche Stuben (*stugor*), ganz wie die der russischen Karelier, und auch mit den gebräuchlichen Ofen und Rohren versehen. Bei den Lappen, die entweder *rökpörten* oder die letztgenannte Art von Stuben besitzen, ist die Kote zur Küche erniedrigt. Für denselben Gebrauch hat man auch an mehreren Orten in Österbotten dergleichen Koten, ohne Zweifel noch Spuren der Lappen.

Die Tracht ist bei allen Lappen ungefähr dieselbe. Die notwendigen Kleidungsstücke des Lappen sind der Rentierpelz (*mudd*) sowie Schuhe und Beinkleider von Rentierhaut. Diese beiden letztgenannten Stücke sind bei den russischen Lappen zusammengenäht; andere Lappen tragen sie getrennt, jedoch so fest um das Schienbein geschnürt, dass kein Schnee durchzudringen vermag. Die norwegischen und finnischen Lappen tragen bei sehr strenger Kälte einen Bärenpelzkragen um den Hals, der nicht allein die Ohren und das Gesicht schützt, sondern auch Brust und Schultern bedeckt. Die russischen Lappen tragen diesen Kragen nicht; aber wenn andere Lappen mit ihrer Mütze, der russischen Kutschermütze, das Gesicht nur wenig schützen können, so ist ihre Kopfbedeckung mit Ohrenklappen versehen, die einen großen Teil des Gesichts bedecken. – So ist der Lappe namentlich auf Reisen gekleidet, und diese Kleidung ist bei Männern und Weibern fast dieselbe. Der größte Unterschied besteht in der Mütze, die nach der russisch-lappischen Mode bei den Männern einen gerundeten, bei den Frauen aber einen flachen, höheren und breiteren Kopf hat. Die finnisch-lappische Frauenmütze habe ich früher beschrieben. In der finnischen Lappmark tragen sowohl Männer als Frauen im täglichen Leben ein Kleid von grobem wollenem Zeug, ähnlich einem Hemd; in der russischen Lappmark hat man neben vielem anderen auch die russische Nationaltracht angenommen.

Von diesen äußeren Zuständen der russischen Lappen gehen wir mit einigen Worten auf ihr inneres Leben über. In religiöser Hinsicht stehen sie auf einem niedrigen Standpunkt. Sie wissen wenig von dem Geist und den Vorschriften des Christentums; keiner unter ihnen kann lesen, und nur selten wird ihren religiösen Bedürfnissen durch Priester aus nahe liegenden russischen Dörfern oder Städten genügt. Den Sabbat feiern sie somit nur als einen Tag der Ruhe. Der Lappe tritt an einem solchen Tage höchstens in das Bethaus, welches jedoch in jedem Dorf oder Pogost zu finden ist, bekreuzigt sich einige Male vor dem Heiligenbild und nennt diese Zeremonie Gebet. Im täglichen Leben beobachten die russischen Lappen getreulich die Zeremonien, welche zum äußeren Kultus der griechisch-katholischen Kirche gehören; aber unter dieser christlichen Oberfläche verbirgt sich viel Aberglauben. Namentlich ist der Glaube an Zauberei und Hexerei bei ihnen sehr eingewurzelt. Die früher erwähnten Akkala-Lappen stehen wegen ihrer magischen Kenntnisse in höchstem Ansehen; sie sind auch in Finnland so berühmt, dass selbst Bauern aus Savolax zu ihnen wallfahrten, um ihre Gesundheit, ihre verlorenen Schätze oder was ihnen sonst auf dem Herzen liegt wiederzugewinnen. Über die Art und Weise, wie die Akkala-Lappen bei ihren Beschwörungen zu Werke gehen, habe ich weiter nichts erfahren, als dass sie in einen magischen Schlaf versinken und während desselben Offenbarungen haben, die ihnen in der einen oder anderen Hinsicht nötig sind. Die Lappen sind der Ansicht, dass die Seele während eines solchen Zustandes den Körper verlässt, weit und breit umherirrt und sich allerlei erforderliche Aufklärungen verschafft: Kenntnis von gestohlenem Gut, von dem Ursprung einer Krankheit u. s. w. – Dass dieser Schlaf zum großen Teile Scharlatanerie ist, darf nun zwar nicht bezweifelt werden; dennoch ist er eine so allgemeine Erscheinung bei allen unkultivierten Völkerschaften in allen Weltteilen, dass man unmöglich an seiner ursprünglichen Wirklichkeit zweifeln kann. Auch dürfte dieses Phänomen in der Tat nicht zu der Zahl derjenigen gehören, die nur durch den tierischen Magnetismus, d. h. gar nicht zu erklären und ursprünglich nichts weiter sind als eine Ohnmacht nach der unnatürlichen Ekstase, in die der Zauberer selbst während seiner magischen Handlung gerät. Wahrscheinlich erscheinen ihm in diesem Zustand der Ohnmacht, wie in dem des Schlafes, allerlei unklare Vorstellungen von dem, womit er zuletzt seine Sinne beschäftigt hat. Diese Vorstellungen hat man für Offenbarungen gehalten und somit ganz natürlich den Schlaf als ein magisches Mittel betrachtet. Man sagt, dass der Zauberer sich jedweden Augenblick in einen solchen Zustand versetzen könne, und auch dies halte ich für möglich, insoweit die Rede von Zauberern ist, welche wilden Nationen angehören. Wenigstens stimmt dieses Phänomen mit vielen anderen überein, die man von rohen Völkern erzählt. Ich will nur einige solche hervorheben, die vielleicht weniger wichtig, aber umso zweckmäßiger sind, weil sie gerade die russischen Lappen betreffen. – Man hatte mich während meiner Reise in den Lappmarken oft gewarnt, dass ich mich vor den russischen Lappen und namentlich vor ihren Weibern wohl in Acht nehmen möge, weil sie zuweilen in einen wahnsinnigen Zustand gerieten und alsdann nicht wüssten, was sie täten. Anfänglich ließ ich dergleichen Erzählungen unbeachtet, weil ich sie für gewöhnliche, dem lappischen Volk angedichtete Fabeln hielt. Einmal jedoch traf ich in einem Dorf in der russischen Lappmark mit einigen Kareliern und zwei russischen Kaufleuten zusammen. Diese erteilten mir gleichfalls die Warnung, in keiner Weise die lappischen Weiber zu erschrecken, es sei dies nach ihrer Ansicht eine *res capitalis*. In Zusammenhang hiermit erzählte einer der Karelier folgendes Ereignis: »Als ich einmal in meiner Jugend im Meere fischte, stieß ich auf ein von Lappen gerudertes Boot. Im Boote saß gleichfalls eine Frau, die ein kleines Kind an der Brust hatte. Als sie meine ungewöhnliche Tracht gewahr wurde, geriet sie so außer sich vor Schrecken, dass sie ihr Kind in die See warf.« Ein anderer Karelier erzählte, er habe sich vor vielen Jahren in einem Kreis von terskischen Lappen befunden. »Wir saßen«, so fuhr er fort, »und sprachen von gleichgültigen Dingen, als plötzlich ein Schlag wie von einem Hammer oder einer Keule hinter der Wand ertönte. Was geschieht? Augenblicklich fallen alle anwesenden Lappen auf den Fußboden nieder, zappeln ein wenig mit Händen und Füßen und werden nachher steif und unbeweglich wie Leichen. Nach einer Weile erhoben sie sich wieder und verhielten sich, als ob nichts Ungewöhnliches geschehen sei.« Um mich von diesen und anderen ähnlichen Erzählungen der karelischen Bauern zu überzeugen, erbot sich einer der russischen Kaufleute, mir eine Probe der Schreckhaftigkeit der lappischen Weiber zu geben. Vorher versteckte er jedoch jedes Messer, jedes Beil und andere scharfe Instrumente, die leicht zugänglich waren. Darauf trat er plötzlich vor eine Frau hin und schlug die Hände klatschend zusammen. Sofort sprang die Frau, einer Furie gleich, auf ihn ein, kratzte, schlug und prügelte ihn sehr nachdrücklich. Nachdem sie den armen Kaufmann eine Weile in solcher Weise misshandelt hatte, sank sie auf eine Bank nieder und hatte einen schweren Kampf auszustehen, bis sie wieder zu Atem kam. Zur Besinnung gekommen, fasste sie den Entschluss, sich nicht wieder erschrecken zu lassen; und der nächste Versuch lief denn auch so ab, dass sie nur einen durchdringenden gellenden Schrei ausstieß. Während sie sich noch über dieses Resultat freute, warf der andere Kaufmann sein Taschentuch so, dass es überraschend an ihren Augen vorüberflog, lief jedoch schon im nächsten Augenblick aus dem Zimmer. Jetzt aber fuhr das Weib von einem zum anderen, warf hier einen zu Boden, schlug dort einen, schleuderte einige an die Wand, riss anderen die Haare aus. In einem Winkel sitzend, sah ich mit Angst dem Augenblick entgegen, in welchem die Reihe an mir sein würde. Mit Entsetzen sehe ich endlich ihren wilden, stieren Blick sich auf mich lenken, und plötzlich springt sie mit ausgestreckten Armen auf mich ein, ist eben im Begriff, ihre Nägel in mein Gesicht zu drücken, als zwei handfeste Karelier sie in einer glücklichen Sekunde zurückhielten. Ohnmächtig fiel sie diesen in die Arme. Man war der Ansicht, dass meine Brille ihre wilde Wut hervorgerufen habe. Auch einem jungen Mädchen jagte man dadurch einen Schrecken ein, dass man irgendeinen Gegenstand auf ihre Kopfbedeckung fallen ließ; das Mädchen schrie laut auf und lief aus der Stube. Später schlug man noch mit einem Hammer gegen die äußere Wand, und die vorhin erwähnte Frau fuhr schnell auf; allein zu gleicher Zeit bedeckte jemand ihre Augen mit den Händen, und sie kam dadurch gleich wieder zur Besinnung. – Diese Tatsachen, so unbedeutend sie auch sein dürften, liefern doch den Beweis, wie leicht rohe Menschen aus der Fassung gebracht werden und in Ohnmacht versinken können. Namentlich dürfte dies der Fall mit Zauberern und Beschwörern sein, die durch Ekstasen und die unnatürliche Anstrengung ihrer Seelenkräfte ihrer menschlichen Natur oft Gewalt angetan haben.

Um aber auf die Zauberkünste der russischen Lappen zurückzukommen, so habe ich bei ihnen keine Beschwörungsformeln ähnlich den *Zauberbesprechungen* der Finnen entdecken können, sondern nur gewisse traditionelle Kunstgriffe und symbolische Handlungen bemerkt. Als einen Beleg für diese Art von Zauberei will ich hier die Art und Weise beschreiben, wie eine Frau in der russischen Lappmark eine Verrenkung der Gliedmaßen heilte. Sie strich mit den Fingern an der verrenkten Stelle hin und her, und es schien, als wenn sie gleichsam die Schmerzen aufsuchen wollte. Nach vielem Suchen glückte es ihr auch, sie zwischen die Fingerspitzen zu bringen. Darauf quetschte sie dieselben zwischen ihren Nägeln, führte sie so zum Munde, zermalmte sie mit den Zähnen und spie endlich die so zugerichteten Plagegeister aus. Dies wiederholte sie mehrere Male, doch Besprechen und Beschwörungen kamen dabei nicht vor; die Frau sprach im Gegenteil während der ganzen Operation über gleichgültige Dinge. Weiteres vermag ich über die Zauberkunst der russischen Lappen nicht mitzuteilen; denn ich konnte weder so leicht und fließend mit ihnen reden, wie es wohl nötig gewesen wäre, um die Geheimnisse der Magie zu ermitteln, noch habe ich die Teile der russischen Lappmark besucht, in denen die Zauberei hauptsächlich getrieben wird.

Noch einige Worte von dem Charakter der russischen Lappen. Der lappische Charakter bleibt sich überall ziemlich gleich; er kann mit einem Bach verglichen werden, dessen Wellen so langsam dahinfließen, dass man kaum ihre Bewegung bemerkt. Versperrt irgendein größeres Hindernis dem Bache den Weg, so biegt er sich hübsch auf die Seite, erreicht aber doch endlich das Ziel. So ist auch der Charakter des Lappen: still, friedlich, nachgiebig. Friede ist sein Wahlspruch; auf Friede bezieht sich seine erste Frage, Friede ist sein Abschiedsgruß, Friede ist sein Alles. Den Frieden liebt er wie die Mutter das Kind, das sie an ihrer Brust genährt hat. Eine Sage erzählt, dass alles im lappischen Land höchst nackt, hässlich und armselig aussehe, fügt aber hinzu, dass tief in seinem Schoß sich das reinste Gold verberge. Einen schöneren Schatz als das friedvolle Gemüt des Lappen kann man sich kaum denken. Der meisten Genüsse des Lebens beraubt, von einer unbezwinglichen Natur umgeben, in Armut und Elend versenkt, ward ihm das beneidenswerte Los zuteil, mit unerschütterlicher Gemütsruhe alle Widerwärtigkeiten ertragen zu können. Als Bedingung für sein Wohlsein fordert er nur: keine Störung im Genusse seiner wenigen Güter, keinen Eingriff in seine alten Sitten und Gebräuche, keinen *Unfrieden.* Die ungünstige Natur treibt ihn oft zur Arbeit und Rührigkeit, sonst aber überlässt er sich gar gern einem gemächlichen, oder, laut seiner eigenen Terminologie, *friedlichen* Leben. Er liebt keine hochfliegenden Pläne, klugen Berechnungen oder überhaupt irgendeine nach außen gerichtete Tätigkeit; am liebsten lebt er versenkt in stillen Betrachtungen über religiöse oder andere Gegenstände, die innerhalb seiner kleinen Welt zu finden sind. – Es dürfte schon aus dieser kleinen Schilderung ersichtlich sein, dass der finnische Typus sich auch in dem lappischen Charakter abspiegelt. Der Lappe wie der Finne besitzen im Grunde dasselbe gemütliche, friedsame, verträgliche Wesen. Auch der Finne weicht gern aus, solange es nur einer Kleinigkeit gilt, handelt es sich aber nach seiner Ansicht um eine wichtige Angelegenheit – alsdann ist er ein Held. In derselben Weise lässt der Lappe sich mitunter zu sehr hartnäckigen Anstrengungen hinreißen, verliert aber dann leicht die Geistesruhe, die selten seinem männlichen Bruder, dem Finnen, abgeht. Die nach innen gewendete Geistestätigkeit, die ruhige Meditation haben sie beide gemein, aber sie sind doch bei dem Lappen sozusagen etwas zwergenhaft. Tief in ihrem verschlossenen Charakter verbirgt sich bei beiden ein gewisser Grad von Schlauheit, von Vorsicht oder Misstrauen – Charakterzüge, die doch in einem weit höheren Maße dem Lappen als dem Finnen zugehören. Ferner haben auch die Lappen einen derben Anstrich von der traurigen Gemütsstimmung, welche die Finnen und den finnischen Stamm überhaupt charakterisiert; allein die tiefe Melancholie, die schonungslos an ihrem eigenen Mark zehrt und finnischer Heroismus genannt worden ist, dürfte außerhalb des Charakters des Lappen liegen. Gewöhnlich tritt der traurige Sinn des Lappen im Gewand eines äußeren Drucks auf, und es scheint überhaupt, als sei der Lappe der schwächere Bruder des Finnen, als habe er mehr vom Charakter der Mutter als von dem des Vaters erhalten.

Wie wir hier in Kürze den lappischen Volkscharakter zu schildern versucht haben, so offenbart er sich auch bei den russischen Lappen an vielen entlegenen Ortschaften; aber in den Dörfern, die an der großen Murman'schen Landstraße liegen, sind die Lappen bereits weit von ihrer ursprünglichen Gestalt abgewichen. Der innere frohe Sinn ist einer äußeren, gedankenlosen Heiterkeit gewichen; die stille Lebensbetrachtung hat notgedrungen in praktische Klugheit übergehen müssen; an die Stelle des ruhigen Lebens ist eine übertriebene Geschäftigkeit getreten. Bei ihnen sucht man vergeblich das weiche Gemüt und das herzliche Wohlwollen, die andere Lappen so vorteilhaft auszeichnen. Der Handelsgeist und die enge Berührung mit Russen und Kareliern haben sie aus ihrem natürlichen Zustande der Unschuld herausgerissen. Auch durch die Mischung mit russischen Kareliern, namentlich aber durch den russischen Charakter hat die Ursprünglichkeit der Lappen gelitten; dieser Letztere hat tiefe Spuren hinterlassen. In einem Kreis von Russen erkennt man zwar immer den stillen, friedfertigen Lappen; verglichen mit anderen Lappen aber ist er bereits ein Russe. Es scheint, als spräche er die russische Sprache mit derselben Leichtigkeit wie seine Muttersprache, und in Ermangelung eigener Lieder liebt er es manchmal, seinen Gefühlen durch ein russisches Lied Luft zu geben. Des Sonntags, und selbst an dem kältesten Wintertage, besteht sein Vergnügen im Ballspiel und anderen von den Russen entlehnten Zerstreuungen. Selbst im häuslichen Leben der Lappen begegnet man fortwährend russischen Sitten und Gebräuchen, von der russischen Tracht ganz zu schweigen. Was vorhin von ihrer Fröhlichkeit, Beweglichkeit, ihrem Handelsgeist u. s. w. gesagt worden ist – alles ist eine Folge des russischen Einflusses. Man kann sich hier nicht gegen die Bemerkung wehren, dass die russischen Lappen früher oder später vollständig mit der russischen Nation verschmelzen werden, umso mehr weil sie keine eigene Schriftsprache besitzen. Die geringe Zahl der russischen Lappen dient als fernere Stütze einer solchen Ansicht. Nach den Angaben, die ich von dem Isprawnik in Kola erhalten habe, besteht die ganze lappische Bevölkerung Russlands aus 1844 Seelen.

Vielleicht sollte ich noch einige Bemerkungen über die Sprache der russischen Lappen hinzufügen; allein es dürfte bereits hohe Zeit sein, an die Abreise zu denken. Treten wir also ohne alle Umwege und Weitschweifigkeiten den 150 Werst langen Weg nach Kola an. Wenn wir auch kein besonderes Gewicht darauf legen, dass unsere Rentiere mit Glocken, Schellen und einer Menge von buntem Geschirr geschmückt sind, so können wir doch nicht die dem Lapplandfahrer sehr wichtige Frage nach dem Wetter übergehen, sondern müssen bemerken, dass der 1. März ein selbst in Lappland ungewöhnlich rauer und regnerischer Tag war. Es geziemt uns indes nicht, irgendeine Klage hierüber zu führen, denn derselbe Zorn des Himmels traf gleichfalls ein neugeborenes Kind, das in unserer Gesellschaft nach der hyperboreischen Stadt gebracht wurde, um dort die Taufe zu empfangen. Gewiss, der mütterliche Busen gewährt einen ganz anderen Schutz als ein offener Keris; aber, wenn wir auch gewissermaßen noch Kinder in Lappland sind, so können wir doch mit männlichem Mut die Schneewehen aus unserem Wege wälzen. Außerdem ist eine Quelle des Trostes, dass wir einmal gute Rentiere erhalten haben und dass es bei den russischen Lappen Sitte ist, schnell zu fahren. Die beiden ersten Meilen ging es auch sozusagen in einem Atemzuge vorwärts. So weit mir das Schneegestöber und die hereinbrechende Finsternis zu sehen erlaubten, war der Weg überall mit Wald bewachsen. Später kamen wir zu dem großen *Nuotosero* (*Nuotjäyri*), fuhren noch weitere zwei Meilen, stiegen darauf an Land und bereiteten uns ein Nachtlager an einem Feuer im Schutze einer Schneewehe. Es ist interessant zu beobachten, mit welcher außerordentlichen Schnelligkeit der russische Lappe sein Feuer zustande bringt. Er schneidet einige Späne, bricht einige Zweige ab, zersplittert einige Holzklötze, stellt dieses alles um einen harzigen Baumstumpf, und das Feuer flammt sofort auf. Es taugt nun freilich zu wenig mehr, als die Tabakspfeife daran anzuzünden oder den Schnee in Trinkwasser zu verwandeln; allein was hat er mehr und Besseres nötig, während er in Rentierhäute und Schaffelle eingewickelt daliegt? Der Enare-Lappe verwendet gewöhnlich viel Zeit und Mühe auf sein Feuer; es ist auch verhältnismäßig besser, aber doch immer noch nichts gegen ein finnisches Feuer (sogenanntes *stockeld*). Der Berglappe verzichtet ganz auf ein solches Feuer. Wenn er des Abends eine gute Weide für sein Rentier antrifft, gräbt er sich selbst eine Grube in irgendeiner Schneewehe und schläft dort ruhig, bis der Morgen anbricht. Diese Kunst ist in der Tat einem schlechten Feuer vorzuziehen. Ist man im Besitz eines guten Lappenpelzes, zieht man diesen über die Ohren, zieht die Arme aus den Ärmeln und behält nun auch diese innerhalb des Pelzes, so vermag man wohl eine Winternacht im Gebirge auszuhalten. Allein sobald man nur das geringste Feuer hat, zieht man gern den schweren Pelz aus, und alsdann ist es gewöhnlich der Fall, dass man bei weitem nicht so angenehm ruht, wie man vorausgesetzt hat. Man erwacht durchfroren, vielleicht überschneit, will zum Feuer fliehen – und findet es erloschen. Man entfacht ein neues Feuer, legt sich wieder hin und schläft abermals ein, um nach einer Weile in einer ebenso bedauerlichen Lage zu erwachen wie zuvor. In solcher Weise verbrachte ich die Nacht an unserer gegenwärtigen Ruhestätte. Als endlich der ersehnte Morgen dämmerte, wurde die Reise noch ungefähr eine Meile auf dem Nuotosero fortgesetzt. Die Wölfe liefen gleich Hunden auf dem Eis des öden Gewässers umher und schielten gierigen Blickes auf unsere fetten Rentiere. Des Nachts hatten sie von ihrem Hinterhalt aus die Rentiere fortwährend gestört, und diese waren nun ermüdet und ganz ausgehungert. Als wir wieder das Land betraten, mussten wir Halt machen und die Rentiere ausruhen lassen. Das Rentier wird von den Lappen seines außerordentlichen Instinkts wegen sehr gepriesen, namentlich weil es durch die hohen Schneemassen hindurch, sobald es die Nase in den Schnee steckt, darüber zu entscheiden vermag, ob an dem Ort Moos wächst oder nicht. Insofern jedoch die ganze Existenz des Tieres von diesem Instinkt abhängig ist, dürfte das vielleicht weniger als andere Eigenschaften zu bewundern sein, die man gleichfalls bei guten Rentieren antrifft. So z. B. habe ich einige Rentiere nicht genug bewundern können, die ohne das geringste Zeichen oder die entfernteste Spur eines Weges doch, sich selbst überlassen, das Ziel der Reise erreicht haben. Selbst das zeugt von den guten Eigenschaften des Rentieres, dass es durch ein so einfaches Ding wie den Fahrriemen dazu abgerichtet werden kann, seinen Lenker zu verstehen und ihm zu gehorchen. Lässt man diesen Riemen an der rechten Seite des Tieres ruhen, so läuft es in voller Fahrt dahin; wirft man ihn links, so stellt es die Fahrt wieder ein und geht langsam. Diese Manipulation bleibt jedoch eine vergebliche Mühe, wenn es von Hügeln oder Bergen abwärtsgeht; denn hier gehorcht das Rentier nicht dem Willen des Kutschers, sondern folgt nur seinem eigenen Kopf, nach dem es so schnell wie irgend möglich laufen muss. Eine solche Fahrt ist amüsant, kann zuweilen aber auch gefährlich sein, was ich, einige Stunden, nachdem wir wieder aufgebrochen waren, bei dem Herabfahren von einem Hügel erfuhr. Der Hügel war sehr hoch, und große Kiefern wuchsen am Weg, der in vielen Krümmungen zu einem Fluss namens *Nuotjoki* führte. Des Unwetters ungeachtet, das an den vorhergehenden Tagen gerast hatte, war der Weg sehr hart, weil er im Schutze des Waldes lag und der Wind zugleich an der entgegengesetzten Seite des Berges hingestrichen war. Durch das viele Befahren hatten sich auf dem Wege, den ganzen Hügel entlang, viele kleine Absätze gebildet, die sich bald hoben, bald senkten. Mein Rentier bekam hier gerade den Einfall, aus allen Kräften zu laufen. Der Keris flog von einem Absatz zum anderen, ohne im Entferntesten den Boden zu berühren, der sich zwischen diesen Absätzen befand. Wenn er im nächsten Augenblick wieder gegen den steinharten Weg anstieß, so war es keine geringe Kunst, sich im Keris zu halten. Wenn irgendein Baum dicht am Wege stand, und dies war sehr oft der Fall, musste ich noch eiligst den Keris so lenken, dass das Untere seines Vorderteils sich gegen den Baum kehrte, weil sonst mein Kopf in Gefahr geraten wäre. Hob sich der Weg aber zu gleicher Zeit in entgegengesetzter Richtung, dann musste der Keris mithilfe der Hände und Füße oder durch irgendeine heftige Körperbewegung gewendet werden; denn würde seine Spitze hinter den Baum geraten, so wäre nichts wahrscheinlicher, als dass der Zugriemen reißen und der Kopf des Fahrenden gegen den Baumstamm geschleudert würde. Ich war glücklich einer solchen Gefahr entronnen, hatte aber durch meine Anstrengung die Balance verloren, als der Keris mit solcher Heftigkeit gegen einen der Absätze des Weges stieß, dass ich in die Höhe flog und seitwärts wieder in den Keris niederfiel. In dieser Lage wäre ich ganz hilflos gewesen, wenn der nächste Absatz mich nicht durch einen neuen Stoß glücklich zurück in die rechte Position gebracht hätte. Als wir endlich zum Fluss gekommen waren, blieb das Rentier plötzlich stehen, wandte sich um und betrachtete mit augenscheinlicher Bewunderung den gefährlichen Hügel. Darauf ging es sehr bescheiden weiter auf dem Flusse bis zum Nachtquartier in einer an dem Ufer eigens für Reisende erbauten Kote.

Am folgenden Morgen sah man zwei Fremdlinge von einer hohen Felsenspitze herab die Stadt Kola betrachten. Diese liegt in einem Tal, ist nach allen Seiten hin von hohen

Bergen begrenzt und von zwei Flüssen, Tuloma und Kola umflossen, die sich gleich jenseits der Stadt brüderlich umarmen, um später leichteren Mutes ihren Tod in den Wellen des Eismeeres zu finden. Aus der Stadt selbst erhebt sich eine Menge alter, verfallener Gebäude; aber bald wird der Blick von diesen kleinen Hütten auf einen kolossalen Tempel aus der Zeit des Zaren Peter hingelenkt. Wenn man dieses Riesengebäude aus solcher Entfernung betrachtet, dass seine vielen Türme sich dem Auge als eine einzige Kuppel darstellen, so ist man fast versucht, es für einen lappländischen Fjäll zu halten. Neben diesem Tempel steht ein anderer, der sowohl durch sein glänzendes Äußeres als auch durch seine Kleinheit an eine neuere Zeit erinnert. Nachdem die Reisenden eine Weile in der Anschauung der Stadt versunken gewesen, fuhren sie bald darauf in pfeilschneller Eile den steilen Abhang hinab.

3

Wir trafen in Kola kurz vor der sogenannten *Masliniza* (Butterwoche) ein, in Russland eine Woche des Jubels und der Freude, mit welcher man der langen, traurigen Fastenzeit entgegengeht. Ohne die gebräuchlichen Aufwartungszeremonien zu beachten, wurden wir doch überall eingeladen und mit Herzlichkeit aufgenommen. Während der ganzen Woche verstrich kein Tag, an dem wir nicht aufgefordert wurden, an den festlichen Freuden der Stadt teilzunehmen. Hier hätte der Naturhistoriker die schönste Gelegenheit zum Studium der Ichthyologie des Eismeeres in den unzähligen Folianten schwellender Fischkuchen gehabt und zugleich seine Aufmerksamkeit auf die lappländische Flora richten können, welche in einer Menge vielfarbiger Nalifka-Flaschen zusammengepresst war. Selbst der Altertumsforscher würde hier zahlreiche Gegenstände seiner Wissbegierde gefunden haben, nicht allein an einer Menge veralteter Sitten und Gebräuche, sondern auch an verschiedenen kostbaren Seltenheiten, die sich von einer Generation auf die andere vererbt hatten. Mir gewährte es am meisten Vergnügen, die russischen Nationaltrachten, namentlich diejenigen, welche die Bürgerfrauen und ihre holden Töchter schmückten, näher zu beschauen. Was hier am meisten in die Augen fiel, war eine Jacke (*Schubejka*) von rotem Tuch oder Samt, mit reichen Goldstickereien und glänzenden Perlen verziert. Die Jacke war sehr weit, ohne Ärmel und ging bis an die Hüften. Nicht weniger strahlend war der Kopfputz der Mädchen, von dem auch in finnischen Liedern die Rede ist, wo er mit einer »aufrechtstehenden (vielmehr hinten überhängenden) Wolkenspitze« verglichen wird. Schade, dass die finnische Muse nicht ebenso den Einfall gehabt hat, diese Kostbarkeit zu taxieren; wahrscheinlich hätte sie dieselbe nicht für ein »braunes Fuchsfell« hingegeben; denn das Kleidungsstück kostet noch in unserer perlenreichen Zeit 300–500 Rubel. Das Kleid selbst ist eine breite, steife Rüstung; die Farbe ist aber verschieden, indem die Damen, die von anderen Ortschaften hierhergezogen sind, die Farben ihrer Heimat beibehalten haben. Ein Paar weiße, lose Ärmel vervollständigen das Hauptsächliche des Anzugs; sie sind jedoch von einer unförmlichen Weite und fast parallel mit den Ohren in die Höhe gezogen und verleihen selbst den schönsten Mädchen einen Ausdruck von Verdrießlichkeit und Starrsinn. Als ich zum ersten Male einen Aufzug von jungen siebzehnjährigen Mädchen, in solcher Weise gekleidet, gravitätisch einherschreiten und bei jedem Schritt auf den Zehenspitzen sich erheben und ernst vor sich niederblicken sah, glaubte ich ein Lustspiel zu sehen, das jungfräulichen, auf den Schätzen der Väter beruhenden Stolz vorstellte. Zum Lobe der Mädchen von Kola sei jedoch angemerkt, dass diese theatralische Repräsentation nicht mit vollem Ernst ausgeführt wurde; denn als die Blicke der strengen Mütter sich gegen Abend von den lieben Töchtern ab auf die noch lieberen Teetassen lenkten, schwangen sich die vorher so verdrießlich aussehenden Mädchen fröhlich und ausgelassen in hurtigen Mazurkas.

Doch wenn Du diese Töchter des Gebirges in ihrem wahren Element schauen willst, so folge mir auf einer Promenade nach dem »Lappischen Berge«, wo man sich bei einem Spiel amüsiert, das bei uns »auf dem Eis rutschen«, auf Russisch *Каматъся* heißt. Welcher Zug von Damen und Herren, die paarweise den steilen Berg in kleinen Rentierschlitten hinabeilen! Jedes Antlitz strahlt von dem innigsten Frohsinn. Der Knabe freut sich der blitzschnellen Fahrt; der Jüngling empfindet die stolze Freude, der schützende Ritter seines Mädchens zu sein; aber welche Art der Freude lässt wohl die Wange des Mädchens erröten? Oder ist es vielleicht die bittere Kälte, die diese Rosen malt? Dies ist gewiss der natürlichste Grund, denn wir haben jetzt 26 °R., und die Mädchen sind in dünne seidene Schubejken gehüllt, in leichte Kattunkleider mit roten Schürzen. Um den Kopf tragen sie nur eine einfache Binde; die Hände sind durch schwarze samtene Handschuhe geschützt. Betrachten wir den Zug etwas näher. Sieh! da kommt mitten unter der fröhlichen Menge ein Junker, der einen Hund vor seinen Rentierschlitten (*Ackja*) gespannt hat. So amüsant die Fahrt für den kleinen Herren auch ist, so unangenehm ist sie für den Hund, der gar oft einen unsanften Stoß von der Spitze des Keris bekommt. In einem Anfall von Verdrießlichkeit spielt der Hund seinem Herrn den argen Streich, mitten auf dem Berg stehen zu bleiben und dem übermütigen Tyrannen anheimzustellen, wie er sich nun gegen die anderen heranfahrenden Schlitten wehren könne. Auch wir überlassen ihn seinem Geschick, in der Hoffnung, dass er sich ohne unsere Fürsorge aus der Not helfen werde, denn dort kommt pfeilschnell ein nicht bespannter Schlitten heran, der unwillkürlich unsere Aufmerksamkeit auf sich zieht. In ihm sitzt ein Jüngling mit seinem Mädchen. Stolz und sicher lenkt er den Schlitten über jede gefährliche Stelle, aber das Mädchen zittert vor Angst. Bei der wilden Fahrt hat sich die Haarbinde gelöst, und die Locken flattern frei im Winde. Sie wendet ihren lachenden Blick auf den Geliebten. Heroisch umschlingt er sie mit seinem Arm, verliert aber doch durch diese Bewegung das Gleichgewicht, und der poetische Exzess endet, zu nicht geringer Belustigung der Umstehenden, in der Weise, dass das Paar seine Gefühle in dem nächsten Schneehaufen abkühlt. Jetzt kommt eine mutige Amazone, die selbst ihr Fahrzeug lenkt und glücklich den ganzen Berg hinabfährt. Sie wird mit einem donnernden Hurra belohnt. Aber sieh, hier schießt ein Schlitten voll zerlumpter Straßenjungen in die Schar der glänzenden Damen und Herren hinein: Die Knaben schreien, lärmen, klingeln mit Glocken und Schellen, der Berg hallt wider von Lachsalven.

Wir haben dieses Lustspiel schon zu lange betrachtet, um nicht endlich ein gewisses Aufsehen zu erregen. Die Volksscharen beginnen, sich um uns herum zu gruppieren, und das Vergnügen ist nicht mehr so lebhaft. Von allen Seiten erschallt es: »Belieben Ew. Wohlgeboren herabzufahren?« »Mein Keris ist gut!« – »meiner ist besser« – »meiner« – »meiner« usw. Wir ziehen uns so weit wie möglich zurück.

Die fröhliche Woche ist vorüber. Machen wir eine Runde in der Stadt und sehen wir, wie die geehrten Herrschaften sich nach den Freuden der Masliniza befinden. Der Arzt macht sich auf seinem breiten Sofa breit, spricht von schwerer Luft und von der Notwendigkeit, sich gegen den Skorbut zu schützen. Der Zollverwalter beklagt sich über die argen Zeiten, wo man nicht einmal seinen Tabak zollfrei rauchen darf. Der Pädagoge, sein Freund, gibt ihm den Rat, er möge immerhin frei rauchen, seine Ansicht sei die, dass Gott verzeiht (*Богъ проститъ*). Der Pädagoge selbst hat einen bösartigen Ausschlag bekommen. Der Isprawnik leidet an Rheumatismus. Der Sasädatel zeigt uns seine Brust, die mit gelben Flecken bedeckt ist. Der Sträptschej sitzt bei seiner hysterischen Tochter. Den Gorodniz, den Kapuzinermönch und viele andere plagen Kopfschmerzen. Wie es mit dem Sudja steht, ist schwer zu sagen, denn er sagt kein Wort. Die Damen sitzen alle zu Hause und (darf ich es wohl verraten?) essen Kohl. So folgen Müdigkeit und Erschlaffung auf das Übermaß an Freude. Indessen unterlässt man es nicht, uns fortwährend freundschaftlich aufzunehmen. Der Isprawnik namentlich zeigte uns einen hohen Grad des Wohlwollens, und seine Bekanntschaft kam uns zugleich in wissenschaftlicher Hinsicht zustatten. Von Amts wegen hatte er viele Jahre unter den Samojeden und Lappen gelebt, sodass er uns nun viele nützliche Aufklärungen über diese Völker geben konnte. Auch der Pädagoge war uns in seiner Weise dienstfertig; er übte unsere Sprachorgane in den russischen Lauten, unterrichtete uns nach Kräften in der russischen Sprachlehre und versah uns mit russischer Lektüre.

Des vielen Wohlwollens und der Gefälligkeit ungeachtet, die uns in der Lappenstadt zuteilwurden, begann ich doch eine geheime Sehnsucht nach den Lappen selbst zu empfinden. Diese Sehnsucht war nun allerdings sehr unzeitig, weil ich bei weitem noch nicht im Besitz solcher Kenntnisse der russischen Sprache war, dass ich mich derselben als Mittel der Mitteilung bedienen konnte, wenn es sich um das Erlernen der verschiedenen Mundarten der russischen Lappen handelte. Indessen unternahmen wir doch einen Ausflug nach dem in der Umgegend liegenden Lappendorf Kildin; aber das Dorf war zufällig leer von Einwohnern, und unsere planlose Reise wurde so bestraft, dass wir unverrichteter Sache zurückkehren mussten. Doch wo waren die Dorfbewohner? Der größte Teil von ihnen befand sich auf einer Reise nach dem Eismeer, wohin man die sogenannten *Murmanski* in Schlitten beförderte, und der übrige Teil der Bevölkerung begab sich während unseres Aufenthaltes in dem Lappendorf in einem großen Zug nach Kola, um den dort erwarteten Gouverneur von Archangelsk zu sehen und ihn festlich zu empfangen.

Es war anfänglich unsere Absicht, Kola als eine Art Mittelpunkt für unsere Exkursionen in der russischen Lappmark zu wählen und uns von dort aus, sobald die Gewässer offen sein würden, über Mesen zu den Samojeden zu begeben; allein es gingen uns von Petersburg Nachrichten ein, die diesen unseren Plan dahin änderten, uns von Kola aus zuerst nach Archangelsk zu begeben. Hier beabsichtigten wir nämlich einen Kursus in der Sprache der Samojeden zu belegen, und zwar unter der Leitung des Archimandriten Wenjamin. Um dieses Studium zu vollenden und die samojedische Reise vor dem Winter antreten zu können, sahen wir uns genötigt, weit weniger auf die russischen Lappen zu verwenden, als es anfänglich unsere Absicht gewesen war. Wir mussten somit Semiostrow, Muotka und mehrere nördlich von Kola liegende Lappendörfer unbesucht lassen und uns mit einem kurzen Aufenthalt bei den Lappen begnügen, die wir auf dem Weg zwischen Kola und Kandalaks antrafen. Hier liegt zwar nur ein einziges ordentliches Lappendorf, doch auf den allgemeinen Poststationen leben eine oder mehrere lappische Familien aus verschiedenen Gegenden. Auf jeder Station findet man wenigstens eine gut eingerichtete Lappenhütte, und wir hätten auf dieser Reise somit in aller Bequemlichkeit die verschiedenen russisch-lappischen Mundarten, mit Ausnahme des terskischen Dialekts, studieren können, wenn nicht das Unglück es gewollt hätte, dass wir in die Völkerwanderung der Murmanzen hineingerieten, die uns keine geringen Hindernisse bei unseren literarischen Unternehmungen in den Weg legte.

Die sogenannten *Murmanzen* (das Wort ist ein Mixtum compositum von *Morje* und *Man*, seiner Entstehung nach bedeutet es also *Meermänner*) sind zum Teil Russen, zum Teil Karelier und Lappen, die Ende März und Anfang April nach den Küsten des Eismeeres ziehen, um dort im Frühling und Sommer zu fischen. Sie kommen sogar von den Gegenden des Onega-Sees und Kem, und ihr Zug geht über Kandalaks und Imandra nach Rasnavolok, einer Poststation elf Meilen südlich von Kola. Hier teilt der Zug sich in zwei Arme. Diejenigen Murmanzen, die in den Fjorden zwischen Kola und der norwegischen Grenze fischen, setzen ihre Reise nach Kola und von dort weiter nordwärts fort. Jene aber, die zwischen Kola und Swjatoi Nos fischen, reisen direkt nach diesem ihrem Bestimmungsort, ohne Kola aufzusuchen. Die ganze Meeresküste von der norwegischen Grenze bis Swjatoi Nos ist unter dem Namen der *Murman'schen Küste* bekannt, zu welcher man noch oft einen Teil der *Terskischen Küste* rechnet, unter welcher Benennung man sonst das linke Ufer des Weißen Meeres versteht. Der vorerwähnte Zug der Murmanzen besteht meistenteils aus Dienstleuten und Tagelöhnern; die Herren selbst segeln erst in den Monaten Juni und Juli in kleineren Fahrzeugen ab, die, nach ihrer verschiedenen Größe und Bauart, *Lodjas, Kotschmaras* und *Schniggen* heißen, um die Fische abzuholen und Brot für den Bedarf des folgenden Jahres hinzubringen. Einige verweilen bei ihren Fischereien bis Ende August, wenn das Fischen aufhört; andere dagegen setzen die Reise bis Vadsö, Hammerfest, Tromsö und sonstigen norwegischen Häfen fort und führen Mehl, Grütze, Raventuch, Tau, Hanf, Fischtran, Seife und andere Waren mit sich, welche sie gegen Dorsch, Fuchsfelle, Rum, Kaffee, Tee, Zucker und andere Spezereien eintauschen, die in der Heimat guten Absatz finden.

Doch um den epischen Verlauf der Ereignisse nicht weiter zu hemmen, wollten wir den Freunden in Kola Lebewohl sagen und dann in aller Ordnung abreisen. In dem Augenblick des Aufbruchs überraschte uns ein großer Teil des nicht unbedeutenden Beamtenpersonals der Stadt mit einem Besuch, leerte ein Glas auf unser Wohlsein und begleitete uns bei der endlichen Abreise eine gute Strecke Weges. Nach dem Abschied von diesen uns aufrichtig ergebenen Freunden setzten wir die Reise unter einem sternhellen, von Nordlichtern flammenden Himmel bis an die erste Poststation Kitsa (*Kjeddjam*), 30 Werst von Kola, fort. Auf dem Hügel angelangt, erblickten wir plötzlich etwas Schwarzes, das den schimmernden weißen Schnee wie mit einem Bahrtuch bedeckte. Wir gingen, um uns Aufschluss über diese fast gespensterhafte Erscheinung zu verschaffen, und fanden bei näherer Untersuchung einige Dutzend schlafender, wohl bepelzter Murmanzen, die sich aus Mangel an Raum in der Hütte auf den Schnee hatten niederlassen müssen. Wir wollten in die Hütte treten, aber bei jedem Versuch, dort festen Fuß zu fassen, schallte uns ein »aj!« ein »oh!« ein »чертъ!« oder eine noch kräftigere Interjektion aus dem

Mund derjenigen Schlafenden entgegen, die durch unsere Versuche unsanft berührt sein mochten. Diese Versuche blieben daher fruchtlos, und wir mussten den Jemstschik zu Hilfe rufen. Sein donnerndes »Blagorodnyje ljudi!« weckte augenblicklich den Wirt, der uns nun nicht allein glücklich durch die Murman'schen Klippen hindurchlotste, sondern auch eine Bank als Lager für uns abräumte. Am folgenden Morgen erwachte ich durch ein entsetzliches Schreien, Händeklatschen und Fußstampfen. Ich befürchtete, mein schon in dem Keris übel zugerichteter Rücken möchte von irgendeiner Gefahr bedroht sein, sprang eilig empor und rüstete mich zur Verteidigung. Sehr bald sah ich jedoch ein, dass meine Befürchtung unbegründet war. Die nächtliche Kälte, welche nach den Thermometer-Observationen, die ich mithilfe meiner Nase anstellen konnte, ungefähr 30 °R. gewesen sein mag, war durch die Pelze der Murman'schen Kolonie gedrungen, und man war in Ermangelung des Feuers und Branntweins genötigt, durch dergleichen Palliative den notwendigen Wärmegrad hervorzurufen. Nachdem die schon vorher zahlreichen Einwohner der Hütte durch die außerhalb kampierende Kolonie noch vermehrt worden waren, füllte der Raum sich mit so vielen Menschen, dass man in der Tat um Platz kämpfen musste und es das Los des Schwächeren war, hinausgejagt zu werden und entweder draußen sein Frühstück einzunehmen oder sich mit hungrigem Magen auf die Reise zu begeben. In einem solchen Gedränge an irgendeinen literarischen Versuch zu denken, war ebenso töricht wie unmöglich, weshalb wir uns noch an demselben Morgen in der Hoffnung weiterbegaben, auf der nächsten Station eine weniger lärmende Gesellschaft vorzufinden. Aber in dieser Hoffnung wurden wir vollständig getäuscht. Als wir in Angesvarre (22 Werst von Kitsa) eintrafen, fanden wir dort wiederum das Haus voll von Murmanzen, die sämtlich als handelnde Personen an einem Schauspiel teilnahmen, das man den *Kesselstreit* nennen könnte: Ein jeder stritt um das Recht, seinen Kessel auf das Feuer zu setzen. Weil alle ungefähr ein gleich großes und gleich kleines Recht dazu hatten, wollte natürlicherweise niemand Platz machen, so viel man auch hin und her redete, sich stieß und advozierte. Es schien jedoch, als machten sich bei der Murmanzen-Korporation folgende Rechtsprinzipien geltend. § 1. Wer dem Feuer kein Holz zugetragen hat, sei vom Feuer ausgeschlossen. § 2. Wer Brotsuppe kocht, weicht demjenigen, der Fischsuppe kocht. § 3. Das Weib weiche dem Manne, der Knabe dem Weibe. § 4. Der Dienstbote weiche dem Herrn und der Herrin. § 5. Die Herren und Dienstboten sollen untereinander ausmachen, in welcher Ordnung jeder seinen Kessel aufs Feuer setzt. Allein diese Paragrafen des Murman'schen Kesselgesetzes sind offenbar unzulänglich, und es wäre deshalb zu wünschen, dass ein Lykurg unter den Murmanzen aufträte und ihre Verhältnisse in derselben Weise regelte, wie früher der spartanische Gesetzgeber dieselben kitzligen Kapitel in seinem Vaterland ordnete. – Doch wir lassen die Murmanzen in Angesvarre, die sich dort für ihre Lage provisorische Gesetze geben mögen, und wenden uns neuen Szenen zu. Solche bieten sich in Mengen auf dem Wege zwischen Angesvarre und Maanselkä. Da Maanselkä ein ziemlich großes Dorf ist, hatte der Kesselstreit die Murmanzen hier nicht so lange wie in Angesvarre aufgehalten, und es begegneten uns bald nach unserer Abreise von der letztgenannten Station ganze Scharen dieser Eismeerfahrer. Sie reisten in Haufen von 20, 30 bis 50 Personen und bestanden aus Männern, Weibern, Greisen, jungen Knaben und Mädchen. Die meisten schleppten einen kleinen Rentierschlitten hinter sich, aus dem Pelze, Brot, Bootsanker, Kessel u. s. w. hervorguckten. Zuweilen hatten zwei sich um einen Keris vereinigt, den sie entweder gemeinschaftlich oder abwechselnd zogen, und nicht selten begegneten uns Schlitten, die mit Hunden bespannt waren. Mehr als einmal bemerkte ich auch, dass ein Bursche außer der übrigen Bagage ein Mädchen in seinem Schlitten fuhr, das wahrscheinlich auf der mühevollen Reise erkrankt war. Die Scharen bewegten sich gewöhnlich unter Gesang und lautem Geschrei. Die meisten Gesichter drückten Trotz und

Verwegenheit aus; viele Banditenphysiognomien kamen zum Vorschein, und die zerlumpte Bekleidung, die Unreinlichkeit sowie die Nachlässigkeit, die sich in allem verriet, im Verein mit jenem wilden Geschrei und den frechen Gesängen, verliehen dem Ganzen das Ansehen eines Räuberzuges. Indes war es der Abwechslung halber recht amüsant, diesem Leben und Treiben auf den öden Wegen Lapplands zuzuschauen.

Wir kamen nach Maanselkä oder Maasesiid. Dieser Name ist offenbar finnisch, und überhaupt trifft man sowohl an der östlichen, westlichen und südlichen Küste des Weißen Meeres als auch in Lappland selbst viele Ortsnamen finnischen Ursprungs. Dies scheint auf eine Bestätigung der Hypothese von Sjögren hinzudeuten, dass »die Wohnplätze der Karelier sich einst ... durch den ganzen Kola'schen Kreis bis an den nördlichen Ozean erstreckt haben«. Sjögren gründet seine Hypothese weniger auf die finnischen Ortsbenennungen als auf den Einfluss, welchen die finnische Sprache augenscheinlich auf die russisch-lappische ausgeübt hat, und auf eine alte Tradition von einem Valit oder Varent, einem berühmten Herrscher in Karela oder Kexholm und Vasallen von Nowgorod, der »Lappland oder das Murman'sche Land« erobert und die Lappen gezwungen haben soll, einen Tribut an Nowgorod zu bezahlen. Welches Gewicht man auch sonst dieser Tradition beilegen will, die bei einer Grenzkonvention zwischen Russland und Dänemark von russischer Seite zur Sprache kam, so beweist sie doch wenig hinsichtlich der Kolonisation der russischen Lappmark durch Karelier. – Wenn es aber erlaubt ist, eine Ansicht über diesen dunklen Gegenstand zu äußern, so ist die meinige in folgenden Zeilen enthalten:

Wie teils aus mündlichen Traditionen, teils aus schriftlichen Urkunden hervorgeht, haben die Finnen, namentlich Finnen karelischer Abstammung, in früheren Zeiten oft Streifzüge nach Lappland unternommen, nicht aber in der Absicht, sich dort niederzulassen, sondern um Beute zu gewinnen. Zuweilen sind recht gewaltige Kämpfe bestritten worden, bei denen die Lappen, nach ihren eigenen Erzählungen, naturgemäß den Sieg davongetragen haben. Ein ähnlicher Streifzug liegt wahrscheinlich auch der Tradition von Valit oder Varent zugrunde. Dennoch legen sowohl lappische als auch finnische Traditionen, zum Teil auch historische Tatsachen und Schlüsse aus noch obwaltenden Verhältnissen nahe, dass einzelne finnische Familien in Zeiten der Unruhe und des Misswuchses nach Lappland in der friedlichen Absicht gezogen sind, sich dort niederzulassen. Wenn man bei der Wahl von Wohnstätten nun zufälligerweise in die ererbten Rechte des Lappen auf eine Waldung, einen Fischbezirk u. s. w. eingriff, so wurde die Sache gewöhnlich durch ein kleines Scharmützel entschieden, und mit Rücksicht hierauf sind viele Orte im nördlichen Finnland, den Traditionen nach, *Riitasaari* (Streitinsel), *Torajärvi* (Streitsee) u. s. w. genannt worden. Doch wenn solche Besitzergreifungen den früheren Einwohnern des Landes nicht zum Schaden gereichten, haben die Finnen sich ungestört niederlassen können, betrachteten die Lappen ihre Unternehmungen auch mit scheelen Blicken. Wenn ferner die Bemühungen der ersten Kolonisten mit Erfolg gekrönt wurden, so hat das Gerücht hiervon andere Ansiedler herbeigelockt, und in solcher Weise soll sich, der Tradition nach, mehr als eine finnische Kolonie in Lappland gebildet haben. Beispielsweise nenne ich die Kolonien in Enare, Alta, Polmak, Seida und auch Karasjok. Diese mögen zwar sämtlich in späteren Zeiten entstanden sein, aber die vorhin erwähnte Entstehungsweise dürfte für alle Zeiten gelten. Wenige und in der russischen Lappmark keine einzige dieser Kolonien sind imstande gewesen, ihre Sprache beizubehalten und ihrer Nationalität treu zu bleiben, was zu beweisen scheint, dass die Zahl der eingewanderten finnischen Kolonisten nicht gar zu bedeutend, geschweige denn so ansehnlich gewesen ist, wie Sjögren annimmt, wenn er behauptet, dass die Karelier die Lappen aus dem ganzen südlichen und östlichen Teil des Kola'schen Kreises vertrieben, selbst das Land in Besitz genommen hätten und darauf noch höher in den

Norden vorgedrungen wären. In dem Falle wäre wohl der starre finnische Nationalcharakter nicht von dem in geistiger Hinsicht weit niedriger stehenden lappischen Volk überwältigt worden. Und was nun die Verdrängung dieser Karelier von Russen nach Südosten hin betrifft, wodurch »die östlichen Teile der Kemi-Lappmark bevölkert sein sollen«, so ist diese Hypothese ganz und gar unbewiesen, und ihr widerspricht die schwache russische Kolonisation in der Lappmark. Unbestreitbar ist jedoch, dass die Bewohner der Gegend an den Flüssen Kemi und Torneå aus einem Gemisch von Savolaxern, Kareliern und Lappen bestehen. Das savolaxische Element überwiegt im Norden, in Kemiträsk, in Sodankylä, Ober-Torneå, Muonioniska. Familientraditionen werfen zum Teil noch ein Licht auf die Kolonisation und weisen nach, dass die Stammväter zu verschiedenen Zeiten, von verschiedenen Gegenden her und aus verschiedenen Gründen, meistens während Kriegsunruhen oder in Folge von Misswuchs, eingewandert sind. Der karelische Stamm überwiegt in Rovaniemi, Kemi und Nieder-Torneå. Seine Einwanderung ist in Dunkel gehüllt, allein es scheint mir wahrscheinlich, dass die Ansiedler allmählich aus dem jetzigen Distrikt Kem eingewandert sind, dass sie zuerst und am stärksten Rovaniemi bevölkert haben und von dort aus nach Tervola, Kemi und Nieder-Torneå vorgedrungen sind. Diese Richtung war immer die allgemeine Landstraße für die karelischen Handelsreisen, welche vielleicht nur eine neue Form für ihre früheren Wanderungen und Streifzüge auf dem finnischen Gebiete sind. Bemerkenswert bleibt es wenigstens, dass die karelische Kolonisation bei Rovaniemi aufhört. In dem mehrfach von der Natur begünstigten Kemiträsk findet man kaum Spuren einer Mischung mit Kareliern, und gerade diese Landstrecke hätte doch den Kareliern als ein vorzüglicher Zufluchtsort dienen müssen, wenn sie aus der russischen Lappmark nach Finnland zurückgedrängt worden wären. Dass aber die Bewohner von Kemi, Torneå und Rovaniemi wirklich mit den russischen Kareliern verwandt sind, beweisen mehrere zusammentreffende Umstände. Auffallend sind in dieser Beziehung diverse Spracheigenheiten, unter anderem die *pronomina personalia*: *mie*, *sie*, die Verbalendung *-oitsen* (*-öitsen*), die Adverbialendung *-sta* (anstatt *-sti* in Torneå) und viele einzelne Wörter, die man anderswo nicht antrifft. Die ältere Tracht ist bei diesen Völkern von solcher Ähnlichkeit, dass ich und ein anderer mit mir vor einigen Jahren einen Bauern aus meinem Geburtsort Tervola für einen russischen Karelier hielten. Dieselbe Ähnlichkeit ist in mehreren Hausgerätschaften, z. B. in den Schlitten, Booten, Sensen, Schränken u. s. w. wahrzunehmen.

Auch wenn es nun mit Bezug auf diese Bemerkungen weniger wahrscheinlich ist, dass die russische Lappmark jemals zahlreich und der südliche Teil derselben ausschließlich von Kareliern bevölkert war, so trifft man doch fast überall, namentlich in dem Kreise Kola ein Gemisch von lappischen und karelischen Elementen. Dasselbe tritt nicht allein in der Sprache, sondern auch in dem Körperbau und der Gesichtsbildung sowie in der Bauweise der Wohnungen und in den Sitten hervor. So z. B. waren die Lappen in Maanselkä von hohem Wuchs, hatten reine Gesichtszüge und nicht jene feine, gellende Stimme, an der man den Lappen sogleich erkennt, sondern einen tiefen Bass. Sie wohnten zum Teil in Hütten mit offenem Feuerherd (*rökpörten*), zum Teil in karelischen Häusern (*stugor*) und hatten Jahrzehnte hindurch denselben Ort bewohnt, was bei Lappen durchaus nicht Sitte ist. Ihre Sprache war mit karelischen Worten und Redensarten überschwemmt. Zwar glückte es uns auch hier nicht, dieselbe zum Gegenstand eines gründlichen Studiums zu machen, weil jede Hütte eine größere oder kleinere Anzahl Murmanzen beherbergte, die eine Art Nadelhandel mit den Lappen trieben; allein wir hörten hier doch wenigstens das Lappische als Umgangssprache und verweilten auch deshalb einige Tage im Dorf.

Es wäre in der Tat von geringem Interesse, hier eine Menge Fennizismen aufzuzählen, die ich in Maanselkä hörte und niederschrieb. Stattdessen will ich ein Urteil über das Russisch-Lappische geben, wobei jedoch der terskische Dialekt, als ganz und gar unbekannt, ausgeschlossen bleibt. – Das Russisch-Lappische bietet in grammatischer Beziehung nicht so wesentliche Verschiedenheiten von den übrigen lappischen Dialekten dar, als man allgemein glaubt. Es nähert sich einerseits dem Dialekt der Berglappen, andererseits dem Enare-Dialekt, und liegt an vielen Orten mitten zwischen diesen beiden. Sein eigentümlicher Charakter besteht freilich in kleinen Formabweichungen, namentlich aber in einer Verkürzung der Endungen. Der Schlussvokal ist überall den russischen Halblauten ħ und ъ gewichen. Die in anderen Dialekten gebräuchliche Konsonantenverstärkung kommt hier seltener vor. Ferner sucht man in dieser Mundart vergeblich die unendliche Menge von Vokalmodifikationen, die das Berg-Lappische, namentlich das Enare-Lappische aufweist. Was den Formreichtum betrifft, so kann das Russisch-Lappische sich nicht mit dem Dialekt von Finnmarken und noch weniger mit dem Schwedisch-Lappischen messen. Die russischen Lappen selbst teilen ihre Sprache in drei Hauptdialekte, von denen der eine in Petsingi, Muotka, Patsjoki, Synjel, Nuotosero, Jokostrow, Babia, der zweite in Semiostrow, Läwosero, Woronesk, Kildin, Maanselkä und der dritte auf der terskischen Halbinsel zwischen Swjatoi Nos und Ponoj gesprochen wird. Da ich nicht an allen diesen Orten gewesen bin, so kann ich auch nicht für die Richtigkeit dieser Einteilung einstehen und muss, vor allem was den lappischen Dialekt in Babia betrifft, die Ansicht aussprechen, dass derselbe vielleicht mit größerem Recht zu der dritten, mehr mit dem Finnischen vermischten Sprachklasse gehört. Der erstgenannte dieser Hauptdialekte war eigentlich derjenige, der wenigstens an den Orten, wo wir ihn näher studierten, mitten zwischen dem Berg-Lappischen und dem Enare-Dialekt lag. Der zweite steht den beiden anderen ferner. Sämtliche Dialekte der lappischen Sprache stimmen zwar so ziemlich überein, wenn man von den fremden Elementen abstrahiert, die jeder von ihnen verschiedenen Sprachen entlehnt hat.

Die Lappen haben aber das Unglück gehabt, noch während der ersten Kindheit ihrer Sprache in nähere Berührung mit fremden Völkerschaften geraten zu sein, mit der Folge, dass ihre Sprache nicht allein eine unendliche Menge fremder Wörter aufgenommen, sondern sich auch in grammatischer Beziehung vielfach nach fremden Mustern gestaltet hat. Gerade diese Einwirkung von verschiedenen Seiten begründet die Verschiedenheit der lappischen Dialekte untereinander. So spürt man z. B. in der erstgenannten Mundart des Russisch-Lappischen nicht allein russischen und finnischen, sondern auch norwegischen Einfluss. Der zweite Hauptdialekt ist dagegen mehr dem Einfluss des Russischen und Karelischen ausgesetzt gewesen. An einigen Orten tritt das russische Element stärker hervor, an anderen, namentlich in der Akkala-Lappmark, hat das Karelische einen größeren Einfluss geübt. Man würde dem Urtypus der lappischen Sprache nur dadurch auf die Spur kommen, wenn man die verschiedenen Dialekte genau miteinander vergliche und bei jeder sich herausstellenden Verschiedenheit unparteiisch prüfte, ob dieselbe aus fremdem Einfluss zu erklären sei – ein Läuterungsprozess, den auch das Finnische gut vertragen könnte.

Aus Furcht, über Gebühr weitläufig zu werden, breche ich diese Betrachtungen hier ab und begebe mich ohne einen ferneren Aufenthalt nach Rasnavolok (*Rasnjarg*), um zu sehen, ob das Studium der lappischen Sprache auf dieser Station mit mehr Erfolg betrieben werden kann. Aber vergebens! Wenn irgendwo, so können wir gerade hier mit Karamsin sagen:

Welch ein Gemisch von Völkern, Trachten,
Von Stämmen, Ständen, Dialekten!

Denn die Murmanzen-Horden, von denen wir vorhin bereits sprachen, müssen alle durch Rasnavolok reisen, und da ferner Post-Lappen die weiter westwärts fahrenden Fischer auf dieser Station erwarten, so wird man sich eine Vorstellung von dem Treiben machen können, das hier während der Murman'schen Volkswanderung stattfindet. Vor einigen Jahren sollen einmal 1200 Menschen sich zu gleicher Zeit hier aufgehalten haben. Unter eine solche Menschenmenge gerieten wir zwar dieses Mal nicht, allein die Anzahl war doch immerhin groß genug, um die engen Hütten zu füllen. In einer dieser Hütten räumten zwei Kaufleute aus Kola, die hier den Murmanzen Brot verkauften, uns einen Winkel ein, woselbst ich fast volle 24 Stunden standhaft mit Papier und Bleistift in der Hand ausharrte. Es war in demselben Winkel, in dem mich beinahe das Schicksal des Orpheus, von einem rasenden Weibe zerrissen zu werden, ereilt hätte. Diese unangenehme Situation ließ mich die Abreise von Rasnavolok nach Rikkataival (*Riksuolo*) beschleunigen.

Die lappländische Natur, die uns auf der ganzen Reise von Kola aus wenig Bemerkenswertes dargeboten hatte, begann sich jetzt wieder von ihrer kolossalen Seite zu zeigen. Man darf in Lappland, und zwar weder im Sommer noch im Winter, das Naturschöne nicht in einem reichen Wechsel der Gegenstände und einer strengen Umgrenzung des vorliegenden Gemäldes suchen, wie ich das *Angenehme*, das *Hübsche*, was man gewöhnlich *schön* nennt, definieren möchte. In Lappland ist das Schöne, wenn es nicht gänzlich aus diesem Lande verbannt ist, in dem schroffen Gegensatz zum Anmutigen, in dem *ewigen Einerlei* zu suchen. Wir befinden uns inzwischen auf dem See Imandra; vor uns liegen seine unzähligen Buchten, bei denen das Auge vergeblich nach irgendeiner anderen Begrenzung als dem dunkelblauen Horizont sucht; zur Linken erheben sich die finsteren, nebelhaften Umrisse des Riesenfelsens Umptek. So einförmig und chaotisch dieser Anblick nun auch ist, so wirkt er doch mit wunderbarer Gewalt auf das menschliche Gemüt. Trotz allen Philosophierens erkennt der Mensch die Hand des Schöpfers doch deutlicher in dem Großen und Kolossalen, wenn die Form darin auch nicht so sorgfältig ausgeprägt ist wie in dem Kleinen und Zwergenhaften, mag dieses auch eine noch so große Formvollendung zur Schau tragen.

Aber sollte jemand glauben, dass eine Natur wie die lappländische tot und von drückender Wirkung auf das Gemüt sein müsse, so darf er nicht vergessen, dass der Wind über die weitgedehnten Buchten spielt, dass der Donner auf den himmelhohen Fjällgipfeln ertönt – und er wird kein Leben vermissen. Derjenige aber, dem ein solches Leben nicht zusagt, mag hier in einer schönen Winternacht reisen, wenn der Himmel in Sternenpracht und Nordlichtern flammt. So weit das Auge reicht, bemerkt man an jedem Punkt der unermesslichen Schneedecke eine eigentümliche unbedeutende Bewegung, ein feines Zittern, das so bezaubernd ist, dass unser Wesen beim Beschauen desselben dahinzuschmelzen droht. Richtet man wiederum den Blick auf die Fjällgipfel, so findet man diese von einem flackernden Schein umhüllt, der sich dem Auge darstellt, als erhebe er sich aus dem Felsen selbst, wie die Flammen aus dem Krater eines feuerspeienden Berges. Dieser Schein verbreitet sich über den ganzen Himmel, flackert einige Zeit und verschwindet, um sich nach einer Weile wiederum auf diese Weise zu erheben und – zu verschwinden. Mit einem Wort: Man findet Naturschönheiten in Lappland wie in Italien, wenn man nur sein Gemüt ganz anspruchslos dem Eindruck derselben hingibt und es nicht nach zuvor von der Reflexion aufgestellten Theorien schulmeistert.

In Rikkataival wurden wir endlich von dem Murman'schen Schwarm befreit. So angenehm es aber war, nach einem zehntägigen unaufhörlichen Gewimmel endlich zur Ruhe zu kommen, so unangenehm war es wiederum, durch dieses zufällige Hindernis den Zweck der Reise größtenteils verfehlt zu haben. Dem war jedoch nun einmal nicht abzuhelfen, denn die Einwohner von Rikkataival und den beiden noch übrigen Stationen stammten von Finnen her, und ihre Sprache war somit verdorben. Die Witterung übte nun auch einen ungünstigen Einfluss auf die Wege aus, und wir mussten die Reise beschleunigen; die Lappen äußerten schon ihre Bedenken, uns am Tage weiter zu befördern; sie fürchteten, dass ihre Rentiere unterwegs ermüden würden, was auch einige Male geschah. Aus solchen Gründen waren wir denn auch genötigt, uns nach unserer Ankunft in Jokostrow (*Tschuk-Suolo*) noch spät am Abend weiter nach der nächsten, 56 Werst entfernten Station Sascheika (*Nieschke*) zu begeben. Kurz nach der Abreise von Jokostrow erlebte ich ein kleines Abenteuer. Man hatte vor meinen Schlitten ein junges nicht eingefahrenes, elendes Rentier gespannt. Während ich nun sorglos im Schlitten saß und die Nordlichter betrachtete, begann das Rentier sich rechts und links hin und her zu werfen. Es versteht sich von selbst, dass ich das Tier durch passende Strafe von dergleichen Extravaganzen abzubringen suchte, aber hierbei wollte es das Unglück, dass der Fahrriemen an einer weit hervorstehenden Spitze des Geweihes hängen blieb. Dadurch geriet das Tier nun in eine wahre Verzweiflung, sprang und warf sich mit allen Kräften, wodurch der Zügel sich noch mehr verhedderte. Ich erhob mich endlich, um ihn loszumachen, doch das Tier verstand meine wohlmeinende Absicht nicht, sondern fuhr fort, durch seine Sprünge den Zügel immer mehr zu verwickeln. Das Ende war noch um meinen Arm gewunden, allein ich befand mich jetzt dem Rentier so nahe, dass seine Bewegungen mir nachgerade unerträglich zu werden anfingen. Ich sah mich endlich genötigt, ohne Zaum zu fahren, und zwar umso mehr, weil das Tier die Offensive ergriff. Seine scharfen Geweihspitzen gegen meinen Leib richtend, hätte es meinem Leben ein Ende gemacht, wenn ich nicht mit beiden Händen das Geweih ergriffen und den Kopf des Tieres niedergehalten hätte. Natürlich war das Rentier hiermit wenig zufrieden, und es entspann sich ein Kampf, der in der Tat einen für mich trüben Ausgang hätte nehmen können, wenn ich nicht den rechten Zeitpunkt ersehen hätte, um wieder in den Schlitten zurückzuspringen. Selbst dieses Experiment war jedoch gefährlich! Denn auf dem großen Imandra-See, der noch von vielen anderen Fährten durchkreuzt und außerdem mit einer harten Kruste bedeckt war, hätte es mich gar leicht auf Irrwege führen können, da ich kein Mittel hatte, den

Schlitten zu lenken. Doch die Not zwang mich, diesen Ausweg zu ergreifen, und das Glück war mir so hold, dass ich in kurzer Zeit meine Reisegefährten einholte. Nachdem wir mit vereinten Kräften den Fahrriemen wieder in Ordnung gebracht hatten, erreichten wir, einige kleinere Abenteuer ausgenommen, am frühen Morgen glücklich Sascheika. – Noch an demselben Tag setzten wir die Reise fort bis nach Kandalaks, einem mittelmäßigen russischen Dorf an einer Bucht des Weißen Meeres. Hierher war das Gerücht von unseren Eigenschaften uns weit vorausgeeilt. Ich war als ein außergewöhnlicher Seher, Lönnrot als ein Wunderarzt empfohlen. Die alten Weiber überhäuften mich mit Bitten, ich möchte ihnen doch ihre übrigens gar leicht vorauszusehende Zukunft prophezeien, allein, anstatt einige Proben in der Kunst der Auguren abzulegen, begaben wir uns weiter, jedoch erst nachdem wir den Stanowoj Pristaw besucht und unsere jetzt unnützen Kerisse, Pelze und andere lappische Gerätschaften an den Bürger Pachkow verkauft hatten.

Der Weg von Kandalaks nach Kem, unserem nächsten Ziel, beträgt eine Strecke von 262 Werst und läuft teils längs der Küste, teils durch das Innere des Landes. Die Küste ist von Russen bevölkert, allein die Dörfer, die einige Meilen von ihr entfernt liegen, werden von Kareliern bewohnt. Man trifft zwar auch in den russischen Dörfern viele Karelier, aber diese sind alle erst in späteren Zeiten dahin eingewandert. Sowohl die vielen in dieser Gegend vorkommenden finnischen Ortsnamen als auch die unter den Einwohnern sehr geläufigen Traditionen beweisen jedoch, dass selbst die russischen Dörfer, wenigstens sehr viele unter ihnen, früher von Kareliern bewohnt gewesen sind. Die Tradition unterscheidet zwischen Finnen, die von den Russen gewöhnlich Schweden (*Шведы*) genannt werden, Kareliern (*Кореляки Корели*) und Tschuden (*Чухны*). An der Südwestküste des Weißen Meeres kommen nur Traditionen von Kareliern vor; an der Süd- und Westküste aber sollen die älteren Einwohner des Landes Tschuden gewesen sein, mit denen die Traditionen noch Ingrier und Esten in Verbindung bringen.

Ohne mich hier in weitläufige Argumentationen der mit genügenden Gründen unterstützten Hypothese einzulassen, dass der finnische Stamm sich in früheren Zeiten bis an die Küsten des Weißen Meeres erstreckt habe, will ich nur die schwer zu lösende Frage aufnehmen: Wohin sind diese älteren Bewohner des Küstenlandes geraten? Dass sie von den Russen nach Lappland und von dort nach Finnland zurückgedrängt worden seien, erscheint mir als eine ungenügende Erklärung. Nach der Wahrscheinlichkeit, nach hier und da geläufigen Traditionen und der noch schwachen russischen Bevölkerung in den nördlichen Teilen des Gouvernements Archangelsk zu schließen, sind die Russen nicht mit Heeresmacht oder in größeren Mengen in diese öden und unfruchtbaren Gegenden gedrungen, sondern gewöhnlich hat die Not, die Hoffnung auf besseren Lebensunterhalt, das Verlangen nach Abenteuern oder andere zufällige äußere Gründe einzelne Familien dazu getrieben, sich hier niederzulassen. Das Recht des Stärkeren dürfte somit nur selten zur Anwendung gekommen sein, wenigstens nicht in den Zeiten, in welchen dieselbe Religion und eine gemeinsame Regierung als ein Band der Vereinigung die älteren Einwohner und die neuen Ansiedler umschlang. Indessen entstand ein notwendiger Konflikt zwischen den durch Sprache, Sitten und Denkweise verschiedenen Völkern und Nationalitäten. Dieser musste an den Küsten des Weißen Meeres mit dem Untergang der finnischen Nationalität enden, weil diese Gegend, was ich sogleich in den folgenden Zeilen nachweisen werde, solche Nahrungszweige bietet, die zwar die Russen, nicht aber die Finnen zu einer zahlreichen Ansiedlung verlocken konnten. Dass die russische Bevölkerung in friedlicher Weise bis hierher gedrungen ist und, anstatt den finnischen Volksstamm zu vertreiben, ihn in sich aufgenommen hat, findet ferner eine Bestätigung in der mit Fennizismen angefüllten russischen Sprache im Gouvernement Archangelsk und in den unverkennbar finnischen Gesichtszügen, die man dort unaufhörlich unter dem russischen Hut erblickt.

Mag man nun diese oder Sjögrens Ansicht von dem Verschwinden der Finnen an den Küsten des Weißen Meeres annehmen, so gelangt man in beiden Fällen zu dem Resultat, dass die ältere Bevölkerung gering und schwach gewesen sein muss, weil sie sich entweder von den Russen hat vertreiben lassen oder mit ihnen, die noch heutigen Tages in nur sehr geringer Zahl in dem nördlichen Küstenland anzutreffen sind, verschmelzen konnte. Dies scheint mir auch aus anderen Gründen wahrscheinlich. Wenn ich mich nicht ganz und gar in dem Charakter und den Neigungen des finnischen Volkes geirrt habe, so sind die Küsten des Weißen Meeres nicht das Feld seiner Tätigkeit. Ackerbau und Viehzucht sind die Nahrungszweige, die sich vorzugsweise für den Charakter der Finnen eignen, und es scheint, als habe die Vorsehung sie in den Norden berufen, damit sie durch ihre unermüdliche Kraft, ihre Geduld, ihren ruhigen, nicht verzweifelnden Mut die Wildnis Finnlands, des nördlichen Russlands und Skandinaviens kultivieren möchten. Der Finne liebt diese Beschäftigungen, und es ist eine unerlässliche Bedingung für sein Wohlbefinden, dass er um sich herum eine eigene kleine Welt schaut, in der er allein und unabhängig zu befehlen hat. Deshalb gibt er auch oft ein sorgenloses Leben unter der Herrschaft eines anderen gegen eine dürftige Stätte in der Wildnis auf; es ist besser, meint er, »in der eigenen Heimat Wasser aus einem Sieb zu trinken«, als in anderer Leute Wohnung »Bier aus einem Silberkrug zu schlürfen«. Mit dieser Anlage zu einem stillen, friedlichen, unabhängigen Wirkungskreis konnte eine größere finnische Kolonie sich nicht an dem Weißen Meere niederlassen. Seine unfruchtbaren, für jeden Anbau unzugänglichen Küsten und die ewigen kalten Winde machen den Ackerbau fast unmöglich. Hier müssen die Menschen sich vom Meer selbst ernähren, und dazu ist ein bewegliches, umherirrendes, unruhiges Leben, ein immerwährendes Ringen mit Plänen und Spekulationen, kurz: eine mit dem russischen Charakter übereinstimmende Lebensweise erforderlich. Der Kreis Kola umfasst 26 russische Dörfer, aber nur drei Bewohner des ganzen Kreises beschäftigen sich mit Ackerbau. Selbst die Viehzucht ist sehr unbedeutend. Nichtsdestoweniger herrscht unter den Russen viel Wohlstand, während der Finne hier gewöhnlich in der traurigen Gestalt eines Bettlers oder Knechtes auftritt. Beiden, Russen und Finnen, fließen zwar dieselben Nahrungsquellen, aber sie sind mit verschiedenen Eigenschaften begabt, und die ganze Kraft des Russen besteht in seinem an Plänen, Berechnungen und allerlei Unternehmungen unerschöpflichen Geist. Der Russe hasst diese einförmige Ruhe, in welcher der Finne seine höchste Glückseligkeit sucht. Unter dem Dach der heimatlichen Wohnung zu verweilen und einige Ackerraine als seine ganze Welt zu erachten, wäre dem Russen unerträglich. Seine Lust ist es, viel umherzuirren und aus fernen Gegenden Schätze in die Heimat zu führen. Da finden wir ihn während des Sommers bald in dem Hafen von Archangelsk, bald an den norwegischen Küsten umherkreuzen; im Winter aber trifft man ihn auf den Straßen Moskaus und dem Markt zu Nischnij-Nowgorod. Derjenige, dem es an Mitteln zu so großen Unternehmungen fehlt, bleibt deshalb doch nicht zu Hause. In seinem kleinen Nachen durchfurcht er getrost die Ebenen des Weißen Meeres, fängt Lachse, Heringe, Seehunde und Belugen; denn es ist eine unumstößliche Wahrheit, dass derjenige, der im Winter Brot essen will, im Sommer nicht zu Hause liegen bleiben darf. Er muss hinaus, um Verdienst zu suchen, und glückt es ihm dabei, einige Kopeken mehr zu erübrigen, als er für sich und seine Familie gerade braucht, so unternimmt er im Winter mehr oder weniger weite Handelsreisen. Das ist, mit wenigen Strichen gezeichnet, die Lebensweise an den Küsten des Weißen Meeres, und sie eignet sich unleugbar am besten, wenn auch nicht ausschließlich, für die Natur des Landes. Der Russe mit seinem unruhigen Charakter, seiner Beweglichkeit und namentlich mit seinem klugen, berechnenden Verstand scheint in der Tat dazu geschaffen, diese Gegenden zu bewohnen. Vielleicht hat die Natur selbst – diese große Erzieherin – dazu gedient, die Menschen zu dem zu bilden, was sie sind; sie hat da einen leicht zu bearbeitenden Stoff gefunden. Nach den russischen Bewohnern des Gouvernements Archangelsk zu urteilen, gibt es in der ganzen Welt keine andere Nation, welche die Klugheit besäße, alle Verhältnisse, alle Konjunkturen und die rechte Geistesgegenwart zu nützen, jede Gelegenheit, jede Zufälligkeit zu ergreifen und alle, selbst die unbedeutendsten Umstände zu ihrem Vorteil auszubeuten, als das russische Volk.

Von diesen praktischen Eigenschaften des russischen Charakters erhielten auch wir einige kleine Proben auf der Reise zwischen den Stationen Kem und Kandalaks. Bei der Anreise von Kola hatten wir versäumt, die sogenannte *Podoroschnaja* zu lösen, ohne welche der Reisende nicht dazu berechtigt ist, mit Postpferden zu fahren. Er muss sich alsdann an jeder Station durch einen Accord forthelfen. Aber bei dem geringsten Verdacht, dass wir nicht »mit den gehörigen Papieren« versehen wären, rotteten die Bauern sich zusammen, um uns nicht von der Stelle zu lassen. Man brachte als Vorwand, dass alle Pferde im Wald seien, dass sie soeben ermüdet nach Hause gekommen und dergleichen mehr, was alles nur dahin zielte, uns ein höheres Skjutsgeld abzunötigen. In dem letzten vor Kem gelegenen Dorf war der Widerstand so hartnäckig, dass ich mich genötigt sah, zu Fuß nach der Stadt zu gehen, um uns von dort aus Pferde zu verschaffen. Furcht vor möglichen Nachforschungen hatte jedoch die Bauern dahin bewogen, kurz nach meinem Fortgang ein Paar elende Klepper anzuspannen.

Bekanntlich ist Kem eine unbedeutende Stadt an der Mündung des Kemi-Flusses. Dort gibt es weder Bischof oder Gouverneur noch irgendwelche anderen hohen Herren; ferner keine großen Häuser oder kolossale Denkmäler, überhaupt keine großen Anstalten. Die größte Merkwürdigkeit der Stadt dürfte die hier zahlreich verbreitete religiöse Sekte sein, deren Anhänger sich selbst *Starowerzen* nennen, denen andere aber den Namen *Raskolniken* beilegen. Diese Raskolniken sind gewissermaßen die Pietisten Russlands. Auch sie eifern für die alte, ursprüngliche, wenn auch gerade nicht apostolische Lehre (*старая вѣра*), verbringen ihre meiste

Zeit in Gebet und Andacht und sind der Ansicht, dass das Göttliche ebenso weit von allem Weltlichen entfernt ist wie die Erdoberfläche vom Himmelsgewölbe. Um also Gott zu gefallen, muss der Mensch der Welt ganz und gar den Rücken kehren, Hass, Unwillen und Verfolgung Trotz bieten und sich dadurch eine Märtyrerkrone im Himmel erwerben. Dieselbe Verachtung gegen das Weltliche predigen auch die Pietisten, nur unter einer anderen weit großartigeren und umfassenderen Form, die zuweilen selbst nicht das Herrliche, was die Kunst gebildet und die Wissenschaft ans Licht gebracht hat, verschont lässt. Die Anhänger der alten Lehre in Russland sind jedoch Menschen, die sich auf dergleichen Dinge nicht verstehen. Von ihrem beschränkteren Gesichtspunkt aus kämpfen sie nur gegen gewisse kleine menschliche Einrichtungen an, die weder dem Geiste zur Erbauung dienen noch dem Körper unumgänglich notwendig sind. Gegen alle Freuden und Lustbarkeiten hegt man einen grenzenlosen Hass. – Allein, einiger äußerer Ähnlichkeiten ungeachtet, findet sich doch eine weit größere Unähnlichkeit zwischen Russlands und Finnlands Pietisten. Die finnischen predigen meist ein lebendiges Christentum, wogegen die Religion bei den Starowerzen in gewissen äußeren Zeremonien erstarrt ist, an denen sie mit jüdischer Hartnäckigkeit festhängen. Ferner haben die Pietisten in Finnland sich in keinerlei Weise von der Kirche und deren einmal angenommenen Lehrsätzen getrennt, wogegen die Starowerzen eine eigene religiöse Sekte bilden; daher auch die Benennung *Raskolniken*, d. h. Heterodoxie (von *расколъ*, getrennt). Es ist eine unter den in Kem wohnenden Raskolniken sehr verbreitete Sage, dass Nikon – der berühmte Religionsreformator Russlands – drei Jahre lang mit dem Teufel zusammen in einer Felsengrotte gewohnt und dort nach seinem Diktat alle Religionsbücher der reinen Lehre verunstaltet habe. »Als die Arbeit vollführt war, begab sich der Patriarch zu dem regierenden Zaren Alexej Michailowitsch, um ihn zu bekehren. Dieser war im Voraus durch einen Traum vor einer Schlange gewarnt worden, die kommen würde, ihn zu versuchen, und hatte zu größerer Sicherheit sein Schloss mit einer strengen Wache umstellt; allein die Wache, nicht wähnend, dass die Schlange unter dem Mantel des Patriarchen verborgen sei, ließ diesen ungehindert zum Zaren eintreten. Der Zar ward bekehrt und die neuen Bücher eingeführt.« Von ihnen wollen die Starowerzen nichts hören. Sie lesen mit Vorliebe alte Legenden und andere Klosterbücher, die in slawonischer Schrift gedruckt sind. Aber so wie das Bücherlesen bei den Starowerzen nicht die Hauptsache ist, da nur wenige unter ihnen überhaupt lesen können, so gilt der Kampf auch nicht so sehr der Lehre selbst als vielmehr verschiedenen äußeren Gebräuchen und Zeremonien. Unter anderem lieben es die Starowerzen, ihre Andachtsübungen möglichst lange auszudehnen. Ältere Personen stehen zuweilen stundenlang vor den Heiligenbildern und bekreuzigen sich. Um die Zeremonie nicht zu früh zu beendigen, macht man sogar eine Pause inmitten der heiligen Handlung, bleibt dabei jedoch immer vor dem Heiligenbild stehen und spricht währenddessen mit seiner Umgebung von gleichgültigen, zufälligen Dingen. Die Art und Weise sich zu bekreuzigen ist einer der wichtigsten Streitpunkte zwischen den Anhängern der alten und neuen Lehre. Letztere bekreuzigen sich mit den drei ersten Fingern, die Starowerzen hingegen mit dem Daumen und den beiden letzten Fingern. Ein Starowerze setzte mir das Irrtümliche in der Art und Weise des Bekreuzigens der Orthodoxen folgendermaßen auseinander: »Der Daumen bezeichnet Gott den Vater, der Goldfinger den Sohn, der kleine Finger den Heiligen Geist. Deshalb bekreuzige sich ein wahrer Christ mit diesen drei Fingern, welche zusammen die heilige Dreieinigkeit bezeichnen. So lehren es die alten Bücher. Aber was sagt Nikon? Bekreuzige dich mit dem Daumen, dem Zeigefinger und dem Mittelfinger. Hier siehst du, wie der Teufel wiederum seine Hand im Spiel gehabt hat; denn wohl wirst du wissen, dass der Zeigefinger die Erde und der Mittelfinger den Himmel bezeichnet. Welche teuflische Erfindung, eine Dreieinigkeit von Gott, Himmel und Erde zu machen! Doch das ist nicht alles. Da die drei Personen der Gottheit von gleichem Rang sind, so müssen die Fingerspitzen beim Bekreuzigen die gleiche Höhe haben. Nun ist aber der Mittelfinger höher als der Zeigefinger, so wie der Himmel über der Erde erhaben ist, und wenn demnach diese beiden Finger gleich hoch gestellt werden, so hat sich die Wohnung Gottes auf die sündhafte Erde erniedrigt.« – Die übrigen Streitfragen sind ungefähr von derselben Beschaffenheit. Dass man die sieben Brote des heiligen Abendmahles auf fünf reduziert hat, wird von den Starowerzen als eine unerhörte Abweichung von der reinen Lehre und eine unübersteigbare Scheidewand zwischen ihnen und den Anhängern der orthodoxen Kirche betrachtet. Die Starowerzen besuchen nie das Gotteshaus, und als ich einmal unserer Wirtin in Kem, die sich zu der heterodoxen Lehre bekannte, die Frage stellte, weshalb sie sich von dem öffentlichen Gottesdienst zurückzöge, antwortete sie kurz und bündig: »Um keine Sünde zu begehen«, deutete dabei auf die Heiligenbilder, indem sie sagte: »вотъ наше церковъ! (Dort ist unsere Kirche!)« Sie haben ihre eigenen Priester, die ihre Kinder taufen, ihre Toten begraben, Trauungen vornehmen, die Beichte abhalten, kurz: alle geistlichen Handlungen ausüben. Die Starowerzen sind insofern tolerant, dass sie ebenso wenig Verdammungs- wie Bekehrungsgeist zeigen; aber sie geben sehr darauf Acht, nicht in die geringste Gemeinschaft mit Andersgläubigen zu geraten. Sind Eltern und Kinder verschiedenen Glaubens, so essen sie nicht an demselben Tische oder aus derselben Schüssel und gehen auch nicht zu gleicher Zeit in die Badstube. Kommt man im Sommer zu einer Quelle in einer Gegend, die von Starowerzen bewohnt ist, so findet man die Rinde aller in der Nähe wachsenden Birken abgeschält und den Boden weit und breit mit Rindenstückchen bedeckt; denn jeder Starowerz, der aus der Quelle trinkt, muss sich jedes Mal mit einem neuen Stück Baumrinde versehen, weil es ungewiss ist, ob nicht irgendein Anhänger einer anderen Lehre sich der umhergestreuten Stücke bedient haben könnte. Als ich im Jahre 1839 Karelien bereiste, kam ich einmal in ein kleines Dorf (Vaarakylä), das nur von Starowerzen bewohnt war. Von einer langen Fußwanderung ermüdet, forderte ich frisches Wasser und etwas zu essen. Man zeigte sich sehr bereitwillig, meine geringen Ansprüche zu erfüllen, allein in dem Hause, wo ich eingekehrt war, fand man keine Gefäße für Fremde oder für Leute eines anderen Glaubens. Man sandte nun einen Boten in die umliegenden Häuser, aber dieser kehrte mit der Nachricht zurück, dass dergleichen Dinge im ganzen Dorfe nicht zu haben seien. Unterdessen hatten die Dorfbewohner sich versammelt, um eine so seltene Erscheinung, wie ein schwedischer Heide es war, zu betrachten. Unter den Zuschauern befanden sich auch einige alte Männer. Ich stellte es nun ihrer Überlegung anheim, ob es nicht eine größere Sünde sei, einen Menschen verschmachten zu lassen, als irgendein hölzernes Gefäß zu verunreinigen. Da trat ein grauhaariger Mann aus der Menge heraus und sprach, sich auf seinen Stab lehnend, folgendermaßen: »Gebet ihm in Gottes Namen zu essen und zu trinken, dass er gesättigt wird; denn es ist so Pflicht des einen Menschen gegen den anderen. Setzt ihm bloß kein hölzernes Gefäß vor, denn die heidnische Verunreinigung dringt so tief in das Holz ein, dass ihr es in aller Ewigkeit nicht reinigen könnt. Nein, lasset ihn aus einem steinernen Gefäße essen, denn seht! ein solches vermag er doch nicht so zu verunreinigen, dass ihr es nicht wieder zu reinigen vermöchtet, wenn ihr es gehörig mit Sand und Wasser ausscheuert.« Diese Rede hatte die beabsichtigte Wirkung, allein ich bemerkte doch, dass die Hand der Wirtin zitterte, als sie mir das heilige Gefäß vorsetzte. Ich könnte unzählige gleich komische Auftritte und Erzählungen von den Starowerzen hier anführen; aber die Sache ist zu ernst, um als Gegenstand des Scherzes zu dienen, steht es doch geschrieben, dass jeder in seinem Glauben selig wird.

In der vorhin erwähnten Raskolnikenstadt sahen wir uns gegen unseren Willen durch die schlechten Wege gezwungen, fast einen ganzen Monat zu verweilen, bis es uns am 19. Mai endlich möglich wurde, unsere Reise fortzusetzen. Von Kem nach Onega führt keine Sommer-Landstraße, weshalb wir uns auf die stürmischen Wellen des Weißen Meeres wagen mussten. Das Ziel unserer Reise war Archangelsk, und es war unser Wunsch gewesen, uns ohne ferneren Aufenthalt in einem Kaufmannsboot unmittelbar dorthin zu begeben; doch hierzu war für den Augenblick gar keine Aussicht, indes der Verkehr zu Wasser zwischen Kem und Archangelsk noch nicht seinen Anfang hatte nehmen können. Wir beschlossen deshalb, dem Rat der Einwohner der Stadt folgend, uns nach dem ungefähr 60 Werst von Kem auf einer Insel im Weißen Meer gelegenen Kloster Solowezkoj übersetzen zu lassen, und zwar in der Hoffnung, von dort aus später irgendeine Gelegenheit zu finden, nach Archangelsk zu gelangen.

In einem kleinen Boot, das einige Pilger nach dem Kloster führte, vergönnte man auch uns einen Platz als Passagiere. Die Reise geschah des Nachts, und der zudringliche Schlaf erlaubte uns nicht, auf die zahlreichen Inseln und Schären zu achten, die, wie man erzählte, auf unserem Wege lagen. Nachdem wir von Kem aus 30 Werst zurückgelegt hatten, befanden wir uns auf dem offenen Meer, aber hier stießen wir bald auf Eis in den offenen Buchten und sahen uns genötigt, 15 Werst von dem Kloster entfernt an Land zu gehen. Der Rest des Weges wurde nun auf sehr schwachem Eis mit Pferden und Karren zurückgelegt, die man von dem Kloster aus requiriert hatte.

In dem berühmten Kloster angelangt, erfuhren wir zu unserer großen Betrübnis, dass die Schifffahrt von und nach Archangelsk noch nicht begonnen habe, weil noch immer große Eismassen im Meer umhertrieben. Unter solchen Umständen nahmen wir natürlicherweise das Anerbieten des Archimandriten an, im Kloster zu bleiben, bis es möglich sein würde, die Reise nach Archangelsk fortzusetzen. Während wir hier ausruhten und unserer Befreiung harrten, luden uns die heiligen Väter tagtäglich ein, bald ihrem Gottesdienst beizuwohnen, bald die zahlreichen Kostbarkeiten des Klosters näher in Augenschein zu nehmen oder Ausflüge mit ihnen nach zwei anderen in der Nähe liegenden Klöstern zu unternehmen u. s. w. Mehr als diese Vergnügungen interessierte es uns jedoch, den verschiedenen Schicksalen nachzuforschen, die das Kloster Solowezkoj seit seiner Stiftung im Jahre 1429 erfahren habe. Bald war aber auch dieses Interesse vollständig erschöpft, und unsere Ungeduld und Sehnsucht nach Archangelsk steigerte sich dermaßen, dass wir den Entschluss fassten, uns auf das mit Eisschollen angefüllte Meer hinauszubegeben und uns in einem kleinen Boot einen Weg nach dem Archangel'schen Küstenland zu bahnen. Am 26. Mai traten wir unsere Reise an, und wenn sie auch viele Mühseligkeiten darbot, so befanden wir uns nach Verlauf von vier Tagen doch in Archangelsk.

Sogleich am ersten Tage nach unserer Ankunft besuchten wir den dortigen Archimandriten Wenjamin, einen samojedischen Missionar, der weit und breit wegen seiner tiefen Kenntnisse in der Samojedensprache berühmt war und den Herr Sjögren uns schon vor unserer Abreise als einen Mann beschrieben hatte, dessen Bekanntschaft uns bei dem Studium der genannten Sprache sehr zustattenkommen dürfte. Was mich betrifft, so hatte ich den Entschluss gefasst, mich den ganzen Sommer über seines Unterrichts zu bedienen und mich mit dem Anbeginn des Winters in das Land der Samojeden selbst zu begeben. Das Unglück wollte indessen, dass der Archimandrit uns aus literarischer Eifersucht den erbetenen Unterricht verweigerte. Vielleicht war hierbei im Ganzen wenig verloren, denn die Kenntnisse des Archimandriten schienen in der Tat nicht sehr gründlich zu sein, aber unser Reiseplan erlitt jedenfalls eine ganz andere Richtung. Lönnrot fasste den Entschluss, sich alle samojedischen Studien aus dem Sinn zu schlagen und sich nach dem Gouvernement Olonetzk zu begeben, um das dort wohnende Volk der Tschuden kennenzulernen. Was mich betrifft, so hielt ich zwar noch immer fest an meinem Plan, mich, sobald der Winter die Wege fahrbar gemacht haben würde, zu den Tundren der Samojeden zu begeben; die Sommermonate hingegen wollte ich auf eine Reise zu den terskischen

Lappen verwenden, die wir im verflossenen Winter nicht hatten besuchen können.

4

Am 27. Juni ging ich an Bord eines größeren Schiffes, das segelfertig lag, um von Archangelsk mit einer Ladung Mehl nach der Murman'schen Küste abzusegeln. Es sollte auf seiner Fahrt die westliche Küste des Weißen Meeres bei Tri-Ostrow besuchen, woselbst ich an Land zu gehen beabsichtigte, um dann meine Reise zu den in der Gegend wohnenden terskischen Lappen fortzusetzen. Eine andauernde Kränklichkeit, die ich mir während des verflossenen Winters auf der Reise in Lappland zugezogen hatte, bereitete mir viel Kummer, wenn ich an den Ausgang dieser weitläufigen Reise dachte, deren Ziel ein wildes und ödes Land war. Gerade im Augenblick der Abreise waren meine Kräfte so erschöpft, dass ich nur mit Mühe den Weg bis zu dem Schiff zurücklegen konnte. Lönnrot war zwar der Ansicht, dass meine Krankheit nicht gefährlich sei, aber er riet mir doch, wenn mein Gesundheitszustand sich am nächsten Tage nicht bessern sollte, die Reise zu unterbrechen und mich an der Dwina an Land setzen zu lassen. Diesen Rat befolgte ich jedoch nicht, obgleich ich dazu in der Tat triftige Gründe hatte, und als ich am folgenden Morgen erwachte, befanden wir uns bereits auf den Wogen des Weißen Meeres. Eine Umkehr war jetzt nicht mehr möglich; wie elend mein Zustand auch war, so musste ich mich doch in mein Geschick fügen und als Invalide an Bord des Schiffes bleiben.

Von der Dwina-Mündung aus soll die Reise nach Tri-Ostrow bei gutem Winde in 24 Stunden zurückgelegt werden können; ein solcher Wind füllte jedoch nicht unsere Segel. Kaum hatten wir eine Strecke auf dem Meere geschafft, als eine vollständige Windstille eintrat und wir uns gezwungen sahen, bei einer kleinen Insel Anker zu werfen. Hier mussten wir nun einen Tag nach dem anderen still liegen und uns von den sengenden Strahlen der Sonne braten lassen. Dadurch verschlechterte sich meine Gesundheit mehr und mehr, und meine Kräfte nahmen in dem Grade ab, dass ich kaum mein Krankenlager verlassen und mich aus der engen, dumpfigen Kajüte auf das Verdeck begeben konnte. Dieses hatte zwar nichts Anziehendes für mich – der Mundvorrat der Besatzung begann durch die starke Hitze schadhaft zu werden, und dem Gestank, der sich dadurch verbreitete, war man in der Kajüte weniger ausgesetzt als auf dem Verdeck. Aber ich musste es mir gefallen lassen, täglich zwei Mal die Kajüte zu verlassen, denn in ihr verrichteten der Schiffer und seine Besatzung, die aus strengen Raskolniken bestand, jeden Morgen und Abend ihre langen Andachtsübungen, denen ich als Ungläubiger, wie es schon vorausbestimmt war, nicht beiwohnen durfte. Dagegen war es mir selbstverständlich nicht untersagt, mein protestantisches Glaubensbekenntnis frei zu äußern und es nach besten Kräften gegen die unverdrossenen Angriffe des Schiffers zu verteidigen. Es lag klar zutage, dass er mich gern zu seiner Lehre bekehren wollte, und als er einsah, dass seine Bemühungen in dieser Richtung vergeblich blieben, holte er eines Tages von einem andern in unserer Nähe vor Anker liegenden Schiff einen wirklichen Raskolnikenpriester, der nun dasjenige ausführen sollte, was der Schiffer nicht vermocht hatte. Auf meinem Krankenlager unterwarf mich dieser Geistliche einem langen Verhör, und ich spürte deutlich, dass er mit meiner Theologie nicht so ganz unzufrieden war. Denn erstens trank er nach beendeter Beichte ganz ungeniert aus meinem Glas, und zweitens versicherte er mir zu wiederholten Malen, dass mein ketzerisches Glaubensbekenntnis weit besser sei als das der Griechisch-Orthodoxen. Beim Abschied versprach er noch, mich wieder zu besuchen und sein Möglichstes zu tun, mir den rechten Weg zum Paradies zu zeigen.

Diese seine Absicht erreichte er jedoch nicht, denn am folgenden Tage (den 4. Juli) wehte ein günstiger Wind, und es war sowohl dem Priester wie dem Schiffer natürlich weit angelegener, Störe im Murman'schen Meere zu fangen, als mich in ihr Garn zu locken. Was den Schiffer betrifft, so gab er sich kaum Zeit, an sein eigenes Seelenheil zu denken und sein gewöhnliches Morgengebet zu verrichten, so eilig wurden die Segel gespannt und das schwerfällige Schiff, nachdem es eine ganze Woche geruht hatte, wieder in Bewegung gebracht. Die Fahrt ging nun anfänglich längs der östlichen Küste des Weißen Meeres, des sogenannten Dwina-Meerbusens. Der Wind war günstig, und wir sahen an der Küste ein Dorf nach dem anderen vor unseren Blicken auftauchen und wieder verschwinden. Bei einer Landzunge namens *Simnija Gory* angelangt, verließen wir die Archangel'sche Küste und steuerten in die offene See hinaus. Am Mittag hatten wir schon das östliche Küstenland aus den Augen verloren, und nach Verlauf einiger Stunden erblickten wir ringsum nur das öde Meer und die finstere Himmelswölbung. Bald tauchte jedoch die westliche oder terskische Küste mit ihren weißen, eisbedeckten Ufern empor, und ich gab mich mit voller Überzeugung der Hoffnung hin, dass wir noch an demselben Tage Tri-Ostrow erreichen würden. Doch plötzlich schlug der Wind auf Nordost um, und ich bemerkte zu meinem großen Kummer, dass das Schiff mehr und mehr von seiner rechten Bahn abwich. Beim Untergang der Sonne erreichten wir zwar die terskische Küste, allein damit war wenig ausgerichtet; denn nach der Aussage des Schiffers befanden wir uns noch immer ungefähr 150 Werst südlich von Tri-Ostrow. Hier lagen wir nun wieder den ganzen folgenden Tag vor Anker und harrten ungeduldig der Erlösung. Ich zog unterdessen genaue Nachrichten über die angrenzende Gegend ein, und da ich erfuhr, dass wir uns nur 20 Werst südlich von einem russischen Dorf befanden, beabsichtigte ich, mich an Land setzen zu lassen und allein das Dorf aufzusuchen, in dessen Nähe ich terskische Lappen zu finden hoffte. Gegen diesen Plan führte jedoch der Schiffer so viele Bedenken an, dass ich zu dem Entschluss gelangte, noch bis zum folgenden Tage an Bord zu bleiben und wenigstens abzuwarten, was dieser bringen würde. Dieser Tag (der 6. Juli) war für die

Raskolniken ein sehr hoher Festtag, und der Schiffer hoffte, uns durch seine inbrünstigen Gebete einen günstigen Wind zu verschaffen. »Du wirst sehen, dass Gott gnädig ist und uns günstigen Wind verleiht«, sagte er vertrauensvoll nach beschlossenem Abendgebet und führte später, auf seinem Lager ruhend, verschiedene Erzählungen von Seefahrenden an, die durch anhaltendes Gebet und Fasten den Wind bewogen hatten, ihre Segel zu füllen. Zwar gestand der Schiffer, dass es eine der schwierigsten Aufgaben sei, sich bei dem lieben Herrgott einen günstigen Wind zu erwirken, weil er, der den Gang der Wolken regelt, indem er den einen Schiffer erhöre, gar leicht dem anderen Nachteil bringe, aber er sei doch für den Augenblick der Ansicht, dass er sich nicht in einem solchen Dilemma befinde. Jeder Rechtgläubige steuere ja jetzt auf dasselbe Ziel, die Murman'sche Küste, sie seien somit alle desselben Windes bedürftig, und ihre Gebete müssten natürlicherweise bei Gott mehr gelten als die von Sündern, die möglicherweise andere Wünsche hegten.

Ungefähr in solcher Weise sprach der Fischer, und so lächerlich seine Logik mir auch erschien, so übte sein festes Vertrauen doch eine belebende Wirkung auf mein Gemüt aus und nährte auch bei mir frohe Hoffnungen auf den folgenden Tag. Kaum graute dieser, als der Schiffer sich beeilte, alle Wachslichter der Kajüte anzuzünden und sie vor das Antlitz des Heiligen hinzustellen, Myrrhe und Weihrauch auszustreuen, in einem fort zu knien und lange Gebete abzulesen. Die ganze Besatzung ward gerufen, an dieser Andachtsübung teilzunehmen, wogegen ich, als nicht zu der rechten Schafherde gehörend, mich wie gewöhnlich aufs Verdeck begeben musste, wo mir die Wache anvertraut wurde. Diesem meinen Berufe treu, spähte ich nun über das weite Meer und seine Buchten hinaus, die ich noch nie so ruhig und klar gesehen hatte; doch bald erhoben sich am nördlichen Rand des Himmels finstere, schwere Wolken, die einen stürmischen Tag zu verkünden schienen. Darauf wurde ich in einiger Entfernung einen gekräuselten Wasserrand gewahr, der sich in großer Eile dem Fahrzeug näherte und von dickem Nebel begleitet war. Da diese Erscheinungen in meinen Augen ungewöhnlich waren, beeilte ich mich, den Gottesdienst zu unterbrechen und die Mannschaft auf das Verdeck zu rufen. Man gehorchte augenblicklich meinem Ruf, aber die Betenden standen noch nicht an Deck, als der Sturm schon entsetzlich heulte und alles in einen undurchdringlichen Nebel eingehüllt war. »Den Anker in die Höh'!«, donnerte das Kommandowort des Schiffers; doch kaum waren diese Worte über seine Lippen gegangen, als wir ein fürchterliches Krachen hörten und wahrnahmen, wie das Schiff vor dem Wind hergetrieben wurde. Der Anker, unser einziger Anker war verloren. »Welches Schicksal erwartet uns jetzt?«, fragte ich den Schiffer, in der Hoffnung, einigen Trost im Unglück zu erhalten; aber er brach nur in die entsetzlichsten Verwünschungen aus und endete damit, dass der Teufel ihn und mich und das ganze Schiff holen möge, nachdem er seinen guten Anker, der ihn 100 Rubel gekostet, verloren habe. Seiner wilden Verzweiflung ungeachtet berief er die Mannschaft zu einer Beratschlagung, und in dieser wurde beschlossen, dass man sich so nahe wie möglich an der Küste halten und versuchen solle, in die Mündung eines nicht weit entfernten Flusses einzulaufen, wodurch das Fahrzeug gegen den Sturm geschützt sein würde. Dieser Plan, so gut er auch ersonnen zu sein schien, war jedoch nicht auszuführen; denn obgleich nur ein halbes Segel ausgespannt wurde und die Mannschaft mit langen Stangen das Schiff in den Fluss hineinzutreiben sich bemühte, warf der Sturm es doch in wenigen Augenblicken in die offene See hinaus. Hier nun empfanden wir das Rasen des Sturmes in einer noch nachdrücklicheren Weise. In dem Takelwerk heulte und pfiff es entsetzlich, die Masten beugten sich und schienen im nächsten Augenblick brechen zu wollen, aus dem Schiffsrumpf selbst tönte zuweilen ein Krachen herauf, das uns vermuten ließ, dass er in Stücke gegangen sei. Turmhohe Meereswellen erhoben sich schäumend und rollten eine nach der andern über das Deck hinweg. Alles, was an beweglichem Gut an Bord war, musste entweder festgezurrt oder unter das Deck gebracht werden, weil es sonst unfehlbar ein Raub der Wellen geworden wäre. Selbst die Matrosen mussten sich an dem Tauwerk festhalten und befanden sich in großer Gefahr, wenn sie sich von dem einen Ende des Schiffes zum andern begeben mussten. Mir hatte man einen Platz in einer auf dem Verdeck festgeschnürten Barkasse angewiesen. Ganz unten in derselben sitzend, musste ich mich mit beiden Händen an ihre Seiten anklammern, da ich sonst Gefahr lief, von einer der tausend Schlagwellen hinweggespült zu werden, die mit großer Gewalt über das Fahrzeug dahinstürzten.

Nach dem missglückten Versuch, in die Mündung des Flusses hineinzusteuern, fasste man den Entschluss, auf die entgegengesetzte Küste des Weißen Meeres Kurs zu nehmen; man hoffte, dort einen schützenden Hafen zu finden. Der Wind aber war diesem Plane anfänglich nicht günstig, sondern drohte, uns auf die Solowezki-Inseln zu werfen und das Fahrzeug an deren Küsten zu zerschellen. Sowohl der Schiffer als auch die Besatzung begannen nun ernstlich an unserer Stellung zu zweifeln und betranken sich vor lauter Verzweiflung. In einem solchen Zustand konnten sie natürlicherweise nichts verrichten, sondern tobten und fluchten nur. Der Schiffer beklagte sich mehrmals bei mir, dass er durch den Branntwein keinen ordentlichen Rausch bekäme, und ließ mir keine Ruhe, bis ich ihm eine Flasche Rum zur Verfügung gestellt hatte. Nachdem er nach und nach deren Inhalt geleert hatte, befand er sich endlich in einem solchen Zustand, dass er nicht mehr auf das Verdeck steigen konnte, sondern in der Kajüte liegen blieb. Die Mannschaft zog sich nun einer nach dem anderen gleichfalls in ihre Kojen zurück, und das Schiff trieb als Spielball für Wind und Wellen auf dem wilden Meere umher. Ich allein saß auf dem Verdeck und harrte in meiner Barkasse mit düsterem Gefühl des entscheidenden Augenblicks. Bald entdeckte ich jedoch, dass der Wind sich mehr nach Osten wandte, und nach dieser glücklichen Entdeckung begab ich mich des Abends in die Kajüte, weckte den schnarchenden Schiffer, schickte ihn auf das Deck und nahm selbst sein Lager ein. Ermattet durch die entsetzlichen Szenen des Tages, verfiel ich bald in einen tiefen Schlaf, schlief auch die ganze nächste Nacht, welche die Seeleute, wie sie sagten, nimmer vergessen würden. Bei meinem Erwachen befanden wir uns an der östlichen Küste des Weißen Meeres, in Sicherheit bei der vorhin erwähnten Landzunge von Simnija Gory. Gegen dreißig andere Schiffe waren ebenfalls von Wind und Wetter über das Meer getrieben in denselben Hafen gelangt; von einem lieh unser Schiffer einen neuen Anker, der uns am Fuße einer hohen schützenden Küste festhielt.

Noch mehrere Tage nach diesem Ereignis fuhr der Sturm fort, mit mehr oder weniger großer Heftigkeit zu wüten. Unterdessen begann mein Gesundheitszustand, der konstant schlecht gewesen war, sich in dem Maße zu verschlimmern, dass der Schiffer mich nicht länger an Bord behalten wollte, sondern alles aufbot, um mich dahin zu bewegen, an Land zu gehen und nach Archangelsk zurückzukehren. Ich meinerseits wollte einen gefassten Entschluss indes nicht so leicht wieder aufgeben, umso weniger weil ich die Überzeugung hegte, dass mein Gesundheitszustand, wenn der Körper durch die bevorstehenden Strapazen in der terskischen Lappmark gestärkt worden wäre, sich von selbst verbessern würde. Ich blieb somit an Bord des Schiffes, trank Tee und nahm die theologischen Gespräche mit dem Schiffer wieder auf, empfing oft Besuche von Leuten der übrigen Fahrzeuge und suchte mit einem Wort meinen Aufenthalt auf See so erträglich wie möglich zu machen. In der Hoffnung, einige Aufklärung über gewisse Inschriften zu erhalten, die in die Felsen an der Murman'schen Küste eingeritzt sein sollen, ließ ich eines Tages einen alten Schiffer zu mir rufen, von dem man sagte, er sei in dergleichen Sachen sehr erfahren. Dieser Schiffer wusste nun auch von einer Inschrift zu erzählen, die er selbst an einem Felsen auf der Insel Anikejew gesehen, aber nicht habe entziffern können, weil die in der Inschrift verwendeten Zeichen nicht russischen Ursprungs seien. Er erzählte jedoch, dass die genannte Inschrift von einem Russen herrühren und das Andenken an folgendes Ereignis enthalten solle: »In alten Zeiten hatte ein englischer Wikinger die Gewohnheit, jeden Sommer mit seinem Schiffe nach der Murman'schen Küste zu segeln und von den dortigen Fischern einen Tribut an Fischen, Tran, Mehl, Graupen u. s. w. zu verlangen. Weigerten sich die Fischer, den Tribut zu leisten, so forderte der Wikinger den besten Kämpfer zu einem Zweikampf auf. Da der englische Seeräuber mutig und stark war, wagte niemand unter den Fischern seine Herausforderung anzunehmen, sondern man leistete lieber den Tribut. Eines Sommers befand sich jedoch unter den Fischern ein Mann, der zwar seines unansehnlichen Äußeren wegen als Koch eingesetzt wurde, aber nichtsdestoweniger außerordentlich stark war. Dieser Mann nahm die Herausforderung des Wikingers an, und es glückte ihm, die Fischer endlich von dem beschwerlichen Gast zu befreien.« – Diesen Sieg soll der Koch durch die Inschrift in den Felsen verewigt haben.

Es war meine Absicht, auf dieser Reise sowohl jene wie andere Inschriften an der Murman'schen Küste näher zu betrachten; schon bald aber traten Ereignisse ein, die meinen ganzen Reiseplan umstürzten. Nachdem wir uns fünf Tage und fünf Nächte in sicherem Schutz unter Simnija Gory befunden hatten, erhob sich am 11. Juli ein neuer Wind, der gleichfalls zu einem entsetzlichen Sturm anwuchs. Gegen diesen Sturm schützte uns unser jetziger Hafen nicht, und wir schwebten in der größten Gefahr, zum zweiten Mal unseren Anker zu verlieren. Der Sturm raste die ganze Nacht hindurch, und die Besatzung des Schiffes war fortwährend auf dem Verdeck. Als ich des Morgens erwachte, fand ich die Wachslichter in der Kajüte brennend und den Schiffer vor den Heiligenbildern kniend. Nachdem er seine Andacht beendet hatte, teilte er mir eine sehr betrübliche Schilderung unserer Lage mit. Der Sturm hatte während der Nacht zugenommen und das Schiff zu treiben angefangen. Ermüdet durch die Anstrengungen der Nacht, hatten die Matrosen sich in ihrer Verzweiflung betrunken, und mit Ausnahme eines Einzigen waren sie jetzt außerstande, das Fahrzeug zu bedienen. Unter solchen Umständen glaubte der Schiffer keinen anderen Ausweg zu haben, als den Anker zu lichten und dahin zu segeln, wohin der Wind ihn führen möchte. Mich suchte er immerfort zu überreden, ich möge doch an Land gehen und mich nicht neuen Gefahren aussetzen. Diese waren in der Tat sehr bedrohlich, aber noch mehr flößte mir der Umstand Bekümmernis ein, dass ich mir am Vortag, beim Baden, eine Erkältung zugezogen hatte, die sich durch gewisse höchst beunruhigende Fiebersymptome zu erkennen zu geben begann. Dessen ungeachtet weigerte ich mich noch, dem Wunsch des Schiffers nachzukommen; aber nachdem auch er sich an einer Flasche Branntwein und zwei großen Gläsern Rum gütlich getan, hielt ich es nicht länger für ratsam, mich seinem Schutz zu überlassen, und entschloss mich, wenigstens bis auf Weiteres an Land zu steigen und es von späteren Umständen abhängig zu machen, ob ich wieder an Bord gehen oder mich nach Archangelsk begeben sollte.

Nachdem der eine nüchterne Matrose mich durch die schäumende Brandung an Land gerudert hatte, ließ ich meine wenigen Effekten auf dem Ufer zurück und begab mich allein auf den Weg, um den Zufluchtsort einiger Fischer aufzusuchen, der, wie man mir sagte, ungefähr acht Werst vom Hafen entfernt wäre. In meinem kranken und ermatteten Zustand musste ich meine letzten Kräfte aufbieten, um diesen Weg zurückzulegen, und fast ein halber Tag verstrich, ehe ich das Ziel erreichte, woselbst ich nur einige elende Hütten vorfand. Hier bat und flehte ich nun die Fischer aufs Eindringlichste an, mir gegen anständige Vergütung meine am Ufer zurückgelassene Habe zu holen, aber ich vermochte es nicht, diese schändlichen Leute zu einer so geringen Dienstleistung zu bewegen. Empört durch ein so unmenschliches Betragen, verließ ich sofort wieder den Ort, kehrte zu meinen Effekten zurück und schaffte sie selbst während der Nacht nach dem Fischerlager, wo man mir einen elenden Verschlag anwies. Nach dieser Kraftanstrengung fühlte ich, wie das Fieber immer stärker in meinen Adern kochte. Volle drei Tage und Nächte brachte ich fast ohne Besinnung auf meinem Lager zu, und als ich wieder zum vollen Bewusstsein gelangte, waren sämtliche Fahrzeuge bereits abgesegelt. Da mir nun die Fischer sagten, sie seien gesonnen, den Ort schleunigst zu verlassen, so musste ich natürlich darauf bedacht sein, mir ein anderes Obdach zu suchen. Ich nahm aufs Neue meine Zuflucht zu dem Edelmut der Fischer und bat sie, mich doch nicht krank und allein an der öden Küste zu verlassen, sondern mich nach dem nächsten Dorfe, Kuja, 22 Werst von dem Fischerlager entfernt, zu rudern. Es schien zwar auch, als wollten die Herzen der Fischer sich dieses Mal meinen Bitten eröffnen; doch als ich mit ihnen um den Fahrpreis zu verhandeln begann, behaupteten sie, sie könnten mich in Anbetracht der vorteilhaften Fischzeit nur gegen eine Vergütung von ungefähr 100 Rubel Banco nach dem nächsten Dorfe rudern. Da eine solche Forderung die Mittel weit überstieg, über die ich augenblicklich verfügte, blieb mir keine andere Wahl, als an dem Ort zu bleiben und der weiteren Fügungen des Schicksals zu harren.

Obgleich nicht ganz und gar mit dem Leben und dessen Verhältnissen unerfahren, empörte mich doch das unmenschliche Betragen der Fischer im höchsten Maße, und ich begann ängstlich über meine traurige Lage nachzudenken. Eine solche Gemütsstimmung konnte nur von höchst schädlichem Einfluss auf meinen kranken Zustand sein. Ich verfiel wiederum in eine Art von Fieberfantasie; es schien mir, als sei ich von Räubern umgeben, und ich tappte zuweilen in meiner finsteren Zelle umher, um mich vor ihren Verfolgungen zu verbergen. Endlich glaubte ich, in dem Verschlag nicht mehr sicher zu sein, verließ denselben und wanderte in den Wald hinaus. Ein schmaler Fußweg führte mich einem kleinen Bache zu, dessen Ufer grüne Birken und blühende Faulbäume schmückten. Dieser Anblick erweckte mich wieder zu klarem Bewusstsein, ich legte mich an dem rieselnden Bache nieder, lauschte dem Zwitschern der Vögel und atmete den Duft der Blumen ein. Der Kopf war mir anfänglich so schwer, dass ich kaum vermochte, ihn von dem Rasen zu heben, und bei jedem Versuch von so heftigem Schwindel ergriffen wurde, dass ich fast die Besinnung verlor; doch je weiter der Tag vorrückte, umso leichter fühlte ich mich. Erstaunt über eine so schnelle Besserung, begann ich bereits zu fürchten, dass meine Krankheit eine geistige Verwirrung gewesen wäre; fand aber doch bei näherer Überlegung, dass das Fieber noch immer in meinen Adern glühte. Aus gewissen Symptomen glaubte ich nun auch den Schluss ziehen zu dürfen, dass meine Krankheit nichts weiter sei als ein Katarrhalfieber. Nach dieser Entdeckung beruhigte ich mich wieder und beschloss, sofort in das Fischerlager zurückzukehren, woselbst ich die Absicht hatte, mich durch einen schweißtreibenden Trank zu kurieren. Als ich aber in meine düstere Wohnung eintreten wollte, gewahrte ich davor zwei Soldaten, die mich scharf beobachteten. Ich fragte die Soldaten, wohin sie wollten, und sie erwiderten mit barschen Worten, dass sie vom Zollverwalter in Kuja ausgesandt seien, um meine Effekten zu besichtigen. Ohne irgendeine Widerrede unterzog ich mich der Besichtigung und gab obendrein den Soldaten für ihre Mühe ein Trinkgeld. Es war nämlich meine Absicht, sie dazu zu bewegen, mich nach Kuja zu rudern, dabei war mir aber klar, dass die eigennützigen Fischer alles aufbieten würden, um diesen Plan zu vereiteln, durch den sie um eine Einnahme gebracht würden, auf die sie schon mit Sicherheit gerechnet hatten. Wie hungrige Wölfe schlichen sie um mich herum und sperrten die Ohren auf, um mein Gespräch mit den Soldaten aufzuschnappen. Diese hegten anfänglich großes Misstrauen gegen mich, allein mithilfe meines Passes glückte es mir doch allmählich, ihnen die Überzeugung beizubringen, dass ich russischer Untertan sei und als Beamter im Auftrag der Krone reise. Diese Argumente und namentlich der Umstand, dass ich nicht allein ein »wohlgeborener Herr«, sondern gar im Besitz eines ebenso hohen Ranges wie der Zollverwalter selbst war, übte auf die Soldaten die Wirkung, dass sie mich wohlwollend in ihr Boot einluden und gegen eine mäßige

Bezahlung nach Kuja ruderten. Ihrer eigenen Sicherheit wegen führten sie mich sofort zu dem Zollverwalter und rapportierten diesem, dass sie bei mir weder Konterbande noch anderes Gut, mit Ausnahme einiger Bücher, gefunden hatten. Ich selbst legte dem Zollverwalter offenherzig meine Lage dar und erzählte ihm meine ausgestandenen Mühseligkeiten, die eine umso tiefere Wirkung auf ihn übten, als er deutlich sah, wie ich noch am Fieber litt. Aus wirklicher Teilnahme für mich trug der Zollverwalter nicht allein Sorge dafür, dass ich eine gute Wohnung im Dorfe erhielt, sondern auch dass mir die Pflege zukam, die ich in meinem kranken Zustand benötigte. Glücklicherweise war er auch mit schweißtreibenden und anderen einfachen Arzneimitteln versehen, durch deren Anwendung das Fieber mich binnen Kurzem verließ, wenn ich auch sehr schwach und mein Gesundheitszustand im Allgemeinen höchst betrüblich war. Nachdem ich mich nach einem mehrtägigen Aufenthalt in Kuja so weit gestärkt fühlte, dass überhaupt die Rede von einer Abreise sein konnte, ließ der Zollverwalter ferner, um seinem edlen Werk die Krone aufzusetzen, eine Schaluppe bemannen und mich von vier Soldaten nach Archangelsk rudern. Auf eine für die Wissenschaft so unfruchtbare Weise endete meine abenteuerliche Reise in die terskische Lappmark.

Bei meiner Rückkunft nach Archangelsk befand ich mich in einer sehr misslichen Lage, indem ich weder die Mittel besaß, mich in der Stadt aufzuhalten, noch Ausflüge in die Umgegend unternehmen konnte, die ich in antiquarischer Hinsicht gern hätte untersuchen mögen. Meine ganze Barschaft bestand ungefähr aus fünfzehn Silberrubeln, einer Summe, mit der natürlicherweise nicht viel für die Wissenschaft auszurichten war. Indessen lebten in Archangelsk einige Samojeden, die noch ärmer waren als ich und sich sehr glücklich schätzten, wenn ich sie zuweilen in ihren Hütten besuchte und ihnen einen Schluck Branntwein reichte. Eines dieser Individuen war dermaßen von meiner

Freigebigkeit entzückt, dass er sich willig erklärte, mein Diener zu sein und mir bis ans Ende der Welt zu folgen. Ich meinerseits forderte so viel nicht, sondern erhob den Mann zu meinem Lehrmeister in der samojedischen Sprache und begab mich mit ihm nicht weiter als bis zu einem 17 Werst von Archangelsk liegenden Dorfe namens *Uima*. Hier hielt ich mich von nun an mit meinem Samojeden den ganzen Rest des Sommers auf, während welcher Zeit sowohl meine Gesundheit als auch meine samojedischen Kenntnisse bedeutende Fortschritte machten. Sogar meine Kasse verbesserte sich bald in der schönsten Weise, indem der finnische Staat zu meiner Reise eine Unterstützung von tausend Rubel Silber ausgesetzt hatte, und sobald mir diese Mittel zukamen, begab ich mich wiederum nach Archangelsk, wo ich im Herbst meine Studien der samojedischen Sprache fortsetzte.

5

Gegen Ende November verließ ich Archangelsk zum dritten Male, und zwar mit dem festen Entschluss, nicht mehr in diese Stadt zurückzukehren, mochte meine nun bevorstehende Reise nach den Tundren der Samojeden ausfallen, wie sie wolle. Meine Freunde in Archangelsk hatten mir diese Tundren in den finstersten Farben geschildert und in jeder Weise von der samojedischen Reise abgeraten, die ihrer Ansicht nach mit solchen Mühen und Strapazen verknüpft sei, dass ich diese in meinem schwankenden Gesundheitszustand nicht aushalten könnte. Gewissermaßen teilte ich selbst diese Befürchtungen, allein, wer ist in seinem jugendlichen Enthusiasmus nicht gern bereit, für eine Idee selbst das Leben zu opfern. Die Hoffnung, dass ich in dieser oder jener Weise die Wissenschaft fördern könne, flößte mir einen Mut ein, den, wenigstens damals, nichts hätte abkühlen können. Auch hatte ich jetzt eine in vielerlei Hinsicht bessere Garantie für den glücklichen Ausgang der Reise als früher. Mein Gesundheitszustand hatte sich während des Aufenthalts in Uima und Archangelsk bedeutend verbessert, meine Reisekasse war in der besten Ordnung, ich besaß außerdem einen vorzüglichen Reisepass und ausgezeichnete Empfehlungsschreiben, sowohl von dem Minister des Innern als auch von der Heiligen Synode. So in jeder Hinsicht wohl ausgerüstet, trat ich mit den fröhlichsten Hoffnungen meine samojedische Reise an.

Der Weg führte mich zuerst 70 Werst weit nach Cholmogory, das früher die berühmte Festung der Bjarmier war, jetzt aber nur eine geringfügige, unbedeutende Kreisstadt ist. Ich hätte während des verstrichenen Sommers gern Ausgrabungen an dem Orte angestellt, woselbst man vermutet, dass der Jumala-Tempel und ein alter bjarmischer Begräbnisplatz sich befunden; aber damals entbehrte ich der Mittel zu einem so kostspieligen Unternehmen, und jetzt war das Feld gefroren und dermaßen von Schnee bedeckt, dass nicht einmal an einen Versuch zu denken war. Ich verweilte jedoch einige Tage in der Stadt und konnte mich der Mitteilung zahlreicher Traditionen von dem dahingeschwundenen Bjarmiervolk, ihrer Burg und ihrem Tempel, ihren Schätzen und ihrem Glanz erfreuen.* Darauf setzte ich meine Reise nach einer anderen, noch kleineren Kreisstadt namens Pinega fort, die 132 Werst von Cholmogory liegt. Hier fand ich wieder Veranlassung, einige Tage zu verweilen, indem die Stadt meine Wissbegierde nach mehreren Richtungen hin reizte. Namentlich zogen mich eine alte tschudische Burg und die Gattin des Polizeidirektors, Frau Sophia Kirilowna Gromow, an. Da ich mich wegen der ungünstigen Jahreszeit nicht viel mit der Untersuchung der Burg beschäftigen konnte, hatte ich umso bessere Gelegenheit, die Bekanntschaft der Frau zu machen. Sie war eine in der ganzen Umgegend viel geliebte, geachtete und gerühmte

* Den größten Teil dieser Traditionen habe ich in meiner Abhandlung über *Sawolotscheskaja Tschud* mitgeteilt; siehe die finnische Zeitschrift *Suomi* für das Jahr 1844.

Frau. Das Volk schilderte sie nicht allein als eine Mutter ihrer eigenen sechs wohlerzogenen Kinder, sondern auch als die Wohltäterin eines jeden andern, welcher der Pflege einer liebevollen Mutter bedurfte. Auch den Kranken war sie eine Zuflucht, sie unterstützte sie mit gutem Rat und versah sie mit Arzneien, die sie, wie man sagte, selbst aus wildwachsenden Kräutern zu bereiten verstand. Am meisten pries man sie aber ihrer häuslichen Tugenden wegen, durch die sie nicht allein in Pinega, sondern auch in der ganzen Umgegend einen stillen Wohlstand verbreitete. Man sagte, sie habe an mehreren Orten den Anbau von Obstbäumen eingeführt und durch ihr Beispiel und ihre Ratschläge gleichfalls den Anbau von Kartoffeln allgemein gemacht. Auch in Betreff der Förderung der Viehzucht glaubte man ihr sehr verpflichtet zu sein. Nach allen diesen und ähnlichen Erzählungen war ich selbstverständlich sehr gespannt, die vielgepriesene Frau kennenzulernen, und ich fand in der Tat an ihr eine außerordentlich energische, kluge und häusliche Frau. Sobald ich mich nach meiner Ankunft in Pinega als ein wissenschaftlicher Reisender bei der Polizei angemeldet hatte, setzte sie ohne mein Wissen alle Polizeidiener in Bewegung und trug ihnen auf, mir von nahe und fern die einsichtsvollsten Männer zuzuführen. Unleugbar erhielt ich aber von ihr selbst die meisten und richtigsten Aufklärungen über den Ort. Namentlich wusste sie eine Menge Überlieferungen von den alten Tschuden zu erzählen, und es war dabei sehr merkwürdig, dass sie durch eigene Beobachtungen zu der Ansicht gelangt war, dass diese Tschuden Finnen gewesen seien. Man glaube aber nicht, dass die Frau des Polizeidirektors, indem sie nach Kräften eifrig bemüht war, meine wissenschaftlichen Kenntnisse zu erweitern, darüber meine körperlichen Bedürfnisse außer Acht ließ; sie bestrebte sich, dieselben mit der ganzen Hingebung einer Hausfrau zu befriedigen. Ich musste alle Tage an ihrem Tisch essen, und nachdem sie bei solcher Gelegenheit mit viel Delikatesse meine schwachen Seiten erforscht hatte, ließ sie mir bei der Abreise einen reichen Vorrat der ausgesuchtesten Leckereien übergeben. Sie war eine Tochter des verstorbenen Predigers zu Orivesi, Dr. theol. u. phil. Erik Lencqvist, und ist auch unter dem Namen Hedwig Sophia Lencqvist bekannt. Wie so viele Töchter Finnlands hatte sie während des letzten Krieges ihr Herz einem siegreichen Ritter geschenkt und mit ihm die Welt durchirrt, bis sie endlich eine Freistatt in dem kleinen Pinega fanden.

Mit gerührtem Herzen trennte ich mich von dieser edlen Landsmännin und setzte meine Reise nach Mesen fort, wohin man zur Winterzeit von Pinega aus 143, von Archangelsk 345 Werst rechnet. Wie Kola an der westlichen Küste des Weißen Meeres, so ist Mesen an der östlichen die letzte Stadt der Welt und der Endpunkt aller Zivilisation. Bis Mesen ist das Land von Christen russischer Nation bevölkert, aber jenseits dieses Ortes beginnt die samojedische Bevölkerung, die größtenteils noch dem Heidentum ergeben ist. Schon in Mesen erblickte ich auf den Straßen einige schwerfällige, in große Pelze gehüllte Samojeden. Ich versuchte, den einen oder anderen von ihnen zu überreden, sich bei mir als Dolmetscher und Lehrer anstellen zu lassen; aber sie nahmen mein Anerbieten ungern an und erfüllten ihre Pflichten in einer solchen Weise, dass ich mich bald genötigt sah, sie alle zu verabschieden und mich 40 Werst weiter nach dem Dorfe Somscha zu begeben, das damals der eigentliche Aufenthaltsort der Samojeden sein sollte. Allein auch hier hatten meine Bemühungen keinen Erfolg, denn eine allgemeine Trunk-Manie hatte das arme Volk ergriffen. Ich nahm die nüchternste Person, die in ganz Somscha zu finden war, in meinen Dienst, doch auch diese war, nach unseren Begriffen, ein Trunkenbold. Ich versuchte es ferner mit einer Samojedin, auch diese aber vermochte keinen einzigen Tag nüchtern zu bleiben. Später wandte ich mich an einen armen ausgehungerten Bettler, dem die Armut keinen Rausch erlaubte; auch mit ihm war nichts auszurichten, weil sein träger Sinn ihn daran hinderte, irgendeine vernünftige Antwort zu geben. Als es mir somit nicht im Guten gelingen wollte, einen einigermaßen ordentlichen Dolmetscher und Sprachlehrer zu erhalten, nahm ich endlich meine Zuflucht zu meinen ministeriellen Papieren, und zwar in der Hoffnung, mithilfe ihrer einen besseren Erfolg zu haben. Ich ließ nun sämtliche anwesenden Samojeden aus der Schenke rufen, teilte ihnen den Inhalt der Papiere mit und forderte sie infolgedessen auf, mir einen nüchternen, ordentlichen und vernünftigen Dolmetscher zu verschaffen. Die Samojeden sind ein gehorsames und leicht eingeschüchtertes Volk, und so beratschlagten sie auch sofort über meine Forderung und wählten noch an demselben Tag zu meinem Beistand einen von Kanin Nos angelangten Samojeden, den sie als den nüchternsten und klügsten Mann auf der ganzen Kanin'schen Tundra beschrieben. Der Mann wurde mir zugeführt, und tatsächlich schien es anfänglich, als sei er zu gebrauchen; aber nach Verlauf einiger Stunden langweilte er sich bei meinen Fragen und gab sich für krank aus. Er warf sich auf den Fußboden nieder, klagte und jammerte, kroch zu meinen Füßen und bat um Erbarmen, bis ich, ermüdet von seinen Bitten, ihn im Zorn zur Tür hinauswarf. Kurz darauf sah ich ihn betrunken im Schnee vor der Schenke liegen.

Er war jedoch nicht der Einzige, der unter der Last des Rausches dahingesunken, das ganze Schneefeld rings um den Bacchus-Tempel war mit gefallenen Helden und Heldinnen bestreut. Sie lagen alle mit den Gesichtern platt auf dem Schnee und waren wieder zur Hälfte nüchtern geworden. Grabesstille herrschte in diesem Kreise, aber umso lauter tönte das wildeste Geschrei aus der Schenke heraus. Dessen ungeachtet fand durchaus keine Schlägerei statt, sondern alle waren herzensfroh und versöhnlich gestimmt. Dann und wann traten halb berauschte Männer mit einer Kaffeekanne in der Hand aus der Schenke und schritten aus Furcht, dass irgendetwas von dem Inhalt der Kanne verloren gehen könne, sehr vorsichtig auf dem Schnee einher, betrachteten sehr genau jeden gefallenen Kameraden und suchten augenscheinlich eine Gattin, eine Mutter, eine Braut oder irgendeine liebe Person. Sobald sie fündig geworden waren, setzten sie die Kanne bis auf Weiteres auf den Schnee und brachten darauf den Schlummernden in eine mit dem Gesicht nach oben gekehrte Lage. Hernach ergriffen sie wieder die Kaffeekanne, schoben deren Tülle in den Mund ihres Lieblings und ließen den lieblichen Branntwein-Nektar in seinen Hals hinabströmen. Darauf kehrte man den Patienten wieder um, brachte ihn in seine frühere Lage und unterließ nicht, das Gesicht wohl zu bedecken, damit es nicht erfriere.

Da ich somit nicht einmal in Somscha mit Erfolg meinen philologischen Studien nachgehen konnte, pflegte ich oft zum Zeitvertreib diese zärtlichen liebevollen Szenen zu betrachten, die sich fast täglich wiederholten. Mittlerweile hielt ich mich meist in einer zeltartigen Hütte in der Nähe des Dorfes auf, die von Bettelsamojeden bewohnt war und nun mir in Ermangelung eines besseren als Studierzimmer dienen musste. Hier konnte bei dem Lärm von schreienden Kindern, bellenden Hunden und heulenden Winden natürlicherweise nicht die Rede von genauen sprachlichen Beobachtungen sein; aber ich spazierte doch sehr oft nach der Hütte hinaus, weil dort für mich als Anfänger immerhin etwas zu erlernen war. Auf einer solchen Spaziertour erlebte ich einmal ein Abenteuer, das mich leicht von allen ferneren Besuchen in der Hütte hätte abbringen können, wenn ich nicht noch eine andere Ursache gehabt hätte, sie aufzugeben. Ich hatte mich eines Abends während meines Aufenthalts daselbst bemüht, mir einige samojedische Phrasen anzueignen, und konnte gerade zu vieler Freude der Samojeden die Worte *tanser Numgana* (es ist ein Unwetter, bei Gott) aussprechen, als in der Tat ein entsetzliches Unwetter losbrach. Die Hütte krachte, der Schnee stürzte durch die Ritzen und den Rauchfang ein, die Teerlampe erlosch, und die Samojeden zogen sich unter ihre Felle zurück. Ich, der ich kein solches Fell besaß, hatte keinen anderen Ausweg, als durch die Tür ins Freie zu kriechen und meine Rückkehr nach dem Dorfe zu Fuß anzutreten. Die Entfernung war zwar nicht groß, aber der heftige Sturm machte doch die Wanderung sehr mühevoll. Ohne gerade die Beschaffenheit der Winde zu kennen, die über eine samojedische Tundra dahinfegen, wird jeder die Erfahrung gemacht haben, dass man in Sturm und Unwetter nur mühsam Atem schöpft, nur schwer die Augen offen zu halten und fest auf den Beinen zu stehen vermag. Solches Ungemach nötigte mich, dann und wann dem Wind den Rücken zu kehren, um doch ein wenig aufzuatmen, den Schnee aus den Augen zu kratzen und nach dem anstrengenden Gehen auszuruhen. Allein bei solchen Schwankungen wurde ich bald irre und vermochte umso weniger den richtigen Kurs zu halten, als der Wind bald von der einen, bald von der anderen Seite blies. Ich hatte gerade damals kürzlich Karamsins Gedicht von dem im Schneegestöber tanzenden Zauberer gelesen, und diese Fantasie trat mir nun lebhaft vor Augen, während ich gegen Wind und Wetter ankämpfte und vergeblich nach einem Lichtstrahl von meiner Wohnung spähte. Es schien mir, als sei ich den bösen Mächten anheimgefallen, und diese Fantasie steigerte sich noch, als ich plötzlich dicht neben mir ein schweres Schnaufen vernahm. Dadurch ließ ich mich jedoch nicht abschrecken, sondern fasste den Entschluss, diese gespensterhafte Erscheinung genau zu untersuchen. Ich entdeckte auch bald, dass es ein Samojede war, der seine Rentiere auf der Tundra ausruhen ließ, und gab mich durch ein »Wohin?« zu erkennen. »Nach der Schenke!«, antwortete mir eine feste Stimme. Nun stellte ich mich dem Samojeden als reisenden Beamten vor und leitete ein Gespräch mit ihm ein, in dem ich mich unter anderem nach der Anzahl der Rentiere erkundigte, die er vor seinen Schlitten gespannt habe. Meine Absicht mit dieser Erkundigung war keine andere, als dem Samojeden in einer höflichen Weise zu sagen: »Du fährst wohl mit so vielen Rentieren, dass sie uns beide nach dem Dorfe ziehen können.« Doch der Samojede, in seinem misstrauischen Gemüt, legte die Frage so aus, als habe ich ein Gelüst auf seine Tiere; er bat demnach um Gnade und Schonung, entblößte den Kopf und kniete vor mir nieder. Ich meinerseits versprach nicht allein, seine Rentiere unberührt zu lassen, sondern ihm selbst einen

Schnaps verabreichen zu wollen, wenn er mich nach dem Dorfe brächte, ein Vorschlag, auf den er auch mit Freuden einging. Bei der Rückkehr in mein Logis erfuhr ich, dass der Zivilgouverneur von Archangelsk kürzlich in Mesen angelangt sei und dass er einen Eilboten nach Somscha gesandt habe, um von dort einen samojedischen *Tadiben* oder Zauberer abzuholen, der vor Seiner Exzellenz eine Probe seiner Künste ablegen solle. Dies war für mich ein Beweggrund, in mein Hauptquartier Mesen zurückzukehren, denn ich hegte die gewisse Hoffnung, dass ich zu der Vorstellung eingeladen werden würde. Diese Hoffnung täuschte mich auch nicht, doch das ganze Amüsement beschränkte sich hauptsächlich darauf, dass der Gouverneur ein kolossales Samojeden-Zelt auf dem Marktplatz der Stadt aufrichten ließ, zur großen Belustigung der Straßenjungen. Zwar schlug der Tadibe in diesem Zelte aus allen Kräften seine Trommel und stellte sich an, als prophezeie er Seiner Exzellenz zukünftige Dinge; aber ich bemerkte leicht, dass er das Ganze von der scherzhaften Seite auffasste und so leichten Kaufs wie möglich davonkommen wollte. Als ich später dem Tadiben unter vier Augen mein Missvergnügen über die Art und Weise zu erkennen gab, wie er bei der Zeremonie verfahren war, bat er mich, ich möchte ihn doch bei dem Gouverneur in Schutz nehmen, und versprach mir alsdann, eine bessere Probe seiner Zauberkünste in seinem eigenen Zelte auf der Kanin'schen Tundra zu geben. Wir trafen die Verabredung, uns dort nach Verlauf einiger Tage wiederzusehen, und bereiteten uns beide auf die Abreise von Mesen vor.

Bevor ich zum letzten Male Abschied von dieser Stadt nehme und mich auf die wüsten Tundren hinausbegebe, will ich flüchtig einige der Grenzlinien des weitgedehnten Landes ziehen, das ich zunächst bereisen werde. Dieses Land ist gegen Norden vom Eismeer, gegen Osten vom Ural, gegen Westen von dem Weißen Meer, gegen Süden von einer Fichten- oder Waldregion begrenzt, die sich, wie man sagt, bis zum 66. oder 67. Breitengrade erstreckt. Dieses unermessliche Land, das die sogenannte Mesen'sche Tundra bildet, zerschneidet der Fluss Petschora in zwei Hälften, von denen die östliche oder größere Hälfte zwischen der Petschora und dem Ural von den Russen die Bolschesemel'sche Tundra (*тундра большеземлъская*) oder das *große Land* (*болъшая земля*), von den Samojeden aber *aarka ja*, was gleichfalls ein großes Land bezeichnet, genannt wird. Die westliche, zwischen der Petschora und dem Weißen Meer gelegene Hälfte hat bei den Russen keine allgemeine Benennung; die Samojeden nennen sie aber *njude ja*, d. h. das kleine Land. Diese letztere Landstrecke teilt sich wiederum in zwei Hälften: die Kanin'sche Tundra und die Timan'sche oder Tiun'sche Tundra. Die beiden letzten Tundren sind, nach offiziellen Angaben, durch den Fluss Pjoscha getrennt, nach der eigenen Aussage der Samojeden aber durch den Fluss Snopa; beide Flüsse münden in die Tscheskaja Guba. Westlich von dem einen oder anderen dieser Flüsse erstreckt sich die Kanin'sche Tundra, zu der auch die Halbinsel Kanin Nos gerechnet wird; die Timan'sche Tundra erstreckt sich aber östlich der Petschora. Die Samojeden nennen die Kanin'sche Tundra *Salje*, was so viel heißt wie *Landzunge* und sich eigentlich auf Kanin Nos bezieht. Die Timan'sche Tundra nennen sie *jude ja*, das Mittelland, d. h. das Land zwischen der Kanin'schen und der Bolschesemel'schen Tundra.*

* Es verdient vielleicht bemerkt zu werden, dass einige dieser letztgenannten Namen weder aus dem Russischen noch aus dem Samojedischen herstammen, sondern wahrscheinlich der Sprache der alten Tschuden oder der jetzigen Finnen entlehnt sind. So ist z. B. das Wort *Tundra* sowohl dem Russischen als auch Samojedischen fremd, während man es im Finnischen in der Form von *tunturi* wiederfindet. Unter den übrigen Benennungen betrachte ich das russische *boljschaja semlja* und das samojedische *aarka ja* als eine reine Übersetzung des finnischen *isomaa* (großes Land), wovon die Russen ihr *Ischma* gebildet haben, das noch gebraucht wird, um einen Fluss zu bezeichnen. So wie in *Ischma*, scheint auch in dem Adjektiv *Timansch* der letztere Bestandteil des Wortes das finnische *maa* (Land) zu sein. – Siehe Weiteres hierüber in meiner vorhin erwähnten Abhandlung über *Sawolotscheskaja Tschud*.

Um nicht meiner Reisebeschreibung vorzugreifen, beschränke ich mich auf diese wenigen topografischen Notizen in Betreff der Mesen'schen Tundra und werde in den folgenden Blättern näher auf die Lokalitäten eingehen, die dort meine Aufmerksamkeit auf sich zogen.

6

Vor dem Hause des Polizeidirektors in Mesen hielt am 19. Dezember 1842 eine mit zwei Pferden bespannte Kibitke. Man sah den Jemstschik kleine Ranzen und Kisten, Pakete in Wachstuch u. s. w. aus dem Hause tragen, was alles von zwei Polizeidienern in die Kibitke gepackt wurde. Unterdessen versammelte sich auf der Straße eine zahlreiche Menge von Zuschauern, Männer und Weiber, Alte und Junge. Der heftigen Kälte ungeachtet, umlagerten diese Schaulustigen ungefähr zwei Stunden lang die Kibitke und harrten sehnsüchtig des Augenblicks, in dem sie endlich den Reisenden würden einsteigen sehen. Viele streckten spähenden Blickes den Kopf durch die niedrige Fensterscheibe, um zu sehen, ob die Mittagsmahlzeit, die schuld an der Verzögerung war, nicht bald zu Ende gehen würde. Endlich stand der Langersehnte vor den Augen der Neugierigen. Während er den Blick über seine Effekten gleiten ließ und hin und wieder eine Anordnung in Betreff der zweckmäßigen Verpackung gab, vernahm er aus dem Munde der Umherstehenden mancherlei laute Bemerkungen über ihn selbst und seine bevorstehende Reise. »So jung, und muss nach Sibirien«, äußerte ein altes Mütterchen, und die Person, die neben ihm stand, fügte noch hinzu: »Man sagt, dass er dort viele, viele Jahre bleiben muss. Wenn er einst zurückkehren wird, ist er ein Greis, und was hat er dann von seiner Heimat?« – »Wer es nur wüsste, weshalb der Arme nach Sibirien geschickt wird?«, äußerte wiederum ein anderer. »Darüber habe ich so meine eigenen Gedanken«, meinte ein Dritter. »Ich sah, wie der Deutsche bei seiner

Ankunft in unserer Stadt sogleich bei dem Polizeidirektor einkehrte, und obwohl dieser nicht zu Hause war, ließ er seine Sachen abladen, blieb dort und hat seitdem die ganze Zeit gleich einem Gefangenen bei dem Polizeidirektor gesessen. Später kam der Gendarmerie-Obrist zur Stadt, und wenn man schon anderswo ein Logis für ihn gemietet hatte, wollte auch er durchaus bei dem Polizeidirektor wohnen, wo der Deutsche wohnte. Und der Gendarmerie-Obrist soll oft bis tief in die Nacht hinein mit dem Deutschen in einer fremden Sprache gesprochen haben. Nein! Es hat eine eigene Bewandtnis damit und mit seiner Reise nach Sibirien, das weiß ich.« – »Du weißt weniger als ein Schneehuhn«, versetzte ein Bürger, »ich weiß aber, dass der Deutsche Papiere von hohen Herren hat und tun und lassen kann, was ihm beliebt. Wie der Gendarmerie-Obrist und andere hohe Herren, die in Diensten der Krone reisen, kehrte der Deutsche bei dem Polizeidirektor ein, weil die Stadt das Haus für solche Reisende gemietet hat. Weshalb er nach Sibirien geht, das weiß ich schon; denn als ich eines Abends bei Alexej Wasiljewitsch saß, kam er zu ihm mit einem großen Buch in der Hand. Alexej, der zwanzig Jahre auf der Tundra gelebt hat und alles weiß, Alexej sagte ihm die Namen aller Berge und Flüsse, und er, er schrieb es in sein Buch nieder. Und ferner sagte Alexej ihm, in welchen Bergen schwarzes, in welchen blaues Gestein zu finden sei, wo es Kupfer und Eisen, ja Gold und Silber gebe. Alles schrieb der Deutsche in sein Buch, und deshalb weiß ich, dass er Gold und was sonst in den Bergen zu finden ist sucht.«

Dies wurde mit einer solchen Zuversicht geäußert, dass niemand etwas dagegen einzuwenden wagte. Im Gegenteil, einige drückten dadurch ihr Einverständnis aus, dass sie die Bemerkung machten: »Nun werden wir sehen, ob die Ischemsker Syrjänen gestehen, wo die Goldberge zu finden sind, oder ob sie trotz der Kanonen, die vor einigen Jahren nach Ischemsk gebracht wurden, es noch immer wagen, sich gegen die obrigkeitlichen Befehle aufzulehnen.« – Während meine Aktien in solcher Weise stiegen, begannen die

Stimmen des Mitleids sich aufs Neue aus diesem und jenem gefühlvollen Herzen zu erheben. Man beklagte nicht allein mich, sondern alle, die ich zurückgelassen hatte, namentlich aber die arme, verlassene Gattin. Zuletzt sah ich mich von einem Schwarm Bettler umstellt, aus deren Kehlen es ebenso mitleiderregend wie gellend erscholl: »In Christi Namen eine kleine Gabe an die Armen!« Besonders zudringlich zeigte sich eine alte Frau mit einer weiten Haube und einem gestreiften Kleid. »Gib der Armen eine Djaneschka«, sagte die Alte, »so betet sie für dich, und die Mutter Gottes steht dir auf der Reise bei; sie erhört die Gebete der Armen.« Ich sah mich in der Tat genötigt, den Gürtel zu lösen und einige Zweistüberstücke auszustreuen. Darauf kroch ich eilig in die Kibitke, und als ich wieder einen Blick auf meine Umgebung warf, sah ich eine Reihe alter Männer und Frauen, die, das Antlitz nach der Kirche gewendet, sich bekreuzigten, und, wie es die Alte versprochen hatte, für mein Wohl beteten. In demselben Augenblick ertönte vom Kirchturm ein dumpfer Glockenschlag, der zur Vesper rief. Alle entblößten die Häupter und machten das Zeichen des Kreuzes. Darauf vernahm ich noch einmal das »Gottes Segen« des Chors; nach wenigen Sekunden aber hörte ich nur noch das dumpfe Glockengeläut.

Unter solchen Auspizien trat ich meine samojedische Reise an. Das Glockengeläut tönte noch in meinen Ohren, als wir das Dorf Somscha erreichten. Die Kurierglocke setzte die Bewohner des Dorfes von der Ankunft eines mit einer *Podoroschnaja* versehenen Reisenden in Kenntnis. Meine Kibitke wurde sogleich von Neugierigen umzingelt. Da ich früher von Mesen aus einen Ausflug nach dem Dorf unternommen hatte, empfing man mich als einen alten Bekannten, und ich war froh, dieses Mal der Revision des Passes und anderer Legitimationspapiere zu entgehen. Meine Freude sollte sich jedoch als verfrüht herausstellen. Kaum hatte ich mich des Pelzes entledigt, als zwei Diener des Gesetzes ins Zimmer traten und von einem an demselben Tage im Dorf angelangten Stanowoj Pristaw den Befehl brachten, dass ich augenblicklich Seiner Wohlgeboren aufwarten sollte. Dies gab Veranlassung zu einem lebhaften Rangstreit, der in der Weise geschlichtet wurde, dass der Stanowoj mir kurz darauf seine Aufwartung machte, und zwar in Begleitung einer Schar der einflussreichsten Bauern, denen er auftrug, alle meine gesetzlichen Forderungen und Wünsche unverzüglich zu erfüllen. Zugleich fragte er mich, ob ich augenblicklich etwas zu befehlen habe. Da ich in Mesen eine Zusammenkunft mit einem samojedischen Tadibe, der einige Meilen von Somscha wohnte, verabredet hatte, forderte ich, zu ihm gefahren zu werden. Zu meinem Ärger wusste im ganzen Dorfe niemand, wo das Zelt dieses Samojeden aufgeschlagen war, und der Stanowoj Pristaw sandte infolgedessen sofort jemanden aus, um das Zelt aufzusuchen und den Tadiben zu mir zu führen. Unterdessen tat ich wie immer, wenn ich keine bessere Beschäftigung habe: Ich ordnete alte Notizen.

Erst am dritten Tage nach meiner Ankunft in Somscha kehrte der Ausgesandte mit dem Tadiben zurück. Als ich nun aber dem Manne unsere Verabredung ins Gedächtnis rief und sie meinerseits durch einen Silberrubel bestätigte, sagte er, von Reue ergriffen, dass er, ein Christ und ein Greis, der am Rande des Grabes stände, in ein Bündnis mit dem Teufel getreten sei; er gab vor, er habe seine Trommel verbrannt, und wollte nicht einmal die Geister (Tadebtsjos) zu Rate ziehen, um Heilung für seine kranke Tochter zu finden. Den Silberrubel wollte er entweder zurückgeben oder mir als Ersatz jedwede Aufklärung von den Künsten der Tadiben und was ich sonst herausfinden möchte geben. Es wäre ein Leichtes gewesen, eine andere Trommel herbeizuschaffen und den Mann durch einige Schlucke Branntwein von seinen christlichen Vorsätzen abzubringen, allein ich fühlte mich verpflichtet, die Gewissensbisse des armen Samojeden zu respektieren. Überhaupt waren die Aufklärungen von den magischen Kenntnissen der Samojeden, die der Mann mir mitzuteilen versprach, wichtiger als die Ausübung der Kunst selbst, die ich bei nicht bekehrten Samojeden mit

Leichtigkeit bekommen konnte. Ich teile hier einige Notizen bezüglich der samojedischen Zauberkünste mit.

Die Gegenstände der Magie sind bei allen Völkerschaften dieselben, und sie sind der Zahl nach den Wünschen, Absichten und Bedürfnissen der Menschen gleich, hauptsächlich aber ist die Zauberkunst 1) Heilkunde und 2) Wahrsagekunst. Bei einigen Völkern, z. B. bei den Finnen, dient sie mehr der Heilkunde; bei anderen wiederum, z. B. bei den Samojeden, mehr dem Wahrsagen. Je nach dem verschiedenen Kulturgrade, der Empfänglichkeit und dem Maße geistiger Kraft eines jeden Volks nimmt die Magie vorzugsweise diesen oder jenen Hauptcharakter an, d. h. entweder ist der Zauberer selbst der Gott, der aus dem Born seines eigenen Geistes alles schöpft, was er zu seinen Zwecken bedarf, oder er fleht andere Götter um ihren Beistand an. So z. B. ist der finnische Zauberer hauptsächlich durch seine geistige Kraft Meister, nämlich durch seinen mächtigen Willen, der sich in den sogenannten *sanat* (Beschwörungsformeln) ausdrückt, und durch seine tiefen Kenntnisse, die in den *synty*-(Schöpfungs-)Worten enthalten sind.

Nach Ansicht der Samojeden vermag der Zauberer selbst wenig oder gar nichts; er ist nur der Dolmetscher der Geisterwelt, und seine ganze Kraft besteht darin, dass er sich in Beziehung zu den Tadebtsjos zu setzen und von ihnen die nötigen Aufklärungen zu erhalten weiß. Wie die Samojeden selbst, so sind auch die Tadebtsjos listige, eigensinnige, launenhafte Wesen. Bald gehorchen sie dem Tadiben nicht, bald leiten sie ihn irre durch falsche Orakel; mit alten Tadiben treiben sie nur Spott und verhöhnen sie. Die Kunst der Tadiben erfordert also junge, kräftige Menschen. Ein gesunder, muskulöser Körper ist schon deshalb für den Tadiben notwendig, weil er sich auf Befehl der Tadebtsjos zuweilen mit Messern und andern scharfen Instrumenten martern muss. Diese Sitte soll jetzt zwar im Abnehmen sein, aber frühere Tadiben, erzählt die Sage, durchbohrten sich mit Speeren, ließen Pfeile auf sich abschießen, sich in viele Stücke zerschneiden und lebten wieder auf. – Ähnliches erzählte man sogar von noch lebenden Tadiben, und die nachstehende Geschichte scheint zu beweisen, dass diese Erzählungen nicht ganz aus der Luft gegriffen sind. Einige Monate vor meiner Ankunft in Somscha trafen sich in einer Hütte auf der Timan'schen Tundra drei Samojeden und ein Russe. Von den Samojeden war einer in die Mysterien der Tadiben eingeweiht. Aus irgendeiner Veranlassung forderten die anderen ihn auf, *Kudes* zu schlagen, die magische Handlung zu unternehmen. Als der Tadibe sich in die gewöhnliche Exaltation hineingearbeitet hatte, befahl er selbst während der Zeremonie, dass man mit einem geladenen Gewehr auf ihn schieße. Einer der Samojeden gehorchte dem Befehl; allein die Kugel traf nicht, oder prallte, laut der Erzählung, von seinem Körper zurück. Das Gewehr wurde aufs Neue geladen, und nun schoss der andere Samojede, jedoch mit ebenso wenig Erfolg. Erstaunt hierüber lud schließlich der Russe das Gewehr, schoss und traf. Der Tadibe starb auf der Stelle. Auf der Kanin'schen Tundra begegneten mir einige Beamte, die ausgesandt waren, die Sache zu untersuchen. Ich kenne die Resultate ihrer Untersuchungen nicht, meine Erzählung beruht auf dem allgemeinen Gespräch. Von den Tadiben des Altertums erzählt man viele andere Geschichten, die man auch in den finnischen Volkssagen wiederfindet. Sie fliegen, sie schwimmen unter dem Wasser, steigen in die Wolken hinauf, in die Erde hinab und nehmen dabei jede beliebige Gestalt an.

Über die Art und Weise, Tadibe zu werden, lässt sich nicht viel sagen. Die Kunst ist erblich; *magus non fit, sed nascitur.* Dies ist auch die Ansicht der Finnen; der finnische Zauberer muss jedoch lange Reihen von Beschwörungsformeln und *Synty*-Worten sowie viele andere Künste auswendig lernen, während dem Samojeden dies alles erspart bleibt. Denn was der Erstere mithilfe seiner von den Vätern geerbten Weisheit zu ergründen strebt, das überlässt der Letztere der Fürsorge der Tadebtsjos; er übersetzt nur, was diese in ihrer, nur seinem Ohr hörbaren Sprache ihm eröffnen. Zwar habe ich bei den Samojeden den Ausdruck

»bei den Tadiben in die Lehre gehen« gehört; aber niemand hat mir sagen können, worin diese Lehre eigentlich besteht. Ein Samojede hat mir im Vertrauen – und ich erzähle es gleichfalls nur in derselben Weise – einige Mitteilungen darüber gemacht. Dieser Samojede war in seinem fünfzehnten Jahre zu Tadiben in die Lehre gegeben worden, und zwar weil mehrere in seiner Familie ausgezeichnete Schamanen gewesen waren. Zwei Tadiben sollten seine Lehrmeister sein. Sie banden ihm ein Tuch vor die Augen, gaben ihm eine Trommel in die Hand und baten ihn nun, auf die Trommel zu schlagen. Unterdessen schlug der eine Tadibe ihn mit der Hand oben auf den Kopf und der andere auf den Rücken. Dies wurde eine Weile ununterbrochen fortgesetzt, und sieh! nun ward es Licht vor den Augen des Lehrlings. Eine zahlreiche Schar von Tadebtsjos zeigte sich dem Knaben, indem sie auf seinen Händen und Füßen umhertanzten. Der Lehrling erschrak, lief davon und ließ sich sofort vom Priester taufen. Darauf behauptete er, keine Tadebtsjos mehr gesehen zu haben. Hinzufügen muss ich, dass die Tadiben die Fantasie des Lehrlings im Voraus durch wunderbare Sagen und Erzählungen von Tadebtsjos angeregt hatten.

Ist ein Tadibe wohl in die Kunst eingeweiht, dann versieht er sich mit einer Trommel und einem besonderen Kostüm. Die Trommel ist, je nach seinen Vermögensumständen, mehr oder weniger mit Messingringen, mit Zinnscheiben und anderem Schmuck verziert. Ihre Form ist rund; ihre Größe verschieden. Die größte, die ich gesehen habe, war ungefähr $5/4$ im Diameter und $1/8$ hoch. Die Trommel hat nur einen Boden von durchsichtigem Rentierfell. Dieses kleine Instrument ist in der Hand des Tadiben ein mächtiges Ding. Durch sie hebt und stärkt er seinen eigenen Mut; ihre mächtigen Töne dringen bis in die verborgene Welt der Geister und wecken diese aus ihrem müßigen Schlaf. Der Anzug der Tadiben ist ebenso zierlich wie seltsam. Er besteht in einem Hemd von Sämischleder, *Samburtsja* genannt, mit einem Saum von rotem Tuch. Die Nähte dieses Hemdes sind gleichfalls mit rotem Tuch übernäht, und Epauletten von demselben schimmernden Zeug schmücken die Schultern. Über die Augen und das ganze Gesicht hängt ein Tuchlappen herab; denn nicht mit dem Auge, sondern mit seinem inneren Blick glaubt der Tadibe, in die Geisterwelt eindringen zu können. Sein Kopf ist unbedeckt; nur ein schmaler roter Tuchstreifen um den Nacken und ein anderer über den Scheitel dienen zur Befestigung der Tuchlappen. Über der Brust trägt der Tadibe eine Eisenplatte.

Solchergestalt geschmückt, lässt der Zauberer sich nieder und fordert Rat und Beistand von den Tadebtsjos. Er wird dabei von einem in der Kunst weniger eingeweihten Tadiben unterstützt. Die Handlung beginnt damit, dass der vornehmste Tadibe seine Trommel schlägt und einige Worte in einer mystischen, schrecklichen Melodie singt. Der andere Tadibe stimmt sofort mit ein, und beide wiederholen nun singend, wie die finnischen Liedersänger, dieselben Worte. Jedes Wort, jede Silbe wird unendlich ausgedehnt. Wenn nach einem kurzen Prolog die Unterredung mit den Tadebtsjos beginnt, verstummt der bessere Tadibe oft und schlägt nur noch schwach die Trommel. Wahrscheinlich lauscht er alsdann der Antwort der Tadebtsjos. Unterdessen fährt jedoch der Gehilfe fort, wiederholt zu singen, was der Meister zuletzt gesagt hat. Nachdem dieser sein stummes Gespräch mit den Geistern beendet hat, brechen die beiden Tadiben in ein wildes Heulen aus, die Trommelschläge nehmen an Kraft zu, und der Orakelspruch ertönt. – Zudem muss ich bemerken, dass der Gesang der Tadiben nur einige wenige Worte enthält, die kaum mehr als Improvisation sind. In den Liedern der Samojeden handelt es sich überhaupt nicht um dieses oder jenes besondere Wort, noch weniger um Versmaß und Versfüße. Weiß der Sänger, was er zu sagen hat, dann kommt das Wort von selbst, und passt es nicht zu der Melodie, dann überspringt man diese oder jene Silbe oder zieht eine solche etwas länger, so wie die Melodie es erfordert. Wenn der Samojede dagegen nicht singt, sondern nur gleichsam in Rezitativen spricht, dann hält er einen bestimmten Rhythmus ein, an den mein Ohr sich bereits gewöhnt hat. Dieser lässt sich nun zwar nicht durch Analyse auf ein bestimmtes Versmaß zurückführen, zeigt aber doch eine gewisse Neigung zu Trochäen.

Werfen wir nach diesen allgemeinen Betrachtungen einen Blick auf einige spezielle Fälle der samojedischen Zauberkunst. Wenn z. B. ein Rentier verloren gegangen ist, dann gestaltet sich die Zeremonie sehr einfach. Der Tadibe ruft zuerst den Tadebtsjo, und ein Tadibe erzählte, dass er dabei folgende Worte gebrauchte:

Kommet, Kommet,
Zaubergeister!
Wenn Ihr nicht kommet,
Komme ich zu Euch.
Wachet, wachet,
Zaubergeister!
Ich bin gekommen,
Erwacht aus dem Schlaf.

Der Tadebtsjo antwortet:

Sag' aus, welchen
Auftrag hast Du?
Weshalb kamst Du,
Die Ruh' uns zu stören?

Der Tadibe:

Zu mir eben
Kam ein Njenets (Samojede),
Heftig dieser
Mensch mich plaget;
Fort ist ihm sein Rentier;
Deshalb bin ich
Zu Euch gekommen.

Auf diesen Aufruf stellt sich, so äußerte mein Berichterstatter, gewöhnlich nur ein einziger Tadebtsjo ein. Wenn sie in Menge erscheinen, dann spricht der eine in dieser, der andere in jener Weise, und der Tadibe weiß nicht, wem er glauben soll. Der Tadibe beginnt nun damit, den dienstwilligen Geist zu bitten, er möge das Rentier aufsuchen. »Suche, suche genau, damit das Rentier nicht verloren geht.« Der Tadebtsjo gehorcht natürlicherweise dem Befehl. Indessen ermahnt der Tadibe ihn, sehr genau zu suchen und nicht eher damit aufzuhören, als bis das Rentier gefunden ist. Wenn der Tadebtsjo zurückkehrt, ermahnt der Tadibe ihn wiederum, die Wahrheit zu reden: »Lüge nicht; wenn du lügst, geht es mir schlecht. Alsdann werden die Kameraden mich verhöhnen. Was du gesehen, das sage ohne Vorbehalt; sage das Böse, sage das Gute. Sage nur ein Wort. Sprichst du viel (d. h. unbestimmt und verworren), geht es mir schlecht« u. s. w. Der Tadebtsjo nennt dann den Ort, an dem er das Rentier gesehen hat. Darauf begibt sich der Tadibe in Begleitung desjenigen, der seine Hilfe beansprucht hat, nach dem bezeichneten Ort; allein er kann freilich nicht dafür, wenn das Rentier unterdessen davongelaufen sein sollte oder wenn ein anderer Tadibe mithilfe seiner Tadebtsjos die Spuren des Rentiers verwischt hat u. s. w. Es darf jedoch nicht unerwähnt bleiben, dass der Tadibe sich vor der Geisterbeschwörung von allen Umständen unterrichtet, unter denen das Rentier verloren gegangen, wann und wo es geschehen ist, ob der Samojede die Vermutung hegt, dass das Rentier gestohlen worden sei; welche Nachbarn er gehabt; ob unter diesen jemand sein Feind ist u. s. w. – Vermag der Gefragte nicht die nötigen Aufklärungen zu geben, dann greift der Tadibe zu seiner Trommel, legt auch dem Tadebtsjo dergleichen Fragen vor, examiniert wiederum den Samojeden und fährt so fort, bis er sich durch die Angaben des Samojeden endlich eine Ansicht von der vorliegenden Sache gebildet hat. Diese seine vorgefasste Überzeugung ist es, die der Tadibe später während der Exaltation den Tadebtsjo aussprechen hört. Vielleicht bildet sich diese Überzeugung auch manchmal während des exaltierten Zustandes wie ein Traum oder ein magnetisches Gesicht; – so viel bleibt immerhin gewiss, dass der Tadibe in der Tat glaubt, er vernehme den Orakelspruch aus dem Munde der vor seiner erhitzten Einbildungskraft erscheinenden Tadebtsjos. Hiervon haben mich nicht allein die ruhigen, andächtigen und miteinander übereinstimmenden Erzählungen der Tadiben selbst, sondern namentlich der Umstand überzeugt, dass der Zauberer oft erklärt, er habe entweder den Tadebtsjo nicht heraufbeschwören oder ihn nicht zu einer klaren Antwort zwingen können, und dies auch in solchen Fällen, in denen er mit Leichtigkeit irgendeine Prophezeiung hätte erdichten können. Es hat mir viel Vergnügen bereitet, solche Proben in Bezug auf die Ehrlichkeit der Tadiben anzustellen.

Außer dem eben genannten Mittel gibt es noch eine andere Kunst, eines verloren gegangenen Rentiers wieder habhaft zu werden, eine Kunst, welche diejenigen Samojeden benutzen, die in die Wissenschaft der Tadiben nicht eingeweiht sind. Man bildet auf der Erde einen Kreis oder Ring aus Rentiergeweihen; inmitten des Ringes legt man einen Wetzstein und an diesen lehnt man einen Feuerstahl, ein Beil oder irgendein anderes Ding aus Eisen, und zwar in solcher Weise, dass es mit dem Wetzstein ein Kreuz bildet und leicht umfallen kann. Darauf geht der Samojede so lange um den Kreis herum, bis die aufgestellten Dinge umfallen. Nun weiß er, in welcher Richtung das Rentier sich verloren hat, und wenn er sich dorthin begibt, kommt das Tier ihm von selbst entgegen. Auf diese Weise sucht er auch Menschen auf, die sich verirrt haben, nur mit dem Unterschied, dass der Kreis alsdann von Menschenhaaren gebildet wird.

Wenn irgendein Kranker die Hilfe des Tadiben in Anspruch nimmt, so beginnt dieser, mögen die Umstände auch noch so dringend sein, die Kur nicht an demselben Tage, sondern wartet bis zur »ersten Morgenröte«. Während der Nacht verkehrt der Tadibe mit seinen Tadebtsjos und sucht bei ihnen Rat und Hilfe. Hat sich der Zustand des Kranken gegen Morgen etwas gebessert, so ist es an der Zeit, die Trommel zu schlagen, andernfalls wartet man noch bis zur »siebenten Morgenröte«. Ist alsdann noch keine Besserung eingetreten, so erklärt der Tadibe, dem Kranken sei nicht zu helfen, und unternimmt in solchem Falle nicht einmal einen Versuch, ihn zu heilen. Sollte aber innerhalb der festgesetzten Zeit wirklich eine Besserung eintreten und somit auch die Behandlung der Krankheit zulässig sein, dann fragt der Tadibe den Kranken, ob ihm vielleicht bekannt ist, wer ihm die Krankheit angetan hat. Weiß der Kranke dies nicht, so examiniert der Tadibe ihn in Bezug auf seine Feinde, fragt ihn aus über diejenigen Personen, mit denen er sich geschlagen oder Zank gehabt haben mochte u. s. w. Vermag der Kranke nicht die nötigen Aufklärungen zu geben, so wird der Tadebtsjo gefragt. Der Tadibe wagt nichts zu unternehmen, wenn er nicht vorher den Ursprung des Übels erforscht hat. Es wäre möglich, dass die Krankheit von Gott käme, und dessen Allmacht darf der Tadibe nicht ungestraft versuchen. Auch wenn sich herausstellt, dass der Ursprung der Krankheit bei bösen Menschen liegt, so tut der Tadibe weiter nichts, als dass er den Tadebtsjo bittet, dem Kranken zu helfen. Die unausbleibliche Folge dieser Hilfe ist, dass derjenige, der die Krankheit »angetan« hat, nun selbst erkrankt. Ich weiß zwar nicht, ob man den Angaben der Tadiben trauen darf; sie haben uns aber versichert, dass weiter keine Künste bei der Heilung der Kranken vorgenommen werden. Sie behaupten, keine Beschwörungen, kein Beten und Lesen anzuwenden, und wollen auch keine Kenntnisse natürlicher Heilmittel besitzen. Tatsächlich habe ich keine andere Kur bei ihnen entdecken können als die fast bei allen Völkerschaften vorkommende Brennkur. Bei dieser verfahren die Samojeden so, dass sie ein Stück Birkenschwamm trocknen, daraus wiederum einige kleine Stücke herausschneiden, sie anzünden und auf die schmerzhafte Stelle legen. Auch die Samojeden nennen es ein gutes Zeichen, wenn der brennende Schwamm vom Körper springt. Die Schmerzen sind alsdann mit ihm davongeflogen. – Man sieht, dass die Tadiben, wenn sie auch als weise, einsichtsvolle Männer geehrt sind, in der Wirklichkeit nur geringe Kenntnisse besitzen; allein sie haben auch keine großen Kenntnisse nötig, indem sie an den Tadebtsjos ganz vorzügliche dienstbare Geister besitzen. Und doch sind nicht einmal die Tadebtsjos allmächtig, sondern stehen unter dem *Num* oder *Jilibeambaertje* (*Jileumbaertje*), wie die Samojeden ihren Gott nennen. Dies beweist unter anderem ein Lied, in dem es heißt, dass der Tadibe den Tadebtsjo hinauf zu dem Num sendet, um dessen Hilfe für den Kranken zu begehren. Der Tadibe ruft im Lied dem Tadebtsjo folgende Worte zu: »Gib den Kranken nicht auf, gehe hinauf in die Höhe, geh' zu Jilibeambaertje und bitte ihn um Beistand.« Der Tadebtsjo gehorcht dem Befehl, kehrt aber bald mit der Botschaft zurück, »dass der Jilibeambaertje das Wort nicht gibt«, d. h. keine Hilfe gewährt. Der Tadibe fängt nun an, den Tadebtsjo selbst um Beistand anzuflehen; allein dieser erwidert: »Wie sollte ich helfen können? Bin ich doch geringer als Num, ich vermag keine Hilfe zu spenden.« Der Tadibe fährt fort, den Tadebtsjo zu bitten, dieser möge sich in die Höhen begeben und den Num recht eindringlich um Hilfe und Rettung anflehen. Der Tadebtsjo fordert seinerseits den Tadiben auf, sich selbst hinaufzubegeben. Hierzu sagt der Tadibe: »Ich kann ja den Num nicht erreichen; er ist fern von hier; könnte ich ihn erreichen, dann würde ich dich nicht bitten, sondern selbst zu ihm gehen. Allein, ich erreiche ihn nicht, geh deshalb du.« Der Tadebtsjo lässt sich endlich bewegen, indem er äußert: »Deinetwegen werde ich gehen, aber mich schilt der Jilibeambaertje immerfort und sagt, er will das Wort nicht geben« u. s. w.

Im Zusammenhang hiermit will ich noch einige einzelne Bemerkungen über die heidnische Götterlehre der Samojeden mitteilen. Von dem erwähnten Num oder Jilibeambaertje berichten die Samojeden ungefähr dasselbe wie die finnischen Lieder von Ukko. Num wohnt in der Luft und sendet von dort aus Donner und Blitz, Regen und Schnee, Wind und Wetter herab. Oft wird er mit dem sichtbaren Himmel verwechselt, den man gleichfalls Num nennt. Die Sterne werden als Bestandteile des Num betrachtet und heißen deshalb *Numgy*, d. h. zu Num gehörend. Der Regenbogen ist der Saum am Mantel des Num, wie seine Benennung *Numbanu* bekundet. Selbst die Sonne wird als Num oder Jilibeambaertje verehrt; wenn der Tag anbricht, tritt der Samojede aus seinem Zelt, wendet sich mit dem Gesicht gegen die Sonne und sagt: »Da du, Jilibeambaertje, emporsteigst, so richte auch ich mich empor«, und wenn die Abendsonne sich senkt, verrichtet der Samojede sein Gebet mit den Worten: »Da du, Jilibeambaertje, untergehst, so gehe auch ich zur Ruhe.« Von einigen Samojeden hörte ich die Äußerung, dass auch die Erde, das Meer und die ganze Natur Num seien. Andere dagegen haben ihn, wahrscheinlich durch den Einfluss des Christentums, als den Schöpfer der Welt zu fassen gelernt und betrachten ihn als denjenigen, der die Welt lenkt und erhält, der den Menschen Glück und Wohlstand verleiht, ihnen Rentiere, Füchse, wilde Hunde und alle Arten von Reichtum sendet. Von Num heißt es ferner, dass er die Rentiere vor wilden Tiere schützt, und deshalb ist ihm denn der Name Jilibeambaertje, Hüter des Viehstandes, beigelegt. Alles, was auf der Erde geschieht, weiß und sieht Num. Sieht er die Menschen Gutes tun, dann lässt er zu, dass es ihnen wohl ergeht, gibt ihnen Rentiere, verleiht ihnen guten Fang, schenkt ihnen ein langes Leben u. s. w. Wenn sie aber Sünde begehen, dann stürzt er sie in Armut und Elend und sendet ihnen einen frühen Tod. In Ermangelung einer klaren Vorstellung von dem zukünftigen Leben sind die Samojeden allgemein der Ansicht, dass die Vergeltung bereits von selbst in diesem Leben erfolgt. Dieser Glaube erhält sie fortwährend in einem grenzenlosen Entsetzen vor der Sünde (*haebea*) und vor bösen Taten, namentlich vor Mord, Diebstahl, Meineid und Ehebruch. Obgleich sie dem Trunk ergeben sind, betrachten sie doch den unmäßigen Genuss von starken Getränken als Sünde, was schon daraus hervorgeht, dass sie den Sonntag der Christen *haebida jalea* (Sündentag) nennen, und zwar, aller Wahrscheinlichkeit nach, weil es Sitte geworden ist, dass die auf der Tundra lebenden Bekenner des Christentums die Sonn- und Festtage bei übermäßigen Trinkgelagen verbringen. Bezüglich der besonderen

Strafen, mit denen der Num die Sünder heimsucht, hat man mir erzählt, dass Mord und Meineid mit dem Tod, Diebstahl mit Armut, Unkeuschheit mit einer unglücklichen Niederkunft bestraft werden u. s. w.

Außer Num verehren die Samojeden noch ihre Hausgötter, Fetische oder die sogenannten *Hahe*, eröffnen ihnen ihre Wünsche und Bedürfnisse, bitten sie um Hilfe und Beistand in allen Unternehmungen, namentlich um einen glücklichen Fang. Die Hahe und Tadebtsjos sind zwar insofern gleiche Gottheiten, als beide dem Num untergeordnet sind, aber es waltet doch der Unterschied zwischen ihnen, dass die Tadebtsjos Geister und nur den allsehenden Blicken des Tadiben, keinem anderen Sterblichen zugänglich sind, während dagegen die verkörperten Hahe selbst von Personen zu Rate gezogen werden können, die nicht in die Mysterien der Magie eingeweiht sind. Diese Hahe sind entweder Naturprodukte oder Kunstgebilde. Zu der ersteren Art gehören ungewöhnliche Steine, Bäume und andere seltene Naturgegenstände. Trifft der Samojede auf eine solche Seltenheit, die nach seiner Theologie für einen Gott gelten kann, so umwickelt er sie mit bunten Bändern oder Tuchstreifen und schleppt sie überall mit sich herum. Die heidnischen Samojeden haben einen besonderen Schlitten, *Hahen gan* genannt, in dem sie ihre Hausgötter aufbewahren, die sie auf allen Reisen bei sich führen. Ist der göttliche Gegenstand von einer solchen Größe, dass er nicht bequem in dem Schlitten verpackt werden kann, so verehrt man ihn als einen gemeinsamen Volksgott. Dergleichen Volksgötter findet man auf der Insel Waigats in großer Menge, sie sollen aus Steinen und Felsen bestehen.* Der vornehmste liegt mitten auf der Insel und trägt den Namen *ja jieru Hahe*, d. h. des Landes Herr Hahe. Dieser Götze soll aus einem größeren

* Islawin gibt die Zahl der auf der Insel Waigats befindlichen Götzenbilder auf 20 an, neben denen früher noch ein Bild aus Holz existiert hat, das die Missionare im Jahre 1827 verbrannten.

Stein bestehen, der in der Nähe einer Erdhöhle liegt, und die Samojeden sagen, dass niemand weiß, woher er, der in früheren Zeiten dort nicht zu finden gewesen, gekommen ist. Seine Form soll die eines Menschen sein, nur dass der Kopf des Steins spitz ist. Nach diesem Original, berichtet die Tradition, haben die Samojeden größere und kleinere Götterbilder geformt, die sie *Sjadæi* nennen, weil sie mit einem menschlichen Antlitz (*sja'*) versehen sind. Sie bestehen teils aus männlichen, teils aus weiblichen Gottheiten, sind gewöhnlich in samojedische Tracht gekleidet und aufs Feinste mit Gürteln, roten Bändern und allerlei Flitter herausgeputzt. Doch erblickt man auch an den Orten, wo die Samojeden fischen, nackte Sjadæi, die mit dem Antlitz nach Westen gekehrt sind.

In Ermangelung von Holz bilden die Samojeden ihre Fetische auch aus Erde und Schnee, und diese tragen den für alle Art Fetische gemeinsamen Namen *Hahe*. Diese Bilder, namentlich die von Schnee, werden natürlicherweise nur dann geformt, wenn man sie auf kurze Zeit oder in Eile gebraucht, z. B. bei der Eidesleistung. Diese religiöse Handlung soll oft bei jenen Samojeden stattfinden, die dem Heidentum ergeben sind. Ist ein solcher Samojede bestohlen worden und hat irgendeine bestimmte Person in Verdacht, so fordert er diese zur Eidesleistung auf. Er schafft alsdann einen Hahe aus Stein, Holz, Erde oder Schnee herbei, führt seinen Widersacher an das Bild, schlachtet einen Hund, zerstört das Bild und redet den Verdächtigen folgendermaßen an: »Wenn du den Diebstahl begangen hast, dann musst du umkommen wie dieser Hund.« Die Eidesleistung soll bei den Samojeden so gefürchtet sein, dass der wirkliche Verbrecher fast nie so weit geht, sondern lieber sein Verbrechen gesteht. Anstatt eines Hahe braucht man bei der Eidesleistung auch die Schnauze eines Bären, die man alsdann in mehrere Stücke zerschneidet. Einen Eid, bei dieser letztgenannten Zeremonie geschworen, betrachtet man als besonders kräftig; denn nach den Vorstellungen der Samojeden ist der Bär, wie wir noch ferner erfahren werden, ein mächtiger Gott, weit mächtiger als der Hahe. Die Samojeden sagen selbst, dass die Eidesleistung am häufigsten bei Diebstählen vorkommt, doch soll sie auch auf andere Veranlassung bewerkstelligt werden können, und was die nicht bekehrten Samojeden betrifft, so haben sie das Recht, vor den russischen Richterstühlen ihren Eid nach ihrer eigenen Sitte zu schwören.

Wenn die Hahe oder Sjadæi um Hilfe und Beistand angegangen werden, ist immer ein Opfer erforderlich. Wird nur um einen glücklichen Fang gebeten, dann kann jeder das Opfer darbringen; in wichtigeren Fällen jedoch muss ein Tadibe zugegen sein und die Opferung vornehmen. An den verschiedenen Orten und bei den verschiedenen Tadiben ist auch die Art und Weise der Opferung mehr oder weniger verschieden. In einigen Gegenden erzählte man mir, dass der Tadibe, nachdem er auf dem Feld einen Hahe errichtet, demselben gegenüber einen nach unten gebogenen Baumzweig aufpflanzt, an dessen oberster Spitze ein rotes Band befestigt ist. Darauf setzt der Tadibe sich hinter den Zweig, das Gesicht gegen das Götzenbild gewendet, beginnt nun seine Trommel zu schlagen und singt endlich dem Hahe ein Lied, das eine Fürbitte für den Betenden enthält. Nach einer Weile, während der Tadibe singt, beginnt das Band – infolge irgendeines geheimen Zutuns des Tadiben – sich auf dem Zweig zu bewegen, was für den Zuschauer ein Zeichen ist, dass der Hahe mit dem Tadibe spricht. Die Worte des Hahe werden anschließend dem Bittenden mitgeteilt, und sie enthalten gewöhnlich ein Versprechen dahin, dass der Hahe die Wünsche des Bittenden zwar erfüllen will, jedoch unter der Bedingung, dass er als Opfer einen Rentierochsen, eine Rentierkuh, ein Kalb oder dergleichen erhält. Es geschieht nicht selten, dass der Bittende mit dem Gott zu feilschen versucht und ihm ein Tier von geringerem Wert als das geforderte, z. B. ein Kalb anstatt einer Kuh, anzunehmen vorschlägt oder um Aufschub mit der Opferung bittet, was der Gott dann nach Umständen entweder zulässt oder ihm verweigert. Sobald die Opferung selbst beginnen soll, werden zuerst die Frauen vom Opferplatz entfernt. Darauf wird das Rentier vor den Gott hingeführt und in dessen Angesicht geschlachtet. Der Kopf, die Hörner, ja selbst die Haut hängt man gewöhnlich dem Hahe gegenüber an einem Baum auf. Das Antlitz des Gottes wird vom Tadiben mit dem Blut des Tieres bestrichen, und einen Teil des Fettes wirft er aufs Feuer, wo es verbrennt. Das ist die Mahlzeit des Hahe; die übrigen Teile des Tieres verzehren der Tadibe selbst und die, welche bei der Opferung anwesend sind. Dabei ist jedoch die Vorsicht zu beobachten, dass beim Genießen kein Blutstropfen auf die Kleider fällt, denn dies gilt als Sünde und bringt Unglück.

Nachdem wir in solcher Weise einen flüchtigen Blick in die innere Welt der Samojeden geworfen haben, dürfte es wohl an der Zeit sein, unsere Aufmerksamkeit auf ihr äußeres Leben zu lenken, insoweit dies bei den Schicksalen möglich sein wird, denen wir nun entgegengehen. Es handelt sich nämlich um nichts Geringeres, als uns einen Weg von 700 Werst über die öden Steppen der Kanin'schen und Timan'schen Tundra bis zu dem russischen Kirchdorf Pustosersk am Ausfluss der Petschora zu bahnen. Auf diesem Wege müssen wir bereit sein, allen Bequemlichkeiten des Lebens zu entsagen und bald unter freiem Himmel auf den vom Sturm aufgewühlten Tundren, bald in den gebrechlichen Zelthütten der Samojeden und dann wieder in den engen Häusern der russischen Kolonisten zu verweilen, in welche der Schnee durch die Ritzen der Wände eindringt, wo die Flamme der Kerze im Winde flackert und der Wolfspelz den einzigen Schutz gegen die Kälte verleiht. Es ist die erste Pflicht eines wissenschaftlichen Forschers, dass er sich überall auf der Reise zurechtfindet und nicht den äußeren Umständen einen solchen Einfluss gestattet, dass er ihretwegen das Feld räumt, wenn er es seiner Zwecke halber behaupten muss. Wir werden uns gewissenhaft bestreben, diese Pflicht zu erfüllen.

Bis jetzt vergaß ich zu bemerken, dass der vorhin erwähnte Stanowoj Pristaw, um die Beleidigung gutzumachen, die er mir zugefügt hatte, mir bei meiner Abreise einen mit Bast überzogenen Schlitten schenkte. Eines Morgens, in der zweiten Hälfte des Dezembers, erblickten wir einen Samojeden im Begriff, vier frische Rentiere vor diesen Schlitten zu spannen. Nachdem er vor seinen eigenen unbedeckten Schlitten die gleiche Anzahl Rentiere gespannt hat, bindet er eines meiner Tiere mithilfe eines langen Riemens hinter seinen Schlitten an. Darauf nimmt er Platz in seinem, dem vorderen der beiden Kerisse, ergreift mit der einen Hand den Fahrriemen, mit der anderen eine lange Stange, stößt mit dieser jedes Rentier an, und schon geht es in fliegender Fahrt auf die Tundra hinaus. Unsere Reise geht direkt nach Norden, und vor uns dehnt sich die unermessliche Öde der Kanin'schen Tundra. Die Tundra ist fast ebenso nackt wie ihre Mutter – das Meer, von welchem wir die östlichen Konturen erblicken. Ja, wenn die Winde nicht dienstfertig den Schnee verwehten, den der Himmel in seiner Barmherzigkeit über dieses finstre Land ausstreut, wir würden in Zweifel sein, auf welchem Elemente wir uns befinden. Nur hier und da tritt uns ein schütterer Kiefernwald entgegen, den die hiesigen Russen mit einem aus dem Finnischen entlehnten Worte als *mjanda* (*mänty*) bezeichnen. Häufiger stößt man auf ein kleines Gehölz von niedrigen Weiden, das die Russen mit einem syrjänischen Worte *jorá* nennen. Ein solches Gebüsch deutet gewöhnlich auf die Anwesenheit irgendeines kleinen Baches hin, der sich langsam durch die flache Tundra vorarbeitet. Bei genauerer Betrachtung entdeckt man überall kleinere Erhöhungen, von denen viele ihrer äußeren Form nach den lappländischen Fjälls ähnlich sind; doch während des Winters sind sie kaum bemerkbar, weil die Vertiefungen um sie herum alsdann mit Schnee angefüllt sind. An der Stelle, wo eine solche Unebenheit sich einigermaßen über die Fläche erhebt, ist der Boden nackt oder höchstens mit einer dünnen harten Schneekruste bedeckt, durch deren Ritzen das Rentiermoos üppig hervorschießt. Dies war alles, was ich durch stundenlanges umsichtiges Spähen meiner vier Augen auf der Reise von Somscha zu entdecken vermochte. Die Erde war »wüst und leer«, fast wie beim Anbeginn der Schöpfung, und selbst der Himmel war finster. Wir glitten gemächlich vorwärts, Schnee begann uns ins Gesicht zu schlagen, der Jemstschik brummte eine einförmige Melodie.

Endlich zeigte sich uns ein Zelt. Es gehörte den Eltern des Jemstschik. Bei unserer Ankunft am Zelt traten der Wirt und die Wirtin heraus. Ich blieb absichtlich eine Weile am Schlitten stehen, um zu erspähen, wie man uns empfangen würde. Wenigstens erwartete ich eine Einladung ins Zelt, aber ich harrte vergeblich. Die beiden Samojeden blieben unbeweglich stehen, der Mann richtete fortwährend seine blinzelnden Augen auf mich, die Frau blickte bald mich, bald ihren Mann an. Der Jemstschik spannte langsam seine Rentiere aus, schritt auf seine Eltern zu, begrüßte sie mit dem aus dem Russischen entlehnten Worte »Torowa«. – »Torowa«, antworteten zu gleicher Zeit Vater wie Mutter; aber dabei blieb es auch, das Gespräch war beendet. Jetzt trat auch ich an meine schweigsamen Wirtsleute heran, begrüßte sie nach dem Beispiel des Jemstschik mit einem »Torowa« und erhielt als Antwort ein »Torowa«. Hierauf folgte wiederum eine lange Pause, die ich endlich mit dem Befehl unterbrach, dass man frische Rentiere anspannen solle. Ich begab mich nun nach dem Zelte und öffnete die Tür; drin war es finster wie im Grab. Ich bat die Wirtin, Feuer anzumachen, und begab mich wiederum ins Zelt, und zwar in der bestimmten Hoffnung, dass man mich dort nicht im Finstern verweilen lassen würde. Aber auch hierin verrechnete ich mich. Ich wiederholte meinen Befehl, aber ohne Erfolg. In der Zelthütte umhertappend, stieß ich auf einen Haufen trockener Reiser, trug den ganzen Haufen sofort auf den Herd, zog ein Zündhölzchen aus der Tasche und zündete nun zu meinem eigenen Vergnügen ein hochloderndes Weihnachtsfeuer an. Bei dessen Schein gewahrte ich ein Mädchen, das sich in einem Winkel zusammengekauert hatte und eifrig damit beschäftigt war, sich an einem Stück rohen, durch und durch gefrorenen Fleisches zu delektieren. Sie gebrauchte dabei kein Messer, sondern schlug die Zähne in das große Stück hinein, biss und riss und schüttelte dabei den Kopf, dass ihre Locken in der wildesten Unordnung um das blutrote Gesicht flogen. Auf mich warf sie dann und wann einen verstohlenen, aber von Angst und Verzweiflung sprechenden Blick. Doch plötzlich änderte sich der Ausdruck ihres Gesichts; sie legt das Fleisch beiseite und ordnet ihre Locken. Das Antlitz erhält seine natürliche Färbung wieder, und das Auge strahlt vor Freude. Wer sollte glauben, dass ein so geringfügiges Ding als eine im Flammenschein flimmernde Schnupftabaksdose eine so große Verwandlung in einer menschlichen Seele hervorzubringen vermöchte? Während das Mädchen noch hingerissen von dem Glanz der Dose im Winkel saß, trat die übrige Gesellschaft ein und nahm Platz am Feuer. Der Sohn setzte sich neben mich, links vom Herd; der Vater und die Mutter ließen sich der Sitte gemäß rechts von ihm nieder. Die Tochter trat aus dem Winkel hervor und setzte sich zu der Mutter, um von ihrem neuen Platz aus die Dose näher zu betrachten. In solcher Weise hatten wir alle einen Kreis um den Herd gebildet, aber es herrschte das tiefste Schweigen. Das Knistern des Feuers war der einzige Laut, der sich in der Hütte vernehmen ließ. Das Schweigen wurde endlich von der Tochter unterbrochen, die bei dem Anblick eines Ringes an meinem Finger einen mir unbegreiflichen Ausruf hören ließ. Darauf begann sie sogleich durch Vermittlung der Mutter mit mir über den Wert des Ringes zu verhandeln, vorausgesetzt, dass jemand ihn kaufen wolle. Bei meiner Versicherung, dass er um keinen anderen Preis als das warme Herz einer schönen Samojedin zu haben sei, zog das Mädchen sich wiederum in den Schmollwinkel zurück.

Unterdessen hatte der Jemstschik eine Flasche Branntwein aus der Brusttasche hervorgezogen. Er goss davon eine bedeutende Quantität in eine hölzerne Tasse, leerte dieselbe in einem Atemzug und reichte darauf seinem Vater sowohl Flasche als auch Tasse. Dieser war kein Kostverächter, sondern goss gleichfalls eine ganze Tasse voll hinunter, wonach er die Flasche an den Eigentümer zurückgab. Darauf kaute man etwas rohes Rentierfleisch, nahm sich wiederum einen Schluck und fuhr so fort, bis die Flasche geleert war. Diesen ganzen Vorgang betrachtete die Mutter mit Schmerzen und Unruhe; sie sprach zwar kein Wort, aber ihre Blicke redeten eine umso rührendere Sprache. Das Herz des Sohnes war dadurch jedoch nicht gerührt; er selbst trank ohne Bedenken den letzten Tropfen aus. Empört durch diese Kaltblütigkeit und den Starrsinn ließ ich meinen Kasten aus dem Schlitten herbeiholen und begann nun die Wirtin mit der größten Freigebigkeit zu traktieren. Dies änderte die Szene: Vater und Sohn fielen mir zu Füßen, indem sie nur um einen Schluck von meinem »vortrefflichen Branntwein« baten. »Ihr Hundesöhne«, rief ich aus, »schämt ihr euch nicht, einem Fremden Branntwein abzubetteln, da ihr selbst nicht derjenigen einen Tropfen gönnt, die euch am nächsten steht? Nur eurer Härte wegen bewirte ich jetzt die Wirtin. In diesem Augenblicke isst du, der unverschämteste aller Söhne, die Kost deiner Eltern; das hast du immer getan, aber deine Mutter achtest du keinen Schluck Branntweins wert?« – »Wer ist meine Mutter?«, fragte der Jemstschik erstaunt. »Diese hier, ist sie nicht deine Mutter?«, fragte ich wieder und deutete auf die Wirtin. »Die ist nicht meine Mutter«, war die kurze Antwort des Jemstschik. Nun fragte ich den Wirt, ob die Wirtin nicht seine Frau sei, worauf er zuerst eine verneinende, dann aber eine bejahende Antwort gab. Ich war gerade im Begriff, das Schlimmste von dem ehelichen Verhältnis der Samojeden zu glauben, als der Jemstschik auf eine neue Frage von mir Folgendes erzählte: »Wir sind keine Christen, sondern haben unsere eigene Lehre und glauben nicht an den russischen Gott. *Unser* Glaube erlaubt uns, so viele Frauen zu haben, wie uns beliebt. Unter diesen steht jedoch die erste Frau im höchsten Ansehen, und ich bin von einer solchen ersten Frau geboren, nicht von derjenigen, die hier anwesend ist. Wäre meine eigene Mutter zugegen gewesen, ich hätte ihr gewiss einen Schluck gegeben; allein derjenige, der nur fünfzehn Rentiere besitzt, vermag nicht die ganze Familie zu bewirten.«

Etwas beruhigt durch diese Aufklärung reichte ich Vater und Sohn jedem einen Schnaps, jedoch mit der Bedingung, dass die Rentiere sofort angespannt werden sollten. Ehe man aber meinem Befehl Gehorsam schenkte, musste ich noch einen Schnaps hergeben. Alsdann endlich brachen die Leute auf und traten aus der Hütte. Mithilfe der Hunde trieb man die Rentiere zusammen, umzingelte die Herde mittels eines Seiles und wählte nun acht Rene aus, von denen je vier vor jeden Schlitten gespannt wurden. Als wir schon fertig zum Aufbruch waren, bat der Wirt noch um einen dritten Schnaps für sich und seine Frau. »Was hast du mir Gutes getan, dass ich dir Branntwein geben soll?«, fragte ich den Samojeden. »Du fährst doch mit meinen Rentieren«, antwortete er. »Dafür bezahl' ich dir das Fährgeld«, war meine Erwiderung. »Ich habe dir gute Rentiere gegeben«, meinte der Samojede. »Aber dein Sohn fährt schlecht«, äußerte ich. »Dann sollst du ihm keinen Schnaps geben«, lautete der väterliche Rat des Samojeden. Kurz: Ich musste dem Wirt und der Wirtin je noch einen Schnaps darreichen. Darauf fuhren wir ab, wurden von Finsternis und Unwetter überfallen und erreichten nach vielen Unannehmlichkeiten in der Nacht das Dorf Nes, das 60 Werst von Somscha und 100 von Mesen entfernt liegt.

Das Dorf Nes ist an einem Fluss gleichen Namens gelegen, ungefähr 15 Werst von dessen Ausfluss in das Weiße Meer. Es besteht aus elenden Hütten, die von einigen in Mesen registrierten Bürgern bewohnt sind. Ihre Vorväter ließen sich hier nieder, weil sie ihren zerrütteten Geschäftsverhältnissen durch den so vorteilhaften Handel mit den Samojeden aufzuhelfen gedachten. Jetzt aber, und vielleicht zum Schaden für die alte Nahrung des Dorfes, lässt die Krone an die Samojeden Mehl, Salz, Pulver und Blei zu billigen Preisen abgeben. In noch höherem Maße dürfte jedoch folgender Umstand die dort hingezogenen Bürger aus Mesen beeinträchtigen. Früher existierte nämlich in Nes ein Branntweinverkauf, und damals bildete das Dorf einen Sammelplatz für die Samojeden der Kanin'schen Tundra.

Im Jahre 1825 wurde eine Mission entsendet, um die Samojeden zu der christlichen Lehre zu bekehren. Das Bekehrungswerk hatte den gewünschten Erfolg, vorausgesetzt dieser ist nach der Zahl der Getauften zu bestimmen. Um die gute Sache zu fördern, war es nötig, dass man die Samojeden mit Kirchen und Priestern versah. Also erhielten die drei Tundren jede ihre Kirche, die Bolschesemel'sche am Flusse Kolwa, die Kanin'sche im Dorfe Nes, die Timan'sche am Fluss Pjoscha. Die beiden erstgenannten wurden im Jahre 1831, die letztgenannte im Jahre 1833 erbaut. Einige Zeit nach der Einweihung der Kanin'schen Kirche verlegte man aus leicht begreiflichen Gründen den Branntweinverkauf von Nes nach Somscha. Seit dieser Zeit ist Nes selten von Samojeden besucht, sie sammeln sich nun um Somscha, und die Bauern in diesem Dorf haben fast all den Handel an sich gebracht, der früher den Bewohnern von Nes als Nahrungsquelle diente.

In Mesen war ich von allen diesen Verhältnissen benachrichtigt, und deshalb fasste ich den Entschluss, mich auf einige Wochen in Somscha niederzulassen; allein, wie ich bereits erzählt habe, die Schenke war den Samojeden lieber als meine Studierkammer. Infolgedessen zog ich von der Schenke nach der Kirche; ich hoffte, meinen Studien unter dem Schutze des Heiligtums mit mehr Erfolg nachgehen zu können. In solcher Absicht beschied ich gleich nach meiner Ankunft im Dorfe Nes den Starschina der Kanin'schen Tundra zu mir und trug ihm auf, mir sofort einen im Russischen wohl bewanderten Samojeden zu beschaffen. Der Starschina versprach, er wolle schon am nächsten Tage meinen Befehl erfüllen, und ich war einfältig genug, auf dieses Versprechen zu bauen. Es verstrichen Tage, ja eine ganze Woche verging, ohne dass ein Samojede sich blicken ließ. In solchem Hoffen und Harren ging fast das ganze Weihnachtsfest zu Ende.

Der Leser dürfte vielleicht neugierig sein zu erfahren, wie ein samojedisches Weihnachtsfest gefeiert wird. Dies beruht jedoch, wie so vieles andere in der Welt, auf äußeren

Umständen, und was mich betrifft, so waren diese anfänglich durchaus nicht günstig. Weil der Prediger verreist war, kehrte ich bei dem Beamten ein, der die Aufsicht über die Mehl-, Pulver- und Salz-Speicher des Dorfes hatte. Dieser hatte sich eine kleine Kammer vom Küster gemietet, der selbst nebst einer zahlreichen Familie aus Mesen in der Küche vor der Kammer wohnte. Mein Wirt, den man den »Brotverkäufer« nannte, war der vollendetste Geizhals, den ich je gesehen habe. Seine Garderobe bestand aus einer Nankinghose, einem Pelz aus Schaffell und einem Uniformrock, wobei Letzterer jedoch nur bei feierlichen Gelegenheiten getragen wurde; an gewöhnlichen Tagen reichte der Schafpelz hin. Die tägliche Nahrung dieses Brotverkäufers bestand außer dem Brot konsequent in einem sauren Fisch, der des Morgens gebraten und im Verlauf des Tages allmählich verzehrt wurde. Er hatte die Absicht, mich mit derselben Kost abspeisen zu wollen, allein mein Magen legte gegen diese Tyrannei Protest ein. Ich gab dem Küster Geld zum Einkauf besserer Lebensmittel, aber ich erhielt mein Geld, wahrscheinlich auf Veranlassung des Brotverkäufers, mit der Versicherung zurück, dass in dem ganzen Dorfe nichts Besseres aufzutreiben sei. Das Weihnachtsfest kam heran, und auch an diesem trug man den sauren Fisch in einer schwarzen Bratpfanne auf meinen Tisch auf. Ich schleuderte die Bratpfanne in einen Winkel, wo der Fisch ein Raub der Hunde ward, und setzte dem Brotverkäufer nun endlich dermaßen zu, dass er, anstatt des verlorenen Fisches, mir einen hinreichenden Milchbrei besorgte. Durch den Brei besänftigt, lebte ich wiederum auf freundlichem Fuß mit meinem Wirte und begnügte mich mit seinem sauren Fisch. – Der Neujahrstag rückte immer näher. Zusammen mit dem Küster stellte ich den Schneehühnern Schlingen; aber als wir diese am Neujahrsabend untersuchten, sahen wir zu unserem Leidwesen unsere Hoffnungen vereitelt. Wir kehrten zurück; ich aber nahm meine Büchse zur Hand und begab mich auf Schneeschuhen in den Buschwald hinaus. Kein Schneehuhn ließ sich vernehmen. Im Begriff, wieder nach

Hause zurückzukehren, bemerkte ich auf der entgegengesetzten Seite des Flusses ein anderes dichtes Buschwerk. Ich fasste sofort den Entschluss, auch das neu entdeckte Terrain zu untersuchen, und zwar umso eher, weil ich dadurch das Vergnügen haben würde, zweimal auf meinen Schneeschuhen über die hügeligen Flussufer hinwegzusetzen. Am diesseitigen Ufer befand sich jedoch ein jäher Abhang, den ich von oben nicht bemerken konnte. Hätte ich um seine Existenz gewusst, so wäre, wie ich fest überzeugt bin, die Fahrt glücklich verlaufen, allein jetzt ging es kopfüber mit der Büchse in den tiefen Schnee hinein. Glücklicherweise hatte ich keine Zuschauer bei dieser schimpflichen Fahrt, weshalb ich mit guter Miene nach Hause zurückkehrte. Hier begann ich jedoch bald wieder auf Mittel zur Feier des neuen Jahres zu sinnen. Durch die missglückte Jagd waren die Aussichten gar finster geworden. Meine einzige Zuflucht war jetzt die Frau Pastorin. Der Brotverkäufer hatte sie mir zwar als eine alte, hässliche Hexe geschildert und mir abgeraten, ihre Bekanntschaft zu machen, aber die große Not ließ mich doch einen Versuch wagen. Ohne dem Brotverkäufer ein Wort davon zu sagen, nahm ich meine Mütze und ging aus.

Im Gemach der Frau Pastorin flammt ein schwaches Licht; in der Küche ist es finster. Beklommenen Herzens öffne ich die Küchentür, von der Küchenbank her vernehme ich ein tiefes Schnarchen. Ich schreite leisen Trittes auf die Kammertür zu; doch die Klinke zu ergreifen, gebricht es mir an Mut. Zurückzukehren aber ist mit Gefahr verknüpft, denn wenn zufällig irgendein waches Ohr mich bemerken sollte, würde man mich vielleicht für einen Dieb halten. Dieser Gedanke ermannte mich. Ich ergriff dreist die Türklinke, öffnete die Tür und trat ein. An einem Tisch in der Kammer saß ein Engel an Jugend und Schönheit, die Frau Pastorin. Sie las in einem großen Buch; ihr zu Füßen saß auf einem Schemel ein kleines Kind, andächtig dem »Leben der Heiligen« lauschend. Vor den Heiligenbildern brannte eine Wachskerze. Ich tat noch einige Schritte auf die beiden zu und stammelte einen Gruß, aber weiter gelangte ich auch nicht, da die Frau Pastorin sich plötzlich erhob und, das Kind mit sich führend, in die finstere Küche verschwand. Was! Wird sie dich hier allein lassen?, dachte ich; und doch, es wäre eine gerechte Strafe. Neben dem heiligen Buche lag ein kleines Liederbuch. Ich schlug es auf und begann darin zu lesen; ich las mehrere Seiten, ohne dass jemand sich im Zimmer zeigte. Endlich trat ein Dienstbote mit der Teemaschine ein. Kurz darauf erschien auch die Frau Pastorin wieder, sie hatte ihre Kleider gewechselt. Ich nahm jetzt die unterbrochene Rede wieder auf und bat um Entschuldigung für die Dreistigkeit, mit der ich sie in ihrer Einsamkeit gestört hatte. Sie wiederum machte mir in milden Worten Vorwürfe, weil ich sie nicht früher mit einem Besuche »beehrt« hatte. »Wir leben hier«, fügte sie hinzu, »ein trauriges Leben und betrachten unseren Aufenthalt in dieser Wüste als eine Strafe der Vorsehung. Wenn ein Reisender uns besucht, freuen wir uns herzlich, und Sie haben wir seit Langem erwartet.« Dies nahm ich für ein leeres Kompliment und erwiderte deshalb ganz trocken, dass Personen meines Religionsbekenntnisses gewöhnlich nicht Gäste seien, nach denen man sich sehr sehne. Aber die junge Predigersfrau äußerte mit Wärme: »Wir wissen nicht viel und haben nicht viel von der Welt gesehen, aber gute Menschen fürchten wir nicht, zu welcher Lehre auch immer sie sich bekennen. Böse Menschen hassen und verabscheuen wir, wenn sie auch von unserer eigenen Lehre sind. Obgleich Sie uns nicht besucht haben, so hegte ich doch immerhin die Vermutung, dass Sie bei dem hässlichen, geizigen Brotverkäufer kein angenehmes Leben führten, und ich habe deshalb die Wand zwischen unserem Zimmer und dem des Diakons, das jetzt unbewohnt steht, wieder aufrichten lassen. Meine Absicht war, Sie nach der Rückkehr meines Mannes zu uns einzuladen, wenn es Ihnen aber gefällt, können Sie schon morgen einziehen.« – Darauf zeigte sie mir die Kammer, die hell und freundlich war. Sie selbst hatte die Wände mit Papier überklebt und mit blauer Farbe gestrichen. In dem Zimmer standen ein kleines Sofa und einige saubere Holzstühle.

Ein blank gescheuerter Samowar (die Teemaschine) stand auf einem reinen Tisch. Wir nahmen alles in Augenschein und verfügten uns darauf zum Teetisch, auf dem außer den gewöhnlichen Ingredienzien zu einem Abendtee während unserer Abwesenheit ein Beerenkuchen hinzugekommen war. Der Abend verstrich unter angenehmen Gesprächen, bei denen ich die eigentliche Absicht meines Besuchs vergaß, nämlich die, um Zutaten zu einer anständigen Neujahrsmahlzeit zu bitten. Jetzt machte mir diese Mahlzeit jedoch keinen Kummer mehr. Im Gegenteil, ich hatte den Entschluss gefasst, bis zur Rückkehr des Predigers geduldig den sauren Fisch zu essen.

Als ich in meine Kammer zurückkehrte, lag der Brotverkäufer schnarchend neben dem warmen Ofen. Ich setzte mich hin, um zu arbeiten. Kurz nach Mitternacht hörte ich das Geklingel einer Kurierglocke, und gleich darauf hielt eine Kibitke vor unserm Tore an. Mit der Fußspitze weckte ich den Brotverkäufer. Er hatte aber kaum die Augen geöffnet, als der Isprawnik ins Zimmer trat und schon auf der Schwelle Essen verlangte. »Augenblicklich«, erwiderte der Brotverkäufer, und ich wünschte dem Isprawnik Glück zu einer schmackhaften Mahlzeit. Aber der Brotverkäufer wusste, was er seinem Chef schuldig war, und tischte ihm aus der Küche der Frau Pastorin eine vortreffliche Mahlzeit auf. Während der Anwesenheit des Isprawnik in Nes lebten wir immerfort auf Kosten der Frau Pastorin, und kurz nach seiner Abreise kehrte der Prediger zurück. Nun verließ ich den Brotverkäufer und verlebte das russische Weihnachtsfest in einer ganz angenehmen Weise bei der fröhlichen und wohlwollenden Predigerfamilie. Die Bauern im Dorf hatten bis dahin eine gewisse Scheu vor meiner ausländischen antichristlichen Person gehegt; als sie aber die Freundlichkeit bemerkten, mit welcher der Prediger und seine Frau mich aufnahmen, und sahen, dass ich an demselben Tische mit dem Prediger aß (wogegen sich, beiläufig gesagt, verschiedene Bemerkungen vernehmen ließen), als sie Zeuge davon waren, dass der Prediger mich am Weihnachtstag selbst durch Besprengen mit Weihwasser reinigte, so machte sich allmählich die Ansicht geltend, ich sei auch ein Mensch. Am Weihnachtstag hatte ich das Vergnügen, eine Schar junger Mädchen zu empfangen, welche durch die Frau Pastorin gebeten hatten, mir ein Lied vorsingen zu dürfen. Es sprach den Wunsch aus, dass ich eine Braut erhalten möchte, deren Reichtum, Schönheit und Talente bis in die Wolken erhoben würden. – Ich bitte um Entschuldigung, den Leser so lange mit Kleinigkeiten hingehalten zu haben. Ja, vielen sind wohl ein freundliches Entgegenkommen, ein guter Tisch, ein schönes Lied, ein herzliches Wort nur Kleinigkeiten; allein auf den samojedischen Tundren besitzen auch diese Kleinigkeiten einen hohen Wert, und der Reisende muss gewöhnlich viele mühevolle Schritte tun, bevor das Schicksal ihn eine freundliche Predigersfrau treffen lässt.

Durch die Vermittlung des Isprawnik erhielt ich endlich einen samojedischen Lehrer, der im Russischen bewandert und mit einem bei den Samojeden ungewöhnlichen klaren Verstand begabt war. Der Mann war sich seiner Überlegenheit bewusst und blickte deshalb auch während der Zeit seines Lehramtes mit Verachtung auf seine schwächeren Brüder herab. Einmal wollten einige Samojeden etwas in seinen Übersetzungen berichtigen, aber er gebot ihnen zu schweigen und fügte hinzu, dass sie keine Gelehrte seien. Ich bot alle Mittel auf, diese außergewöhnliche Samojeden-Erscheinung auf längere Zeit an mich zu fesseln; ich sprach freundlich mit ihm, bezahlte ihn gut, gab ihm jeden Tag Branntwein und verbot ihm nie, sich zu betrinken, wenn ihn die Lust dazu ankam. Nichtsdestoweniger langweilte er sich und sehnte sich immerfort nach der Tundra. »Du gehst friedlich mit mir um, und deshalb liebe ich dich«, sagte er eines Tages zu mir, »aber ich halte es im Zimmer nicht aus. Sei deshalb milde und gib mir die Freiheit.« Ich erhöhte nun die tägliche Bezahlung, gab dem Samojeden mehr Branntwein, ließ seine Frau und sein Kind herbeiholen, bewirtete auch die Frau mit Branntwein und suchte in jeder erdenklichen Weise, den trüben Sinn des Samojeden zu erheitern.

Hierdurch ließ er sich überreden, noch einige Tage bei mir zu verweilen. Da saßen nun auf dem Fußboden in meinem Zimmer, wie in einer Zelthütte, der Mann, die Frau und ihr Kind, umgeben von Rentierfellen, Beinlingen, Messern, Kisten und anderen Gerätschaften. Den Mann beschäftigte ich ganz und gar; die Frau nähte Samojedenkleider und unterstützte manchmal ihren Mann bei der Übersetzung. Oft hörte ich, wie sie tiefe Seufzer ausstieß, und als ich sie einmal nach dem Anlass für ihren Kummer fragte, brach sie in Tränen aus und antwortete unter lautem Schluchzen, dass sie ihres Mannes wegen trauere, der im Zimmer eingekerkert sei. »Dein Mann«, äußerte ich, »hat es ja doch nicht schlechter als du selbst. Sage mir, was denkst du von deiner eigenen Lage?« – »Ich denke nicht an mich, ich bin meines Mannes wegen betrübt«, war ihre naive Antwort. Endlich flehten sowohl Mann wie Frau mich so dringend um die Freiheit an, dass ich es nicht länger vermochte, ihren Bitten zu widerstehen. – Es erbot sich nun zwar unaufgefordert ein anderer Samojede, mein Lehrer zu sein, allein derselbe war von gewöhnlicher Samojedennatur, träge und ohne alle Auffassungsgabe. Jede Frage musste ich ihm zu wiederholten Malen vorlegen, und dessen ungeachtet begriff er mich selten ganz. Wenn ich ihn z. B. bat, er möchte mir die Phrase: »Meine Frau ist krank« übersetzen, lautete seine Übertragung: »Deine Frau ist krank« – »Sage nicht ›deine‹, sage ›meine‹ Frau«, fuhr ich fort. »Wie ich es gesagt, so ist es«, antwortete der Samojede. Bat ich um Übersetzung des Ausdrucks: »Deine Frau ist krank«, erwiderte der Samojede: »Wenn du von meiner Frau sprichst, so ist sie so gesund wie ich.« – »Allein es könnte doch geschehen, dass deine Frau erkrankte«, nahm ich nun das Wort; »wenn du einmal zu mir kommen und mir erzählen solltest, dass deine Frau krank geworden sei, wie würdest du das in deiner eigenen Sprache ausdrücken?« Der Samojede erwiderte: »Als ich zu dir ging, war meine Frau gesund, ob sie später erkrankt sein sollte, das kann ich nicht wissen.« – Dies erinnert mich an einen lappländischen Küster, den ich bat, mir eine Übersetzung des finnischen Wortes *lunastan* zu geben, das sowohl »lösen« als auch »erlösen« bedeutet. Der Lappe schwieg, und erst nachdem ich meine Frage mehrere Male wiederholt hatte, äußerte er endlich im feierlichen Ernst: »Weder du noch ich können erlösen, sondern unser Herr Jesus Christus hat uns alle, unserer Sünden wegen, erlöst.«

Ermüdet durch die Dummheit meines neuen Lehrers, ergriff mich eine wahrhafte Freude, als die Frau Pastorin mir eines Morgens den Vorschlag machte, mit ihr zu einer samojedischen Hochzeit zu fahren, die ungefähr 30 Werst von der Kirche entfernt gefeiert wurde. Während die Pastorin sich auf die Reise vorbereitete, rief ich unsere samojedischen Begleiter in meine Kammer und hieß sie erzählen, wie es denn bei einer samojedischen Heirat zugehe. Sie erzählten in Kürze Folgendes: Wenn ein Samojede sich verheiraten will, sucht er zuerst einen Fürsprecher aufzufinden und begibt sich mit diesem nach der Wohnung der Eltern seiner Auserkorenen. Hier angelangt, ist es Sitte, dass der künftige Bräutigam vor der Hütte bei seinem Schlitten verweilt, während der Fürsprecher eintritt und sich an den Vater oder Vormund des Mädchens wendet und seinen Auftrag ausrichtet. Fällt die Antwort verneinend aus, so kehrt man sofort wieder zurück. Gibt aber der Vater seine Einwilligung, dann richtet der Fürsprecher wiederum die Frage an ihn, wann die Hochzeit gefeiert werden kann. Hiermit ist nun aber gar nicht entschieden, ob überhaupt eine Vermählung zustande kommt; denn es ist bei den Samojeden Sitte, dass der Freier dem Vater einen Ersatz für das Mädchen gibt. Im Voraus hat man vonseiten des Freiers den Wert der Braut bestimmt, und der Fürsprecher kennt diese Schätzung. Schätzt der Vater des Mädchens seine Tochter auf einen höheren Preis, dann begibt sich der Fürsprecher zum Freier und überlegt mit ihm, ob man wohl wagen könne, noch ein Rentier oder zwei dem Preis hinzuzufügen. In solcher Weise handelt und feilscht man, bis die Angelegenheit in irgendeiner Art zu Ende geführt ist. Einigt man sich nicht über den Preis, so tritt der Freier auch nicht ins Zelt; gelingt es aber dem Fürsprecher, den Handel abzuschließen, so führt er den Bräutigam hinein.

Nach der Verlobung besucht der Bräutigam die Braut nicht, sondern alle Angelegenheiten werden durch den Fürsprecher besorgt. Kurz vor der Hochzeit begeben sich die Anverwandten der Braut als Gäste zum Bräutigam. Nachdem man dort recht nach Herzenslust gegessen und getrunken hat, bindet der Fürsprecher vier Rentiere, zwei männliche und zwei weibliche, so zusammen, dass sie hintereinander in einer Reihe gehen, bedeckt die zwei ersteren mit rotem Tuch, hängt eine Schelle um den Hals des vorgespannten Rentiers, führt die Rentiere drei Mal um die Hütte herum und spannt sie darauf vor den Schlitten des Bräutigams. Nun geht es zur Braut. Der Bräutigam fährt voraus, und der Fürsprecher lenkt seine Rentiere. Wenn man die Heimat der Braut erreicht hat, fährt der Fürsprecher drei Mal um das Hochzeitszelt, hält darauf an und verlässt den Bräutigam, der in seinem Schlitten sitzen bleibt. Bei der Ankunft des Bräutigams wird ein Rentier geschlachtet. Man leert ein Glas, und die Mahlzeit beginnt, bei welcher der Bräutigam jedoch nicht zugegen sein darf; der Fürsprecher trägt ihm, der noch immer in seinem Schlitten hinter dem Zelt sitzt, Essen und Branntwein zu. Wenn die Mahlzeit zu Ende ist, führt der Fürsprecher endlich den Bräutigam ins Zelt. Hier sitzen an der einen Seite des Herdes die Anverwandten des Bräutigams, an der anderen die der Braut. Der Bräutigam begibt sich zur Braut und lässt sich an ihrer rechten Seite nieder. Der Fürsprecher sitzt der Braut und dem Bräutigam zu Füßen. Nachdem jeder den ihm zukommenden Platz eingenommen hat, beginnt der Wirt die Gäste mit Branntwein zu bewirten. Die ersten Gläser reicht er durch den Fürsprecher dem Bräutigam, der sie zur Hälfte leert und die andere Hälfte der Braut gibt. Nachdem alle Gäste einige Gläser Branntwein bekommen haben, wird gekochtes Fleisch gegessen, und der Bräutigam bekommt das Herz des Tieres. Nach dieser Mahlzeit hört jede Zeremonie auf; jeder trinkt, so viel er irgend vermag. Die Hochzeit endet mit Branntwein. Sollte dieser aber schon am ersten Hochzeitstage ausgetrunken worden sein, so muss der Bräutigam noch bis zum nächsten Morgen im Hochzeitszelte verweilen. An diesem Tage aber begibt man sich nach seinem Zelt. Die Braut liegt bedeckt in ihrem Schlitten; ihre Rentiere werden von der Mutter des Bräutigams gelenkt. Der Schlitten fährt drei Mal um das Zelt des Bräutigams, worauf die Decke von der Braut gezogen und diese von der Schwiegermutter ins Zelt geleitet wird. Hier beginnt nun eine neue Hochzeitsbewirtung, Rentiere werden geschlachtet, Branntwein wird dargereicht, man singt, zankt, scherzt und schlägt sich.

Es war ein Akt oder richtiger nur eine Szene des romantischen Dramas, der ich in Begleitung der Frau Pastorin beiwohnte. Bei unserer Ankunft im Hochzeitszelt war die Handlung bereits so weit vorgeschritten, dass sämtliche Gäste wohl bewirtet worden waren; einige von ihnen lagen schon ohnmächtig auf dem Feld. Sie lagen dort mit entblößtem Haupt, die Köpfe tief in den Schnee gedrückt und die Gesichter vom Winde mit Schnee bedeckt. Doch sieh! dort kommt ein Ehemann, tappt von einer Leiche zur anderen, erkennt endlich seine Gemahlin, ergreift sie an dem Kopf, wendet sie mit dem Rücken gegen den Wind und wirft sich dann neben sie hin, Nase auf Nase. Dort läuft ein anderer mit einer Kaffeekanne umher, sucht seine Geliebte, findet sie und gießt ihr etwas Branntwein in den Hals. Hier stößt jemand auf seinen Feind, versetzt ihm einige hinterlistige Schläge und entfernt sich. Dort hebt man wiederum einen Berauschten auf den Schlitten, bindet ihn darauf fest, nimmt sein Rentier ins Schlepptau und fährt davon. – Während ich diesen bacchantischen Auftritten zuschaute, wurde ich von einem ganzen Haufen halbberauschter Hochzeitsgäste umschwärmt. Jeder von ihnen hatte etwas zu sagen oder zu fragen, und jeder erhob Ansprüche darauf, gehört zu werden. Da es unmöglich war, zu gleicher Zeit mit der ganzen Gesellschaft zu sprechen, wandte ich mich an den Nüchternsten. Aber nun fassten die Übrigen mich an meinem Pelz und begannen mich hin und her zu zerren. Ich tat einen verzweifelten Ausfall und schlug mich glücklich durch den Kreis, sprang davon und entging so meinen Verfolgern. In einiger Entfernung erblickte ich eine Schar Mädchen und eilte auf sie zu. Die Mädchen beschäftigten sich mit einem eigentümlichen Spiel. Sie hatten sich in zwei Gruppen von je sieben aufgeteilt und sich einander gegenüber gestellt. Sie spielten mit einer Mütze, die von der einen Gruppe zu der anderen geworfen wurde. Die Gruppe, der die Mütze zugeworfen wurde, fing sie auf, wandte darauf der anderen den Rücken zu und suchte nach Kräften, die Mütze zu verbergen. Hierauf warfen sich die sieben zusammen in den Schnee. Die anderen sieben überfielen sie nun und begannen einen Kampf um die Mütze. Anfänglich tummelte man sich im Schnee, dann aber erhob man sich und führte den Kampf so lange fort, bis die Mütze gefunden war. Sie waren so ganz mit Leib und Seele beim Spiel, dass sie mich anfänglich gar nicht bemerkten; als sie mich endlich gewahr wurden, liefen sie allesamt davon, weit auf die Tundra hinaus. Ich kehrte zurück zum Zelt; der Wirt kam mir entgegen und lud mich auf eine Tasse Tee ein. Wir traten hinein; das Zelt war groß, aber nicht rund oder pyramidal, wie das Zelt der Samojeden gewöhnlich gebaut ist, sondern oval und aus zwei gewöhnlichen Zelten zusammengesetzt. Hier lagen und saßen nebeneinander Männer, Weiber, Greise und junge Mädchen. Unter den ganz Betrunkenen war auch der Bräutigam. Ich nahm Platz und trank nun mit dem Wirt und dem Fürsprecher Tee. Nur mit viel Mühe gelang es mir, den Wirt dahin zu bewegen, dass er auch die Frau Pastorin einlud, in unseren Kreis zu treten.

Nach dem Tee befahl der Wirt, ein herrliches Rentier zu schlachten. Ein leichter Schlag mit dem Beil gegen die Stirn warf das Tier zu Boden. Hierauf stach man ihm ein Messer ins Herz und nahm die Luftröhre heraus. Um diese entstand ein gewaltiger Kampf unter den Anwesenden, der endlich dahin geschlichtet wurde, dass die nächsten Anverwandten des Brautpaares sie unter sich teilen und auf der Stelle verzehren sollten. Dem Rentier wurde das Fell abgezogen, der

Bauch aufgeschnitten, das Ungenießbare wurde weggeworfen und das Tier auf den Rücken gelegt. Es bot den Anblick eines großen ovalen Gefäßes, in dem die Lunge, Leber und andere Leckerbissen in einer ansehnlichen Blutmasse umherschwammen. Der Wirt ergriff meine Hand, führte mich an das Rentier heran und bat mich, die Mahlzeit zu beginnen. So deutlich er diesen Wunsch auch aussprach, so war ich doch einfältig genug, ihn nicht zu begreifen, und blieb somit ganz und gar untätig vor dem Schlachtopfer stehen. Unterdessen versammelten die Hochzeitsgäste sich um das Tier, zogen ihre langen Messer hervor, schnitten sich Stücke des warmen, dampfenden Fleisches ab, tauchten die Stücke ins Blut, führten sie mit der anderen Hand an den Mund und begannen zu kauen, indem sie das Gesicht nach oben kehrten und, während sie kauten, einen Teil des Stückes abschnitten. Das abgeschnittene Stück wurde wiederum in Blut getaucht und in den Mund gesteckt. Das Blut lief an Mundwinkeln und Hals herab! Lunge und Leber wurden als Dessert verspeist. Nachdem diese widerliche Mahlzeit zu Ende war, bat ich, man möchte ein Stück Fleisch für mich und die Pastorin kochen. Diese Bitte war jedoch ganz überflüssig, denn im Zelt brodelte bereits ein großer Kessel. Noch halbroh nahm man das Fleisch aus dem kochenden Wasser und verteilte es unter den vornehmsten Hochzeitsgästen. Mich lud man ein, aus derselben Schüssel mit dem Wirt und dem Fürsprecher zu essen. Der Frau Pastorin reichte man einige Stücke auf einem Brett links nach der weniger geachteten Seite des Zeltes hin. Während der Mahlzeit sangen die Mädchen samojedische Lieder, ihrem Inhalt nach schön, aber zu einer Melodie, die fast dem Quaken der Frösche gleichkam. Der Gesang und die Mahlzeit wurden durch einen tragischen Auftritt unterbrochen. Ein Samojede mit einem sehr spitzigen Gesicht guckte durch die Tür des Zeltes herein und bat mit kreischender Stimme, an der Hochzeitsfreude teilnehmen zu dürfen. Einige der Gäste hießen ihn eintreten, und er kam ihrer Einladung nach. Dies geschah jedoch ohne Wissen des Wirtes. Als dieser den ungebetenen

Gast gewahr wurde, befahl er, ihn hinauszuwerfen. Mehrere bereitwillige Hände beeilten sich, dem Befehl zu gehorchen, andere wiederum erhoben sich, den Gast zu verteidigen. Der Wirt und der Fürsprecher packten sich bei den Haaren, und ich wurde jämmerlich zwischen ihnen eingezwängt. Im Zelt entstand ein großer Tumult; man schrie, fluchte und schlug unsinnig um sich, Kessel, Kaffeekannen, Fleischtöpfe und andere Gefäße wurden umgeworfen und flogen hin und her. Die Geschichte endete damit, dass der Samojede hinausgeworfen wurde. Nachdem die Gäste sich wieder beruhigt hatten, erzählte der Wirt, dass der Schmarotzer ihm kürzlich eine Schrift des Inhalts vorgezeigt habe, dass er in jeder Hütte 20 Rubel Banco-Ass. für mich erheben sollte. Die Widerspenstigen sollten von mir gefesselt nach Archangelsk gesandt werden. Dieser niedrigen Betrügerei wegen wollte mein Wirt seinen arglistigen Bruder bestrafen, und er beteuerte vor dem Heiligenbild, dass der Betrüger seine Schwelle nie mehr ungestraft übertreten dürfe.

Es wäre jetzt wohl an der Zeit, einige Worte von dem Brautpaar zu reden; allein von dem Bräutigam ist wenig mehr zu erzählen, als dass er betrunken am Eingang des Zeltes lag und dort liegen blieb, solange ich bei der Hochzeit anwesend war. Außer einem blutigen Antlitz gewahrte ich an ihm weiter nichts Bemerkenswertes. Er trug eine gewöhnliche Maliza, d. h. einen Pelz von Rentierfell, dessen Haarseite nach innen gekehrt und dessen Form die eines Hemdes war; weder ein glänzender Überzug noch eine Verbrämung von Hundefell schmückten ihn. Dem Äußeren nach war der Bräutigam ein ganz gewöhnlicher Samojede; er hatte breite Wangen, dicke Lippen, kleine Augen, eine niedrige Stirn und eine platte Nase, die fast eine gerade Linie mit der Stirn bildete, große Nasenflügel, pechschwarzes, borstiges Haar, einen dünnen Bart, dunkle Gesichtsfarbe und überhaupt all die Kennzeichen, welche die mongolische Rasse charakterisieren. Die Braut war ein Kind von dreizehn Jahren; sie galt bei den Samojeden als eine wirkliche Schönheit. Ein kleines rundes Gesicht, volle rosenrote Lippen und Wangen, eine weiße Stirn, schwarze Locken, kleine dunkle Augen sind die Merkmale einer samojedischen Schönheit. So z. B. rühmt ein samojedisches Lied eine Jungfrau wegen ihrer kleinen Augen, ihres breiten Gesichts und dessen Röte, die mit der Morgenröte vor dem nahen Ausbruch eines Ungewitters verglichen wird, wegen ihrer geraden Nase und weil sie beim Gehen die Füße auswärts setzt. Auch ein anderes Ideal solcher Schönheit, das noch der Zahl der Unverheirateten angehörte, war bei der Hochzeit anwesend, und es machte mir viel Freude zu bemerken, wie alle jungen Männer sie küssen wollten, nicht, wie gewöhnlich, auf die Nase, sondern auf ihre roten Lippen. Was in hohem Maße die Schönheit und Anmut einer jungen Samojedin hervorhebt, ist ihr geschmackvoller Anzug: eine kurze Jacke von Rentierfell, die sich eng an den Oberkörper schließt, unten aber erweitert und an den Knien in einer dichten Verbrämung von Hundefell endet. Der Kragen, der auf der vollen Brust zugeknöpft wird, gewährt einen außerordentlich angenehmen Anblick. Die Waden verbergen sich unter bunten Rentierbeinlingen. Diesen Anzug an der Wand aufzuhängen und mit anatomischer Genauigkeit jeden seiner buntscheckigen Teile zu betrachten, würde wohl gar zu sehr die Lachmuskeln anstrengen; aber wenn man eine muntere Samojedin in ihm sieht, ist er ihr in der Tat ein recht natürlicher Putz. Oder ist es vielleicht nicht natürlich, dass eine Jungfrau sich schämt, ihre schlanke Gestalt in das Fell eines zottigen Tieres zu hüllen? Dieses Fell kann sie zwar nicht ganz entbehren, aber sie formt es wenigstens nach ihren geschmeidigen Gliedmaßen und benäht es mit Rot, Gelb und Blau, damit man sie jedenfalls nicht für einen Hund, ein Rentier, einen Wolf oder sonst ein wildes Tier halten möge. Das wirklich Komische an der äußeren Erscheinung einer Samojedin sind ihre doppelten, mit Band zusammengeflochtenen und mit Knöpfen oder anderem Flitter bedeckten Haarflechten, die zuweilen bis auf die Fersen reichen. In dieser Nationaltracht zeigte sich auch die Braut am Hochzeitstage. Nur zwei Reihen blauer Glasperlen über der Stirn unterschieden sie von den anderen Mädchen. Übrigens war sie nicht so betrunken wie ihre Gespielinnen; an ihren amazonischen Spielen sah ich sie nicht teilnehmen. Unter den übrigen Mädchen und überhaupt unter den Hochzeitsgästen einen Einzigen herauszufinden, der nicht im Gesicht blutige Spuren von einem Kampf trug, wäre keine leichte Aufgabe gewesen. Namentlich gegen Abend nahm die Kampflust zu. Wohin man schaute, sah man Menschen, die einander zu Leibe gingen. Das struppige schwarze Kopfhaar war gewöhnlich dem ersten Angriff ausgesetzt, hernach schlug man sich mit den Fäusten, und nicht selten griff man zu irgendeinem Knochen oder anderen Überbleibseln der Mahlzeit. Der Kampf begann ohne alle Veranlassung. Wenn zwei Personen sich begegneten, lagen sie sich auch sofort in den Haaren, ohne Rücksicht auf Alter oder Geschlecht. Hier wurde Pardon weder verlangt noch gegeben, jeder schlug um sich und wehrte sich nach Kräften. Der Besiegte blieb gewöhnlich auf einer Schneewehe liegen, und der Sieger schritt weiter, um neue Heldentaten zu vollbringen. – Dieses Schauspiels überdrüssig, begaben wir uns beim Einbruch der Finsternis auf die Rückfahrt.

Einige Tage nach diesem Hochzeitsfest brach ich von Nes auf. Mein Weg ging nun in östlicher Richtung nach der Tscheskaja Guba. Zu der Kanin'schen Halbinsel selbst zu fahren, wäre zwecklos gewesen, weil das Land in diesem Winter ganz von Menschen entblößt war. Es geschieht nicht selten, dass die Halbinsel so geräumt wird. Der Grund, erzählte man, sei folgender: Die Meeresküsten bei Kanin Nos sind sehr niedrig und seicht, und wenn der Herbst regnerisch ist, werden selbst die trockensten Stellen ganz durchweicht. Wenn nun später der Winter mit scharfem Frost beginnt, so bildet sich überall eine dicke Eiskruste, und diese ist der Tod des Rentiers; denn es vermag mit seinen gespaltenen Hufen nicht, durch das Eis bis zum Moos durchzudringen. Ich vermute nun zwar, dass auch auf den Bergen Rentiermoos zu finden ist, aber das ist den Samojeden von keinem Nutzen, weil sie sich im Winter wie im

Sommer mit Fischfang beschäftigen, also in der Nähe der Meeresküste wohnen. Überhaupt wird Kanin Nos weniger zahlreich besucht. Selbst die Kanin'schen Samojeden halten sich meistens an den Küsten der Timan'schen Tundra auf. Gegen Weihnachten ziehen sie in großer Menge nach der Umgegend von Mesen und Somscha, woselbst sie ihre Rentierhäute, Fuchsfelle und das Wild veräußern, das sie im Meer und auf dem Land gefangen haben, und sich mit Mehl, Butter, saurer Milch, Pulver, Blei, Branntwein und anderen Gegenständen versehen. Nach Weihnachten kehren sie wieder an das Meer zurück, nur einige der Ärmsten unter ihnen gehen nach Pinega, Cholmogory, Archangelsk, wo die Männer als Mietkutscher leben, während die Weiber betteln. Bei meiner Abreise von Nes am 19. Januar hatte der größte Teil der Samojeden bereits seinen Rückzug beendet. Ich bewältigte ungefähr 160 Werst, ohne mehr als ein einziges Zelt anzutreffen, und dessen Bewohner war obendrein mein Feind. Er hatte unter den Kanin'schen Samojeden das Gerücht verbreitet, dass ich als Ausländer kein Abgesandter der russischen Regierung sein könne, sondern dass mich das Volk der »Nemzy« geschickt habe, um auszuspionieren, wie man sämtliche Samojeden am leichtesten ermorden und sich ihrer Rentierherden bemächtigen könne. An den Flüssen Wisas, Oma, Snopa, Wiska fand ich einzelne russische Höfe und verderbtes Volk. Nicht selten begegneten mir russische Karawanen, die von den samojedischen Zelten kamen und reich mit Beute beladen nach Hause zurückkehrten. Am Fluss Pjoscha, einige Werst von dessen Ausfluss ins Meer, traf ich endlich ein Samojedenlager an, das aus drei Zelten bestand. Eines von ihnen gehörte dem Tadiben, der mir in Somscha seine geheimen Kenntnisse mitgeteilt hatte. Ich verabredete nun mit ihm, dass er mich in einigen Tagen an der Timan'schen Kirche, ungefähr 40 Werst flussabwärts, aufsuchen und mir einige Wochen in seiner Muttersprache Anleitung geben solle. Die Verabredung wurde durch das Leeren einiger Schnäpse besiegelt, und ich reiste leichten Mutes nach der Kirche ab. Hier fand ich jedoch nur Kinder,

Greise und alte Weiber vor, da der Prediger, der Küster und ihre Frauen, die allein zwei Drittel der Bevölkerung ausmachten, sich nach Mesen begeben hatten. Doch der Mangel an sonstigem menschlichen Umgang wurde mir reichlich durch die schöne Lage des Ortes ersetzt. Hier erblickte ich auch zum ersten Male nach mehreren Monaten wieder Wälder und Anhöhen. Um diese vaterländische Natur recht zu genießen, beschaffte ich mir ein Paar Schneeschuhe und fuhr mit meiner Büchse in den Wald hinaus. Bald gewahrte ich einen Schwarm Schneehühner. Ihr Verderben lag mir am Herzen; allein meine bösen Absichten gegen die Schneehühner hätten beinahe mich selbst ins Verderben gestürzt. Während ich auf sie lauerte, glitt ich in das offene, nur mit losem Schnee bedeckte Becken einer sprudelnden Quelle hinab. Mit größter Mühe arbeitete ich mich wieder empor, und auf dem Rückweg wäre ich beinahe in meinen nassen Kleidern erfroren. An der Badestube erwärmte ich meine erkälteten Glieder aufs Neue und befreite mich so von allen Nachwehen der Erkältung. In eine Verlegenheit anderer Art geriet ich dadurch, dass der Tadibe nicht Wort hielt. Als Lehrer war er zwar zu entbehren; aber es war eine weit bedenklichere Sache, dass in der Umgegend der Kirche kein einziges Wesen zu finden war, durch das ich zu einem 20 Werst abwärts an der Pjoscha gelegenen Bauernhof hätte befördert werden können. Doch auch aus dieser Verlegenheit retteten mich, nach zehntägiger Gefangenschaft, zwei Samojeden der Timan'schen Tundra, die meinen kleinen Branntweinvorrat gewittert und in der Hoffnung auf einen Rausch eine Reise von ungefähr 100 Werst nach der Kirche unternommen hatten. Sie erboten sich nicht allein, mir Rentiere zu senden, sondern wollten auch von Zelt zu Zelt einen Boten absenden, der die Samojeden von der Ankunft eines in amtlichen Aufträgen reisenden Tschinowniks benachrichtigen sollte. Diese letztere Maßregel schien mir überflüssig zu sein; aber die Samojeden drangen eifrig auf ihre Durchführung, indem sie vorgaben, dass »die Tundra nicht ganz sicher sei«, ein Ausdruck, den ich auf der Reise selbst zu kommentieren Gelegenheit genug hatte. Eigentlich ging ich deshalb auf diesen Vorschlag ein, weil man ohne vorhergehende Kenntnis von der Lage der Zelte wahrscheinlich auf der Tundra Blindekuh hätte spielen müssen.

Nach solchen Vorsichtsmaßregeln trat ich am 1. Februar die Reise von der Kirche zu Pjoscha an. Bald kam ein heftiges Unwetter auf, und ich musste Halt an dem unterhalb am Fluss gelegenen Hofe machen. Der Jemstschik fuhr mit seinen Rentieren zu einem in der Nähe befindlichen Zelt, und ich ließ mich in dem Hof nieder, um den Verlauf des Unwetters abzuwarten. Bis um Mitternacht heulte der Wind ohne Unterlass. Endlich schlief ich ein, wurde jedoch bald von Hundegebell wieder geweckt. Ich trat ans Fenster, vermochte aber nicht durch die mit Eis bedeckten Scheiben zu blicken. Der Wind hauchte seine letzten tiefen Seufzer aus. Während ich diesen andachtsvollen Tönen aus dem Herzen der Natur lauschte, ging die Tür meiner Kammer auf. »Wer da?«, fragte ich. »Wir bekommen einen schönen Tag, Herr!«, antwortete der Jemstschik. Die Rentiere wurden wieder angespannt, und wir reisten weiter. Noch lange vor dem Anbruch des Tages erreichten wir das erste Zelt. Hier fand ich meinen Tadiben wieder. Er hielt sich anfänglich in einer gewissen Entfernung von mir; als ich aber schon im Begriff war aufzubrechen, trat er an meinen Schlitten heran und bettelte um einen Schnaps. »Ich habe den Branntwein nicht zur Hand, und überhaupt lohnt es sich nicht, sich deinetwegen zu bemühen«, antwortete ich dem zudringlichen Bettler. »Tu es nicht meinetwegen, sondern des Himmels wegen, denn es steht geschrieben, dass wer in den Himmel will, hier auf Erden auch Mühsal erdulden muss«, versetzte der Schelm. Bei der Abreise war der Morgen bereits angebrochen, und die Sonne begann sich zu erheben. Feuerrote Wolken verbreiteten sich über den größten Teil des Firmaments und flackerten in der Luft wie ein Nordlicht. Ein Unwetter ahnend, suchte ich die Fahrt so viel als möglich zu beschleunigen; aber auf einer samojedischen Tundra ist man nicht immer Herr seiner Entschlüsse. Ich glaubte, alle nötigen

Vorsichtsmaßregeln beachtet zu haben, nachdem ich die Bewohner der Tundra auf meine Ankunft vorbereitet hatte; allein ich hatte das Notwendigste versäumt, nämlich einen Diener des Gesetzes als Begleiter mit mir zu nehmen. Den Samojeden hat man nicht zu fürchten, denn seiner Rohheit ungeachtet, ist er immer durch Branntwein und durch ein gutes Wort zu gewinnen; doch auf den Tundren nomadisieren außer den Samojeden eine große Anzahl Russen und Syrjänen, die von alters her daran gewöhnt sind, in der Wüste eine Art Straßenräuberei zu treiben. Durch alle Arten von Ungerechtigkeiten, oft durch offenbare Plünderung sind sie in Besitz der Rentierherden der Samojeden gekommen und haben sich allmählich zu Herren im Lande der Samojeden aufgeworfen. Um dieser schimpflichen Bedrückung ein Ende zu machen und womöglich zugleich die Samojeden selbst an eine bürgerliche Ordnung zu gewöhnen, hat die Regierung kürzlich einen sogenannten *Ustaw* gegeben, der nach meinem Dafürhalten von hohem Wert ist. Aber es versteht sich von selbst, dass das Auge des Gesetzes, ist es auch noch so wachsam, nicht alles gewahr werden kann, was sich in der Nacht der samojedischen Wildnis zuträgt. Die Bedrückung dauert ununterbrochen fort, seltener in der Form von Straßenraub, aber umso öfter in der milderen Gestalt des Betrugs. Die Hauptquelle des Übels ist der Branntwein, der, trotz der strengen Verbote des Gesetzes, den Samojeden noch immer in ihren Zelten zugeführt wird und dessen Zufuhr nicht eher aufhören wird, bis die Regierung sich veranlasst findet, hier und dort auf den Tundren, z. B. in Somscha, Pustosersk, Ischma u. s. w., Militärposten aufzustellen, mit dem Recht, den Branntwein und andere in dem Ustaw verbotene Artikel zu konfiszieren und im Übrigen Ordnung und Sittlichkeit, namentlich zur Zeit der Versammlungen der Samojeden, aufrechtzuerhalten. So viel im Allgemeinen von den Erwerbsuchern auf der Tundra. – Selbst auf mich hatten diese Leute es abgesehen. In der schönsten Brüderschaft beförderten sie mich nicht in das Lager der Samojeden, sondern führten mich von einem russischen Zelt zum anderen. Man fuhr mich fünf oder sechs Werst weit, aber ich musste gewöhnlich Fahrgeld für fünfzehn zahlen. Endlich erhielt ich einen samojedischen Jemstschik. Dieser fuhr mich nach Angabe aller Samojeden zwanzig Werst, forderte aber Fahrgeld für dreißig. Nachdem ich gegen seine Forderung Protest eingelegt hatte, erklärte er sich jedoch mit dem Fahrgeld, das ich ihm zahlen wollte, zufrieden. Durch diese Nachgiebigkeit begütigt, beabsichtigte ich, ihm die Summe zu zahlen, die er anfänglich gefordert hatte, und schon war ich mit dem Zählen des Geldes beschäftigt, als ein Russe in zerrissenen Kleidern, mit einem wilden Blick, an meinen Schlitten herantrat. Die weißen Zähne grinsten mich durch seinen schwarzen Bart unheimlich an; seine Augen glänzten vor List und Schadenfreude. Er sah einem wilden Tier ähnlich, das im Begriff ist, seine Beute zu erhaschen, und nur noch seine ganze Kraft sammelt und die wehrloseste Stelle an seinem Opfer erspäht. »Du willst das Fahrgeld nicht bezahlen«, schrie er endlich in wilder Raserei, »aber wir werden dich lehren. Wir werden die Rentiere ausspannen und dich auf der Tundra sitzen lassen. Geh' zu Fuß, du Hundesohn.« In solcher Weise fuhr er eine gute Weile fort. »Ist der Mensch bei Sinnen?«, fragte ich endlich den Samojeden, der mir am nächsten stand. »Ja, das ist er«, antwortete der Samojede, »aber er hat von Natur einen unruhigen Charakter.« Nun flammte indes der Zorn in mir auf, und ich schleuderte ihm einige Worte zu, welche die Wirkung hatten, dass er seinen ausgestreckten Arm sinken ließ und schwieg. Hierauf schrieb ich den Namen des Banditen auf und fuhr weiter. Nach Verlauf einer Stunde erreichte ich ein einsames Zelt. Als ich aus dem Schlitten stieg, erblickte ich auf der Tundra eine Menge anderer vierspänniger Schlitten, die auf das Zelt zufuhren. Dennoch ging ich, ohne weiter darauf zu achten, hinein. Nach mir trat gleichfalls eine Menge Samojeden ein, die von dem Lager kamen, das ich soeben verlassen hatte. Der Zweck ihrer Reise war, Klage über denselben Russen zu führen, der mich mit Drohungen und Schimpfworten überfallen hatte. Diebstähle und Gewalttätigkeiten aller Art warf man nicht allein ihm vor, sondern auch vielen anderen auf der Tundra nomadisierenden Russen. So sehr haben diese ungebetenen Gäste die von Natur friedlichen Gemüter der Samojeden zu reizen gewusst, dass man auf der Kanin'schen Tundra mit dem Entschluss umging, eine Deputation an Seine Majestät selbst abzusenden und in Untertänigkeit zu bitten, dass die Russen wenigstens von der Meeresküste entfernt werden möchten. Diesen Antrag wollte man namentlich darauf stützen, dass die großen Rentierherden der Russen bald alles Moos an der Meeresküste abfressen würden, was zur Folge hätte, dass die Samojeden entweder den Fischfang, für den Augenblick eine ihrer wichtigsten Nahrungsquellen, ganz aufgeben oder die Rentierzucht ganz beiseitesetzen müssten. Selbst diesen Übelständen ist in dem Ustaw wohlweislich vorgebeugt worden, indem derselbe verordnet, dass jedem von alters her auf der Tundra wohnenden Kolonisten 60 Desjatinen Land verbleiben sollten, auf denen er das Recht hat, ausschließlich seine Rentierherden zu weiden. Da die Samojeden mir ihren kühnen Plan mitteilten, riet ich ihnen, zuerst Kenntnis von ihren unermesslichen Privilegien zu nehmen und alsdann bei der betreffenden Behörde des Gouvernements nachzusuchen, dass den gnädigen Verordnungen Seiner Majestät Gehorsam geleistet würde.

Unter dergleichen Gesprächen war der Abend so weit vorgeschritten, dass an eine Weiterreise an diesem Tag nicht zu denken war; denn ich hatte eine Station von 60 Werst vor mir, und das Unwetter war bereits in vollem Rasen. In der Tat hatte ich auch keine Lust, meine angenehmen Wirtsleute zu verlassen. Ich befand mich jetzt bei den Timan'schen Samojeden, und diese sind, ihrer Armut ungeachtet, die edelsten von allen Samojeden. Um ihren Charakter zu verstehen, ist es aber notwendig, dass man vorher einige Kenntnis von dem allgemeinen samojedischen Charakter hat. In dieser so wie in vielen anderen Beziehungen haben die Samojeden viel mit den Finnen gemein. Sie sind außerordentlich bedächtig, verschlossen und sanftmütig, misstrauisch, hartnäckig und eigensinnig; in ihren Entschlüssen langsam, in der Ausführung beharrlich. Ganz wie die Lappen sind sie sehr launenhaft, betrügerisch und unzuverlässig. Die beiden letztgenannten Eigenschaften gehören vorzugsweise den Kanin'schen Samojeden an und dürfen eigentlich nicht in Betracht gezogen werden, wenn von dem Nationalcharakter der Samojeden die Rede ist. Ein gemeinsamer Zug im Charakter aller Samojeden ist eine finstere Anschauung des Lebens und seiner Verhältnisse. Ganz wie die Außenwelt, so trägt auch die Innenwelt des Samojeden die Farbe der Nacht. Wenn das Innere der Samojeden von heftigen Leidenschaften flammte, so wären sie ohne Zweifel das, wofür man sie ihrem Äußeren nach hält: eine der wildesten Völkerschaften der Erde. Allein eine gütige Vorsehung hat es so gefügt, dass sie die meisten Dinge des Lebens mit der vollständigsten Gleichgültigkeit betrachten können. Natürlich ist eine gute Mahlzeit nach der Philosophie der Samojeden eine der wichtigsten Lebensfragen: Aber auch diese Frage dürfte niemand mit größerer Ruhe betrachten als eben der Samojede. Er verzichtet sogar oft auf den geringeren Genuss des Essens zugunsten vom größeren des Schlafens. Für seine Bequemlichkeit ist er bereit zu hungern, zu dursten und alle Arten von Schimpf und Schande zu leiden. Aber versuche einmal, einem dieser Söhne des Eismeeres ans Leben zu gehen, ihn durch Wort oder Tat zu beleidigen, oder lass ihn auch nur ahnen, dass du ihm irgendein Unrecht zufügen willst, und es wird sich zeigen, dass sein Gemüt, wenn auch verfinstert und abgekühlt unter dem Einfluss des Polarhimmels, doch eine Temperatur besitzt, die es wahrscheinlich unter einer glühenderen Sonne erhalten hat. Dieses finstere, wilde und in seiner Art leidenschaftliche Gemüt trifft man namentlich bei den Samojeden auf der Kanin'schen Tundra. Es wird dort genährt durch den Wohlstand und den daraus entspringenden Hochmut des Volkes sowie durch sein hartnäckiges Festhalten an seiner heidnischen Götterlehre. Ganz anders gestalten sich die Verhältnisse auf der Timan'schen Tundra. Hier raste während der Jahre 1831 und

1833 eine Seuche, die ungefähr 20.000 Rentiere tötete und die Bewohner in Armut stürzte. Der größte Teil der Samojeden selbst kam durch die Seuche um, weil sie das Fleisch der hingerafften Rentiere verzehrten. Nach dieser Prüfung sind die Samojeden der Timan'schen Tundra ein frommes und sanftmütiges Volk geworden und haben sich in großer Anzahl dem Christentum zugewendet. Zwar schauen auch sie das Leben in finsterer Färbung an; aber die wilde Leidenschaft ist erloschen. Ihr Herz ist weich, ihr Gemüt sanft, der Kummer wohnt in der Tiefe.

Unter den allgemeinen Eigenschaften der Samojeden muss ich noch ihre Bereitwilligkeit, den Armen zu helfen, hervorheben. Diese Tugend versöhnte mich mit vielen Schroffheiten des samojedischen Naturells. Ich kann mich ganz gut darein ergeben, dass ein wildes, mit Armut kämpfendes Volk, das nur wenig Begriffe von Recht und Unrecht, von Gut und Böse hat, durch Gewalt, List und Trug Besitz von dem Eigentum seiner Feinde zu ergreifen sucht, wenn dasselbe Volk andererseits bereit ist, den letzten Bissen mit seinen Freunden zu teilen. Die Hilfsbereitschaft der Samojeden offenbart sich unter anderem auch darin, dass sie, wie die Lappen, ihre armen Anverwandten aufnehmen und pflegen. Auch auf meiner jetzigen Station befindet sich ein solches angenommenes Mädchen. »Ist das Mädchen deine Tochter?«, fragte ich während des Gesprächs die Wirtin. »Nein«, war die Antwort, »Gott hat mir keine Kinder gegeben, das Mädchen ist eine Waise, die verhungert und vor Kälte umgekommen wäre, wenn wir sie nicht aufgenommen, ernährt und gekleidet hätten. Sie ist eine weitläufige Anverwandte, die wir aus Barmherzigkeit unterhalten.« Das Mädchen schlug die Augen nieder und begann eifrig, Schnee in einem Kessel umzurühren. Als ich bemerkte, dass das Gefühl des Mädchens durch die schonungslose Rede der von Branntwein etwas erhitzten Wirtin beleidigt worden war, sagte ich zu ihrer Verteidigung: »Wenn du der Armen in ihrer schutzlosen Jugend geholfen hast, so hilft sie dir nun wieder im Alter.« – »Wohl müht sich und arbeitet die Arme, und es wird schwer für mich sein, wenn sie sich verheiratet und selbständig wird.« Bei diesen Worten warf der Bruder der Wirtin einen gar zärtlichen Blick auf das Mädchen, dieses aber schlug wiederum die Augen nieder, und der Kochlöffel bewegte sich schneller. Kurz darauf ging der Bräutigam hinaus, um die Rentiere zu bewachen, und wir anderen zogen uns unter unsere Schaffelle zurück. Als aber das Feuer am Herd erloschen war, vernahm ich, wie das Mädchen sich leise zur Tür hinausschlich, um in dem entsetzlichsten Unwetter die Nacht mit ihrem Geliebten zu durchwachen.

Am frühen Morgen weckte mich der Wirt mit der angenehmen Nachricht, dass das Unwetter sich gelegt habe und wir uns nun ohne Gefahr weiterbegeben könnten, wobei er jedoch mit einem gewissen Nachdruck hinzufügte: »Wenn uns ein neues Unwetter aus der Tundra überfallen sollte, dann ist das eine Fügung Gottes, und wir können nicht dafür.« Eiligst brachen wir auf. Der Wirt selbst und sein Bruder erboten sich, mich zu begleiten, weil, wie sie sagten, der Weg trügerisch und die Jahreszeit unzuverlässig sei. Mein Weg führte mich, wie ich vorhin erwähnte, längs der Tscheskaja Guba hin, sodass ich mich bald auf dem Eismeer, bald wieder auf dem festen Land bewegte. Dies war nun zwar ein bedeutender Umweg im Hinblick auf mein letztes Ziel, Pustosersk, aber den schnellsten Weg über den Berg Tschaischin einzuschlagen, wäre nicht allein mit Gefahr verknüpft, sondern auch hinsichtlich meines wissenschaftlichen Zweckes unnütz gewesen, weil sich dort keine Samojeden aufhalten. – Nachdem wir einige Werst zurückgelegt hatten, zeigten sich Vorboten eines herannahenden Unwetters. Bald machten die Jemstschiken Halt und überlegten. Sie sprachen lange, schüttelten bedenklich mit den Köpfen und setzten die Fahrt fort. Wie ich später erfuhr, war die Rede davon gewesen, wieder zurückzukehren, allein man hatte es nicht gewagt, mir den Vorschlag zu machen. Das Unwetter kam richtig herauf und nahm dermaßen zu, dass wir gegen Mittag nicht einmal die vor den Schlitten gespannten Rentiere zu erblicken vermochten. Das Verdeck auf meinem Schlitten, welches mir anfänglich einigen Schutz gewährte, wurde später am Tage vom Sturm hinweggefegt. Besorgt um mein Schicksal fragte ich meine Begleiter über die bereits zurückgelegte Strecke Weges und erhielt die Antwort: »Wir kennen den Ort nicht und sehen nichts.« Diese Antworten wiederholten die Jemstschiken jedes Mal, wenn sie die Schneemassen abschaufelten, die sich auf mir angehäuft hatte. Sie machten dabei auch die betrübliche Entdeckung, dass meine Maliza vom Schnee durchnässt war, und der eine von ihnen war edel genug, mir seinen Savik anzubieten, ein Kleidungsstück, das dem Pesk der Lappen entspricht und über der Maliza getragen wird. Mein Schicksal ist, dass meine linearen Dimensionen das gewöhnliche lappische oder samojedische Maß etwas überschreiten, was mich hinsichtlich der Schlitten und Kleidungsstücke oft in Verlegenheit gebracht hat und auch hier die Veranlassung dafür gab, dass ich das herzliche Anerbieten des Samojeden nicht annehmen konnte und mich geduldig dem harten Gesetz der Notwendigkeit unterwerfen musste, immer weiter durchnässt zu werden. Die Reise wurde Schritt für Schritt fortgesetzt; man schlug bald diese, bald jene Richtung ein. Man suchte den Berg Tschaischin, allein man fand ihn nicht, obgleich wir uns gewiss manchmal an seinem Fuße befanden. Der eine Jemstschik fuhr mit seinem leichten Schlitten eine Strecke voraus, untersuchte den Ort, soweit dies tunlich war, und versuchte den Weg zu erspähen, auf dem wir mit unserem schweren Schlitten am leichtesten vorwärtskommen könnten. Endlich erreichten wir einen den Jemstschiken wohlbekannten Fluss. Der Vorausfahrende stürzte mit seinem Rentier auf die Eisdecke des Flusses hinab und fuhr darauf weiter, um eine bessere fahrbare Stelle für uns zu finden. Auf dieser Exkursion verlor er sich jedoch ganz von uns. Der andere Jemstschik fuhr los, um seinen Gefährten zu suchen, und ich saß allein auf der Tundra, wenigstens einige Stunden, ohne zu wissen, wo die Jemstschiken hingekommen seien, denn alles, was ich jetzt erzählt habe, erfuhr ich erst bei unserer Ankunft im nächsten Zelt. Anfänglich wusste ich nicht einmal, dass meine Lotsen verschwunden waren; als ich aber später diese traurige Erfahrung machte, glaubte ich, sie seien aus Angst davongelaufen. Ich will keine Schilderung meines inneren Zustandes versuchen. Der äußere war aber so, dass ich in Kleidern, die den Tag über ganz und gar durchnässt worden waren, nun, da die Kälte mit dem Anbruch der Nacht sich steigerte, von einem entsetzlichen Fieber ergriffen wurde. Ich glaubte, meine letzte Stunde habe geschlagen, und machte mich bereit, die Reise in eine andere Welt anzutreten. Unterdessen kehrten die Jemstschiken zurück. Wir fuhren nun glücklich über den Fluss, verirrten uns aber aufs Neue und kamen, nach der späteren Aussage der Jemstschiken, fünf verschiedene Male wieder an denselben Fluss zurück. Nachdem wir zum sechsten Male die Reise von demselben Punkte aus begonnen hatten und eine Strecke gefahren waren, begannen unsere Rentiere nach ihrem eigenen Kopf links, die Jemstschiken wiederum nach ihrem Kopf rechts zu steuern. Die Rentiere hatten natürlicherweise ihres Starrsinns wegen wiederholte Stöße von der Fahrstange zu leiden; nichtsdestoweniger schlugen sie immer wieder die Richtung links ein. Endlich ließ man sie gewähren, und dies hatte zur Folge, dass wir in kurzer Zeit ein Dorf von sieben Zelten erreichten. Das Hundegebell hatte die Samojeden bereits vor unserer Ankunft aus ihren Zelten hervorgerufen. Bevor noch die Jemstschiken sich ins Gespräch mit ihnen einließen, trat der ältere an mich heran, kniete an meinem Schlitten nieder und drückte seine Freude in einer Danksagung an Gott aus: »Er und nicht ich hat dich diese Nacht gerettet«, endete der Jemstschik.

Fast die ganze übrige Nacht sprach man im Zelt von den Abenteuern, von denen ich nur den kleinsten Teil erzählt habe. Sie erweckten eine so große Teilnahme, dass niemand zu bewegen war, die Rentiere zu bewachen; des Morgens erfuhr man, dass der Wolf unter ihnen einen erheblichen Schaden angerichtet hatte. Es war meine Absicht, einen Tag im Zelt auszuruhen; gewisse Branntweinverkäufer, die sich gerade dort aufhielten, waren jedoch so auf meine

Abreise erpicht, dass ich mich fast gegen meinen Willen genötigt sah, am folgenden Morgen wiederum aufzubrechen. Das Wetter hatte sich einigermaßen aufgeklärt, und der Weg, den ich vor mir hatte, war leicht zu finden. Ich befand mich nun an der Mündung des Indiga-Flusses, einige Werst südlich von Swjatoi Nos. Dem Lauf des genannten Flusses musste ich folgen, bis ich 40 oder 50 Werst weiter auf einen russischen Hof stieß. Hier wollte ich mich einige Zeit aufhalten und mietete mir auch aus dem Samojedenlager, das ich zuletzt verlassen hatte, einen Samojeden als Sprachmeister. Doch ganz wie am vorigen Tage erhob sich auch an diesem ein Unwetter und nahm gegen Abend in einem Maße zu, dass man gegen den Wind weder zu atmen noch die Augen offen zu halten vermochte. Vor den Ohren tönte unaufhaltsam ein Brausen, das die Sinne betäubte. Der feuchte Schnee durchnässte mich am Tage; es wurde Nacht, und diese brachte Kälte. Durchfroren kam ich nach Mitternacht bei dem russischen Hof an. Die Mühseligkeiten der Reise hatten mich so erschöpft, dass ich mich kaum aufrecht zu halten vermochte. Ich hatte fast die Besinnung verloren, und meine Sehorgane hatten so unter dem Wind gelitten, dass ich zu wiederholten Malen mit der Stirn gegen die Wand lief. Das Brausen des Windes tönte noch volle 24 Stunden in einem fort in meinen Ohren. Im Übrigen verlief diese Fahrt aber ohne irgendeinen unmittelbar daraus folgenden Schaden, der besonderer Erwähnung verdiente.

Nach einem zehntägigen Aufenthalt in Indiga trat ich die Weiterreise an. Die Bewohner der vorhin erwähnten sieben Samojedenzelte sandten mir 20 Rentiere, 3 Jemstschiken und ein kleines Zelt, das ich aufschlagen konnte, falls uns auf der langen Wegstrecke von 80 Werst nach dem Dorf Sula ein weiteres Unwetter überfallen sollte. Der Tag der Abreise bot einen herrlichen Februarmorgen dar. Die Sonne trat gerade aus ihrem Himmelszelt und sandte einen wehmütigen Rosenblick auf das Feld herab. Ich hatte in dem Schlitten Platz genommen, der die Reihe eröffnete, und der Jemstschik erklärte mir lang und breit die Beschaffenheit des Landes. Durch ihn erfuhr ich unter anderem, dass die Timan'sche Tundra außerordentlich reich an Flüssen und Binnenseen ist. Die Flüsse haben ihren Ursprung am Berge Tschaischin; allein da das Land eine Ebene bildet und nichts sie in ihrer einmal eingeschlagenen Bahn hindert, sammeln sie sich nicht zu großen Wassermassen, sondern setzen, jeder Fluss für sich, ihren Lauf direkt ins Meer fort. Von den Binnenseen hat nur ein einziger Bedeutung. Der See heißt *Urier*, nach einem in den älteren Sagen der Samojeden sehr berühmten Tadiben, der mit seinen Rentieren von einer hohen Bergspitze des Ural in den Himmel hinaufgefahren ist. Auch der Ural selbst ist, so glaubt man, nach diesem Tadiben benannt. Während ich mich in solcher Weise mit dem Jemstschik unterhielt, kam uns eine ganze Gesellschaft von Samojeden entgegen. Einer von ihnen zog durch seinen ungewöhnlichen Anzug, sein seltsames Betragen und Äußeres meine Aufmerksamkeit auf sich. Dieser Samojede trug eine mit hellbraunem Tuch überzogene und mit Hundefell verbrämte Maliza. Seine bunten Stiefel waren über den Waden mit schönen Bändern festgebunden, deren Enden bis auf das Schienbein herabhingen. Oben am Scheitel saß, seitwärts geneigt, eine raue Mütze von Rentierfell. Im Gespräch mit meinem Jemstschik nahm der Samojede eine zurückgeneigte Stellung ein. Die linke Hand ruhte ununterbrochen an seiner Seite, die rechte war ausgestreckt, mit dem Zeigefinger machte er die nötigen Kommata und Gedankenstriche. Das eine Auge hielt der Samojede geschlossen, mit dem anderen fixierte er umso schärfer die Gegenstände. Seine Lippen waren sehr dünn und bewegten sich wenig beim Sprechen. Das Gesicht hatte nicht die gewöhnliche samojedische Breite. Die Stirn war niedrig, der Scheitel spitz. Diese seltsame Physiognomie gehörte zu einem samojedischen Aristokraten. Du lächelst, Leser, aber sei überzeugt, dass ein reicher Samojede seinen eigenen Gedanken nach ein weit höherstehender Mensch ist als mancher kleine Knäs und dass er seine ärmeren Brüder strenger behandelt und noch besser als viele Mächtige der Erde zu tyrannisieren weiß. Besitzt er außerdem ein kleines Amt, dann kennt sein Hochmut keine Grenzen. Der eben genannte Samojede, den die Gemeinde zum Gehilfen des Starschina der Kanin'schen Tundra erwählt hatte, ragte dadurch über die anderen seines Volkes hervor, dass er es verstand, sich in Übereinstimmung mit dem Selbstgefühl zu betragen, das ihm sein Reichtum und die Wichtigkeit seines Amtes einflößten. Gegen mich war sein Betragen ganz anders als gegen meinen Jemstschik. Nicht als betrachtete er mich als einen seinesgleichen – er kam mir aber doch mit viel Würde entgegen. Hochherzig bat er mich, als wir an sein Zelt gekommen waren, ich möchte von seinen Rentieren so viele auswählen, als mir beliebte, und dessen ungeachtet bettelte er weder um Branntwein noch feilschte er wegen des Fahrgeldes. Wir trennten uns, und nach einigen Stunden erreichten wir das Zelt des Aristokraten. Nachdem wir die Rentiere gewechselt, einen Jemstschik und unser Zelt dort hinterlassen hatten, fuhren wir weiter. Das Zelt, glaubten wir nämlich, sei jetzt überflüssig, weil uns der Samojedenaristokrat den Weg zu einem ungefähr 20 Werst von seinem Zelt entfernten Lager gezeigt hatte. Wir kamen dann zwar richtig in der bezeichneten Gegend an, doch fanden wir dort weder Zelte noch Spuren von Rentieren. Unterdessen brach ein Unwetter aus, es war Nacht, und bis zum Dorf Sula hatten wir noch ungefähr 30 Werst zu fahren. Weil wir aber die Unvorsichtigkeit begangen hatten, unser Zelt zurückzulassen, so blieb uns nichts anderes übrig als der Versuch, uns bei Nacht bis nach dem Dorfe fortzuhelfen. Doch kaum waren wir eine Stunde weitergefahren, als wir ganz unvermutet auf das Lager stießen. Wir fanden hier Bolschesemel'sche Samojeden, von denen keiner Russisch verstand. Durch einen Dolmetscher und meine eigenen geringen Kenntnisse des Samojedischen unterhielt ich mich aber bis gegen Morgen mit den wohlwollenden Leuten. Einige Male sprach ich zwar von der Abreise, aber die Samojeden baten mich dringend, ich möchte doch bleiben und mit ihnen reden. Die Wirtin schenkte mir einen Fisch, forderte aber als Gegengeschenk einen goldenen Ring, den sie an meinem Finger glänzen sah.

Ich ersetzte den Fisch reichlich, aber die Samojedin blieb untröstlich, weil ich ihr den goldenen Ring nicht geben wollte, und saß die ganze Nacht mit Tränen in den Augen in einem Winkel des Zeltes. Bei Tagesanbruch setzte ich meine Reise fort und erreichte bald das Dorf Sula. Tags darauf wurde ich von zwei Pferden nach dem Dorf Pustosersk befördert, das unleugbar einer der ödesten Orte der Welt ist.

7

Der Pustosersk'sche Bezirk umfasst im Ganzen 18 größere und kleinere Dörfer, von denen einige am unteren Lauf des Flusses Petschora selbst, andere an seinen Armen oder an nahen Binnenseen liegen. Das größte Dorf heißt Pustosersk und hat seinen Namen von dem naheliegenden See Pustoje Osero (»der öde See«); er wird jedoch im täglichen Verkehr auch *Gorodok* genannt, weil hier in früheren Zeiten eine Festung zum Schutz gegen die häufigen Einfälle der Samojeden gestanden haben soll. Dieses sowie mehrere der angrenzenden Dörfer sind von einer höchst dürftigen Natur umgeben. Man erblickt hier kaum eine Spur von Wald, nicht einmal Felsen und Steine gedeihen in dieser Gegend, sondern der Winter entfaltet vor dem Auge nur ein flaches, unermessliches Schneefeld, auf dem die Stürme ungestört ihr wildes Spiel treiben können. Sie rasen hier auch ohne Unterlass und oft mit einer solchen Heftigkeit, dass die Bewohner der Gegend sich weder Wasser verschaffen noch Holz zur Heizung ihrer Räumlichkeiten suchen können. Der Wind entführt manchmal die Dächer der Häuser und häuft um die Wände herum Schneemassen auf, die sich bis ans Dach erheben. Um nicht vollständig eingeschlossen zu werden, graben die Einwohner schmale Gänge um ihre Häuser; denn die ungeheuren, vom Wind fest zusammengewehten Schneemassen ganz und gar fortzuschaffen, würde zu viele Mühe kosten.

In einer so düsteren und öden Gegend ließ ich mich nun auf einige Monate nieder, und zwar in der Absicht, meine

Studien über Sprache, Sitten, Religion u. s. w. der Samojeden fortzusetzen. Für diesen Zweck boten die Pustosersk'schen Dörfer durch ihre Lage mitten im Land der Samojeden eine außerordentlich günstige Gelegenheit. Fast jeden Tag versammelten sich hier Samojeden, nicht allein von der Bolschesemel'schen, sondern auch von der Kanin'schen und Timan'schen Tundra. Hauptsächlich kamen sie nach Pustosersk, um ihre Waren zu verkaufen und sich mit Mehl und anderen Bedürfnissen zu versehen, aber zugleich wurde mancher von seiner Begierde nach Branntwein verlockt, die Besuche oft zu wiederholen. Ausnahmsweise wird auch dieser und jener sich in der Absicht nach Pustosersk begeben haben, das Gotteshaus zu besuchen. Wenigstens hörte ich eine ältere samojedische Frau vor dem Ortsprediger sagen, dass sie in solcher Absicht käme. Sie erzählte, sie habe während ihres Aufenthaltes auf der Tundra vor ungefähr einem halben Jahr ein Rentierkalb verloren, das ihr wegen seiner schlanken Gestalt und seiner weißen Farbe unendlich lieb gewesen sei. In der Hoffnung, das Kalb wiederzuerhalten, habe sie Tadiben zu Rate gezogen und dem Hahe reiche Opfer dargebracht; doch ohne allen Erfolg. In ihrer Angst und Sorge habe sie sich endlich an den russischen Gott gewandt und diesem einen Rubel Banco versprochen, wenn er es übernehmen würde, ihr das verlorene Tier zurückzubringen. Kaum hatte sie dieses Versprechen getan, als ihr auch schon das Rentier im vollen Sprunge entgegenkam. Ihrem Versprechen getreu, kam die Alte nun, um sich ihrer Schuld zu entledigen, und hatte zu diesem Zwecke eine Reise von ungefähr 200 Werst auf sich genommen. Ich vermute, dass dieses Opfer dem wundertätigen Nikolaus oder *Mikola*, wie die Samojeden ihn nennen, galt; denn dieser Heilige wird selbst von nicht bekehrten Samojeden als ein mächtiger Gott geehrt.

Unter den Samojeden, die aus der Tundra nach Pustosersk kamen, traf ich nie ein nüchternes Individuum, das ich hätte in Dienst nehmen können; aber es gereichte mir doch zu großem Vorteil, täglich mit Leuten aus verschiedenen Gegenden über das Leben und die Sitten auf der Tundra sprechen zu können. Bei meinen sprachlichen Studien benutzte ich größtenteils einige Bettler-Samojeden, die ihre Zelte in der Nähe der Pustosersk'schen Dörfer aufgeschlagen hatten. Auch zog ich oft, in dieser wie in anderer Beziehung, einen samojedischen Kolonisten zu Rate; derselbe galt unter seinem Volke als ein Licht und war seines tragischen Schicksals wegen sehr berühmt. Erst war er als ein kleines Kind von seiner Mutter für ein Pud Mehl an einen Russen verkauft worden; der hatte ihn weiterverkauft, und er war nun wie eine andere Handelsware immerfort von Hand zu Hand gegangen, bis er in seinem achten Jahr bei einem auf der Bolschesemel'schen Tundra nomadisierenden Russen in Dienst trat. Der Samojede schilderte diesen Herrn als einen harten, geizigen Mann, der ihn zwang, halbnackt und bei knapper Nahrung Tag und Nacht seine Rentiere zu bewachen. Von diesem Sklavenjoch wurde der Knabe jedoch nach einiger Zeit durch einen Isprawnik erlöst, der auf einer Inspektionsreise auf der Tundra wegen seiner schlechten Kleidung und seines elenden Aussehens auf ihn aufmerksam wurde. Der Isprawnik erkundigte sich nach der traurigen Lage des verlassenen Knaben und nahm sich seiner so an, dass er ihm dieselbe Erziehung angedeihen ließ wie seinen eigenen Kindern. Unglücklicherweise wurde der Isprawnik bald seines Amtes entledigt und verließ den Ort, wodurch der Samojedenknabe wiederum in Elend geriet. Später verkaufte er in einem Rausch sich selbst als Rekruten, kam aber sehr bald, weil er kränklich und zum Kriegsdienst untauglich war, auf freien Fuß. Darauf war er einige Zeit als Diener auf den Tundren umhergeirrt und hatte sich endlich in einem kleinen, in der Nähe von Pustosersk liegenden Dorf niedergelassen, eine Hütte gebaut und sich mit einer Russin verheiratet, aber doch, was selten der Fall ist, seine Liebe zu der Nation beibehalten, der er durch die Geburt angehörte.

Diesen Mann behielt ich mehrere Wochen in meinem Dienst und benutzte ihn mit Vorteil als Fürsprecher bei den von der Tundra ankommenden Samojeden, die natürlicherweise in ihrem Umgang mit mir als Fremdling und Beamtem sehr scheu und zurückhaltend waren. Zuweilen unternahm ich in Begleitung dieses meines Mentors auch kleinere Ausflüge nach den nicht zu weit entfernten Samojedenzelten. Es lag in meinem Plan, diese für mich höchst lehrreichen Ausflüge recht oft zu wiederholen, doch die anhaltenden Stürme traten meinen Vorsätzen entgegen. Der Winter war in diesem Jahre so unfreundlich, dass selbst die Samojeden sich darüber beklagten und Gott dankten, wenn das Unwetter zuließ, dass sie die Rentiere vor ihren Schlitten sehen konnten. Dass dies auf der Tundra nicht immer der Fall ist, diese traurige Erfahrung hatte ich selbst auf der Reise nach Pustosersk gemacht. Ich lebte lange in dem Wahn, dass ich auf dieser Reise das ärgste Unwetter der Tundra erfahren hätte; aber die Bewohner von Pustosersk prophezeiten noch schwerere Stürme, und diese Prophezeiung ging auch in Erfüllung. Eines frühen Morgens trat mein Wirt zu mir herein und riet mir, an diesem Tage meine gewöhnliche Spaziertour einzustellen, weil der Sturm nach seiner Versicherung mit außerordentlicher Heftigkeit rase. Ich ließ diese wohlgemeinte Warnung jedoch unbeachtet, die Neugierde trieb mich gerade ins Freie hinaus. Sehr vorsichtig kletterte ich die Treppe hinab und erreichte auch glücklich die letzte Stufe. Bis dahin hatte das Haus mich einigermaßen gegen den Wind geschützt, als ich aber auf die Erde kam, fühlte ich, dass der Sturm mir überlegen war, und beeilte mich, mit beiden Händen das Geländer zu ergreifen. Nun stand mir ein schwerer Kampf mit den unsichtbaren Luftgeistern bevor. Es galt nur, einen einzigen Schritt zu tun, allein dieser Schritt beanspruchte meine ganze Kraft. Nach einer verzweifelten Anstrengung glückte es mir zwar, Herr des Wetters zu werden; als ich aber in meine Kammer trat, war ich so ermattet, dass ich nicht in mein Bett zu steigen vermochte, sondern ohnmächtig und fast besinnungslos auf den Fußboden hinsank.

Solange sich noch Samojeden von der Tundra in der Gegend zeigten, verweilte ich unter dem trüben Himmel von

Pustosersk. Sobald sich aber keine mehr blicken ließen, verließ auch ich den Ort und begab mich nach einem 250 Werst südlicher liegenden Dorf namens Ustzylmsk, woselbst sich, wie man erzählte, noch Tundra-Samojeden aufhielten. Die Reise nach Ustzylmsk ging die Petschora aufwärts durch eine so öde und trübe Gegend, dass sie, laut der Aussage der dortigen Priesterschaft, nicht von Gott geschaffen, sondern erst nach der Sintflut entstanden sein könne. Hier findet man wenige Geschöpfe, die sich verjüngen und in neuen Geschlechtern fortleben, ja man trifft fast gar keine Geschöpfe. Die Erde besteht zumeist aus sumpfigen, niedrigen, öden Tundren und enthält in ihrem Inneren eine eisige Kälte, die alle Vegetation tötet. In dieser Gegend erblickt man keine ordentlichen Bäume, nur hier und dort an den Flussufern ein Dickicht aus dichtem Weidengebüsch; deshalb sind die Bewohner von Pustosersk gezwungen, Treibholz zur Heizung ihrer Zimmer zu verwenden. Wie ich bereits früher angemerkt habe, wollen an den Stränden der Petschora selbst Steine nicht gedeihen, es gibt dort fast nur Lehm. Am untersten Lauf des Flusses sind die Ufer sehr flach, aber höher hinauf erheben sie sich bedeutend und bilden zuweilen recht ansehnliche Höhen. In demselben Maße, wie die Flussufer sich erheben, nimmt auch die Vegetation zu, und schon in der Gegend von Ustzylmsk soll, nach Aussage des Postknechts, der mich fuhr, jede Baumart gedeihen, nämlich Fichten, Kiefern, Birken, Weiden, Erlen, Faulbäume, Ebereschen, um nicht von der verachteten Espe zu reden, an welcher, wie der Postknecht sagte, Judas sich erhängt hat.

Unter den Tierarten, die sich zahlreich in der Gegend der unteren Petschora aufhalten, verdienen besonders die Schneehühner hervorgehoben zu werden, und zwar aus folgendem Grund. Zwischen Pustosersk und Ustzylmsk haben noch keine Menschen ihre festen Wohnsitze aufgeschlagen, weil jeder, der die Absicht hat, sein Glück in dieser Eisregion zu versuchen, am liebsten mit seinem gebrechlichen Fahrzeug nach Pustosersk steuert, wo er sich unleugbar eine sicherere Existenz durch Fischfang im Meer und durch

Rentierjagd, notabene unter den zahmen Herden der Samojeden, bereiten kann. Um jedoch eine Kommunikation zwischen den beiden Dörfern zu ermöglichen, hat man an den Ufern der Petschora kleine Badestuben oder Rauchhütten erbaut, in denen der Reisende seinen Fisch kocht und auch übernachtet, wenn das Wetter zu schlecht ist. Diese Hüttchen beherbergen zuweilen eine große Menge russischer Jäger, die den Schneehühnern Schlingen stellen. Das Schneehuhn steht hier zwar in schlechtem Ansehen, und es wird gerade nicht als eine großartige Spekulation betrachtet, sich mehrere hundert Werst weit zu begeben, um sie zu fangen; doch so viel bleibt dessen ungeachtet gewiss, dass dem Jäger seine Mühe gut gelohnt wird. Es trifft sich oft, dass er an einem Tage hundert Hühner fängt und dabei doch die meiste Zeit in der Badestube verbringt und von glücklichem Fang träumt. Geht ihm aber der Schlaf ab, so unterhält er sich und seine Kameraden mit Liedern und Sagen.

Unter diesen Schneehuhnjägern reiste ich mit ein paar elenden Pferden fast eine ganze Woche und erreichte Anfang April das erwähnte Dorf Ustzylmsk, das seine Entstehung von der Zeit Iwans des Schrecklichen her datiert und von den rohesten und hartnäckigsten Raskolniken, die ich je gesehen, bewohnt wird. Ohne ein einziges der Zehn Gebote Gottes zu kennen, in Schwelgerei und Unzucht, in Müßiggang, Zank und Streit lebend, dünken sie sich besser als andere Sünder und bilden sich ein, dass Gott nur sie zur Aufnahme in seinem Himmel erkoren hat, weil sie sich mit dem Daumen, dem Ring- und kleinen Finger bekreuzigen, sich vor hässlichen, verblichenen Heiligenbildern verneigen, den Erlöser Isos nennen und das Gotteshaus nie betreten. Andere Leute zu verdammen ist zu allen Zeiten die Freude der Sektierer gewesen; es ist dies das Netz, in dem der geistige Hochmut sich stets selbst fängt und zu erkennen gibt, wes Geistes Kind er ist. Die Raskolniken in Ustzylmsk gingen in ihrem sektiererischen Hochmut so weit, dass sie nicht allein die Anhänger der rechtgläubigen griechisch-katholischen Kirche, sondern auch ihre eigenen Glaubensgenossen verketzerten, wenn ihre Lehre nicht in allen Teilen mit der in Ustzylmsk herrschenden übereinstimmte. Kein Wunder also, dass ich, als ein Anhänger der protestantischen Lehre, von diesen Verfechtern der reinen Lehre übel angesehen wurde. Sie stempelten mich zu einem Zauberer, Mordbrenner, Fluss- und Brunnenvergifter, sie behaupteten, dass ich im Bündnis mit bösen Geistern lebe und dass ich durch diese viele entsetzliche Dinge in Ustzylmsk verübt hätte. So z. B. erzählte man, dass ich durch Graben in den Schnee ein unterirdisches Geheul zuwege gebracht habe, das sich unter Begleitung von Donner und Blitz mehrere Tage hindurch hatte hören lassen; dass der Erdboden sich darauf geöffnet und ein gehörntes Ungeheuer ausgespien habe. Dieses Geschöpf wollten sie mit eigenen Augen in die Wolken haben fahren sehen, worauf es sich wieder herabgelassen und mit einem ungeheuren Krachen in die Petschora gestürzt habe.

Von den vielen Gerüchten, die in Ustzylmsk über meine ketzerische Person in Umlauf gesetzt worden waren, erhielt ich tägliche Rapporte durch einen grusinischen Fürsten, der in diesem Dorf wohnte und das Amt eines Försters bekleidete. Er hatte sich früher als russischer Soldat viele Jahre in Finnland aufgehalten und dort mein Vaterland lieb gewonnen. In Erinnerung an die gute Aufnahme, die ihm bei uns zuteilgeworden, kam er mir mit vielem Wohlwollen entgegen, besuchte mich täglich und bemühte sich, mir meinen Aufenthalt an diesem unangenehmen Ort so viel wie möglich zu erheitern. Eines Tages trat er bereits um 6 Uhr morgens voll Angst und Entsetzen in mein Zimmer. Der Grund dieses frühen Besuches war folgender. Man hatte ihm rapportiert, dass 25 Raskolniken im Verlauf der Nacht eine Versammlung in der Dorfstube abgehalten und dort beraten hätten, was sie mit mir anstellen sollten. Es schien, als wenn der Fürst um den von den Raskolniken gegen mich gefassten Entschluss wisse, allein er wollte mir keine Nachricht davon geben. Er riet mir nur freundlichst, mich entweder in meinem Zimmer einzuschließen oder wenigstens meine Spaziergänge im Freien nicht in anderer Weise fortzusetzen als zu Pferde und in Begleitung zweier handfester Leute, die er mir zur Disposition stellen wolle. Dieser Warnung ungeachtet, begab ich mich zu gewöhnlicher Stunde allein und zu Fuß auf die Straße und schritt ruhig meinen Weg dahin, weil ich der Ansicht war, dass mir mitten am hellichten Tage keine Gefahr begegnen könne. Doch plötzlich sehe ich eine große Menge betrunkener Menschen mit wildem Mienenspiel aus einer Schenke stürzen und ihre heißhungrigen Blicke auf mich richten. Kurz darauf war ich von diesem Schwarm umzingelt, der wenigstens aus 25 Personen, darunter einigen Weibern, bestand. Unter wildem Geschrei fassten sie mich an der Maliza und zerrten mich hin und her. Vorsichtigerweise hatten sie zuerst meine Arme mit Beschlag belegt, allein es gelang mir durch eine verzweifelte Anstrengung, meinen rechten Arm frei zu machen, und als ich diesen nun mit einem Ausruf des Zorns drohend erhob, flüchtete der ganze Schwarm wie eine erschrockene Schafherde und verbarg sich in den nächsten Häusern. Den Tag über ließ man mich in Ruhe, aber in der Nacht umstellte man mein Haus, und meine Feinde tappten unter meinem Fenster bis zum hellen Morgen umher und flößten mir die Furcht ein, dass man den Entschluss gefasst haben möchte, mich in der Nacht in meinem Zimmer zu überfallen. Während ich in Angst und Unruhe dieses Angriffs harrte, vernahm ich, dass die Haustür geöffnet wurde und eine Person sich leisen Schrittes die Treppe heranschlich. Ich schlich mich nun ganz leise zum Fenster und gewahrte unter demselben drei Personen, von denen zwei mit Gewehren bewaffnet waren, die dritte aber, soweit ich erkennen konnte mein Wirt, schien unbewaffnet zu sein. Ich befürchtete nun, dass der Letztgenannte den bewaffneten Männern den Weg zu meinem Zimmer bahnen würde, und versetzte mich deshalb hinter meiner Tür in Verteidigungszustand, doch bald vernahm ich, dass der Wirt in sein Zimmer zurückkehrte und die Patrouille auf der Straße ließ. Wie ich später erfuhr, hatte man nicht die Absicht, in mein Zimmer einzudringen, sondern man wollte mich nur dann angreifen, wenn ich im Verlauf der Nacht das Haus verlassen hätte. Es hatte sich nämlich das Gerücht verbreitet, dass ich zur Nachtzeit die Brunnen vergifte, die Äcker verderbe und die Häuser mit einer Masse bestriche, die sich in den Sonnenstrahlen des Sommers entzünden würde, und man wollte sich von der Wahrheit dieses Gerüchts überzeugen, ehe man zum Äußersten schritt. Nach einer durchwachten Nacht unternahm ich am folgenden Morgen eine längere Promenade an der Petschora; ich wollte meine trübe Gemütsstimmung erheitern und meine körperlichen Kräfte erfrischen. Als ich von dieser Promenade zurückkehrte, sah ich meinen Weg zum Dorf von einem Volkshaufen versperrt, der gewiss aus mehreren Hunderten bestand. Unter diesen Haufen zu treten, schien mir zwar gefährlich, allein es wäre noch gefährlicher gewesen, hätte ich kehrtgemacht, weil alsdann die Furcht, die ich dadurch gezeigt, der wilden Menge mehr Mut eingeflößt hätte. Ich schritt deshalb dreist weiter und war darauf gefasst, dem Schlimmsten zu begegnen; als ich mich aber ganz in der Nähe der Volksschar befand, entdeckte ich einen schmalen Fußweg, der an der Menge vorüber nach meiner Wohnung führte. Ich entschloss mich, diesem näheren Wege zu folgen, eilte schnellen Schrittes vorwärts und kam glücklich an der Volksmenge vorüber, ehe sie sich auf einen neuen Angriffsplan besinnen konnte. Die ganze Versammlung erhob nun ein gellendes Geheul, und dieses blieb die einzige Äußerung ihres Heldenmutes.

Als ich mich wieder in meiner Wohnung befand, bestellte ich sofort Pferde, und nach Verlauf einer Stunde war ich schon auf dem Wege nach Ischemsk. Dies ist der Name eines großen Dorfes an dem Flusse Ischma, das von Syrjänen bewohnt ist und 100 Werst südlich von Ustzylmsk liegt. Bei meiner Ankunft in diesem wegen seiner Gastfreundlichkeit gepriesenen Dorf weckte es im hohen Maße mein Erstaunen, dass ich im Guten kein Obdach erhalten konnte, sondern mich genötigt sah, einen Beamten des Ortes darum anzugehen, der, nachdem er meine Papiere durchgelesen hatte, einen der Bewohner des Dorfes dazu zwang, mir sein Haus zu öffnen. Diese Widerspenstigkeit vonseiten der gutmütigen Syrjänen erweckte bei mir die Vermutung, dass das Gerücht von meinen Eigenschaften bereits nach Ischemsk gedrungen war, und diese Vermutung war auch nicht unbegründet. Schon am Tag nach meiner Ankunft im Dorf lud mich der vorhin erwähnte Beamte, der glücklicherweise ein sehr vorurteilsfreier Mann war, ein, Zuschauer zu sein, wie der Böse sein Spiel in der Hütte eines armen Syrjänen triebe. Ich folgte dieser Einladung gern, nicht nur um den Spaß mit anzusehen, sondern auch in der Hoffnung, dass ich in irgendeiner Weise auf die abergläubische Menge einwirken und die Vorurteile beseitigen könnte, die man gegen mich hegte. Vor der Hütte der Syrjänen fanden wir bereits eine zahlreiche Versammlung und in deren Mitte einen Priester im feierlichsten Ornat, das Kruzifix in der Hand. Der Priester kam uns entgegen und sprach mit Erschaudern von den erschrecklichen Begebenheiten, die sich im Verlauf der Nacht in der Hütte zugetragen hätten. Eine Maliza und ein Rentierfell hatten eine Wanderung von der Ofenbank herab unternommen, eine Schere war durch eine unsichtbare Hand von der einen Wand zur anderen geworfen worden, ein Wassereimer war in eine schaukelnde Bewegung geraten u. s. w. Die Syrjänen glaubten natürlich, ich habe all diese Hexerei bewerkstelligt, und dieser Glaube hatte umso tiefere Wurzeln bei den versammelten Zuschauern geschlagen, als einer der Einwohner des Dorfes versichert hatte, er habe Gelegenheit gehabt, meine Hände und Füße zu sehen, und dabei erfahren, dass diese aus geschmiedetem Eisen seien. Um dem abergläubischen Volk bessere Gedanken von mir einzuflößen, begab ich mich mit dem Beamten in die Hütte, wo wir eine genaue Untersuchung des nächtlichen Spuks anstellten. Dabei entdeckten wir nun durch vieles Nachfragen, dass die meisten der genannten Hexereien durch einen wahnsinnigen Menschen bewerkstelligt worden waren, der die Nacht auf dem Ofen verbracht und wegen der Hitze dort sowohl das Rentierfell als auch die Maliza, die ihm zur Bedeckung dienten, herabgeworfen hatte. Selbst die Schere war, nach Aussage der Wirtin, am Vorabend von ihr auf dem Ofen vergessen worden; wahrscheinlich sei sie hier dem Wahnsinnigen hinderlich gewesen, und er habe sie mit einer solchen Kraft von sich geschleudert, dass ihre Spitze tief in die entgegengesetzte Wand eingedrungen sei. Mit dem Wassereimer aber war es so beschaffen, dass dieser auf einem losen Brett ruhte, das sich bewegte, wenn jemand darauf trat.

Auf eine solche Kleinigkeit reduzierte sich nun die vermeintliche Hexerei, die einen großen Teil der Bevölkerung von Ischemsk aufgeregt und den Priester dazu bewogen hatte, eine ganze Nacht in der Hütte zu wachen und den göttlichen Beistand gegen die Anschläge des Bösen anzurufen. Doch, wie handgreiflich auch die Veranlassung zu der sogenannten Hexerei von mir und dem Beamten dargetan wurde, so gaben sie doch nicht viel auf unsere Worte, sondern fuhren fort, mich immerfort mit verdächtigen Blicken zu betrachten. Es half nichts, dass der Beamte und seine Frau sowie mehrere der angesehensten Bauern im Dorf sich meiner mit Wärme annahmen, der große Haufen sah in mir nur einen Zauberer und Gottesleugner. Dessen ungeachtet konnte ich in Ischemsk während der langen Zeit der unfahrbaren Wege ungestört meinen Studien nachgehen. Ich beschäftigte mich teils mit dem Ischem'schen Dialekt des Samojedischen, teils mit der syrjänischen Sprache. Außerdem bemühte ich mich, mir einige Aufklärungen über die nationalen Eigentümlichkeiten der Syrjänen zu verschaffen; allein in dieser Hinsicht war die Ernte nur gering, weil die Syrjänen in Ischemsk fast ganz die Religion, Sitten und Lebensweise der russischen Bevölkerung angenommen haben. Die Grundzüge des syrjänischen Nationalcharakters zeigen jedoch noch eine unverkennbare Verwandtschaft mit denen der Finnen und des ganzen finnischen Stammes, dem auch die Syrjänen angehören. Bedächtigkeit, Ernst und Geradheit, Gutmütigkeit, Redlichkeit und Zuverlässigkeit sind die Tugenden, die man vorzugsweise den Syrjänen zuschreibt, so wie andererseits Schlauheit, Misstrauen und Neid als die ihnen angeborenen Fehler zu betrachten sind. Unter den weniger schönen Eigenschaften, die jedoch nicht gerade in dem Nationalcharakter, sondern mehr in dem niedrigen Kulturzustand des Volks begründet sind, müssen wir auch hervorheben, dass der Mann dem Weibe das aufbürdet, was er selbst zu tragen verpflichtet wäre, und selbst seine eigene Gattin gleich einer Sklavin betrachtet. Die geringe Achtung vor dem Weibe tritt bei den Syrjänen schon in dem gegenseitigen Verhältnis hervor, in welchem die Braut und der Bräutigam an dem Hochzeitstage zueinander stehen. Die Braut muss hier in Anwesenheit aller Gäste ein Lied singen, durch das sie unter Tränen und Verbeugungen den Bräutigam bittet, sich ihres schutzlosen Zustandes zu erbarmen und sie als sein Eheweib anzunehmen. Man will damit sagen, dass die Braut nicht stolz sein dürfe, weil der Mann um ihre Hand angehalten hat, sondern dass sie sich als seine demütige Sklavin betrachten müsse. In demselben Sinne muss, nach der Trauungszeremonie, die Braut auch ihren Gatten entkleiden. Bei einer syrjänischen Hochzeit kommen außerdem noch viele andere von der Unterdrückung und tiefen Erniedrigung des Weibes zeugende Gebräuche vor, aber statt einer Aufzählung derselben will ich hier zwei der Lieder anführen, welche die Braut und ihre Gehilfinnen bei der Hochzeit absingen.*

1.

Nahm man mir den freien Willen,
Nahm man mir die warme Liebe,
Fesselte das junge Haupt mir,
Hielt man fest die goldnen Locken,
Führte mich an Fingerspitzen?
Du, der mich erzog, mein Vater,
Meine Mutter, die mich aufzog,
Bruder du, wie Falken mutig,

* Das hier benutzte finnische Runenmetrum gehört nicht den syrjänischen Liedern an, die in einer Art rhythmischer Prosa abgefasst sind.

Du mein eigen, liebe Schwester,
Holder Oheim, gute Muhme!
Habt's ersonnen, habt's beschlossen,
Dass die Heimat ich verlasse.

Hin ging ich zum goldnen Tische,
Nahm den Becher, den gefüllten,
Reichte Wein dar allen Gästen,
Und betrachtete sie alle
Durch die goldnen Augenbrauen, –
Meinen Bruder sah ich nirgend.
Er ist fort, der frohe Falke;
Sitzet auf der schwarzen Tundra,
An der Bucht des dunkeln Meeres,
An des Urals hohen Felsen.
Eile her, mein edler Bruder!
Weißt du nicht, dass man mich sendet
Fort von meiner goldnen Heimat?
Komm, o komm, mein teurer Bruder,
Den derselbe Schoß getragen,
Komm zu sehn mein baldig Scheiden!
Rene wähle aus der Herde,
Sechs, die schnellsten und die größten,
Spann sie an den festen Schlitten,
Gürte sie mit starken Riemen,
Eile so mit Hast zur Heimat.
Doch wenn hundertzwanzig Ströme,
Frühlingsströme sich erheben,
Und den Weg dir sperren sollten, –
Heb' dich wie der Schwan zum Fluge,
Oder wie die leichte Ente.

Guter Vater, holde Mutter!
War ich doch ein treues Mädchen,
Wie ein Sohn stets auferzogen;
Weshalb wollt ihr denn verstoßen
Jetzt die Dienerin, die treue?

Fort zu unbekannten Eltern,
Unbekannten Brüdern, Schwestern?
Hundertfach müsst' ich mich zeigen.
Grüßend immerfort mich neigen,
Dass bei ihnen Freud' ich fände.
Doch wenn in der neuen Heimat
Keine Freude mir erblühet: –
Will ich leben der Erinn'rung
Jenes Glücks, das ich genossen
Vorher in der Eltern Hause.

2.

Du mein Leben, guter Vater!
Sammle du die Doppel-Wurzeln
Und bereite dann zu Abend
Eine frohe, muntre Mahlzeit,
Füll den Tisch mit reichen Gaben.
Mutter, die du mich erzogen,
Decke du der Tische besten,
Dessen Blatt aus Zedernholze,
Häufe darauf süße Speisen,
Und Getränke bester Gattung.
O, mein Leben, Vater! Mutter!
Wie ein Sohn bisher erzogen,
Folgt' ich stets mit gutem Willen,
Jetzt ist da der Tage letzter,
Jetzt die letzte Stunde nahe;
Wo noch gilt mein guter Wille,
Meiner Lieb' ich noch gebiete,
Sitze als geehrte Jungfrau.
Alles, ich Beklagenswerte,
Schwindet hin mit diesem Tage,
Alles lass ich bei den Eltern.
Leb denn wohl, du frohe Jugend!
Noch ein Spross lass' ich die Heimat,
Lass' die Stelle, wo ich immer
Gut und sorgenfrei mich nährte,

Wo ich schöne Kleider tragen,
Ungestört ich ruhen konnte.
O du gute, sanfte Mutter!
Warum wardst du überdrüssig,
Deiner Dienerin, der treuen?
Braucht' ich denn zu viele Nahrung,
Nutzte ab zu viele Kleider,
Dass du mich so zeitig weggabst?
Mutter, die du mich erzogen,
Lass mich armes Mädchen weinen
Hundert Tränen die Sekunde,
Dass ich alles nun verlasse,
Alle Freude bei den Eltern.
Und ihr guten Jugendfreunde!
Zürnet nicht in eurem Herzen
Mir, der Armen, die jetzt scheidet,
Die mit frohem, heitrem Sinne
Euch begleitete so treulich,
Ging mit euch auf grünen Wiesen.
Seht, wie alles ich muss lassen
In des Frühlings ersten Tagen,
Jetzt wo alle Bäche brausen,
Wo die hohen Bäume stürzen,
Und die starken Steine bersten,
Wo der Kummerkuckuck anfängt,
Frühlingskuckuck schön zu singen.
Früh schon singt der Kummerkuckuck;
Doch noch früher werd' ich Arme
In der neuen Heimat singen.

Lebt nun wohl, o Vater, Mutter!
Lebe wohl, du Jugendfreude!

In Ischemsk und einigen anderen zu demselben Bezirk gehörenden Dörfern hielt ich mich bis in die zweite Hälfte des Juni auf; erst dann war es mir möglich, die Reise nach dem Gebiet der Samojeden fortzusetzen. Das nächste Ziel meiner Reise war ein kleines Dorf namens Kolwa, auf der Bolschesemel'schen Tundra, 400 Werst von Ischemsk entfernt. Diese Reise legte ich im Verlauf von fünfzehn Tagen in einem von Ischemsk nach dem Fluss Uusa abgehenden Fischerboote zurück. Zuerst fuhr ich den Fluss Ischma abwärts, dann die Petschora und ihren Nebenfluss Uusa aufwärts bis an die Mündung des Flusses Kolwa. Den größten Teil des Weges fuhr ich auf den Wellen der Petschora. Diesen Fluss nennen die Samojeden *Meer* (*jam*), und er führt diesen Namen mit Recht. Er nimmt alle Nebenflüsse auf, die an der Westseite des nördlichen Ural entspringen, und erweitert sich dadurch in seinem unteren Lauf bis zu einer Breite von drei Werst, und an einigen Stellen noch mehr. Wie die Dwina fließt er gleichmäßig dahin; zwar hat er auch reißende Stellen; aber so weit ich ihn befuhr, gab es keinen einzigen Wasserfall. Der Fluss soll reich an Fischen sein; seine Ufer sind an dem mittleren Lauf ziemlich üppig; aber sie sollen sich doch wegen des strengen Klimas nicht zum Ackerbau eignen. Dagegen bieten sie gute Gelegenheit zur Viehzucht, wenn auch dieser Nahrungszweig bis jetzt keine großen Fortschritte gemacht hat. Die Bewohner der ganzen Gegend, welche Syrjänen sind, ernähren sich hauptsächlich durch Jagd und Fischfang. Sie leben jedoch nicht als Nomaden, sondern wohnen in kleinen Dörfern, die zu dem Distrikt Ischemsk gehören.

Am mittleren Lauf der Petschora war unendlich viel zu beobachten, zu bewundern und zu preisen, nämlich der majestätische Fluss selbst, die schönen waldbekränzten Ufer, die grünenden Wiesen und Inseln, die tiefe Wildnis, die dunkle melancholische Färbung, die im hohen Norden über dem Gras, den Wäldern, ja selbst dem Wasser ruht, der blendende Schimmer irgendeiner Schneewehe, die im Schutze einer größeren Anhöhe der Glut der Sonne widerstanden hat u. s. w.; aber derjenige, der bereits einige Zeit im Schoß einer so schönen Natur gelebt hat, kann durch sie in keinem hohen Maße entzückt werden, wenigstens nicht so, dass er gegen die Tausende von Mückenstichen unempfindlich wäre, die ihm jeden Augenblick unvermeidlich zuteilwerden. Er betrachtet es vielmehr als die Hauptsache, sich gegen dieses Übel zu schützen, das man mit Recht neben die sieben ägyptischen Landplagen stellen könnte. Wie er hierbei auch zu Werke gehen mag, ob er sich mit einer Kappe aus Rosshaar bedeckt oder sich unter den Balagan (ein Zelt aus Leinwand, das hier während des Sommers ein *vade mecum* ausmacht) zurückzieht, er geht in beiden Fällen der Naturschönheit verlustig. Selbst die Sonne, die hier im Sommer unerträglich brennt, erschlafft die Sinne und macht sie den meisten Eindrücken unzugänglich. Ich meinerseits konnte schon aus dem Grund der äußeren Natur keine besondere Aufmerksamkeit schenken, dass auf halbem Wege nach Kolwa meine Hirnschale durch einen unvermuteten Fall des Mastes beschädigt worden war, wenn auch ein wunderbares Geschick es so fügte, dass einer meiner Ruderer zugegen war und dazu beitrug, die Kraft des Aufpralls zu verringern. Ich hatte, dem russischen Johannes zu Ehren, meinen Begleitern eine Flasche Branntwein geschenkt, und in demselben Augenblick, als einer von ihnen an mich herantrat, um die Flasche in Empfang zu nehmen, erfolgte der fatale Schlag, der mir den Lebensfaden allzu früh abzuschneiden drohte.

Übel zugerichtet von diesem Schlag, langte ich Anfang Juli in dem Dorf Kolwa an, das einige Werst von der Mündung des gleichfalls *Kolwa* genannten Flusses liegt. Hier befindet sich eine kürzlich von den Bolschesemel'schen Samojeden selbst erbaute Kirche, besondere Wohnungen für zwei Prediger und einen Diakonus, außerdem neun enge Hütten, die von armen Samojeden bewohnt sind, welche größtenteils die Sprache und Lebensweise der Syrjänen angenommen haben. In diesem Dorf ließ ich mich für die übrigen Sommermonate nieder und erhielt meine Wohnung in einer der elendesten Hütten, woselbst mich Hitze und Feuchtigkeit, Mücken, Ungeziefer und gellendes Kindergeschrei plagten. Obgleich ich daran gewöhnt war, unter den verschiedenartigsten Verhältnissen zu arbeiten, so konnte ich doch hier nur mit vieler Mühe meine Gedanken ordnen und musste oft meine Zuflucht zu einem unter der Hütte befindlichen Keller nehmen. In dieser unterirdischen Wohnung verfasste ich meine syrjänische Sprachlehre, wenn mich hier auch Ratten und Mäuse in meinen Beschäftigungen störten. Die samojedischen Studien, die während meines Aufenthalts in Kolwa meine Hauptbeschäftigung bildeten, musste ich aber notgedrungen in den oberen Regionen der Hütte treiben, weil meine Lehrmeister ein gewisses Entsetzen vor der Unterwelt hatten und ungern in ihren Schoß eindrangen. Im Übrigen streifte ich tagtäglich durch Wald und Flur, schoss Enten, pflückte Sumpfbrombeeren und strebte mit einem Worte dahin, mich mit einer besseren Nahrung zu versehen als die, welche mir die Samojeden vorzusetzen pflegten.

8

Die unermessliche Landstrecke, die von den Russen die Bolschesemel'sche Tundra genannt wird, ist unter den Samojeden der Distrikte Pustosersk, Ustzylmsk und Ischemsk in der Art aufgeteilt, dass die nordwestliche Hälfte den Samojeden von Pustosersk und Ustzylmsk, die südöstliche wiederum denen von Ischemsk gehört. Es liegt jedoch in der Natur der Sache, dass die Samojeden als ein nomadisierendes Volk diese Grenze nicht genau beachten, sondern dahin streifen, wohin sie ihre Neigung und die äußeren Verhältnisse treiben. Auch dürfte diese Aufteilung der Tundra nie höheren Orts sanktioniert worden sein. Man sagt, sie sei von dem Landgericht zu Mesen festgestellt, und zwar auf Antrag syrjänischer Bauern, die, nachdem sie sich auf gesetzlichem und ungesetzlichem Weg der Rentiere der Ischemskischen Samojeden bemächtigt hatten, auch dahin streben mussten, sich in Besitz ihrer Weiden zu setzen. Sie reichten zwar ihr Gesuch im Namen der Samojeden von Ischemsk ein, da aber die genannten Samojeden fast keine Rentiere besitzen und es den übrigen laut dem Spruch des Landgerichts verboten wurde, die erwähnte Grenze zu überschreiten, so blieb natürlich der südliche Teil der Tundra im Besitz der Syrjänen. Dieser Teil umfasst eigentlich das waldige Land an der Uusa und deren Nebenflüssen. Im Winter eignet es sich vorzüglich für die Rentierzucht, indem die Wälder einen Schutz gegen die heftigen Stürme gewähren, die nicht allein den Menschen, sondern selbst den Rentieren den Aufenthalt auf der Tundra gefährlich machen. Allein, im Sommer vermag das Rentier in seinem warmen Pelz die Hitze dieser Waldgegend nicht zu ertragen, und deshalb sind die Syrjänen gezwungen, bei Einbruch des Sommers die Grenzen ihrer Weiden zu überschreiten und sich in die kühlen, waldlosen Tundren zu begeben. Wenn der Herbst kommt, wandern sie wieder langsam in die Waldregionen zurück. Gleichzeitig begeben sich von Ischemsk und anderen zu diesem Distrikt gehörenden Dörfern manche der reicheren Syrjänen, die sich selbst persönlich nicht mit der Rentierzucht befassen, längs der Uusa und Petschora auf die Reise, um ihren Herden entgegenzugehen und die reiche Ernte in Empfang zu nehmen. Überall ist der Herbst die rechte Erntezeit. Auf der Tundra spendet er Rentierfleisch, Rentierhäute, Fuchsfelle, Blaufüchse, Federn u. s. w. Die Bauern von Ischemsk begnügen sich nicht mit dem Wenigen, was ihre Verwalter und das Gesinde auf den Tundren einsammeln, sondern sie reisen selbst im Herbst von Zelt zu Zelt und gelangen auch auf irgendeine Art und Weise in Besitz der Ersparnisse der Samojeden. Wenn der Winter gekommen ist, setzen einige von ihnen die Reise bis nach Sibirien fort, wo sie von den Ostjaken und Samojeden Pelzwerk, von den russischen Kolonisten Mehl kaufen u. s. w.

Mit einem dieser Sibirienfahrer hatte ich die Verabredung getroffen, dass wir einander von der Samojedenkolonie Kolwa aus, welche die Syrjänen stets auf der Reise besuchen, nach Obdorsk Gesellschaft leisten wollten. Infolge dieser Verabredung trat ich am 16. (4.) September meine asiatische Reise auf einem Fahrzeug an, das von den Russen *Kajuk* genannt wird und in einer größeren Schute mit Verdeck besteht, die vorn breit, hinten schmal und mit einem einzigen Mast versehen ist. Den Kajuk, auf dem ich meine Reise antrat, pries man als den besten in der ganzen Gegend, allein ich war dessen ungeachtet nicht ganz zufrieden mit dieser Wohnung. Namentlich plagte mich hier ein widerwärtiger Gestank von saurem Fisch und verdorbenem Fleisch, die der Besatzung zur Nahrung dienten und deshalb in offenen Fässern aufbewahrt wurden. Zu den weniger vorzüglichen Eigenschaften des Fahrzeugs gehörte auch die, dass sein Verdeck ganz durchsichtig und leck war. Um sich einigermaßen gegen die herbstlichen Regenschauer zu schützen, hatten einige – die vornehmen Passagiere – sich mit kleinen Zelten oder sogenannten *Balaganen* versehen. Von solchen Zelten befanden sich vier unter dem Verdeck. Eines gehörte natürlicherweise mir, ein anderes dem Eigentümer der Schute, ein drittes seinem Neffen und dessen Frau; aber wem gehörte wohl jener Balagan, der aus rosenfarbenen Schals zusammengenäht ist? Wahrscheinlich einer Schönheit mit rosigen Wangen; diese Schönheit zeigte sich aber nie auf dem Deck. Solche Zurückhaltung deutet auf jungfräuliche Scham und auf eine natürliche Scheu vor dem rohen Schiffsvolk. Wir werden später ihre Bekanntschaft machen.

Wie ich bereits bemerkte, besitzt das Dorf Kolwa eine Samojedenkirche, die auf den Namen des wundertätigen Heiligen Nikolaus geweiht ist. Eine zehnjährige Erfahrung hat zur Genüge bestätigt, dass der Heilige Nikolaus stets demjenigen guten Wind spendet, der bei Kolwa beilegt und die Kosten einer Litanei in der Kirche bestreitet. Eine neue Bestätigung dieser Erfahrung liefert der merkwürdige Umstand, dass der Wind sich gerade in demselben Augenblick, in welchem wir den Kajuk betraten, zu unserem Vorteil wendete. Derselbe Wind blies während des ganzen übrigen Tages, und es ging deshalb auch rasch vorwärts. Der folgende Tag aber brachte Schnee und Gegenwind. Wir waren somit genötigt, den Anker auszuwerfen, die Besatzung amüsierte sich mit einem Spiel, *Durak* genannt, ich stand auf dem Vorderschiff und wärmte mich an dem dort flammenden Feuer. Am 18. September erreichten wir jedoch mithilfe des Nikolaus die Mündung der Synja, eines kleinen Flusses, der von Osten her in die Uusa mündet und, wie man sagt, 40 Werst von Kolwa, 60 von der Petschora liegt. Hier bog sich der Lauf der Uusa nordwärts, ein guter Südwind füllte die Segel, und der schwere Kajuk strich leicht durch die brausenden Wellen. Der Südwind führte uns schnell 90 Werst weiter von der Synja zu dem größeren Nebenfluss Chirmor oder Adsjwa, wo sich die Uusa wiederum ostwärts wendet. So weit blieb die Natur ungefähr dieselbe wie an der Petschora, reich an Wiesen und Wald an den Flussufern, im Innern des Landes aber mit Sümpfen und Sandheiden angefüllt. Im Allgemeinen sind die Ufer sehr niedrig, allein hier und dort trifft man doch auch höher liegende Strecken, welche die Syrjänen *Tschelja* nennen. Die herrschende Erdart ist Lehm, der jedoch an der Uusa stromaufwärts abnimmt. Gestein ist höchst selten bis zum Ausfluss des Chirmor, von hier aber weiter zeigt es sich an mehreren Stellen der Ufer. Einige Werst von der Mündung dieses Flusses erblickt man sogar einen ungeheuren Felsen oder Berg, *Adak* genannt. Von nun an trägt auch die ganze übrige Umgebung ein anderes Gepräge. Der Wald wird allmählich dünner und die Bäume zwergenhaft. Die Birke geht in Gesträuch über, die Fichte verliert ihre Zweige und ist bestrebt, ihre Nacktheit hinter Moos zu verbergen. Die allgemeinste Baumart ist die Weide, die an den Ufern dichtes, undurchdringliches Gebüsch bildet. Die Gegend zeigt mit einem Wort eine starke Neigung, in Tundra überzugehen.

Es ist einleuchtend, dass die Kultur hier keine Wurzel fassen kann; allein es ist eine andere Frage, inwiefern sich die Gegend am niederen Lauf des Flusses Uusa und am oberen Lauf der Petschora nicht zum Anbau eignen sollte. Es wird zwar allgemein sowohl von Gelehrten als auch Ungelehrten behauptet, dass wenigstens der Ackerbau hier nicht mit Erfolg betrieben werden kann, und eine so allgemeine Ansicht verdient gewiss Beachtung; aber durch die Erfahrung bestätigt ist sie nicht, weil die Bewohner des Landes ebenso wenig den Ackerbau verstehen, als sie ihn betreiben. Selbst in Ischemsk, das seiner Agrikultur wegen in hohem Ansehen steht, sind die Äcker dicht an einem weit ausgedehnten Sumpfe angelegt; sie werden niemals entwässert, und das Pflügen ist etwas, was nur zum Schein unternommen wird. Angenommen nun, dass die Gegend nicht für den Ackerbau geeignet ist, so bieten doch jedenfalls die Uusa und Petschora für eine andere als die nomadisierende Bevölkerung unerschöpfliche Nahrungsquellen. Es gibt hier ausgezeichnete Wiesen, die Flüsse sind außerordentlich fischreich und die Wälder mit Wild aller Arten gefüllt. Doch dieser Segnungen der Natur ungeachtet ist die Gegend öde und unbevölkert. An der Petschora sind nur, wie bereits erwähnt, einige schwach bevölkerte Dörfer zu finden, und an dem Flusssystem der Uusa treffen wir wiederum mit Ausnahme von Kolwa keine einzige Siedlung. Es ist klar, dass die Natur unter solchen Umständen das Gepräge der entschiedensten Wildheit tragen muss. Wenn man im September die Uusa hinauffährt, erblickt man an ihren Ufern große Wiesen, deren Reichtum an Gras ungenutzt bleibt und welche die graue herbstliche Leichenfarbe tragen. Überall begegnen dem Auge verdorrte, verfaulte Bäume, bald noch aufrecht stehend, bald schon umgefallen. Gewöhnlich erblickt man auch Füchse, Blaufüchse, Bären und andere wilde Tiere, die an den Ufern entlanglaufen. Statt menschlicher Wohnungen trifft man überall auf die verlassenen Schlupfwinkel wilder Tiere. Täglich sieht man zahllose Scharen wilder Enten und Gänse unter Freudengeschrei in mildere Gegenden zurückkehren. Man würde froh sein, wenn man ihren Spuren folgen könnte; da aber die Erfindung des Dädalus noch nicht die erforderliche Vollkommenheit erlangt hat, so muss man sich schon mit der geringeren Freude begnügen, mithilfe einer anderen, ihr nicht ganz unähnlichen Erfindung an einer Gegend vorüberzueilen, die bei einer genaueren Betrachtung ängstliche Gedanken erweckt.

Von der Mündung des Flusses Chirmor segelten wir mit gutem Wind ungefähr 40 Werst weiter bis zur Kosja.

dem mächtigsten Nebenfluss der Uusa, und von da fernere 50 Werst bis an die Mündung des Chusmor oder Rögöwei. Hier milderten sich Wind und Wetter, und wir warfen in der Nähe des Ufers den Anker. Doch während die Gesellschaft unter dem Verdeck die Abendmahlzeit einnahm, brach ein entsetzliches Unwetter los; der Regen strömte heftig herab, der Sturm heulte in dem Takelwerk und drohte den Kajuk an der felsigen Küste zu zerschellen. Mit außerordentlicher Anstrengung glückte es uns, in das offene Gewässer hinaus zu gelangen und dort den Anker zu befestigen. Als wir endlich sicher lagen, begab jeder sich zur Ruhe. Indessen raste das Unwetter immerzu fort, der Regen stürzte so heftig herab, dass weder das Verdeck noch die Balaganen ihm zu widerstehen vermochten. Ich lag lange Zeit ganz ruhig und unbeweglich und stellte Betrachtungen über einen Punkt an, der mich mehr als einmal in Unschlüssigkeit versetzt hatte, ob ich nämlich entweder meine eine zur Hälfte durchnässte Seite ganz preisgeben und die andere zu schützen suchen oder beide das Geschick schwesterlich teilen lassen sollte. Vertieft in diese Betrachtungen, hörte ich plötzlich zu meinem großen Vergnügen ein Feuer auf dem Vorderteil des Kajuks knistern. Als ich einen Zipfel des Balagans aufhob, erblickte ich eine seltsame Erscheinung. Am Feuer bewegte sich etwas, durch dessen Anblick unwillkürlich selbst das vorurteilsfreieste, gegen jedwedes Gespenst abgehärtete Gemüt schwankend geworden wäre. Dieses Etwas hat sich in einen rauen Mantel aus Rentierfell gehüllt, um welchen in fantastischer Verwirrung Streifen von Tuch in allen Farben des Regenbogens herumflattern. Der Kopf, die Schulter und ein Teil des Gesichts sind durch eine zusammenhängende Rüstung von Vielfraßfell bedeckt, welche mit blanken, lose herabhängenden Messingplatten, die auf dem Rücken scheppern, geschmückt ist. Durch diese zottige Kopfbedeckung erblickt man nur zwei dunkle blitzende Augen, zwei dicke Lippen und zwei breite Nasenflügel. Das Gespenst misst kaum zwei Ellen in der Höhe, dehnt sich durch seinen bauschigen Pelz aber umso mehr in der Breite aus. Die gespensterhafte Erscheinung schreitet langsam um den Rost herum, auf dem das Feuer entzündet ist; aber an allen vier Seiten des Herdes bleibt sie eine Weile stehen und beugt sich nach den vier Himmelsrichtungen. Bei diesen Bewegungen des Gespenstes bemerken wir, dass eines seiner Beine bedeutend kürzer als das andere ist. Wenn es demnach das Gesicht nach Osten wendet und wahrscheinlich die Absicht hat, sich nach dieser Richtung zu verbeugen, macht der Körper während der Verbeugung selbst eine so große Wendung nach Norden, dass das ganze Kompliment dieser Weltgegend zufällt. Will das Gespenst wiederum den Kopf nach Westen wenden, so geschieht die Verbeugung jedesmal nach Süden. Wohin auch der Kopf seinen Gruß senden will, das Bein legt Protest dagegen ein und zwingt den erstgenannten Körperteil, eine andere Weltgegend zu begrüßen. Im Ganzen genommen bleibt sich dies nun zwar gleich, weil doch nach und nach jede der vier Weltgegenden ihren Gruß abbekommt und jedem also sein Recht geschieht; aber es bleibt immerhin ein merkwürdiger Scherz der Natur, dass sie zwei Körperteile in eine so sonderbare Opposition zueinander treten lässt. Nachdem nun jede Himmelsgegend in der bezeichneten Weise begrüßt worden ist, nimmt die seltsame Gestalt vor dem Feuer Platz, kreuzt die Beine, bricht in ein »Hu, hu, hu!« aus und beginnt mit leisen Schlägen auf den Rost zu klopfen. Jetzt begreifen wir, dass hier eine samojedische Beschwörung der Winde stattfindet; allein, ob die beschwörende Person aus der Luft oder aus dem Wasser gekommen war, war mir ein Rätsel, bis endlich mein Blick zufällig auf den rosenroten, vom Flammenschein beleuchteten Balagan fiel. Von einem Lachdämon ergriffen, verließ ich mein Lager und stieg auf das Deck hinaus, schlich leise bis an das Vorderteil desselben und stand plötzlich mit einem Salto mortale vor der Erscheinung. Die Samojedin – denn die Person war eine solche – stieß im ersten Augenblick ein Geschrei des Entsetzens aus, beruhigte sich jedoch bald wieder und äußerte kaltblütig: »Setz dich an das Feuer, damit du dich erwärmst; denn der Wind ist kalt, und es scheint, als habe der Regen deine Kleider durchnässt.« Dies wurde in einem Ton gesprochen, der zu erkennen gab, dass die Alte um jeden Preis meine Freundschaft erkaufen wollte, wahrscheinlich damit ich der übrigen Reisegesellschaft nicht ihren nächtlichen Ausflug in die Geisterwelt verraten solle.

Mein Bestreben zielte natürlich darauf, mir die magischen Kenntnisse der Samojeden anzueignen. Es ist im Allgemeinen keine leichte Aufgabe, ein samojedisches Individuum dahin zu bringen, dass es irgendwelche anderen Aufklärungen gibt als solche, die mit dem kurzen Wort *jekar* (ich weiß nicht) abgetan sind; aber hier kostete es mich durchaus keine Mühe, die ganze Vorratskammer der alten Samojedin auszuleeren. Sie enthält vieles von göttlichen und menschlichen Dingen, wie ich es größtenteils bereits mitgeteilt habe. Was ich hier namentlich hinzufügen möchte, ist die Erzählung der Alten von Urier, diesem samojedischen Schamanen, von dem es allgemein heißt, dass er lebend zum Himmel gefahren sei.* Diese Sage erzählte die Alte mit folgenden Worten:

»In früheren Zeiten lebte auf Erden ein Tadibe, Urier genannt, und er war ein Tadibe der Tadiben, ein Weiser der Weisen, ein Arzt aller Ärzte, ein Wahrsager aller Wahrsager; er war ein Meister, wie unsere Zeit keinen mehr auf die Welt bringt. Galt es ein verlorenes Rentier wiederzufinden, gestohlene Schätze wieder herbeizuschaffen, die Gesundheit wiederzuerlangen, sich Glück und Reichtum zu bereiten u. s. w., dann lohnte es nicht der Mühe, irgendeinen anderen Tadiben als den Urier zu befragen und zu Rate zu ziehen. Urier war Besitzer zahlreicher Rentierherden und hatte viele Länder bereist und viele Wälder gesehen; aber endlich war er der Mühen und Beschwernisse des Erdenlebens überdrüssig. ›Hier‹, sprach er, ›wird die Rentierzucht immer schwächer, das Moos schwindet von Jahr zu Jahr, der Fang von wilden Tieren verschlechtert sich, dagegen neh-

* Vgl. S. 239.

men Diebstahl und Betrügereien und alle Arten von Ungerechtigkeiten unter den Menschen zu. Ich will nicht länger auf dieser elenden Erde leben, sondern eine bessere Heimat im Himmel suchen.‹ Nachdem er so gesprochen hatte, befahl er seinen beiden Frauen, sowohl ihn als auch sich selbst mit neuen Kleidern zu versehen und für die Rentiere neues Fahrgeschirr zu verfertigen, warnte sie aber aufs Strengste, in diese Sachen durchaus nichts einzunähen, was früher in Gebrauch gewesen wäre. Nachdem alles fertig war, machte er sich auf und fuhr durch die Luft in einem Schlitten, der mit vier starken Rentierochsen bespannt war. Die Frauen folgten ihm nach, jede mit ihrem besonderen Gespann. Als man ungefähr die Hälfte des Weges zurückgelegt hatte, begannen Uriers Rentiere zu schwanken und sich abwärts zu neigen. Urier, der die Veranlassung ahnte, fragte seine Frauen, ob sie, wie er befohlen, die Kleider und das Geschirr der Rentiere ausschließlich aus lauter neuen Stücken zusammengenäht hatten. Jetzt gestand die zweite Frau Uriers, dass sich in ihrem Anzug ein kleines Band befinde, das schon früher in Gebrauch gewesen sei. Zugleich bat und flehte sie mit tränenden Augen, er möge sie doch zur Erde zurückkehren lassen, wo sie ihre beiden Söhne habe zurücklassen müssen. Sie wolle lieber mit ihren Kindern vereint die Sorgen der Erde ertragen, wenn sie dieselben nur mit ihren Kindern teile, als ohne sie die Glückseligkeit des Himmels genießen, wenn die Kinder sie nicht mit ihr teilen könnten. Erweicht durch die Bitten der Frau, sandte Urier sie wieder zur Erde zurück, fuhr aber mit seiner ersten Frau zum Himmel empor und fand dort alles, was der Mensch sich nur wünschen kann – starke Rentiere, gutes Moos, Wild in Wald und Flur u. v. m.«*

* In einer Variante dieser Erzählung heißt es, dass die beiden Frauen und die Kinder Uriers ihm in den Himmel gefolgt seien. Einige Zeit darauf sei einer der Söhne zum Besuch auf die Erde zurückgekehrt und habe den Samojeden die Herrlichkeit des Himmels, seinen Reichtum an Rentieren, Rentierweiden u. s. w. beschrieben.

Als etwas höchst Merkwürdiges verdient es der besonderen Erwähnung, dass die Samojeden an fortwährende Himmelfahrten glauben. Geschieht es, dass ein Meineidiger oder sonstiger Verbrecher spurlos von den öden Tundren verschwindet, dann heißt es, dass ein Bär ihn aufgefressen habe; trifft aber dasselbe Schicksal eine wohlangesehene Person, dann betrachtet man es als eine ausgemachte Sache, dass sie sich, gleich dem Urier, in die himmlischen Wohnungen begeben habe. Ein russischer Missionar erzählte, dass er, in Unkenntnis dieser Vorstellung, bei einigen heidnischen Samojeden die Liebe zum Christentum durch die Erzählung von der Himmelfahrt des Elias habe erwecken wollen; die Samojeden aber hätten mit Gleichgültigkeit der Erzählung zugehört, und als der Missionar zu Ende gesprochen hatte, soll einer von ihnen ungerührt geäußert haben: »Mein Bruder ist vor einigen Monaten auch gen Himmel gefahren.«

Die *Unsterblichkeit* ist übrigens ein wichtiges Vorrecht der Tadiben vor anderen Menschen, denn die Samojeden leben in dem dunkeln Glauben, dass der Tod dem ganzen Dasein ein Ende macht. Zwar scheint es, als habe man die Vermutung, dass der Verstorbene noch einige Zeit im Grabe lebe, und dieser Glaube mag wohl die Veranlassung dafür sein, dass man dem Verstorbenen nicht allein einen Herd, ein Messer, ein Beil, einen Speer, Geld und verschiedene andere Lebensnotwendigkeiten mitgibt, sondern auch von Zeit zu Zeit ein Rentier am Grabe schlachtet; ist aber der Leichnam verwest, so glaubt man, dass es mit dem Menschen zu Ende sei. Nur die Tadiben haben ein unsterbliches Leben; sie verwandeln sich nach dem Tod in sogenannte *Itarma'*, die nach allem, was ich über sie habe erfahren können, gerade die Tadebtsjos der Kanin'schen Tundra sind. Man erzählt, dass diese bald in ihrem Grabe ruhen, bald wieder auf der Erde, namentlich zur Nachtzeit, umherwandeln, und je nach ihrem früheren Charakter entweder Gutes oder Böses tun. Überhaupt hat man eine gewisse Furcht vor den Itarma', und die Samojeden lieben es nicht, viel von ihnen zu reden.

Die Erzählungen, mit denen die alte Samojedin mich unterhielt, machten, dass ich mit der größten Ruhe eine regnerische und stürmische Nacht unter dem geborstenen Dach des Herbstes ertrug, während meine Melpomene sich von Zeit zu Zeit genötigt sah, ihren Mut mit der Essenz einer in ihrem Busen befindlichen grünen Flasche zu stärken. Der fleißige Gebrauch der Essenz hatte zur Folge, dass die Alte endlich am Feuer einschlief. Ich überließ sie nun ihrem Schicksal und kroch unter meinen Balagan, zog einen Rentierpelz über und warf mich auf mein Lager, das aus Schleif- und Ziegelsteinen bestand. Am Morgen (22. September) sandte unser Schutzpatron Nikolaus uns wiederum einen günstigen Wind. Er blies aus einer schönen Wolke, die uns nebenbei mit gewaltigen Regenschauern überschüttete. Die Luft war finster und die Erde in Nebel gehüllt. Durch diese Nebel schimmerten weitläufige Sümpfe, auf deren Oberfläche man hier und da eine gebeugte Fichte, eine vergilbte Birke, einen durch die Rufe der Bootsleute aufgeschreckten Bären erblickte, der vom Ufer davoneilte, einen raubgierigen Adler, der auf Beute lauerte u. s. w. Wenig erheitert durch diese Gegenstände bemerkte ich mit Vergnügen, dass der heilige Nikolaus uns getreulich beistand und uns mit gefüllten Segeln eine Bucht nach der anderen zurücklegen ließ. Als der Tag zu sinken begann, gewahrten wir in der Ferne mehrere Feuer, welche an dem Ufer von Ischemskischen Bauern angezündet worden waren, die sich auf dem Weg zu ihren Rentierherden befanden. Wir gesellten uns zu ihnen und fassten den Entschluss, ein kleines Fest an dem öden Ufer der Uusa zu veranstalten. Die ganze Gesellschaft wurde in unseren Kajuk eingeladen und nahm Platz um eine umgedrehte Tonne, die uns als Tisch diente. Während der Tee eingenommen wurde, saßen die Syrjänen verdrießlich und ernst um die Tonne, später aber, als die Cognacflasche zu kreisen begonnen hatte, taute das syrjänische Phlegma allmählich auf. Ich nutzte die Gelegenheit, um das Gespräch auf den Zustand der Samojeden und ihr Verhältnis zu den Kolonisten der Tundra zu lenken. Dies war ein sehr heikles Thema, denn die Samojeden beschuldigen die fremden Kolonisten und namentlich die Syrjänen vieler Ungerechtigkeiten und sind der Ansicht, dass die gewissenlosen Prellereien der Kolonisten sie in ihre jetzige, höchst jammervolle Lage gestürzt haben. Die Syrjänen ihrerseits wollen sich wiederum als die Wohltäter der Samojeden betrachtet wissen und suchen ihre Handlungen wenigstens mit dem Schein der Gerechtigkeit zu bemänteln. Ich will hier einige ihrer Verteidigungsgründe anführen und mit möglichster Genauigkeit die Äußerungen referieren, welche die um die Tonne gelagerte Versammlung machte. Der Älteste der kleinen Ratsversammlung, ein gelehrter Kirchenvorsteher, ließ sich ungefähr in folgender Weise vernehmen:

»Ich verlasse mich auf Gott und glaube, dass in der Welt nichts ohne seinen Willen geschieht. Da nun, wie bekannt, die Syrjänen in den Besitz eines großen Teils der Rentiere der Samojeden gelangt sind, so ist dieses ganz gewiss infolge eines göttlichen Ratschlusses geschehen. Nicht als ob der Teufel nicht auch hier wie überall seine Finger mit im Spiele hätte, aber auch sein Werk hat Gott gefügt und wird es immer nach seinen Absichten fügen. Da du* ein Fremdling von dem *tatarischen* Glauben und unbekannt mit dem wahren Licht bist, so will ich dich durch ein Beispiel darüber aufklären, wie Gott schon von Anfang der Welt an das Böse, das der Teufel übt, zum Guten gewendet hat. Es steht geschrieben, dass Gott an den sechs ersten Tagen Erde und Himmel, Sonne, Mond und alle Gestirne, den Menschen, das Gras und die Tiere schuf. Allein nun wollte der Teufel auf alle mögliche Weise die geschaffenen Werke Gottes verschlechtern; er verdarb den Menschen, vergiftete viele Kräuter, brachte Schlangen und andere schädliche Tiere hervor. So schuf er auch unter den Fischen den Hecht und die Quappe. Als die Engel dieser Fische gewahr wurden, fingen sie dieselben, trugen sie zu Gott und fragten, was mit ihnen zu tun sei. Gott betrachtete sie, und als er ein Kreuz in ihrem

* Die Rede war an mich gerichtet.

Kopf bemerkte, segnete er sie, sodass sie jetzt gut und den Menschen nützlich sind. Was Gott in solcher Weise gesegnet hat, das darf der Mensch nicht tadeln, wenn auch der Teufel seinen Anteil daran haben sollte. Offenbar ruht der Segen Gottes auf unseren Rentierherden; denn sie nehmen zu und vervollkommnen sich mit jedem Jahr und sind unser wichtigstes Eigentum. Fragst du nun, in welcher Absicht Gott uns wohl die Rentiere der Samojeden geschenkt hat, so glauben wir, dich auch hierüber belehren zu können. Bevor die Kolonisten auf die Tundren vorgedrungen waren, lebte der ganze samojedische Stamm in heidnischer Verirrung und Verblendung. Diese Menschen opferten nur aus Furcht, und die Sonne der Gnade war ihnen noch in eine undurchdringliche Finsternis gehüllt. Sie hatten von göttlichen Dingen wenig mehr Kenntnis als Hunde und Blaufüchse. Fast ebenso unerfahren waren sie in menschlichen Beschäftigungen. Sie kannten nicht den Gebrauch der Schießgewehre, sie hatten keine Netze, keine ordentlichen Fischgeräte, verstanden nicht ihre Rentiere zu bewachen und hatten im Allgemeinen keinen Begriff von einer vernünftigen Haushaltung. Deshalb sandte Gott Russen und Syrjänen auf die Tundren; er sandte sie den Samojeden als Lehrmeister sowohl in göttlichen als auch menschlichen Dingen. Es beliebte ihm, uns die Rentiere der Samojeden zu geben und Letztere bei uns in die Lehre treten zu lassen. Sie sind jetzt unsere Diener; wenn sie aber ihre Lehrzeit ordentlich ausdienen und dadurch gute, rechtgläubige Christen werden, so wird Gott ihnen gewiss seine Gnade angedeihen lassen, denn er nimmt sich eines jeden an, der auf ihn baut.«

Ein anderer in der Versammlung sprach folgendermaßen: »Mannigfaltig sind die Menschen, sagt das Sprichwort, und dies gilt von allen Völkern, von Christen wie von Heiden. So gibt es unter den Samojeden viele gute und ordentliche Menschen, unter den Syrjänen wiederum viele Betrüger und Schelme. Von dieser Art sind namentlich viele der Syrjänen, die auf den Tundren umherstreifen. Sie haben ihre Zuflucht zu der Wildnis genommen, weil sie dort ungestraft ihre Bosheit ausüben können. Allein es ist die Frage, ob diese Gewalttaten den Samojeden mehr Schaden zufügen als den Syrjänen selbst. Wie die Dinge jetzt stehen, sind wir ohne Zweifel diejenigen, welche am meisten leiden. Die Klagen der Samojeden sind eine Folge früherer Leiden. Jetzt ist wenig bei den Samojeden zu holen, und es ist somit natürlich, dass jeder, der durch Ungerechtigkeit in den Besitz fremden Eigentums kommen will, am liebsten Jagd in unseren reichen Herden anstellt. So ist es auch geschehen, dass wir alle, die wir hier zugegen sind, jährlich eine bedeutende Anzahl Rentiere verloren haben, bisweilen durch die Diebstähle der Samojeden, öfter aber durch die unserer eigenen Brüder. Weit entfernt davon, solche Personen verteidigen zu wollen, wünschen wir im Gegenteil sehr, dass sie der Hand des Gesetzes übereignet werden möchten. Sind sie einmal von der Tundra verjagt, so hören die Streitigkeiten, die jetzt zwischen Samojeden und Syrjänen herrschen, von selbst auf. Alsdann werden die Samojeden selbst erkennen, dass sie von uns größeren Vorteil ziehen, als sie jetzt zugestehen wollen.«

»Dass wir in Besitz der Rentiere der Samojeden gekommen sind«, äußerte ein Dritter, »gereicht diesem ganzen Land zu Nutzen und Vorteil. In den Händen der Samojeden sind die Rentiere stets ein unfruchtbares Besitztum gewesen, weil ihre ganze Lebensweise höchst verkehrt ist. Der Reiche liegt ganz und gar untätig in seinem Zelt und sammelt um sich herum seine armen Verwandten, die an seinem Eigentum zehren, bis er selbst verarmt und von der Gnade seines Nächsten leben muss. Bei diesem Volk gibt es somit keine Gelegenheit zu Arbeit und Verdienst. Wir dagegen verschaffen durch unsere Herden mehreren hundert Samojeden und Syrjänen Arbeit und Nahrung. Wir verwenden sie zur Bereitung von Fellen, zur Verfertigung von Kleidern zu unserem eigenen Gebrauch und zum Verkauf, wir brauchen sie, um unsere Herden zu bewachen, zur Jagd und Fischerei. Durch die Rentiere führen wir aus Sibirien Mehl, Fische und andere Lebensmittel ein. Wir besuchen die Märkte, verkaufen dort gegerbte Felle, Rentierhäute, Rentierhaare, Kleidungsstücke aus Fell u. s. w. und bringen in solcher Weise Geld in unsere arme Gegend. Wir verstehen es, mit einem Wort, die Rentiere zum allgemeinen Nutzen zu verwenden und können nur durch sie in diesem wilden Lande unser Dasein fristen.«

Andere oder neue Ansichten ließen sich nicht vernehmen, sondern vielmehr diskutierte man über die bereits angeführten und war allgemein darüber einig, dass 1) die Syrjänen und Kolonisten überhaupt zur Bildung und Veredelung der Samojeden beigetragen haben und fortwährend beitragen; dass 2) die Samojeden jetzt keine bedeutende Beeinträchtigung vonseiten der Kolonisten zu erdulden, sondern im Gegenteil bei ihnen Arbeit und Verdienst haben; und dass 3) die Syrjänen sich nur mithilfe der Rentierherden in jenen unfruchtbaren Gegenden aufhalten können. – Fragen wir nun auch die Samojeden nach ihrer Ansicht, so erkennen diese allerdings an, dass unter den fremden Kolonisten manch redlicher Mann zu finden ist, der ihnen in göttlichen wie in menschlichen Dingen beisteht. Aber im Allgemeinen hegen sie eine große Erbitterung gegen diese Fremden und legen ihnen zur Last, dass sie sich durch Diebstahl und Betrug ihre Rentierherden angeeignet, ja selbst ihre Kinder und Angehörigen in eine Art babylonische Gefangenschaft geführt haben, dass sie fortwährend ihnen, den Samojeden, ihren Aufenthalt auf der Tundra erschweren, indem ihre zahlreichen Herden das Moos abfressen, ihnen Schaden beim Fang von wilden Tieren zufügen, sie im Handel und Wandel betrügen, ihre Rentiere stehlen u. s. w. Deshalb wünschen diejenigen Samojeden, die noch größere oder kleinere Rentierherden besitzen, nichts sehnlicher, als dass die fremden Kolonisten entweder ganz von der Tundra verjagt oder wenigstens auf gewisse Grenzen beschränkt werden möchten und nicht, wie dies bis jetzt der Fall gewesen, ungestört die Herren im ganzen Samojedenland spielen dürfen.

Doch verlassen wir die samojedische Politik und setzen unsere Reise fort. In der Nacht, die auf das soeben erwähnte

Gespräch folgte, legte sich der Wind, und wir konnten nur in der Weise vorwärtskommen, dass fünf Personen an Land stiegen und mithilfe eines Taues den Kajuk längs des Ufers zogen. In solcher Weise erreichten wir den großen Nebenfluss Ljomwa, 90 Werst vom Rögöwei. Hier erhob sich wieder ein günstiger Wind; als man aber die Segel aufspannen wollte, versäumte man, die Taue ordentlich zu befestigen, und infolgedessen brach der Mast. Dies veranlasste einen Aufenthalt von einem ganzen Tag an diesem Orte, während welcher Zeit ein neuer Mast aufgerichtet wurde. Doch mit dem Mast brach auch unser Glück. Drei volle Tage herrschte ein anhaltender Gegenwind, außerdem wurde die Uusa immer reißender, und an einigen Stellen war sie so seicht, dass der Kajuk, während er durch Menschenkräfte weitergezogen wurde, oft auf Grund stieß. Indessen erreichten wir nach vielen Anstrengungen am 27. September das erste Ziel unserer Reise, nämlich eine kleine unbewohnte Hütte am Ufer der Uusa, ungefähr 40 Werst vom Ural.

In dieser Hütte (*koja*) oder Jurte ließen sich nun 15 Personen nieder, um die Ankunft des Winters abzuwarten und sich alsdann gemeinsam nach Sibirien zu begeben. Aus Furcht, dass dieses Ausharren in einer unbequemen, schmutzigen, dunstigen, finsteren, heißen und rauchigen Wohnung mir am Ende allzu langweilig sein möchte, beabsichtigte ich, meine Reise ohne Aufenthalt zu Fuß nach Obdorsk fortzusetzen; aber diese Wanderung betrachtete man als mit so vielen Gefahren und Beschwernissen verknüpft, dass die Syrjänen mir keinen Begleiter mitgeben wollten, weil sie das Unglück, das mir passieren könnte, nicht auf ihrem Gewissen haben wollten. Da ich somit genötigt war zu verweilen, blieb es meine hauptsächliche Sorge, wie ich jeden Tag zu Ende bringen sollte. An irgendeine Beschäftigung in der Hütte selbst war nicht zu denken; nicht einmal die Syrjänen hielten es den Tag über in ihr aus, so stickig, heiß und rauchig war sie. Ausflüge ins Freie waren auf der anderen Seite des anhaltenden Regens wegen, den der ebenso anhaltende Westwind brachte, kaum angenehmer. Indessen streifte ich fleißig auf den öden Sümpfen und Moorgründen umher und entfernte mich zuweilen so weit von meiner Wohnung, dass ich sie nur mit Mühe wiederfand. Die ganze Gegend ringsumher war eine Tundra, worunter man, wie bereits früher erwähnt wurde, ein *von Wald entblößtes* Land, einen nackten Boden zu verstehen hat. Auf der Tundra können sowohl Höhen als auch Täler, Heide, Moorgrund, Seen, Flüsse u. s. w. vorkommen, aber keine Vegetation. Vielleicht würde eine mikroskopische Untersuchung auch auf der Tundra eine kleine Welt aller Arten lebender Geschöpfe entdecken, aber den Blicken eines gewöhnlichen Beobachters zeigte sich nur niedriges Weidengebüsch, graues Rentiermoos, einige wenige Grasarten und eine Menge kryptogamer Gewächse. Von Tieren wird man außer Rentieren nur Wölfe, Füchse, Blaufüchse, Raben, Krähen, Eulen und eine ungeheure Menge Ratten und Mäuse gewahr. Derjenige, der aus Erfahrung die düstere Leere der Tundra kennt, dürfte sich nicht über die eigentümliche Vorstellung der Samojeden wundern, dass der Gott des Todes über der Erde thront und dass die elysäischen Felder im Schoß der Unterwelt liegen. In Übereinstimmung mit dieser Vorstellung bestatten sie gewöhnlich ihre Toten oberhalb der Erde und glauben, dass die finsteren Geister der Tadiben im Dunkel der Nacht über ihr schweben, erzählen hingegen, dass tief im Schoße der Erde ein gutes und glückliches Volk wohnt, das sie *Siirtjei* nennen, ein Volk, das statt der Rentiere reich sei an Mammuttieren, an Bibern, Zobeln, Silber und Gold.

Ich gedenke hier noch einer Überraschung, die mir auf einem meiner gewöhnlichen, einsamen Spaziergänge auf dieser Tundra widerfuhr. Ein plötzliches Unwetter nötigte mich, unter einem Baum am Flussufer ein Obdach zu suchen. Nicht weit von dem Baum entfernt gewahrte ich einen Gegenstand, der sowohl mein Erstaunen als auch meine Neugierde weckte. Es war eine viereckige Kiste von ungefähr drei Ellen Länge und einer Elle Breite. Sie war aus groben, unbehauenen Baumstämmen gezimmert, ruhte auf einigen anderen, in die Erde getriebenen Stämmen und war gleichfalls mit Baumstämmen oder größeren Zweigen bedeckt, und zwar in zwei Schichten. Ohne Bedenken unternahm ich eine Untersuchung des Inhalts der Kiste, riss zuerst zwei über ihr liegende Querstangen los und wälzte darauf die Stangen beiseite, die ihr als eine Art Deckel dienten. Nachdem diese Hindernisse beseitigt waren, lag vor meinen Blicken eine widerliche Antiquität – ein stinkender menschlicher Leichnam.

Was meinen Aufenthalt in der engen Syrjänenhütte betrifft, so wurde mir dieser mit jedem Tage unleidlicher. Durch den täglichen Umgang verlor meine Reisegesellschaft allmählich ganz den Respekt vor dem fremden »Wohlgeborenen Herrn« und begann sich einer maßlosen Trunksucht zu ergeben. Kann man sich nun auch manchmal im nüchternen Zustand an den komischen Szenen belustigen, die fast immer in einem bacchantischen Kreise vorkommen, so wird einem ein solches Schauspiel, wenn es längere Zeit währt, doch mehr und mehr zuwider. Das Drama, welches in der Schenke aufgeführt wird, ist im Ganzen betrachtet kein anderes als das, welches das Irrenhaus darbietet. Der Rausch ist nur ein vorübergehender Paroxysmus von Wahnwitz.

Gegen Ende Oktober trat endlich der Winter, der den ganzen langen Monat hindurch ersehnte Winter ein. Die Rentierherden der Syrjänen langten an, und man begann, sich für die Reise zu rüsten. Schnell wurde nun eine Karawane von 150 Schlitten gebildet und diese wiederum auf 15 sogenannte *Arjische* verteilt. Unter *Arjisch* versteht man eine kleine zusammenhängende Karawane von zehn Schlitten. Jeder Schlitten wird gewöhnlich von zwei Rentieren gezogen, die mit einem Halfter an den vorausfahrenden Schlitten angebunden und daher gezwungen sind, dem Arjisch zu folgen. An dessen Spitze fährt stets eine Person in einem leichten Schlitten, von drei bis vier Rentieren gezogen. Ein solcher Schlitten hat so kurze Dimensionen, dass derjenige, der ihn fährt, stets quer sitzen muss, mit dem Rücken zur rechten Seite und den Beinen außerhalb des Schlittens herabhängend. Weil aber diese Art zu reisen nicht allein unbequem, sondern auch, wenn sie lange dauert, sehr ermüdend ist, ließ ich meine Rentiere an den Arjisch festbinden und zwängte mich selbst in einen gewöhnlichen Lastenschlitten, in dem ich eine halb liegende Stellung einnehmen und mich rechts und links umschauen konnte. Am ersten Tag der Reise sah ich jedoch nichts, weil wir erst gegen Abend aufbrachen und bald genötigt wurden, unsere zwei Zelte aufzuschlagen. Dies geschieht in folgender Weise: Man errichtet zuerst zwei Stangen, deren obere Enden durch eine Schlaufe aneinander befestigt sind. Durch diese Schlaufe schiebt man dann verschiedene lose Stangen, deren untere Enden in die Erde gesteckt werden und eine je nach Beschaffenheit des Zeltes größere oder kleinere Peripherie bilden. Um diese Stangen zieht man doppelte Wände, die aus zusammengenähten Rentierhäuten bestehen und vier besondere Abteilungen bilden. Die Wände werden sehr fest geschnürt, und bei einem Unwetter erfordert es die Vorsicht, dass das ganze Zelt entweder an einen Baum in der Nähe oder an einen Lastenschlitten angebunden wird, weil im entgegengesetzten Falle das Wetter leicht das ganze Haus fortträgt. Innerhalb des Zeltes bedeckt man die Erde mit Brettern, Reisern oder Matten und Rentierhäuten. Der Herd besteht aus einer eisernen Vorrichtung, über die zwei an den Zeltwänden befestigte Stangen laufen, von denen die Kochtöpfe herabhängen. Doch das Kochen ist nicht das Wichtigste auf der Tundra. Nicht allein Samojeden, sondern auch Russen und Syrjänen sind daran gewöhnt, rohe Fische und rohes Fleisch zu verzehren. Selbst gebildete Leute genießen hier rohe Speisen; namentlich gefrorene Fische, die man für einen wirksamen Schutz gegen skorbutische Krankheiten hält. Wie dem auch sei, man wird durch die gewöhnliche Lebensweise auf der Tundra dazu gezwungen, sich roher Nahrung zu bedienen. Es ist oft der Fall, dass man mehrere Tage hindurch entweder kein Brennmaterial findet oder des Unwetters wegen sein Zelt nicht aufschlagen kann; ja selbst unter gewöhnlichen Umständen gelingt es selten, die so notwendige Mittagsmahlzeit zuzubereiten. Deshalb pflegt auch jeder in seinem Schlitten ein Stück rohes Fleisch oder am liebsten eine Rentierkehle bei sich zu führen, die er verzehrt, wenn es ihn gelüstet. Wenn die Verhältnisse es indessen erlauben, wird der Kochtopf jeden Morgen und Abend über das Feuer gesetzt. – Ist nun das Zelt aufgeschlagen und die Abendmahlzeit in Aussicht gestellt, so schleicht sich einer nach dem anderen ins Zelt, sucht sich einen bequemen Platz am Herd und sitzt frohgemut vor dem herrlich dampfenden Fleischtopf. Doch zeigt sich in unserem Kreise eine große Verschiedenheit in der Art und Weise, wie jeder sein Dasein genießt. Der Russe singt frohe Lieder, scherzt, spielt und treibt allerhand Possen. Der Syrjäne betet, erzählt Legenden und moralisiert. Der Samojede sitzt still im Zelt und lauscht aufmerksam der Rede des Klügeren. Nur ein einziges Individuum dieses Volkes macht sich zuweilen bemerkbar. Die Syrjänen nennen ihn einen Narren, allein seine Narrheit besteht lediglich darin, dass er über alles lacht und mit den Waffen des Scherzes jeder Beleidigung, jedem Vorwurf, ja selbst dem Hohn und Spott der Gefährten entgegentritt. Dass er kein Narr ist, davon wurde ich an unserer ersten Lagerstätte vollständig überzeugt, als Folgendes passierte. Nachdem die Abendmahlzeit beendet war, hätte man gern dem Samojeden die Überreste derselben geschenkt; weil er aber nicht das Zeichen des Kreuzes um den Hals trug, befürchtete man, er könne die Gefäße verunreinigen und seine heidnische Sündhaftigkeit auf die erlösten Seelen übertragen. Während die Gesellschaft sich über diesen wichtigen Punkt in Unruhe und Sorge befand, nahm der Samojede eine betrübte, halb weinerliche Miene an, ergriff ein in seiner Nähe liegendes Stück Eis und begann eifrig seine schuldlose Zunge rein zu waschen. Man nahm dies für Wahnsinn, aber die Demonstration hatte doch die Wirkung, dass dem Samojeden sofort eine Schüssel vorgesetzt wurde. Indessen begann zu gleicher Zeit der Frömmste unter den Syrjänen, sich gegen die entstandene Verunreinigung dadurch zu schützen, dass er aus einem russischen Gebetbuch ein rot gedrucktes Gebet vorlas. Während des Lesens gewahrte er am Rande die

Worte »Christi Auferstehung«. Dadurch an die bald bevorstehende schwere Fastenzeit erinnert, brach er plötzlich das Lesen ab und schleuderte das Buch von sich mit dem Ausruf: »Mag dich der Teufel holen!« Wahrscheinlich betrachtete er sich jetzt als gegen jede Ansteckung gefeit, denn er warf sich ruhig auf sein Lager. – Wir anderen folgten seinem Beispiel. Auf die Nacht folgte ein herrlicher Morgen. Meiner geringen Einsicht in himmlische und irdische Dinge nach hat der hohe Norden nichts Schöneres zu bieten als einen sternenhellen Herbstmorgen, an dem die Erde noch mit Schnee bedeckt, der Wald dunkel, das Eis noch blank, die Luft rein und leicht wie der leichteste Äther ist und kein Wind, kein Vogel, kein Laut das tiefe Schweigen der Natur unterbricht.

Was unsere Reise betrifft, so ging sie so langsam vorwärts, wie dies nur im Land der Samojeden möglich ist. In den ersten vier Tagen (25.–28. Oktober) legten wir im Ganzen ungefähr 40 Werst zurück, erreichten aber noch nicht den Ural, weil man, um einen einigermaßen bequemen Übergang über das Gebirge zu haben, einen bedeutenden Umweg zu machen genötigt war. Später trat Tauwetter ein, und wir mussten ungefähr zwei Tage lang die Weiterreise einstellen. Am 31. Oktober brachen wir wieder auf und fuhren über den Kötschpel, einen der vielen Nebenflüsse der Uusa. Hier sah ich die letzten Fichten am westlichen Fuße des Ural; der Weidenstrauch war von nun an die vorherrschende Baumart. Gegen Abend lagerten wir uns am Fuße des Ural; während der Nacht brach ein Regen aus, der zwei volle Tage anhielt und uns daran hinderte, weiterzureisen. Am 3. November begrüßte uns wieder ein klarer, ruhiger Morgen. Jetzt sah ich zum ersten Mal den Ural in seiner Pracht – umstrahlt vom Sternenglanz, der die wellenförmigen, himmelhohen Gipfel beleuchtete. Stolz erhob in der Mitte »der Fürst des Ural«* seinen weißen Scheitel, und zahllose Sterne hingen

* Die Samojeden nennen den Ural *Pae,* d. h. Stein, und den höchsten Gipfel in jeder Bergkette nennen sie gewöhnlich *Pae jieru*, d. h. des Urals Fürst oder Herr.

über ihn herab. Ihr Schein goss sich gespensterhaft über das Antlitz des Fürsten und verlieh den erstarrten Zügen Leben. »Du siehst, dass der Fürst heute mild ist«, sagte der vorhin erwähnte Samojede, der sich an meine Seite geschlichen hatte, »aber er kann auch ein anderes Aussehen annehmen.« Darauf erzählte er von den mächtigen Stürmen, die auf dem Ural rasen und große Steine und ganze Felsen den Berg hinabschleudern. Er erzählte, dass viele seiner Brüder beim Übergang über den Ural in Sturm und Unwetter ums Leben gekommen seien. So sehr fürchten die Samojeden den »Fürsten des Ural«, dass sie es nie wagen, die Fahrt über das Gebirge anzutreten, ohne vorher mit den Rentieren einen Tag an dessen Fuße ausgeruht zu haben. Mit frischen Rentieren ist die Überfahrt an einem Tage geschehen. Zu Übergangsstellen dienen mehrere Bergpässe oder sogenannte Tore, durch welche die Bergkette oft unterbrochen wird. Diese Pässe sind mehr oder weniger weit reichende Bergrücken von recht bedeutender Höhe, wenn sie auch aus der Ferne wie niedrige Täler aussehen. Unsere Fahrt ging über den Bergrücken, den man jetzt durch einen Kanal zu durchbrechen beabsichtigt, um in solcher Weise zwei Flüsse miteinander zu vereinigen. Beide entspringen auf diesem Bergrücken, der eine, Jelez, fällt in die Uusa, der andere in einen Nebenfluss des Ob, *Padjaha* oder *Sob* genannt. Die Absicht ist, den Ob durch eine Wasserstraße mit der Petschora zu verbinden und über Pustosersk nordische Produkte ins Ausland zu bringen. Wenn dieser Plan einmal realisiert werden sollte, so dürfte er auch von dem größten Einfluss auf die Kultur des Landes und die Zivilisation seiner wilden Bewohner sein.

Unsere Fahrt über den Bergpass ging sehr glücklich und schnell vonstatten; aber kaum hatten wir den Bergrücken hinter uns und fuhren wieder bergab, als sich im Westen ein Unwetter erhob, das selbst an der östlichen windfreien Seite des Berges mit solcher Heftigkeit raste, dass es uns nur mit der äußersten Anstrengung gelang, unser Zelt aufzuschlagen. Im Verlauf der Nacht legte sich das Unwetter jedoch so weit, dass wir am folgenden Morgen (4. November) die Reise fortsetzen konnten. Wir bewegten uns nun in südöstlicher Richtung, längs dem rechten Ufer des Flusses Sob, durch eine Gegend, die sehr uneben und mit Fichten und Lärchen dicht bewachsen war. Nach einer dreitägigen langsamen und mühevollen Reise in dieser Waldgegend ließen wir den Sob rechts liegen und befanden uns bald auf einer sich weit ausdehnenden Tundra, fuhren anderthalb Tage auf dieser umher und erreichten dann eine Anhöhe, von welcher aus der Ob uns endlich mit seinen zahlreichen Buchten, Armen und Inselgruppen erschien. Da aber der Fluss noch keine Eisdecke hatte, lagerten wir auf der Anhöhe und sandten einige Personen aus, um ostjakische Jurten aufzusuchen und uns ein Boot zu verschaffen, in dem ich über den Fluss setzen könnte. Die Ausgesandten kehrten gegen Abend zurück, allerdings mit dem Bescheid, dass sie zwar einige Jurten gefunden, die Ostjaken sich aber geweigert hätten, mich über den Fluss zu setzen, weil sie, wie sie vorgaben, kein Boot besaßen. In der Befürchtung, dass die Ostjaken während der Nacht die Flucht ergreifen könnten, ließ ich nun vier Rentiere vor einen Schlitten spannen und begab mich persönlich nach einer der Jurten. Bei meinem Eintritt kam mir ein alter Mann mit dem Gruß entgegen, dass ich denselben Weg zurückkehren könne, auf dem ich gekommen sei. Weit entfernt, mich durch diesen Gruß abschrecken zu lassen, versetzte ich die Ostjaken vielmehr durch Drohungen und strenge Worte in solche Angst, dass sie alle sich sehr bald mir zu Füßen warfen. Nichtsdestoweniger blieben sie hartnäckig bei dem einmal gefassten Entschluss, mich nicht über den Fluss setzen zu wollen. Der Grund dieser Unfreundlichkeit war offenbar der, dass bereits kleine Eisstücke im Fluss umherschwammen und man befürchtete, dass diese möglicherweise das Boot beschädigen, wenn nicht gar zertrümmern würden. Durch fortgesetzte Drohungen und das Versprechen, ihnen den Wert des Bootes zu ersetzen, gelang es mir endlich, die Ostjaken zu dem Geständnis zu bewegen, dass sie ein altes, leckes und unbrauchbares Fischerboot hätten. Nun ließ ich einen der Ostjaken in meinem Schlitten Platz nehmen und fuhr mit ihm ab, um das Boot zu besichtigen. Unterwegs gestand dieser Ostjake, dass er auch ein anderes Boot besäße, besann sich später noch auf ein drittes, dann auf ein viertes und fünftes, endlich gar auf ein sechstes, eine Anzahl kleinerer Boote nicht mitgerechnet.

Am folgenden Tage (9. November) setzte ich glücklich über den Ob, erreichte darauf Obdorsk nach einer Reise, die ungefähr zwei Monate gedauert hatte und mit den größten Beschwernissen verknüpft gewesen war, Beschwernissen, wie ich sie weder früher noch später auf irgendeiner Reise ausgestanden habe.

9

Obgleich die vorhergehende lange, mühevolle Reise meine Kräfte erschöpft, meine Gesundheit ruiniert und meinen Mut herabgestimmt hatte, war ich bei der Ankunft in Obdorsk nichtsdestoweniger erfreut und glücklich in dem Bewusstsein, dass ich mich nun endlich auf dem geheiligten Boden der Mutter Asia befand, dass ich die Luft einatmete, welche den ersten Lebensfunken in die Brust unserer Väter gesenkt hat und immer noch viele ihrer tief beklagenswerten Söhne am Leben erhält. Das Schicksal hat sie weit umher verschlagen, die einen auf die stürmischen kalten Höhen des Ural, die anderen an die noch kälteren Ufer des Eismeeres, und ihr Geist ist in Ketten geschlagen, die fast ebenso hart sind wie das Eis, das in ihrem jetzigen Vaterland das Herz der Natur umschließt. Diese Ketten sind die der Rohheit, der Finsternis und der Wildheit. Zwar ist diese Rohheit mit vielen schönen, liebenswürdigen Eigenschaften verknüpft, und es ist mir zuweilen vorgekommen, als könne der klare Instinkt, das unschuldige Gemüt und das gute Herz der sogenannten Naturvölker in vielen Beziehungen den ganzen europäischen Weisheitskram zuschanden machen; aber auf meinen Wanderungen in der Wildnis ist mir neben vielem Schönen, Guten und Edlen bei diesen Naturvölkern leider so viel Verabscheuungswürdiges, so viel tierische Rohheit begegnet, dass ich sie im Grunde doch weniger liebe als beklage. Diese Erfahrungen beeinträchtigten jedoch durchaus nicht die fröhlichen Gefühle, welche mich erfüllten, als ich mich endlich in dem Land meiner Träume unter Völkerschaften befand, die in näherem oder fernerem Grade ihre Herkunft von der Mutter Kalevas herleiten. Es war gerade in der Absicht, die Bekanntschaft dieser Völkerschaften zu machen, dass ich mich nach Obdorsk, der nördlichsten Kolonie im westlichen Sibirien, nicht weit von der Mündung des Ob in das Eismeer begab. Heute genießt Obdorsk nur ein geringes Ansehen; früher war dieser Name ein gefeierter und gehörte mit in den Titel der Zaren. Das Wort ist wenigstens zur Hälfte syrjänisch und bedeutet »Mündung des Ob« (von *Ob* und *dor*, d. h. das Äußerste). Es ist möglich, dass die Syrjänen die kleine Kolonie, deren Name aus ihrer Sprache stammt, gegründet haben; ein historisch nachweisbares Faktum aber ist es, dass sie im Altertum Handelsreisen nach Obdorsk unternommen haben. Erst viel später begannen auch Russen aus Tobolsk und Beresow den Ort zu besuchen, bauten sich hier kleine Hütten und legten Speicher an, hielten sich aber nur zeitweilig hier auf. Die beschwerlichen Reisen nötigten sie indes bald, feste Wohnsitze in dieser öden Gegend zu gründen. Die russische Kolonisation begann vor etwa einem Jahrhundert; die meisten Kolonisten sind in den letzten dreißig Jahren hierhergezogen und halten sich hier mit Pässen auf, die jährlich erneuert werden. Zur Verstärkung der schwachen Bevölkerung des Ortes dient eine Anzahl Deportierter. Unter diesen gab einer sich für einen Polen aus, ein anderer für einen Kalmücken, ein dritter für einen Kirgisen. Auch hielten sich während meiner Anwesenheit eine Menge Handel treibender Tataren und Syrjänen hier auf. Die eigentlichen Einwohner des Landes sind Ostjaken und Samojeden. Viele Ostjaken hatten ihre festen Jurten um die Stadt herum aufgeschlagen, und bald sollten noch andere nomadisierende Ostjaken sowie eine große Menge Samojeden sich in dieser Gegend einfinden.

Hieraus geht hervor, dass Obdorsk der rechte Ort für meine Tätigkeit war. Es war für mich ein London, ein Paris, ein Berlin u. s. w., und doch fand ich hier kein anderes Buch als das sibirische Gesetzbuch, kein anderes Journal als das, welches die Damen in der Abenddämmerung redigieren, keine Antiquitäten- oder Naturaliensammlung, wenn auch fast alles, was ich fand, in den meisten Sammlungen seinen Platz behaupten würde. Das Schlimmste von allem war, dass ich anfänglich unter der Zahl der Christen kein einziges Individuum entdecken konnte, das für irgendwelche anderen Interessen zugänglich gewesen wäre als für die, welche hundert und aberhundert Prozente einbringen. Doch, was kann man wohl anderes von Leuten erwarten, die auf alle Freuden und Genüsse des zivilisierten Lebens Verzicht geleistet haben, und zwar nur in der Absicht, sich durch List und Betrug in Besitz des Eigentums zu setzen, das die einfältigen, treuherzigen Eingeborenen sich mit Mühe im Schweiße ihres Angesichts erworben haben. Dies ist ihnen zwar gelungen, aber der Erfolg ihrer Pläne hat die meisten dieser Glücksritter in moralisches Verderben gestürzt, und sie sind einer zynischen Rohheit verfallen, die mir weit abscheulicher vorkam als die der Wilden. Als ich bei meiner Ankunft in Obdorsk eine Wohnung bei einem von Tobolsk dort eingewanderten Bürger suchte, fand ich die ganze Familie auf dem Fußboden sitzend, damit beschäftigt, einen rohen Fisch zu verzehren, den der Hausvater selbst in Stücke zerschnitt und vorlegte. Und als ich kurz darauf den gebildetsten Mann des Ortes besuchte, einen subalternen Beamten, rechnete er es sich zum Ruhme an, dass er während eines halben Tages nur rohes Fleisch gegessen habe. Auch der vorhin erwähnte Pole, der von Profession Koch war und eine große Rolle in der Küche von St. Petersburg gespielt haben wollte, sagte mir, dass seine Kunst ihm in Obdorsk wenig einbrächte, »weil die Menschen hier *à la samoïède* leben«. Sie haben zwar Häuser, und einige dieser haben sogar zwei Etagen, aber sie sind von altem Schiffsholz aufgeführt und gewähren im Winter nur geringen Schutz gegen die Kälte und den schneidenden Wind. Die Bekleidung der Einwohner ist für gewöhnlich meist dieselbe, wie sie die Samojeden und Ostjaken tragen. Viele waren den Samojeden selbst darin ähnlich, dass sie mehr oder weniger zahlreiche Rentierherden hielten. Kühe und Schafe waren zwar nicht ganz seltene Erscheinungen, Pferde aber fehlten durchweg; man bediente sich statt ihrer der Rentiere und namentlich der Hunde. Doch, um gegen Obdorsk gerecht zu sein, darf ich nicht unerwähnt lassen, dass hier in den Häusern gewisser Bürger und Kaufleute auch ein Hauch von Tobolsk oder wenigstens ein Etwas zu finden war, das dafür gelten will. Ich fand feine Kleider, glänzende Schals, große Spiegel, Muskatellerwein, angenehme Unterhaltung und Tabak von Suwarow Nr. 1. Zu den Merkwürdigkeiten und Antiquitäten des Ortes gehört die Familie Charpow, eine in dem Kreis Beresow weit verbreitete Predigerfamilie. Man sagte, die Familie sei schwedischer Herkunft. Ihr Stammvater soll während des Krieges von Zar Peter mit Schweden seinen König verraten und nach Beendigung des Krieges, um der Gefahr der Auslieferung zu entgehen, seine Zuflucht in diesem entlegenen Winkel der Welt gesucht haben. Wie dem auch sei, so wollten jedenfalls die Mitglieder der Familie von keiner Landsmannschaft mit mir wissen, den man gleichfalls für einen Schweden von Geburt ansah. Näherte ich mich ihnen auf den Straßen auf Schussweite, so liefen sie sogleich davon und verschlossen die Tür hinter sich. Mit derselben Scheu und Unfreundlichkeit kamen mir auch die meisten der anderen Einwohner der Stadt entgegen, die, wie es schien, in mir einen ihrem kommerziellen Streben höchst gefährlichen, verdächtigen Kundschafter erblickten. Dieser Verdacht war umso natürlicher, weil ich mich fortwährend mit den Eingeborenen beschäftigte und bei ihnen Aufklärungen, nicht allein in philologischer und ethnografischer, sondern auch in statistischer Hinsicht zu erhalten suchte.

Eigentlich war aber die Zeit meiner Beschäftigungen noch nicht gekommen, denn in den obdorskischen Jurten befanden sich nur einige arme, zur Hälfte russifizierte Ostjakenfamilien, und der größte Teil der übrigen Eingeborenen hielt sich noch immer auf den öden Tundren auf. Es dauerte jedoch nicht lange, so kamen mehrere Familien sowohl von dem Stamm der Ostjaken als auch der Samojeden nach Obdorsk, um den dortigen Markt zu besuchen, der vom Beginn des Winters bis in den Februar hinein währt, während welcher Zeit die Eingeborenen sich in ihren Zelten rings um die russische Kolonie lagern. Mit ihrer Ankunft begann ein neues seltsames und buntes Leben in der kleinen Stadt. Täglich strömten zahlreiche Scharen dieser schwer bepelzten Söhne und Töchter der Tundra herein, schritten langsam durch die Straßen und schauten bewundernd die hohen Häuser an. Dass sie hergekommen waren, um zu kaufen und zu verkaufen, war nicht leicht einzusehen, und ich überzeugte mich nur mit Mühe davon, denn diese Marktgäste zeigten sich vollständig ohne alles Interesse und führten ihre Ware nicht auf den Markt. Es ging jedoch das Gerücht, dass sie unter ihren weiten Pelzen schwarze und blaue Fuchsfelle und andere Kostbarkeiten verborgen hätten. Diese waren allerdings nicht für jeden Käufer zugänglich, sondern man schlich sich mit ihnen zu irgendeinem besonders guten Freunde, ließ sich von diesem gut bewirten und schloss darauf ganz in der Stille den Handel ab. Der Wilde sieht sehr wohl ein, dass er durch diese geheimnisvolle Art des Handels verliert, aber sein zaghaftes Gemüt scheut die öffentliche Versteigerung, und überhaupt steht es nicht in seinem freien Willen, seine Ware an den Meistbietenden zu verkaufen. Unter den Tausenden von Eingeborenen, die sich jährlich auf dem Markt von Obdorsk von weit entlegenen öden Gegenden her einfinden, gibt es nur höchst wenige Personen, die nicht bei den Bürgern, Kaufleuten oder Kosaken mit größeren Summen verbucht ständen, als sie besitzen. Sollten sie sich nun erdreisten, sich mit ihren Waren an irgendeinen anderen als ihren Gläubiger zu wenden, so würde dieser sich nicht scheuen, von dem ganzen Eigentum des Wilden Besitz zu nehmen und ihn selbst obendrein zu seinem Diener zu machen. Dessen ungeachtet geschieht es wohl mitunter, dass der Eingeborene sich ermannt und wenigstens einen Teil seiner Ware an einen fremden Kaufmann veräußert; aber er muss natürlicherweise trachten, hierbei die größtmögliche Vorsicht walten zu lassen, und gerade dieses Bestreben drückt vielleicht diesem oder jenem Marktbesucher das Gepräge des Geheimnisvollen auf, das am meisten auf dem Markt zu Obdorsk hervortritt. In diesem Jahr steigerte sich die geheimnisvolle Ängstlichkeit ferner noch durch ein in Umlauf gesetztes Gerücht, das besagte, dass der Markt nicht eher beginnen dürfe, als bis die Krone von allen Stämmen ihre Steuern ganz eingetrieben habe. Dieses Gerücht konnte nur sehr niederschlagend auf die Eingeborenen wirken, denn viele unter ihnen hatten kein anderes Existenzmittel, als ihre wenigen Rentiere zu schlachten, was ihnen wiederum unmöglich war, weil sie diese unbedingt für ihr nomadisierendes Leben brauchen. Sie hatten sich wie sonst in der Hoffnung nach Obdorsk begeben, für ihre Waren Brot, Mehl und andere Lebensmittel einzutauschen. Kam aber dieser Tauschhandel erst dann zustande, wenn die Steuereinnahme beendet war, so mussten sie fast drei volle Monate hindurch fasten; denn die am entferntesten wohnenden Samojeden würden erst im Februar nach Obdorsk gelangen können. Während man wegen der Wahrheit dieses Gerüchtes noch in Ungewissheit schwebte, kam ein Gouvernementsbeamter von Tobolsk an dem Ort an, versiegelte die Speicher der Kaufleute und untersagte jeden Handel. Diese Tat verursachte viel Lärm im ganzen Lager. Die Eingeborenen klagten über geschehenes Unrecht hinsichtlich ihrer teuersten Interessen – der Interessen des Magens; selbst die Kaufleute murrten und behaupteten, sie würden nicht zur rechten Zeit auf dem Markt zu Irbizk eintreffen können und deshalb große Verluste erleiden. Durch das gemeinsame Interesse vereinigt, beschlossen nun beide Teile durch alle Mittel den Beamten von Tobolsk zur Zurücknahme des

Handelsverbots zu bewegen; allein eine Deputation nach der anderen kehrte unverrichteter Dinge von ihm zurück. Plötzlich erzählte man, dass die Eingeborenen beabsichtigten, die Speicher mit Gewalt aufzubrechen, zu plündern und möglicherweise die ganze Stadt einzuäschern. Die Einwohner betrachteten dieses Gerücht als umso wahrscheinlicher, weil erst wenige Jahre vorher eine ähnliche Verschwörung entdeckt worden war, deren Anführer gerichtlich überführt wurden und ihre wohlverdiente Strafe erhielten. Es fanden wirklich auch Volksaufläufe auf den Straßen statt, und die Sache schien ein bedenkliches Aussehen zu gewinnen. Ich betrachtete zwar alles mehr als eine Kriegslist, aber der erwähnte Beamte war anderer Ansicht; da er nicht wagte, die Verantwortung für einen möglichen Tumult auf sich zu nehmen, hielt er es für geboten, das Verbot aufzuheben, doch so, dass die Kaufleute eine Bürgschaft für die Zahlung der Steuern leisteten.

Nachdem auf diese Weise sowohl das Interesse der Krone als auch das der Eingeborenen und der Kaufleute in einer für alle befriedigenden Weise vermittelt worden war, nahm der Handel seinen Fortgang fast in derselben stillen, geheimnisvollen Weise wie vorher. Die Speicher der Kaufleute füllten sich allmählich mit Pelzwerk (Fuchs-, Wolfs-, Eisbärenfelle u. s. w.), mit fertig genähten Kleidern von Rentierfellen, mit Federn, Rentierfleisch, gefrorenen Stören, Mammutknochen u. s. w. Für diese Waren erhielten die Eingeborenen Mehl, gebackenes Brot, Tabak, Töpfe, Kessel, Glas, Messer, Nadeln, messingne Knöpfe und Ringe, Glasperlen und zahlreiche andere Kleinigkeiten. Ein öffentlicher Branntweinhandel ist in Obdorsk nicht erlaubt, aber des Nutzens wegen, den derselbe laut einem von einem Arzt abgegebenen Gutachten in medizinischer Hinsicht bringen soll, war die Einfuhr doch nicht ganz und gar verboten. Man sah es dem ganzen Wesen und Betragen der Eingeborenen deutlich an, dass sie es während ihres Aufenthalts in Obdorsk nicht unterließen, Gebrauch von dieser Medizin zu machen und nach bestem Vermögen für ihre Gesundheit

Sorge zu tragen. Auf dem Markt zu Obdorsk spielte ferner ein anderes Heilmittel eine große Rolle, die *Sassaparille*, die in ganz Sibirien unter dem Namen »teures Gras« bekannt ist und von den Eingeborenen als ein Universalmittel gegen alle Krankheiten betrachtet wird. Weil der Gebrauch dieser Medizin eine Vorsicht erheischt, welche die Eingeborenen in ihren schlechten Wohnungen ebenso wenig üben können wie bei ihrer nomadisierenden Lebensweise, geschieht es zuweilen, dass die Kur in Obdorsk vorgenommen wird und der Patient sich von einem Einwohner der Stadt pflegen lässt. So war z. B. ein Patient bei meinem Wirt in einem kleinen Winkel neben meinem Zimmer einquartiert worden. Es war ein Ostjake, und er erzählte, dass er viele Jahre hindurch an Schmerzen in allen Gliedern und Knochen gelitten habe. In der Meinung, dass diese Krankheit möglicherweise von böswilliger Beschaffenheit sein könnte, unternahm ich es einmal, mich über seine ehelichen Verhältnisse zu unterrichten, und fragte ihn, wie lang er schon verheiratet sei. »Ich entsinne mich der Jahreszahl nicht, aber es ist sehr lange her«, erwiderte der Ostjake. »Entsinnst du dich denn nicht, wie alt du warst, als du dir ein Weib nahmst?«, fragte ich wieder. Darauf versetzte der Ostjake: »Ich habe mir kein Weib genommen, sondern als ich sechs Jahre alt war, kaufte mein Vater ein kleines Mädchen, und mit diesem habe ich seitdem fortwährend zusammengelebt.«

So allgemein die Kaufleute auch darüber klagten, dass der Markt zu Obdorsk sich mit jedem Jahr, der zunehmenden Armut der Eingeborenen wegen, verschlechtere, so war er nichtsdestoweniger sehr zahlreich von Kaufleuten, Handeltreibenden, Bürgern, Bauern und Kosaken besucht. Die meisten dieser Besucher waren Einwohner der Stadt Beresow, und darunter war auch ein alter verabschiedeter Kosake, mit dem ich in nähere Berührung kam, weil er einen Winkel in demselben Raum bewohnte, in dem der kranke Ostjake auf seinem Rentierfell lag. Dieser Mann flößte mir ein größeres Interesse ein als andere Kosaken, und zwar wegen der Vergötterung, mit der er von dem nach Beresow verbannten Menschikow sprach. Im Allgemeinen ehren die Bewohner von Beresow das Andenken an diesen ihren berühmten Gast durch die andächtigsten Gefühle und halten ihn für nichts Geringeres als einen Heiligen. Was aber den genannten Kosaken betrifft, so konnte er nur mit Entzücken von dem in Ungnade gefallenen Magnaten reden, und alles, was Menschikow gesagt und gelehrt hatte, galt ihm als ein Glaubensartikel. Er kannte auch das einförmige Geschick Menschikows während seiner Verbannung und Erniedrigung besser als irgendeine der Legenden, die er jeden Morgen und Abend zu studieren pflegte. Nach seiner Erzählung hatte Menschikow ernstlich angefangen, über seinen Seelenzustand nachzudenken, und dabei war er zu der Überzeugung gekommen, dass er bis jetzt keinen anderen Lebenszweck verfolgt habe als seine eigene Ehre und Erhebung. Sowohl zu Hause als auch öffentlich hatte er gestanden, sich gegen seinen Fürsten vergangen und die schwere Strafe, die man ihm auferlegte, wohl verdient zu haben. Er hätte sie überhaupt weniger als eine Strafe, sondern als eine himmlische Wohltat betrachtet, die ihm den Weg zur Gnade zeige. Um die Vergebung seiner Sünden zu erlangen, fasste er den Entschluss, sein ganzes übriges Leben der Buße zu weihen, und ließ zu dem Ende in Beresow eine Kirche erbauen, bei deren Aufführung er selbst Hand anlegte. Als die Kirche vollendet war, übernahm er an dieser eine der niedrigsten Bedienungen, nämlich die eines Küsters, und erfüllte pünktlich alle dazu gehörigen Verrichtungen. Jeden Tag war er der Erste und Letzte im Tempel, und oft erteilte er noch nach beendetem Gottesdienst der versammelten Gemeinde Unterricht in geistlichen Dingen. Unser Kosak war unerschöpflich an Lehren, die Menschikow bei solchen und anderen Gelegenheiten seinen Zuhörern mitgeteilt haben sollte, und zwar ohne zu ahnen, dass sie nach mehr als einem Jahrhundert in segensreichem Andenken bei den dankbaren Einwohnern von Beresow fortleben würden. So hat also der Günstling Peters des Großen auch im Kleinen eine Anerkennung gefunden, wie sie sonst nur großen Geistern zuteilwird. Von den zwei anderen Günstlingen Peters, Dolgorukow und Ostermann, die gleichfalls nach Beresow verbannt wurden, wusste der fromme Kosak nichts zu erzählen. Aus seinen Mitteilungen über Menschikow will ich hier aber noch hinzufügen, dass dessen irdische Überreste im Jahr 1821 aus der Erde gegraben und nach Verlauf von 92 Jahren ganz unverwest gefunden wurden – ein Umstand, den der Kosak nur als ein Wunder zu erklären wusste, das als Beweis für den heiligen Wandel des Verstorbenen gelte.

Da ich aber einmal meine Bekanntschaften aus Beresow berührt habe, so kann ich auch den Beamten aus Tobolsk nicht mit Stillschweigen übergehen, der in so nachdrücklicher Weise in den Markt zu Obdorsk eingriff. Herrn Scherschinewitsch, von Geburt ein Pole, war es nicht gelungen, sich auf seiner Beamtenlaufbahn weiter als bis zur zwölften Klasse emporzuarbeiten; wollte man aber den Rang nach Bildung und Kenntnissen bestimmen, so hätte er gewiss im ganzen Gouvernement Tobolsk nicht seinesgleichen gefunden. Er war in Odessa erzogen, hatte dort mit viel Ehre das Orientalische Institut besucht und später lange Zeit seine Studien auf eigene Faust fortgesetzt. Es war seine Absicht gewesen, sich ausschließlich gelehrten Studien zu widmen; da ihm aber die Aussichten auf dieser Bahn nicht glänzend genug erschienen und seinen Ehrgeiz nicht befriedigten, hatte er sich entschlossen, sein Glück in Sibirien zu versuchen, wo es viel Gold gibt und hohe Ämter und Ehrenstellen leicht zu erreichen sind. Gleich nach seiner Ankunft in Tobolsk stellte ihn der Zivilgouverneur an und trug ihm auf, einen Gesetzentwurf für die im Gouvernement Tobolsk wohnenden Ostjaken, Wogulen und Samojeden auszuarbeiten. Um diesem Auftrag vollständig zu genügen, wollte er zuerst Kenntnis von den althergebrachten Verhältnissen gewinnen, die bei diesen Völkerschaften herrschen, und das war der eigentliche Zweck seiner Reise nach Obdorsk. Aber er hatte neben diesem auch verschiedene andere Aufträge, darunter einen vom Generalgouverneur des westlichen Sibirien, möglichst viele ethnografische, historische und statistische Nachrichten von den am Eismeer lebenden wilden Stämmen einzuziehen. Da dieselben Gegenstände bereits eine Zeit lang der Zweck meiner Forschungen gewesen waren, so war es mir eine angenehme Pflicht, ihm all die Notizen mitzuteilen, die ihm nützlich sein konnten, so wie er seinerseits mir noch größere Dienste leistete, nicht allein durch seine feine Tafel und angenehme Gesellschaft, sondern auch dadurch, dass er durch seine weitreichende Autorität in unserem gemeinsamen Interesse alle Personen herbeischaffen konnte, die uns in dieser oder jener Weise von Nutzen sein konnten.

Das Resultat meiner so angestellten Forschungen werde ich später in einer umfassenden Arbeit vollständig mitteilen;* hier wünsche ich nur die flüchtige Aufmerksamkeit des Lesers auf die obdorskischen Ostjaken zu lenken, über die ich früher keine Gelegenheit hatte, genauere Mitteilungen zu geben. Ich lasse für dieses Mal die Frage über die Herkunft der Ostjaken, über ihre unstreitige Verwandtschaft mit Finnen und Magyaren sowie andere historische Verhältnisse beiseite und werde nur in größter Kürze einiges über ihre Institutionen, ihre Religion, Sitten und Lebensweise berichten.

Ganz wie die Samojeden, so zerfallen auch die Ostjaken in eine Menge Stämme oder Sippen, von denen jede für sich einen kleinen Staat oder richtiger eine große Familie bildet. Bei denjenigen Ostjaken, die das Christentum angenommen haben, hat diese Trennung bereits aufgehört, denn sie wer-

* Es sei hier bemerkt, dass Castrén sich, krankheitshalber, von Obdorsk nach Beresow und von dort nach Tobolsk begeben musste, worauf er im März 1844 auf dem kürzesten Weg nach Finnland zurückkehrte. Er musste ausruhen und neue Kräfte für seine bevorstehende große sibirische Reise sammeln, die er später im Auftrag der Kaiserlichen Akademie zu St. Petersburg unternahm. (Anm. des Übers.)

den von russischen Behörden nach russischen Gesetzen regiert. Nur die Ostjaken von Obdorsk, die hartnäckig dem Bekehrungseifer der russischen Priesterschaft widerstanden haben, halten noch die patriarchalische Institution aufrecht, die besser als alle Gesetze und äußere Bande Eintracht und Verträglichkeit bei diesem Volk erhält, die Sittlichkeit fördert und manche Verbrechen verhindert. Die Macht, die in einem solchen Ganzen zum Guten antreibt, ist die Liebe für die ganze Sippe. Jede Sippe besteht aus einer Anzahl Familien, die gemeinsamer Herkunft sind und sich als näher oder ferner verwandt betrachten. Es gibt unter den Ostjaken und mehr noch unter den Samojeden Sippen, die aus mehreren Hunderten, ja Tausenden von Individuen bestehen, von denen die Mehrzahl die gegenseitigen Familienbeziehungen nicht mehr genau kennen, die sich aber nichtsdestoweniger als Anverwandte betrachten, keine Ehen unter sich schließen und es für eine Pflicht halten, einander gegenseitig beizustehen. Gewöhnlich halten alle zu einer Sippe gehörenden Familien, selbst während ihres Nomadisierens, sich eng aneinander, und die allgemeine Sitte erheischt, dass in einem solchen Verband der Reiche seine Glücksgüter mit dem Armen teilt. Die Ostjaken sind überhaupt ein sehr armes Volk und leben meist nur von einem Tag zum anderen. Daher besteht die Hilfe, die der eine dem anderen gewähren kann, eigentlich nur darin, dass er die Beute des Tages brüderlich mit ihm teilt. Und das Bemerkenswerte hierbei ist, dass man nie um Almosen bittet, sondern dass der eine es als sein angeborenes Recht betrachtet, das Gut des anderen zu genießen. Es ist klar, dass bei solchen Verhältnissen selten Misshelligkeiten entstehen. Indessen hat jede Sippe ihren Ältesten (Starschina), dessen Schuldigkeit es ist, Ordnung und Eintracht innerhalb derselben aufrechtzuerhalten. Wenn zwei Personen derselben Sippe in Uneinigkeit miteinander geraten und den Streit nicht im Guten schlichten können, so legt man die Angelegenheit dem Starschina vor, der auf der Stelle und ohne alle juristischen Formalitäten sein Urteil spricht. Gewöhnlich sind beide Parteien mit diesem Spruch zufrieden: Sollte aber das Gegenteil der Fall sein, so können sie an eine höhere Instanz appellieren, und das ist der Fürst. Mehrere Sippen, die sich in der Nähe voneinander aufhalten, erkennen seit uralten Zeiten ein gemeinsames Oberhaupt an, das den Titel Fürst führt – eine Würde, die von der Kaiserin Katharina II. durch ein förmliches Diplom den Ostjakenfürsten in Obdorsk und Kunowat im Kreise Beresow zuerkannt worden ist. Jeder Fürst kann in seinem Distrikt alle Prozesse entscheiden, ausgenommen jene, die nach alten russischen Gesetzen mit Verlust des Lebens bestraft werden. Die hauptsächliche Pflicht des Fürsten ist jedoch, die Eintracht unter den verschiedenen Sippen zu wahren und solche Streitigkeiten zu schlichten, die hinsichtlich Weideplätzen, Fischereirechten, Jagdbezirken u. s. w. zwischen Personen aus verschiedenen Sippen entstehen. Ihm untergeordnet sind sämtliche Sippenältesten, er selbst aber hängt von den russischen Behörden, namentlich von der Gouvernementsregierung und dem Landgericht ab. Sowohl die Würde des Stammesältesten als auch die des Fürsten ist erblich und geht von dem Vater auf den Sohn über. Ist der Sohn unmündig, so wählt die Gemeinde einen Oheim oder einen anderen nahen Anverwandten zu seinem Vormund. Ist kein Sohn vorhanden, so bestimmt man den nächsten Anverwandten des Verstorbenen zum Fürsten. Weder dem Fürsten noch den Ältesten wird ein fester Lohn gezahlt, aber ihre Untergebenen bedenken sie mit freiwilligen Gaben.

Es gibt außer der Verwandtschaft noch ein anderes Band zwischen den Individuen derselben Sippe oder desselben Stammes, und dieses Band ist die gemeinsame Religionsausübung. Jede Sippe besitzt seit uralten Zeiten ihre eigenen Götterbilder, die oft in einer besonderen Jurte aufbewahrt sind und von sämtlichen zur Sippe gehörenden Familienmitgliedern durch Opfer und andere religiöse Zeremonien verehrt werden. Diese »Götter-Jurten« stehen unter der Aufsicht eines geistlichen Mannes, der zu gleicher Zeit Prophet, Priester und Arzt ist und ein fast göttliches Ansehen genießt. Da das ganze Religionswesen der Ostjaken in Magie besteht, so sind auch ihre Priester vorzugsweise Wahrsager oder Schamanen. Sie werden in allen zweifelhaften Fällen zu Rate gezogen, sowohl von dem ganzen Stamm als auch von dem Einzelnen, doch der Schamane beantwortet selbst unmittelbar keine Frage, er gibt sie erst der Entscheidung der Götter anheim und verkündet dann ihre Antwort dem Fragenden.

Diese Fragen können jedoch nicht dem höchsten, himmlischen Gotte, dem von den Ostjaken so genannten *Tūrm* (*Turum*), vorgelegt werden, denn dieser spricht zu den Menschen nur mit der zornigen Stimme des Donners und Sturms. Zwar folgt Tūrm den Menschen überallhin, ihm entgeht weder das Gute noch das Böse dieser Welt, und er unterlässt es nicht, jedem Gerechtigkeit widerfahren zu lassen; doch dessen ungeachtet ist er ein den Sterblichen unzugängliches und im höchsten Maße furchteinflößendes Wesen. Ihn erreichen keine Gebete, sondern er leitet die Geschicke der Welt und der Menschen nach den unveränderlichen Gesetzen der Gerechtigkeit. Durch ein Opfer ist seine Gunst nicht zu erlangen; denn ihm gegenüber gilt nichts als das innere Verdienst des Menschen, und danach teilt er seine Glücksgüter aus, ohne Opfer oder Gebete zu fordern. Benötigt also der Ostjake in irgendeiner Angelegenheit einen höheren Beistand, so muss er sich an andere untergeordnete Gottheiten wenden. Diese werden auf diese oder jene Weise abgebildet und sind entweder gemeinsames Gut der Sippe oder gehören einzelnen Familien und Personen an. Beide Arten von Götzenbildern sind oft gar nicht voneinander zu unterscheiden; sie sind wenigstens größtenteils aus Holz, haben eine menschliche Gestalt und stellen teils männliche, teils weibliche Wesen vor. Doch sind jene Götzenbilder, die ganzen Sippen gehören, im Lauf der Zeit mit mehr Schmuck versehen worden als die anderen. Man sieht sie in roten Kleidern mit Halsketten und anderem Zierrat. Ihr Gesicht ist oft mit Eisenblech belegt, und die männlichen Bilder tragen gewöhnlich ein Schwert an der

Seite und sind in ein Panzerhemd gekleidet. Wie ich schon erwähnte, bewahrt die ganze Sippe ihre Götzenbilder gern in einer Jurte, aber in Ermangelung einer solchen in einem Zelt oder unter freiem Himmel in irgendeiner entlegenen Waldgegend. Überhaupt setzen die Ostjaken ihre Götzenbilder nicht gern den Blicken fremder Menschen aus, und deshalb erbauen sie ihre heiligen Jurten oder Tempel an unbesuchten, entlegenen Orten – eine Vorsichtsmaßregel, die auch aus dem Grunde notwendig ist, dass in dem Tempel kostbare Opfer an Geld und Pelzwerk aufbewahrt werden, deren Entwendung Russen und Syrjänen von ihrem religiösen Standpunkt aus kaum als einen Tempelraub betrachten würden. Ich weiß zwar nicht, wie allgemein solche Jurten- oder Zelt-Tempel unter den Ostjaken sein mögen; so viel ist aber gewiss, dass ich auf meiner Reise nach Obdorsk einmal ganz unvermutet in die Gesellschaft ostjakischer Götter geriet, die unter dichten Lärchen standen. Sie waren alle nackt und unterschieden sich nicht im Geringsten von den Sjadæi der Samojeden. Die Ostjaken nannten sie *Jiljan*, zum Unterschied von allen anderen Bildern, die mit einer gemeinsamen Benennung *Long* heißen und den Hahe der Samojeden entsprechen. Diese Jiljan waren von sehr verschiedener Größe; nach meinem Augenmaß waren die größten nicht über 1½ Ellen hoch, während die kleinsten kaum halb so groß waren. In demselben Hause, wo die Götter aufgestellt waren, gewahrte ich ferner eine große Anzahl Rentierhäute und Geweihe, die an den Wipfeln der Bäume hingen, und zwar so, dass die Götzen sie vor Augen hatten. Nicht weit von diesem Ort entfernt lagerte eine arme Ostjakensippe, deren gemeinsames Heiligtum der Hain war. Von den Privat- und Familiengötzen der Ostjaken gilt ganz und gar dasselbe, was vorhin von denen der Samojeden gesagt worden ist. Sie bestehen teils aus ungewöhnlichen Steinen und anderen seltsamen Gegenständen, die in ihrer natürlichen Gestalt verehrt werden, teils und zwar vorzugsweise aus kleinen Bildern aus Holz mit Menschengesichtern und spitzen Köpfen. Jede Familie, ja selbst einzelne Personen besitzen eines oder mehrere solcher Bilder, die dem Ostjaken als Schutzgötter dienen und ihn auf allen seinen Wanderungen begleiten. Sie werden, wie bei den Samojeden, in einem besonderen Schlitten verwahrt und sind mit Ostjakentracht bekleidet, die mit roten Bändern und anderem Schmuck ausgeschmückt ist. Oft hat jedes einzelne dieser Götterbilder eine besondere Funktion. Einige beschützen die Rentiere, andere sorgen für guten Fischfang, für Gesundheit, für eheliches Glück u. s. w. Man pflegt sie bei Bedarf im Zelte, auf der Rentierweide und bei Jagd und Fischfang aufzustellen. Dabei werden sie oft mit Opfern bedacht, die gewöhnlich darin bestehen, dass man ihre Lippen mit Fischtran oder Blut bestreicht und ihnen eine Schüssel mit Fisch oder Fleisch vorsetzt. Dergleichen einzelne Opferzeremonien kann jeder verrichten; wenn den Göttern aber allgemeine Opfer dargebracht werden sollen und dabei ihr Rat entweder von der Sippe oder von dem Einzelnen eingeholt werden soll, so ist der Priester oder Schamane unentbehrlich; denn nur er vermag es, die Herzen der Götter zu öffnen und mit ihnen zu sprechen. Für den Schamanen ist die Zaubertrommel ein höchst notwendiger Gegenstand. Ein gewöhnlicher Ton dringt nicht an das Ohr der Götter, sondern die Unterredung muss vonseiten des Schamanen durch Gesang und Trommelschlag geführt werden. Bisweilen beginnt das vom Schamanen aufgestellte Götterbild zu reden; allein seine Worte vernimmt natürlich nur der Schamane. Um indessen die leichtgläubige Menge davon zu überzeugen, dass der Gott wirklich Worte von seinen Lippen ausgehen lässt, pflegt der Schamane ihm gegenüber ein Band an der Spitze eines schwankenden Stabes zu befestigen, und wenn dieses Band durch Zufall oder durch Mitwirkung des Schamanen in Bewegung gerät, so begreift natürlich jeder, dass der Atem des Gottes in unhörbaren Lauten zu dem Schamanen dringt. Es versteht sich von selbst, dass eine solche Gelegenheit nie ohne ein Opfer zu Ende geht, das gewöhnlich in einem oder mehreren Rentieren besteht. Nachdem der Schamane sie geschlachtet hat, werden die Haut und das Geweih dem

Gotte zu Ehren an heiligen Bäumen aufgehängt; das Fleisch aber verzehrt die versammelte Menge, nachdem es erst eine Zeitlang vor dem Angesicht des Gottes paradiert hat. Ein Teil des Opferfleisches fällt stets dem Schamanen anheim.

Die Götter anrufen und sie durch Opfer besänftigen, ist fast der ganze Gottesdienst der Ostjaken. Zuweilen aber feiern die einzelnen Stämme oder Sippen gewisse allgemeine Feste zu Ehren der Götter. Am angesehensten ist unter solchen Festen eines, das im Herbst angestellt wird, wenn die nomadisierenden Ostjaken mit reicher Beute beladen von der Tundra zu ihren fischenden Brüdern am Ob zurückkehren. Das Fest soll ein Jahr um das andere von verschiedenen Stämmen gefeiert werden, doch nehmen nicht allein die Angehörigen des feiernden Stammes teil, sondern es versammeln sich auch Ostjaken anderer Stämme zu dieser Feierlichkeit und bringen einige ihrer ältesten Götterbilder mit, um die Nachbargötter zu begrüßen und bei ihnen Gastfreundschaft zu genießen. All die fremden Götter werden in derselben Jurte aufgestellt, in welcher der feiernde Stamm seine eigenen Bilder aufbewahrt; aber die Stämme, welche für ihre Götter keine Jurte haben, errichten ihnen für den augenblicklichen Bedarf ein geräumiges Zelt. Das Fest wird stets bei Nacht gefeiert, und ein Augenzeuge beschreibt den Hergang folgendermaßen: »Die Zeremonie begann ungefähr um 8 Uhr abends und dauerte bis 2 Uhr nach Mitternacht. Zu Beginn derselben liefen zuerst Kinder vor den einzelnen Jurten umher, um die Ostjaken zum Gottesdienst zu rufen. Die Kinder stießen dabei ein unbekanntes wildes Geheul aus und betrugen sich, als seien sie erschreckt worden. Darauf versammelte man sich allmählich in der zum Gottesdienst bestimmten Jurte. Beim Eintritt in dieselbe drehte jeder Ostjake sich drei Mal vor dem Götterbild um und nahm darauf Platz an der rechten Seite des Raumes, entweder in der Seitenabteilung oder auf dem Fußboden. Jeder unterhielt sich mit seinem Nachbarn und beschäftigte sich nach Gutdünken. Die Räumlichkeit links von der Jurte war durch einen Vorhang abgeteilt, hinter den einige gingen, nachdem sie sich ebenso wie alle Übrigen drei Mal vor dem Gotte umgedreht hatten. Nachdem alle versammelt waren, lärmte der Schamane mit Säbeln und eisenbeschlagenen Speeren, die im Voraus in die Jurte gebracht und vor dem Gott auf Stangen gelegt worden waren. Darauf gab er jedem, mit Ausnahme der Weiber, die sich gleichfalls hinter einem Vorhang befanden, einen Säbel und einen Speer, nahm selbst einen Säbel in jede Hand und stellte sich mit dem Rücken zu dem Gottesbild. Die übrigen Ostjaken aber stellten sich mit ihren Waffen in Reih und Glied in dem Hauptraum auf, und einige standen in derselben Weise geordnet in den Seitenabteilungen. Nun kehrten sich alle zu gleicher Zeit drei Mal um und hielten dabei die Schwerter ausgestreckt vor sich. Der Schamane schlug seine zwei Säbel gegeneinander, und nun begannen alle auf einmal auf sein Kommando in den verschiedensten Tönen »Hai!« zu rufen, wobei sie zugleich den Körper eine schaukelnde Bewegung von der einen Seite nach der anderen machen ließen. Bald erfolgte der Ruf nach langen Pausen, bald wiederum ganz schnell und plötzlich, und bei jeder Wiederholung des »Hai!« beugten sie sich abwechselnd nach rechts und links; bald senkten sie ihre Säbel, bald streckten sie diese in die Höhe. Dieses Rufen sowie die schwankenden Bewegungen der Ostjaken dauerten ungefähr eine Stunde fort; die Männer gerieten dabei in eine immer heftigere Ekstase, und dies ging so weit, dass ich nicht ohne Schauder ihre Gesichter betrachten konnte, so einnehmend diese mir auch anfänglich vorgekommen waren. Nachdem sie sich satt geschrien hatten, verstummten sie alle zu gleicher Zeit, stellten die schaukelnde Bewegung ein, drehten sich wiederum wie am Anfang vor dem Gotte um und gaben dem Schamanen die Säbel und Speere zurück; dieser sammelte sie ein und legte sie an ihre frühere Stelle. Von den Ostjaken setzten sich einige in den Seitenabteilungen, andere auf den Fußboden nieder. Nun hob sich der Vorhang, hinter dem die Weiber verborgen gewesen waren; man spielte Dombra, und sowohl Männer als auch Weiber begannen zu tanzen. Dieser Tanz war abwechselnd wild und komisch, oft ziemlich unanständig und hielt lange an. Darauf traten einige Taschenspieler oder Komödianten in verschiedenen komischen Kostümen auf und führten dieselben Szenen auf, die bei dem Tanz vorgekommen waren. Dann teilte der Schamane noch einmal Säbel und Speere aus wie vorher. Die Ostjaken bewegten sich mit den Waffen und riefen »Hai!« wie vorher, drehten sich darauf drei Mal um, stießen ebenso oft die Speerspitzen gegen den Boden, reichten endlich dem Schamanen die Waffen und kehrten in ihre Wohnungen zurück.« Diese Beschreibung nennt nur ein einziges Götterbild, und das Fest wird so geschildert, als würde es nur von einem einzigen Stamm gefeiert. Auch in anderen Beziehungen weicht diese Schilderung von den Angaben ab, die ich über denselben Gegenstand erhalten habe. So habe ich erzählen hören, dass das Fest zehn Nächte hintereinander gefeiert wird und dass der vorhin erwähnte Waffentanz vor den Göttern die erste Nacht von dem Schamanen allein, die andere von zwei Ostjaken, die dritte von drei u. s. w. in derselben Progression bis zur letzten Nacht ausgeführt wird, wo alle Anwesenden, selbst die Weiber, das Recht haben, die Götter in derselben Weise zu verehren. Bei dem Fest sollen auch Opfer dargebracht werden. Die von der Tundra zurückkehrenden Ostjaken bewirten ihre Götter mit reichlichen Mahlzeiten. Man opfert Rentiere, und der Schamane bringt jedem Gott eine Schüssel mit rohem Fleisch dar, bestreicht ihre Lippen und ihr Gesicht mit Blut, reicht ihnen Trinkwasser und bewirtet sie aufs Beste. Nachdem die Götter sich nach der Ansicht der Schamanen satt gegessen haben, werden die Schüsseln weggenommen und ihr Inhalt von den Ostjaken selbst verzehrt. Was von der Opfermahlzeit übrig bleibt, fällt dem Schamanen zu. Dergleichen gemeinschaftliche Opferzeremonien sollen überhaupt bei mehreren verschiedenen Gelegenheiten vorkommen, z. B. bei Beginn gemeinsamer Unternehmungen, bei bevorstehenden längeren Reisen, bei Wanderungen u. s. w. Glückt der Fischfang in dem Flusse Ob nicht, so sollen die obdorskischen Ostjaken zuweilen einen Stein um den Hals eines Rentiers hängen und es als Opfer in dem Fluss versenken.

Wenn auch der Anfang eines Religionskultus in diesen Opfern und Festen nicht zu verkennen ist, so bleibt derselbe doch von sehr untergeordneter Bedeutung. Kein tieferes religiöses Bedürfnis, sondern nur der Eigennutz ist der vornehmste Beweggrund der Verehrung der Götter. Man opfert ihnen und erzeigt ihnen Ehre nicht ihretwegen, nicht aus Andacht und in Anerkennung ihrer Hoheit und Macht, sondern in der Absicht, seine Wünsche und Bedürfnisse erfüllt und befriedigt zu erhalten. Für alles, was man ihnen gibt, fordert man stets ein Gegengeschenk. Das Opfer ist entweder ein Handgeld, wodurch man sich die Götter dienstwillig macht, oder ein Lohn für bereits geleistete Dienste. Nicht selten bestimmen die Götter im Voraus den Lohn, den sie für ihre Dienste beanspruchen. Der Schamane ist in dieser wie in jeder anderen Hinsicht der Dolmetscher der Götter. Sollten vonseiten der Götter gar zu hohe Ansprüche gestellt werden, so versucht der Schamane, sie mit strengen Worten und Drohungen zu mäßigeren Ansprüchen zu bewegen, was auch gewöhnlich mit gutem Erfolg geschieht. Es ist somit klar, dass die Ostjaken in ihren Götterbildern keine absoluten Mächte, sondern nur ihre eigenen dienstbaren Geister verehren. Nur Tūrm oder der himmlische Gott genießt ein höheres Ansehen, aber er ist nicht der Gegenstand irgendeiner Art von Kultus. Von geringerer Bedeutung sind dagegen der Waldgott Meang und der Wassergott Kulj; namentlich der Letztere wird als eine böse, verderbenbringende Gottheit geschildert. Wie bei allen anderen ihnen verwandten Völkerschaften genießt auch bei den Ostjaken der mit übermenschlicher Kraft begabte Bär eine Art von göttlichem Ansehen. Bei den obdorskischen Ostjaken habe ich sogar kleine Bärenbilder gesehen, die in Kupfer gegossen waren und als göttliche Wesen verehrt wurden. Die Tradition vermeldet, dass solche Bilder in früheren Zeiten von den Permiern und Syrjänen, die ebenfalls dem Bärenkultus ergeben waren, eingeführt worden sind. Ferner sollen die Ostjaken auch gewisse Bäume und heilige Orte verehren. Wenn eine Zeder mitten in einem Fichtenwald vorkommt, so betrachtet man nicht allein die Zeder, sondern die ganze Gegend als heilig. Mit heiliger Ehrfurcht betrachtet man solche Stellen, wo sieben Lärchen nebeneinanderstehen. Gewöhnlich trifft man an solchen Stellen eines oder mehrere Götterbilder und eine Menge in den Wipfeln der Bäume ihnen zu Ehren aufgehängte Rentierhäute, Geweihe u. s. w.

Hinsichtlich der Religion der Ostjaken darf ich auch nicht unerwähnt lassen, dass sie, so wie die Samojeden und andere Völkerschaften, die Sitte haben, das Andenken ihrer Verstorbenen durch Opfer und andere Zeremonien zu ehren. Diese Ehrenbezeugungen entspringen dem allgemeinen Glauben, dass der Verschiedene, wenn auch gehörig bestattet, noch dieselben Bedürfnisse hat und denselben Beschäftigungen nachgeht wie zu Lebzeiten. Deshalb legt man teils in, teils neben sein Grab einen Schlitten, einen Speer, errichtet einen Herd, stellt einen Kochtopf, Messer, Beil, Feuerzeug und andere Gerätschaften auf, mit deren Hilfe er sich Nahrung verschaffen und seine Mahlzeiten bereiten kann. Sowohl bei dem Leichenbegängnis als auch einige Jahre darauf opfern die Anverwandten Rentiere an seinem Grab. Stirbt eine ältere, höher geachtete Person, so verfertigen seine nächsten Anverwandten ein Bild, das im Zelt des Verstorbenen aufbewahrt wird und dieselbe Ehre genießt, die man dem Verstorbenen selbst bezeigte, während er noch lebte. Bei jeder Mahlzeit wird das Bild hervorgeholt, jeden Abend wird es ausgezogen und zu Bett gebracht, jeden Morgen wieder angezogen, und es nimmt immer den Platz des Verstorbenen ein. Drei Jahre lang verehrt man das Bild in solcher Weise, woraufhin man es in das Grab des Verstorbenen hinabsenkt. Unterdessen nimmt man an, dass der Körper des Verstorbenen vermodert ist, und damit hat auch die Unsterblichkeit ein Ende.

Als eine Handlung von der höchsten religiösen Bedeutung betrachten die Ostjaken, wie auch die Samojeden, den Eid. Ist im Geheimen ein Verbrechen gegen einen Ostjaken verübt worden und hat dieser jemanden deshalb in Verdacht, so kann er die Person zum Eid fordern. Auch bei den Ostjaken gilt der Eid, welcher bei der Schnauze des Bären geschworen wird, als der kräftigste. Wie bei den Samojeden zerschneidet der Angeklagte mit einem Messer die Bärenschnauze und sagt dabei: »Möge der Bär mich auffressen, wenn mein Eid falsch ist!« Die Ostjaken schwören auch bei dem Feuer, und in solchem Falle nimmt der Angeklagte mit einem Messer eine Kohle vom Herd, hält dieselbe eine Weile zwischen den Zähnen und sagt darauf: »Möge das Feuer mich verzehren, wenn ich einen falschen Schwur getan habe.« Ferner kann auch bei dem Wasser geschworen werden, wobei der Angeklagte alsdann Wasser in einen Löffel schöpft, mit einem Messer darin herumrührt und sagt: »Möge ich ertrinken, wenn mein Eid falsch ist!« – Bei den Göttern zu schwören, ist gleichfalls Sitte bei den Ostjaken und wird unter denselben Zeremonien wie bei den Samojeden bewerkstelligt. Solche Eide sind sehr heilig, und jeder Ostjake ist fest davon überzeugt, dass ein falscher Eid unbedingt bestraft wird. Ist demnach der Angeklagte des Verbrechens schuldig, dessen man ihn zeiht, so unterzieht er sich nicht gern der Eideszeremonie, sondern gesteht lieber sein Verbrechen ein. Infolgedessen wird einer, der den Reinigungseid geleistet hat, für immer als rein und makellos betrachtet. Wird aber jemand von Bären aufgefressen, ertrinkt jemand oder kommt im Feuer oder durch irgendeinen anderen Unglücksfall um, so hört man nicht selten die Vermutung äußern, dass er zu Lebzeiten einen falschen Reinigungseid geschworen habe. Eine andere Eidesleistung ist bei den Ostjaken nicht gebräuchlich. Zeugen werden nie eidlich vernommen, sondern man glaubt ihnen unbedingt auf ihr Wort, und nur wahnsinnige Personen sind als Zeugen ungültig. Kinder können Zeugnis ablegen gegen ihre Eltern, Geschwister gegen Geschwister, der Gatte gegen die Gattin und umgekehrt u. s. w. Es zeugt dies von einem strengen Rechtsgefühl und gegenseitigem Vertrauen.

Im Zusammenhang mit der Religion will ich auch die Ehe betrachten, welche aber bei den Ostjaken mehr eine soziale als eine religiöse Verbindung ist. Wie bei den Samojeden und anderen verwandten Stämmen wird die Ehe vonseiten der Braut von deren Vater oder nächsten Verwandten geschlossen. Das Weib selbst hat in dieser wie in den meisten Angelegenheiten, bei denen seine teuersten Interessen verhandelt werden, gar keine Stimme. Das Weib ist eine Sklavin im strengsten Sinne des Wortes. Doch das ist noch nicht genug: Das Weib wird außerdem als unreines Wesen betrachtet und lebt in der tiefsten Erniedrigung. Von Zeit zu Zeit trennt man sie fast ganz von den übrigen Mitgliedern der Familie; auf alle ihre Bewegungen gibt man mit größter Ängstlichkeit Acht, jeder Ort, an dem sie sich niederlässt, wird durch Räucherungen gereinigt. Im Gefühl der tiefsten Erniedrigung wagt das Weib nie seinen eigenen Willen zu äußern, sondern pflegt sich in alles, in jede Laune des starken Mannes zu fügen. So muss sie ruhig zusehen, wie ihr Herz von dem Vater, dem Bruder oder irgendeinem anderen nahen Verwandten an den Meistbietenden verkauft wird. Ihre eigenen Wünsche, wenn sie sich erdreistet, solche zu äußern, werden dabei nie in Betracht gezogen, sondern man verfährt mit ihr ganz wie mit einer anderen Ware. Man bietet sie zwar nicht auf den Märkten feil, aber es ist doch der höchste Preis, der ihr künftiges Geschick entscheidet. Der Preis eines jungen Mädchens ist an verschiedenen Orten sehr unterschiedlich. In Obdorsk zahlt man für die Tochter eines reichen Mannes mit 50–100 Renen; ein armer Mann aber verkauft sein Kind für 20–25 Rentiere. Dass die Tochter des Reichen in höherem Preis steht als die des Armen, soll seinen Grund darin haben, dass der künftige Schwiegersohn später Beistand vonseiten des Schwiegervaters erhofft, von der größeren Aussteuer, die der Tochter sogleich zufällt, ganz zu schweigen. Es verhält sich mit einer teuren Gattin wie mit jeder anderen teuren Ware – sie bringt dem Käufer auf Dauer größeren Nutzen als das, was er billig erworben hat. Indessen betrachtet man den Brautschatz nicht als einen Vorschuss, den man in der

Zukunft wieder ersetzt bekommt, sondern als eine wirkliche Bezahlung für eine erhaltene Ware. Nichts ist nach den Ansichten der Ostjaken gerechter, als dass der Vater oder Ernährer des Mädchens durch eine solche Bezahlung einen Ersatz bekommt. Die Töchter werden ja gewöhnlich vergeben, wenn sie arbeitsfähig sind, und können nur ganz fremder Hand übergeben werden. Aber wie könnte wohl ein unbekannter Fremdling darauf Anspruch erheben, dass man für ihn eine Frau ernährte und erzöge, die später ihr Leben lang in seinen Diensten als Sklavin arbeitet? Der Vater könnte seine Tochter ja in seinem Hause behalten, und sie würde ihm später im reiferen Alter vielfältig die Kosten ersetzen, die sie ihm in der Kindheit verursacht hat. Tritt er sein rechtmäßiges Eigentum aber freiwillig einem anderen ab, dann ist es auch billig, dass der Abnehmer, der künftige Mann, ihm durch einen angemessenen Brautschatz seine Mühen und Kosten ersetzt. Der Brautschatz ist mit einem Worte ein Ersatz für den Wert der Töchter, für deren Unterhalt und Erziehung während ihrer Kindheit. Derselbe kann, je nach Übereinkunft, vor, nach oder am Tage der Hochzeit übergeben werden. Sollte aber die Zahlung schon vor der Hochzeit geschehen sein und die Braut oder der Bräutigam sterben, ehe sie miteinander verbunden sind, so wird das Brautgeld den Anverwandten des Verstorbenen zurückerstattet. Doch soll der Bräutigam, wenn die Braut stirbt, das Recht haben, für sein einmal gezahltes Brautgeld eine andere Tochter zu fordern, wenn eine solche vorhanden ist.

Bei den Ostjaken ist Vielweiberei eine erlaubte Sache, soll aber doch des hohen Brautschatzes wegen seltener vorkommen. Während meines Aufenthaltes in Obdorsk nannte man mir nur einen Mann, der drei Frauen hatte, und die Zahl derjenigen, die mit zwei Frauen versehen waren, war auch nicht sehr viel größer. Bei der Vielweiberei gilt die merkwürdige Sitte, dass ein Mann mehrere Schwestern heiraten kann; man hegt jedoch eine Furcht vor solchen Ehen, weil die Erfahrung gezeigt haben soll, dass Schwestern in ein und derselben Ehe sich nicht gut vertragen. Unter den übrigen Ehegesetzen muss hervorgehoben werden, dass zwei Brüder nicht zwei Schwestern heiraten dürfen, wenn diese auch verschiedene Mütter haben. Der jüngere Bruder ist verpflichtet, die Witwe des älteren zu heiraten. Ist der Mann oder die Frau gestorben, so kann der überlebende Teil keine neue Ehe eingehen, bis nicht wenigstens ein Jahr seit dem Todesfall verstrichen ist. Söhne und Töchter sind verpflichtet, sich zwei Jahre nach dem Tod des Vaters oder der Mutter der Ehe zu enthalten.

Die niedrige Stellung des Weibes sowohl bei den Ostjaken als auch bei den anderen wilden Stämmen Sibiriens zeigt sich auch darin, dass ein Weib niemals erbt. Demzufolge erbt der Mann auch nichts durch seine Frau, und die Witwe erhält bei dem Tode ihres Mannes gleichfalls keinen Anteil des Vermögens. Das ganze Vermögen des Verstorbenen wird in gleich großen Portionen unter die Söhne verteilt, die dazu verpflichtet sind, Mutter, Schwestern und andere weibliche Mitglieder der Familie zu unterhalten. Sind die Söhne beim Tod des Vaters unmündig, so werden sie nebst den weiblichen Individuen der Familie von den nächsten Anverwandten gepflegt, und diese erhalten dafür einen ebenso großen Anteil des gesamten Vermögens wie jeder der Söhne. Hinterlässt der Verstorbene keinen Sohn, so teilen nach freiwilliger Übereinkunft seine näheren oder ferneren Anverwandten das Vermögen unter sich, denen es dann obliegt, für den Unterhalt der Witwe und der Töchter Sorge zu tragen.

Was die Lebensweise der obdorskischen Ostjaken betrifft, so teilen sie sich in Fischer und Rentierjäger. Erstere halten sich an den Flüssen, namentlich an dem Ob und Nadym auf; Letztere nomadisieren wenigstens einen Teil des Jahres auf den Tundren und leben dort im steten Verkehr mit den Samojeden. Die Zahl derjenigen Ostjaken, die sich ausschließlich mit der Rentierzucht beschäftigen, ist verhältnismäßig gering und soll sich noch jährlich durch Assimilation mit dem mächtigen Samojedenstamm verringern. Diese Assimilation hat bereits so große Fortschritte gemacht, dass die Ostjaken, welche Rentierherden besitzen, sich nicht allein die Sitten und Lebensweise der Samojeden angeeignet haben, sondern auch deren Sprache oft weit besser kennen als ihre eigene. Will man demnach das eigentümliche Leben der Ostjaken kennenlernen, so muss man seine Aufmerksamkeit auf diejenigen richten, die sich mit dem Fischfang beschäftigen. Auch diese zeigen eine Verschiedenheit der Lebensweise, indem einige nur Fischfang treiben, andere wiederum zugleich Rentierzucht. Von diesen müssen Letztere wenigstens den Sommer über zwei Haushalte einrichten, von denen der eine sich bei der Fischerei aufhält, der andere aber den Rentieren auf ihren Irrfahrten folgt. Es liegt in der Natur des Rentiers, dass es sie in der wärmeren Jahreszeit nach den Meeresgegenden zieht, weil es mit seinem dicken Pelz einer kühleren Atmosphäre bedarf und außerdem dort weniger von den Mücken gequält wird, die für sie während der Zeit, in welcher sie neue Haare bekommen, eine mörderische Plage sind. Während der Ostjake sich mit seinen Rentieren an den Küsten des Eismeeres aufhält, treibt er dort, gleich den Russen und Samojeden, Fischfang, tötet Seehunde, Walrosse, weiße Bären u. s. w. Von den Ostjaken gehen jedoch nur wenige bis an die Meeresküste selbst. Die meisten sollen sich während der heißesten Zeit auf den nördlichen Tundren aufhalten; wenn aber die Luft kühler geworden ist und die Mücken verschwunden sind, ziehen sie nach den Waldgegenden am östlichen Ural, wo sie Füchse jagen. Mit den ersten Anzeichen des Winters brechen auch die am Meer nomadisierenden Ostjaken und Samojeden nach den Waldgegenden auf, hauptsächlich um für sich und ihre Rentiere Schutz gegen die entsetzlichen Stürme zu suchen. Diese Reise geschieht in der größten Gemächlichkeit; man macht kurze Tagesreisen, rastet oft einen Tag und beschäftigt sich fleißig mit der Jagd. Jede Sippe hält sich zusammen und zieht mit ihrem Fürsten oder Ältesten an der Spitze weiter. Gegen Ende Dezember treffen alle diese nomadisierenden Scharen auf dem Markt zu Obdorsk ein. Von Amts wegen müssen namentlich sämtliche Fürsten und Ältesten dort anwesend sein, weil es ihnen obliegt, jeder in seiner Sippe die Steuern einzutreiben und dafür Sorge zu tragen, dass all die Arten von Tierfellen, die man als Steuer festgesetzt hat, in der bestimmten vollen Anzahl eingehen.* Von dem Markt zu Obdorsk ziehen die Eingeborenen sich wieder in die Waldgegenden zurück und beschäftigen sich dort während der kalten Jahreszeit mit der Jagd. Die Samojeden und die Ostjaken, die nur Rentierzucht treiben, begeben sich schon mit dem ersten Frühling nach der Meeresküste; all jene Ostjaken aber, die einen Teil ihrer Familie an den Flussufern zurücklassen, beeilen sich nicht mit der Abreise, was für sie auch weniger notwendig ist, weil sie nicht die entfernteren Küsten des Eismeeres aufsuchen. Während ihres Aufenthaltes in den Waldregionen lagern sich Letztgenannte mit ihren Rentierherden an ihren festen Wohnsitzen, den sogenannten Jurten, die den Samojeden und den stets nomadisierenden Ostjaken ganz und gar fehlen.

Es ist klar, dass die Ostjaken, die sich während einer so langen Zeit an ein und demselben Ort aufhalten, nur eine geringe Anzahl Rentiere besitzen; denn große Herden erheischen weit ausgedehnte Weiden und lassen eine solche stationäre Lebensweise nicht zu. Doch so unbedeutend die Rentierherden dieser Ostjaken auch sind, so betrachtet man sie doch als einen großen Reichtum, weil das Rentier dem Ostjaken nicht allein Nahrung und Kleidung gibt, sondern ihm auch große Dienste auf der Jagd und auf Reisen leistet. Jene Ostjaken, die keine Rentiere besitzen, müssen für ihre Reisen Hunde benutzen, die ihren Besitzern nicht allein keine Nahrung verschaffen, sondern mit großen Kosten unterhalten werden müssen, ohne dass sie als Lasttiere die Stelle des Rentiers vertreten könnten. Für diese Ostjaken ist der

* Die Steuer besteht eigentlich in zwei grauen Polarfuchsfellen für jede Mannsperson; aber die ganze Steuer braucht der Krone nicht in lauter solchen Fellen geliefert zu werden, sondern es ist ein für alle Mal bestimmt, wie viele Felle von jeder Tierart die verschiedenen Stämme zu erlegen haben. Sollte ein Mangel an Fellen irgendeiner Art bestehen, so ist es die Sache der Fürsten und Ältesten, durch andere überschüssige Felle die fehlenden zu ersetzen.

Fischfang das wichtigste, fast das einzige Mittel, das Leben zu erhalten.

Überall in den Polargegenden zeigt die Erfahrung, dass diejenigen Stämme, die ausschließlich Fischfang betreiben, sich nicht zum Wohlstand emporzuarbeiten vermögen; sie leben gewöhnlich in großer Armut, die nicht selten mit Faulheit, Trunksucht und sittlicher Verderbnis verbunden ist. Der Grund hierzu ist meiner Ansicht nach größtenteils ein zufälliger und entspringt teils ihrem Unvermögen, die reichen Quellen richtig zu nutzen, welche die Natur dem Menschen zu seinem Unterhalte schuf, teils auch der moralischen Schwäche der wilden Stämme, wenn es gilt, der Versuchung zum Genuss von starken Getränken zu widerstehen, die ihnen von den fremden Kolonisten dargeboten werden. Hierin ist wenigstens der hauptsächliche Grund für die Armut zu suchen, in der die fischenden Ostjaken sich derzeit befinden. Ferner ist auch der eigennützige und betrügerische Handel der Kolonisten kein geringes Hindernis für den Wohlstand. Sie haben ein verderbliches Kreditsystem eingeführt und es verstanden, den Ostjaken allerlei überflüssige Gegenstände aufzudrängen, die sie fast ohne Wissen des Abnehmers zu einem beliebigen Preise taxiert haben. Dadurch hat die Schuld der Ostjaken so zugenommen, dass sie mittlerweile gar nicht mehr vollständig zu tilgen ist. Im Gegenteil, sie steigert sich mit jedem Jahr, weil die Bedürfnisse im Wachsen sind, ohne dass der Arbeitsfleiß in wesentlichem Grade zunimmt. Was der Ostjake wenigstens jetzt nicht entbehren kann, ist die Brotnahrung, welche der Kaufmann ihm darbietet. Außerstande, die Ware sogleich bezahlen zu können, weil er schon alte Schulden hat, ist er genötigt, sich zu verpflichten, dem Gläubiger im darauffolgenden Jahre seine Fische abzuliefern. Ist er aber auf diese Weise ganz und gar in den Händen des Kaufmanns, so taxiert dieser sowohl seine eigene Ware als auch die des Ostjaken, wie es ihm beliebt. Die Regierung hat zwar versucht, diesen für die Ostjaken wie die übrigen Völkerschaften Sibiriens verderblichen Handel durch Gesetze und eigene, von ihr angelegte Mehlspeicher zu steuern; aber das Übel hat bereits zu tiefe Wurzeln geschlagen, als dass diese schnell auszurotten wären. Die Fische, welche die Ostjaken in solcher Weise an den Kaufmann veräußern, werden im Sommer gefangen. Diese ganze Jahreszeit hindurch treiben sich Spekulanten aus Obdorsk, Beresow und Tobolsk in ihren Lodjen auf dem Ob umher, eignen sich den Fang der Ostjaken an und salzen selbst die erhaltenen Fische ein, welche sie bis auf Weiteres in ihren an den Ufern des Flusses erbauten Speichern aufbewahren. Bei Eintritt des Herbstes kehren diese Spekulanten zurück, und nachdem ihre mit Mehl beladenen Boote geleert sind, beladen sie dieselben mit den Fischen, die sie auf der Hinreise in den Speichern lagerten.* Indessen fahren die Ostjaken mit ihrem Sommerfischfang fort. Einen Teil der Fische, die währenddessen gefangen worden sind, setzt man in Binnenseen oder Teiche, von wo sie später im Herbst mit Netzen herausgeholt und dem Frost ausgesetzt werden. Bei Ankunft des Winters stellen sich wiederum Russen und Syrjänen ein, um die gefrorenen Fische aufzukaufen, von denen jedoch auch ein Teil von den Ostjaken selbst auf den Markt zu Obdorsk gebracht wird. Der Fischfang wird auch im Winter betrieben, doch alle Fische, die alsdann gefangen werden, haben im Handel nur geringen Wert und sind auch selten in solcher Menge vorhanden, dass der Fang die täglichen Bedürfnisse überstiege. Die gewöhnlichsten Fischarten im unteren Ob sind: 1) Hecht, Barsch, Kaulbarsch, Plötze, die sich im Sommer wie im Winter in dem Flusse aufhalten; 2) Stör (russisch *ossetr*), Hering, Quappe und verschiedene Lachsarten, welche die Russen *muksun*, *sjelma*, *syrok*, *pydshan* nennen, insgesamt Fischarten, die Anfang Juni, gleich nachdem der Fluss vom Eise befreit ist, diesen hinaufschwimmen und allmählich im Verlauf

* Viele Russen treiben selbst Fischfang im Ob und mit viel besserem Erfolg als die Ostjaken, weil sie über weit größere Gerätschaften und mehr Leute verfügen als die armen Eingeborenen.

des Winters wieder ins Meer zurückkehren. Namentlich der Stör und die verschiedenen Lachsarten haben Wert im Handel; die anderen Fische braucht der Ostjake meist für sich und seine Hunde. Seine Sommerfischerei betreibt der Ostjake gewöhnlich mit Netzen und legt sich dabei in der Regel an einen sandigen, für den Netzfang dienlichen Strand (russisch *pesok*). Ein gewöhnliches Fanggerät im Sommer ist auch eine Art Reusen aus Hanfgarn; diese werden an Stangen gesteckt, die man quer über kleine Flussarme legt. Man fischt auch mit Angelhaken, und wenn die Nächte dunkler werden, sticht man den Aal. Als Fanggerät für den Sommer benutzt man ebenfalls ein sackförmiges Netz, das man mithilfe eines in dasselbe gelegten Steines in den Fluss hinabsenkt. Das Netz ist mit einem Seil versehen, dessen eines Ende der Fischer an sein Boot knüpft, mit dem er den Fluss abwärts fährt. Wenn der Fischer das Netz hebt, spürt er leicht, ob irgendeine Beute sich hineinverirrt hat, was in dem fischreichen Fluss oft der Fall ist. Während des Winters besteht die gewöhnlichste und am wenigsten mühevolle Art des Fischfangs darin, dass man eine Stange über einen kleineren Arm des Flusses legt, an dem man eine Menge aus feinen Lärchenholzspänen verfertigte Fischreusen anbringt. Auch fischt man im Winter mit Netzen, Angelhaken u. s. w.

Die Kleidungstracht der obdorskischen Ostjaken stimmt, wenn ich die den angrenzenden Tataren entlehnte Sitte der Weiber, sich zu verschleiern, ausnehme, so sehr mit der Tracht der Samojeden überein, dass sie in einer so allgemein gehaltenen Darstellung wie dieser keinen Anspruch auf besondere Erwähnung erheben kann. Was die Art zu wohnen bei den nomadisierenden Ostjaken betrifft, so bauen diese ihre Zelte ganz in derselben Weise wie ihre samojedischen Nachbarn. Die Jurten der fischenden Ostjaken bestehen aus kleinen, sehr niedrigen Hütten, die einen offenen, aus Lehm gemachten Herd (*tschuwal*) in einem Winkel haben. Als Surrogat der Fenster dient ein Loch, entweder in der Wand oder im Dach, das im Winter mit einem Eisstück bedeckt wird. In den besseren Jurten ist der Raum längs einer oder mehrerer Wände mit geflochtenen Rohrmatten bedeckt, und dies ist der eigentliche Aufenthaltsort der Familie, namentlich ihre Schlafstätte. Zuweilen findet man vor dem Eingang in die Jurte eine kleine Vorhalle, die zur Aufbewahrung von Kleidungsstücken und Hausgerät dient. Von solcher Beschaffenheit sind die gewöhnlichen Winterjurten. Außerdem haben viele Familien besondere Sommerjurten, die noch gebrechlicherer Art sind, indem sie weder Fußboden noch Herd haben. Die Fenster sind aus Quappenhaut. Das Feuer flammt mitten in der Jurte, und der Rauch geht durch ein Loch im Dach. Hin und wieder trifft man auch ostjakische Bettlerfamilien, welche in mit Torf gedeckten Jurten wohnen, die sich zum Teil unter der Erdoberfläche befinden.

Über das Äußere und den Charakter der Ostjaken gibt Pallas folgende Schilderung: »Von Gestalt sind sie mehrenteils mittelmäßig und klein, schwach von Kräften und besonders dünn und mager von Beinen. Ihre Gesichter sind fast durchgängig unangenehm, bleich und platt, doch ohne irgendeine charakteristische Ausbildung. Das gemeiniglich rötliche oder ins Helle fallende Haar, welches den Männern ohne Ordnung um den Kopf hängt, verunstaltet sie noch mehr. Unter dem erwachsenen Weibsvolk, sonderlich in einem reiferen Alter, findet man wenig angenehme Gesichter. Die Ostjaken sind furchtsam, abergläubisch und einfältig, sonst ziemlich gutherzig, in ihrer mühsamen und schlechten Lebensart von Jugend auf arbeitsam, aber über die Notdurft auch zu nichts als zum Müßiggang geneigt, sonderlich das männliche Geschlecht, und in ihrer ganzen Haushaltung recht ekelhaft und unflätig.« Bei dieser Schilderung muss ich, zuerst was das Äußere betrifft, die Bemerkung machen, dass ich zwar recht viele Ostjaken mit heller Gesichtsfarbe und blondem Haar gesehen habe, dass aber doch bei der Mehrzahl die Gesichtsfarbe dunkel und das Haar pechschwarz ist wie bei den Samojeden; und diese Beobachtung hat mich auf den Gedanken gebracht, dass die blonden Ostjaken möglicherweise von jenen Syrjänen abstammen, die vor dem Bekehrungseifer des heiligen Stephanus nach Sibirien flohen. Im Übrigen gehören die Ostjaken gewiss nicht zu den missgestaltetsten Völkerschaften Sibiriens, denn sie haben weder die platte Nase noch die schmalen Augen oder die unförmig breiten Backenknochen der Mongolen und Tungusen, sondern nähern sich mehr den finnischen, samojedischen und türkischen Stämmen. Einen scharf ausgebildeten Typus findet man aber nicht bei ihnen, was vielleicht in einer Vermischung mit fremden Stämmen seinen Grund hat. Furchtsamkeit, Aberglauben, Einfältigkeit und Gutmütigkeit sind die Eigenschaften, die man bei allen wilden Völkerschaften Sibiriens wiederfindet. Eine Eigenschaft, welche Pallas übersehen hat und welche die Ostjaken vorteilhaft auszeichnet, ist ihre Dienstfertigkeit und Rechtschaffenheit. Der Ostjake verlässt nie seinen Freund in der Not, er verschließt nicht dem Anklopfenden seine Tür; was er besitzt, teilt er gern mit seinem Nächsten; der Reiche betrachtet es als seine Pflicht, dem Armen beizustehen. Diebstähle kommen fast nie vor, das Haus steht immer unverschlossen, das Eigentum wird oft mitten auf der Tundra zurückgelassen. Die Ostjaken sind nicht misstrauisch gegeneinander, sondern leben wie Brüder zusammen. Die von Pallas den Ostjaken beigelegte Unsauberkeit ist eine Eigenschaft, welche alle fischenden Völker auszeichnet, und man trifft sie in gleich hohem Maße an den Küsten Norwegens wie an den Ufern des Ob. Viele der Beschäftigungen des Fischers sind an und für sich wenig reinlich; seine an den Flüssen ausgeführten, im Allgemeinen provisorischen Wohnhäuser sind zu eng, um all die zerlumpten, halbvermoderten Kleidungsstücke zu beherbergen, die der Fischer in seinem mühevollen Beruf braucht. Der Rauch tut das Seinige, um die Unsauberkeit in der Hütte zu vergrößern, und vor derselben sammelt sich von den ausgeweideten Fischen eine Unreinlichkeit an, die nicht allein ekelhaft anzusehen ist, sondern auch, wenn sie vermodert, pestartige Dünste verbreitet. Sehr oft ist der Fischer noch durch seine allzu gleichbleibende und eilige Arbeit daran gehindert, sich selbst und seinem Hause die nötige Sorgfalt zu widmen, und die Unsauberkeit geht allmählich in Gewohnheit über.

Dass sie bei den Ostjaken keinen besonderen Nationalzug bildet, sondern infolge der Lebensweise selbst entstanden ist, geht deutlich daraus hervor, dass sie nur bei den Fischern, nicht bei den Nomaden oder Rentierzüchtern auftritt. Es gehört zu den Vorzügen des nomadisierenden Lebens, wenigstens in den Polargegenden, dass dabei keine besonders unsauberen Beschäftigungen vorkommen. Das immerwährende Umherziehen von einem Ort zum anderen hat auch den Vorteil, dass Unreinlichkeit sich weder in noch außerhalb des Zeltes ansammeln kann. Das, was vom Herd und den rußigen Kochtöpfen möglicherweise an den Kleidern hängen bleibt, wird leicht von den Stürmen der Tundra weggeweht und ist überhaupt an den rauen Rentierfellkleidern kaum zu bemerken.

Anmerkungen des Herausgebers

6 *Meile* 1 schwed. Meile entspricht 10 Kilometern (und offenbar auch 10 Werst).

7 *lusus naturae* »Wunder der Natur«, »Naturspiel« oder »Laune der Natur«.

Tulva Finn. auch: Hochwasser.

9 *Pörte* Eine pörte hat gewöhnlich Fenster und einen großen Ofen mit Schornstein, besteht jedoch zuweilen nur aus einer Räucherkammer.

10 *Französische Polarexpedition* La Recherche-Expedition der Jahre 1838–40 unter Paul Gaimard und Xavier Marmier, die nach Island, den Färöern, Nordnorwegen, Archangelsk und Spitzbergen führte.

15 *Liespfund* Im Ostseeraum seinerzeit gebräuchliche Gewichtsbezeichnung; urspr. livisches Pfund = 8,5 Kilogramm.

Mudd Lapp. Rentierpelz, im Winter getragen. Im Unterschied dazu war der Pesk eher ein Mantel aus Rentierfell und wurde als Festtagsgewand getragen.

16 *Tornæus* Johannes Tornæus, Pfarrer und Lappenmissionar, gest. 1681. Seine *Beskrifning öfwer Torneå och Kemi Lappmarker. Författad år 1672* erschien erstmals im Jahr 1772.

20 *Stalo* Menschenfressender Riese der sámischen Sagenwelt; vgl. auch H. C. Artmann, *Mein Erbteil von Vater und Mutter. Überlieferungen und Mythen aus Lappland*, Hamburg 1969.

37 *Kyrö* Das heutige Ivalo, Finnisch-Lappland.

43 *A. J. Sjögren* Anders Johan Sjögren (1794–1855), finnischer Sprachforscher, unternahm 1824–27 Reisen im nördlichen Russland und Lappland, später zum Kaukasus und auf die Krim. Wurde Bibliothekar an der Kaiserlichen Wissenschaftsakademie in St. Petersburg und Dozent für finnische und kaukasische Sprachen und Ethnografie.

46 *Waage* Gewichtseinheit, entsprach 2 Liespfund oder 17 Kilogramm.

47 *Kreuzerhöhung* Katholischer und griechisch-orthodoxer Feiertag am 14. September (alter Zeitrechnung).

quasi duo cornua Lat. wie zwei Hörner.

angustiora Dort, wo die Stangen sich verengen.

48 *in suo carcere* Lat. in seinem Kerker.

49 *Kanne* Entspricht 2,6 Litern.

52 *Werst* Russisches Längenmaß, entspricht 1,067 Kilometern.

63 *Penaten* In der römischen Religion die Schutzgötter der Vorräte.

66 *Vesirikko* Finn. Tännelgewächse wie Wasserpfeffer.

72 *Idiotismen* Mundartliche Eigentümlichkeiten.

74 *Bjarmier* Volk am Weißen Meer, evtl. identisch mit dem finnisch-ugrischen Volk der Permier.

82 *Semskij Sasädatel'* Russ. *zemskij zasedatel'*, Volksvertreter im Semtswo (*Zemtsvo*), der Selbstverwaltung von Gouvernements und Kreisen.

83 *Knäs* Russ. *knjaz*, Bezeichnung der Fürsten.

85 *Sawolotscheskaja Tschud* Sammelbezeichnung für verschiedene finnische Volksstämme im Nordosten des Onegasees und im Norden des Weißen Meers, an den Flüssen Onega, der nördlichen Dwina, Mesen und Petschora.

86 *Bogatyr* Bezeichnung des Recken in den Bylinen, den Volksepen und Märchenliedern der Großrussen.

95 *Skjuts* Heißt, laut Henrik Helms, in jenen nördlichen Gegenden so viel wie Extrapost, die aber dort eine Naturalleistung der Bewohner ist und von dem Bauern mit seinem Karren und einem Pferd gestellt wird.

108 *Högström* Pehr Högström (1714–1784), Missionar und Pfarrer in Gällivare und Skellefteå. Ab 1749 Mitglied der Kaiserlichen Wissenschaftsakademie. Seine Lapplandbeschreibung erschien deutsch u. d. T.: Peter M. Högström, *Beschreibung des der Crone Schweden gehörenden Lapplandes ...* Copenhagen und Leipzig 1748.

109 *Scheffer* Johannes Scheffer (1621–1679), Professor in Straßburg, nach 1648 in Uppsala. Erlangte internationalen Ruhm durch seine im Auftrag der schwedischen Krone verfasste *Beschreibung Lapplands: Joannis Schefferi von Straßburg Lappland / Das ist: Neue und wahrhafftige Beschreibung von Lappland und dessen Einwohnern / ...* Frankfurt a. M. und Leipzig 1675.

123 *Libation* Lat. Trankopfer.
perdidi diem Lat. ein verlorener Tag.

130 *res capitalis* Lat. Kapitalverbrechen.

135 *Isprawnik* Russ. *ispravnik*, Polizeichef, Kreispolizeihauptmann im zaristischen Russland; bei Elias Lönnrot, *Vandraren. Reseberättelser från Karelen 1828-1842* (Neuausgabe von Rainer Knapas. Helsingfors: SLS / Stockholm: Atlantis 2002) als Richter und Vogt bezeichnet.

139 *Masliniza* Karnevalszeit vor dem großen Osterfasten, so definiert in: Maria Marginter / Fyodor Gawrilow, *St. Petersburg. Weiße Nächte, dunkle Tage. Literarische Spaziergänge*, Stuttgart: Klett 1998, S. 55.

Nalifka-Flaschen Flaschen für Likör, Aufgesetzten, Beerenschnaps.

141/146 *26° R., 30° R.* Reaumur; entspricht 32,5° bzw. 37,5 °C.

141 *Ackja* Bootsförmiger Schlitten der Lappen zum Transport von Lasten.

142 *Sträptschej* Russ. *strjapčij*, Bezeichnung verschiedener Amtspersonen, etwa Gerichtsaufseher, Wirtschaftsprüfer etc.

Gorodniz Russ. *gorodničij*, Stadthauptmann.

Sudja Russ. *sud'ja*, Richter.

144 *Archimandrit* Abt, Oberer eines ostkirchlichen Klosters.

145 *Lodja* Russ. *lodka*, Prahm, Kahn, (Segel-)Boot.

Raventuch Leichteres Segeltuch aus Flachs oder Hanf, das in großen Mengen aus Russland ausgeführt wurde.

146 *Blagorodnie ljudi!* Russ. *blagorodnyje ljudi*, »wohlgeborene Herren!«.

Jemstschik Russ. *jamščik*, Kutscher, Führer.

147 *Lykurg* Den antiken Quellen zufolge Gesetzgeber von Sparta.

157 *Stanowoj Pristaw* Gendarm auf dem Lande, Kreispolizeibeamter.

160 *Belugen* Gründel- oder Weißwal.

161 *Podoroschnaja* Russ. *podorožnaja*, Reisepass, Durchreiseerlaubnis mit festgelegter Reiseroute, die zur Benutzung von Postpferden berechtigt.

181 *Jumala* Finn. Gott.

189 *Kibitke* Russ. *kibitka*, gedeckte Kutsche oder Schlitten, zweispännig gefahren.

191 *Djaneschka* Russ. *denežka*, alte Kupfermünze im Wert einer halben Kopeke.

194 *magus non fit, sed nascitur* Lat. Zauberer wird man nicht, als Zauberer wird man geboren.

212 *Starschina* Russ. *staršina*, Ältester (einer Sippe oder eines Dorfes).

224 *Maliza* Rentierpelz der Nenzen (Samojeden).

227 *Volk der »Nemzy«* Gemeint sind die Deutschen.

228 *Tschinownik* Russ. *činovnik*, Beamter.

230 *Ustaw* Russ. *ustav*, Weisung, Vorschrift, Reglement, Statut.

232 *Desjatine* Altes russisches Flächenmaß, entspricht meist 1,0925 Hektar.

235 *Pustosersk* Nahe dem heutigen Narjan Mar am Ausfluss der Petschora.

243 *Pud* Russisches Handelsgewicht, 1 Pud entspricht 16,381 Kilogramm.

254 *Doppel-Wurzeln* Darunter versteht man laut Castrén die Anverwandten sowohl der Braut als auch des Bräutigams.

257 *vade mecum* Lat. Wörtlich: geh mit mir, übertragen: ein ständiges Hilfsmittel.

259 *Obdorsk* Seit 1933 Salechard, an der Mündung des Poluj in den Ob gelegen.

274 *Kryptogame Gewächse* Blütenlose Pflanzen, Sporenpflanzen wie Farne, Moose, Algen, Pilze.

282 *Mutter Kalevas* »Kalevas Stamm« lautet eine von Elias Lönnrot geprägte Bezeichnung für die Völker der Finnen und Ugrier, ihre Heimat ist das Land Kalevala. Das gleichnamige Epos übersetzte M. A. Castrén 1841 als Erster ins Schwedische.

288 *Sassaparille* Lat. *Carex*, Sandsegge, deren Wurzel ein ätherisches Öl enthält.

289 *Menschikow* Alexander Danilowitsch Menschikow, Fürst (1673–1729), Staatsmann und Feldherr, einflussreichster Vertrauter Peters des Großen und Katharinas I. Nach ihrem Tod im Jahr 1727 gestürzt und nach Sibirien verbannt.

290 *Dolgorukow* Wassili Wladimirowitsch Dolgorukow (1667–1746), Berater Peters des Großen, 1718 als Anhänger des Zarewitsch Alexej verbannt, von Katharina I. begnadigt, von Anna wieder verbannt, unter Elisabeth Vorsitzender des Kriegskollegiums.

Ostermann Andrei Iwanowitsch Ostermann, Graf (1686–1747), russischer Staatsmann deutscher Herkunft. 1725–41 Vizekanzler, 1726–30 auch Mitglied des Geheimen Rates, Berater der Kaiserin Anna, 1741 von Kaiserin Elisabeth abgesetzt und nach Sibirien verbannt.

298 *Dombra* Russische Laute mit langem Hals, ovalem Korpus und drei Saiten. Gilt als Vorgänger der Balalaika.

309 *Muksun* Russ. Große Maräne (*Coregonus muksun*).

Pesok Russ. Sandstrand.

311 *Pallas* *Reise durch verschiedene Provinzen des Russischen Reichs* I–III. St. Petersburg 1771–1776 (gekürzte Neuauflage Leipzig 1987), S. 238. Peter Simon Pallas (1741–1811), aus Berlin stammender Forschungsreisender, bereiste 1768–74 das östliche und südöstliche Russland und Sibirien. Seine *Nachrichten von den Ostjaken* stammen aus dem Jahr 1771.

Für die Hilfe bei den finnischen und russischen Begriffen danke ich Ritva Hapuli, Brigitte Struzyk und Norbert Randow (†).

Die erste Durchsicht der deutschen Übersetzung verdankt sich der Arbeit von Bernd Rüther (†).

KARTE von dem

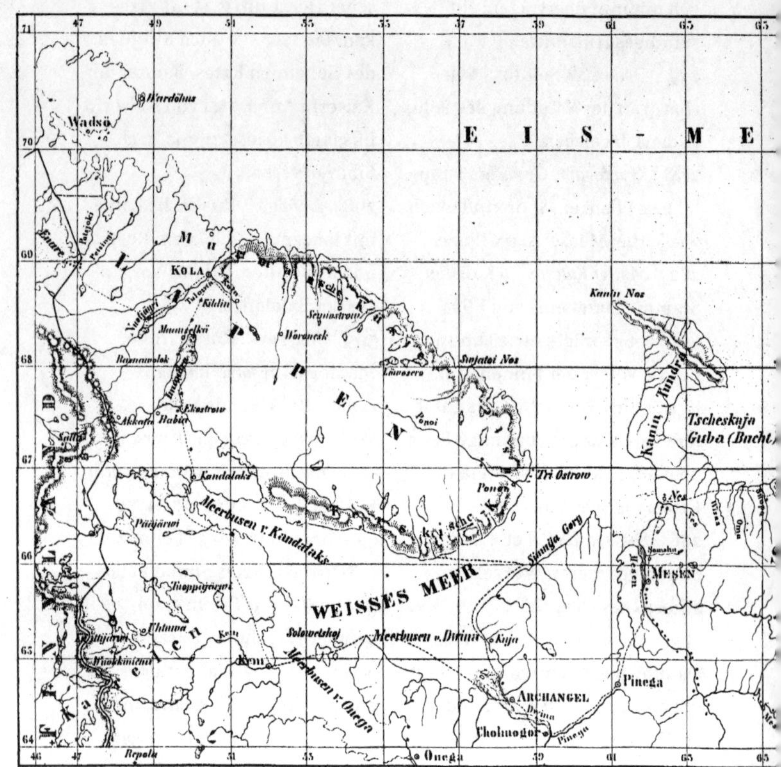

• Stadt. ◦ Dorf. + Kirche. . Station, Kolonie, Lager.

M. A. Castrén's Reise

…sten RUSSLAND.

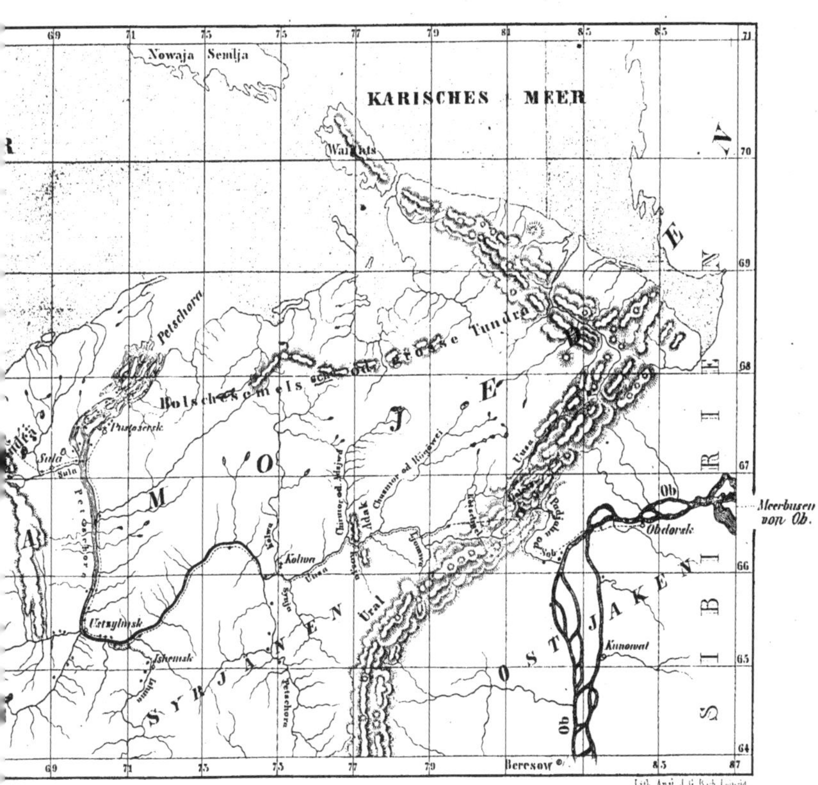

…en 1842 und 1843.

Abbildungen

Ellisif Wessel, Skoltsámen mit ihren Hunden neben der Kote im Spätwinter, Langfjorden bei Kirkenes, Nordnorwegen, vor 1899.

Franz Dubbick, Schwedische Sámenfamilie (vermutlich die Familie Bål) in Skibotn, Troms, Norwegen, 1924–1934.

Artturi Kannisto in Begleitung staatlicher Autoritäten (Amtmann, Polizisten, Priester, Dolmetscher) bei der Abreise zur Erhebung von Steuern bei den Mansen, Sosva, Sartynja, östlich des Ural, 1906.

Artturi Kannisto, Wogulen-(Mansen)-Greisin in Sommerkleidung vor ihrer mit Birkenrinde gedeckten Hütte, im Hintergrund Blockhütten und die Kirche. Sosva, Sartynja, östlich des Ural, 1906.

Artturi Kannisto, Wogulen-(Mansen)-Frauen aus dem Dorf Petkäsch (Bedkaschi), 12.–16. Dezember 1905.

U. T. Sirelius, Ostjakinnen (Chantinnen) von einem Nebenfluss des Ob, 1898–1900.

U. T. Sirelius, Ostjakische Familie beim Sammeln von Nüssen am Vasjugan, 1898.

U. T. Sirelius, Ostjakinnen (Chantinnen) beim Säubern und Verarbeiten der Weißfische am Vach, Poljan, 1898–1900.

U. T. Sirelius, Fischer an seiner Reuse nach dem Frühlingshochwasser, Vasjugan, 1898–1900.

U. T. Sirelius, Ostjake (Chante) beim Fischstechen am Schtschekurja, 1899–1900.

U. T. Sirelius, Ruderer auf dem Weg zu einem Opferfest, Sygva, Rachtinje, 1899–1900.

U. T. Sirelius, 89-jähriger Ostjake (Chante) am Vach, 1898.

U. T. Sirelius, Bogenschützin auf Wasservogeljagd, Ostjakin (Chantin) aus dem Dorf Larjatskoje am Vach, 1898–1900.

Nachwort

»Was nützt es mir nach meinem Tod, wenn mein Name noch einige Zeit in deutschen Bücherkatalogen vorkommen sollte?«
M. A. Castrén

In ihrer Eröffnungsrede zur Frankfurter Buchmesse 2014 mit dem Gastland Finnland ging die Autorin Sofi Oksanen auf die bedrohliche Lage der finno-ugrischen Völker in Russland ein, nicht zuletzt im westlichen Sibirien: »Vierzig Prozent der russischen Öl- und Diamantenvorkommen liegen auf Gebieten, die von finno-ugrischen Völkern bewohnt werden, und das hat das Schicksal dieser außerordentlich friedfertigen Kulturen besiegelt.« Den Namen des ersten finnischen Reisenden zu diesen Völkern erwähnte sie mit keinem Wort: Es war der am 2. Dezember 1813 geborene Matthias Alexander Castrén.

Sein Geburtsort war der Pfarrhof von Tervola, gelegen am reißenden Kemijoki unweit des Polarkreises in Finnisch-Lappland, wo der Vater Christian Castrén als Pastor tätig war, allerdings starb, als Matthias Alexander gerade einmal 12 Jahre alt war. Seine Mutter Susanna Fellman, die Enkeltochter von Nils Fellman, ebenfalls Pastor im Norden Finnlands, blieb nach dem Tod ihres Mannes mit Matthias Alexander und sechs Geschwistern (eins war bereits erwachsen) allein zurück und musste nach Uleåborg (Oulu) ziehen.

Im Jahr 1830, im Alter von 16 Jahren, begann Castrén ein Studium des Altgriechischen, Althebräischen sowie der Orientalischen Sprachen in Helsingfors, wie damals die offizielle schwedische Bezeichnung Helsinkis lautete, obwohl Finnland 1809 von Schweden als autonomes Großfürstentum an das Russische Zarenreich übergegangen war. Allein diese knappen Angaben vermitteln etwas von der sprachlichen Komplexität, in die Castrén hineinwuchs. Der russische Zar Alexander I. hatte die finnische Eigenständigkeit auf dem Landtag von Borgå 1809 bestätigt, und nach ihm trug Castrén seinen zweiten Taufnamen. Die Familiensprache der Castréns war übrigens Finnisch, die Bildungssprache im Land aber weiterhin Schwedisch.

1836 machte Matthias Alexander Castrén seinen Abschluss als Magister Artium – einer Selbstverpflichtung der Studenten gemäß legte er auch ein Examen im Finnischen ab, für das es seinerzeit noch gar keine Professur gab –, wurde 1840 Universitätsdozent für Finnische und Altnordische Sprachen und übersetzte nebenher – zwischen seinen ersten beiden Reisen nach Lappland und Russisch-Karelien (1838-1839) – das von seinem Freund Elias Lönnrot zusammengestellte, von der 1831 gegründeten Finnischen Literaturgesellschaft geförderte Nationalepos *Kalevala* ins Schwedische.

Eine zweite Lapplandreise zum Studium der östlichen sámischen Dialekte führte ihn über die Kola-Halbinsel weiter bis an das Weiße Meer und nach Archangelsk, wo ihn der Auftrag des ihm gewogenen russischen Staatsrats Anders Sjögren, eines gebürtigen Finnen, erreichte, für den Zaren eine Expedition über die Tundra bis ins westliche Sibirien zu unternehmen. Lappland ist Castrén also vertraut, das arktische Sibirien für seine Zeit Neuland, und neu ist auch die Naturbegeisterung der Romantik, wie in der Augenzeugenschilderung des Schauspiels der Mitternachtssonne auf dem Berg Aavasaksa am Torneå-Fluss.[1] Frühere Reisende etwa ins schwedische Lappland wie die Franzosen de la Motraye und Maupertuis leitete eher das Interesse an zu gewinnenden Bodenschätzen.

Auch Castréns Reisen sind getrieben von einer »leidenschaftlichen Erforschung der Welt«; sie erzählen »von Landschaften, von belebter und unbelebter, fremder und vertrauter Natur«, seine Wissenschaft lebt aus dem »Bewusstsein, dass sie dabei vor allem vom Menschen erzählt – und von seinem Blick auf eine Natur, die uns selbst mit einschließt«.[2] Als Resümee einer klassischen Naturkunde bezeugt Castrén auf seiner ersten Fahrt durch Lappland unterwegs ins nördlichste Finnland, nach Utsjoki:

> Wir boten unsere letzten Kräfte auf, um durch angestrengtes Rudern baldigst eine menschliche Wohnung zu erreichen, und trauten kaum unseren eigenen Augen, als sie anstatt jämmerlicher Hütten, tief inmitten von Lappland, wohlerbaute finnische Häuser erblickten, von grünen Wiesen und schönen Kornfeldern umgeben. Es ist unglaublich, wie wohltuend ein solcher Anblick auf das Gemüt wirkt, wenn man eine Reise der Art überstanden, wie wir sie soeben zurückgelegt hatten. Der stete Anblick himmelhoher Felsen und brausender Wasserfälle übt einen betäubenden Einfluss. Der Mensch vermag es nicht, auf die Länge hin das wilde Spiel der Natur in sich aufzunehmen [...], selbst die schönste Natur [scheint] gleichsam im Leichentuch zu liegen [...], sobald sie keine Spuren von Menschen verrät, wohingegen ein Wegweiser, eine zerbrochene Ruderstange, ein Feuerherd, mit einem Wort: die geringste Kleinigkeit, an der man den Herrn der Natur wieder gewahr wird, Leben und Lust selbst über eine düstere Wildnis verbreitet. Welches Paradies ist also das Dorf Kyrö![3]

Drei Reisen sind in diesem Band zusammengefasst: nach Lappland (1838), nach Karelien (1839) sowie ins nördliche Sibirien (1841–1844). Über eine zweite Sibirienreise von 1845 bis 1848 liegen lediglich briefliche Zeugnisse vor. In diesen Briefen findet sich eine Aussage, die Castréns späte Nachfahrin Ulla-Lena Lundberg in ihrem *Sibirien*-Buch zitiert: »... und so muß wohl ein jedweder außer dem Samojeden rechtermaßen zugeben, daß es auf dem Erdboden nichts Widerwärtigeres gibt als die Sibirische Tundra«,[4] wobei sie Castrén den liebenswertesten aller Sibirien-Reisenden nennt. Und auch sie selbst erlebt die Tundra am Eismeer bei Kolyma als »das Ödeste, was man sich vorstellen kann. Dunkel senffarben liegt sie unter uns, narbig von Sumpflöchern und größeren, eisbedeckten Wasseransammlungen. Schnee auf den niedrigen Kuppen, Eis auf allen Bächen, doch die Luft weist ein paar Grade Wärme auf, und am Erdboden ist ein dampfiges Auftauen im Gang, das mit bloßem Auge wie zitternde Luft über einem

Dunghaufen zu sehen ist«;[5] dabei nimmt sie diese Landschaft aber durchaus auch als fruchtbar wahr, vor allem für das reiche Vogelleben.

Von Archangelsk aus durchmisst Castrén zunächst die unermessliche Ödnis der drei hintereinanderliegenden Tundren – der von Kanin, Timan und Bolschesemel – und beschreibt diese Gegenden mit den Worten:

> Die ganze Gegend ringsumher war eine *Tundra*, worunter man, wie bereits früher erwähnt wurde, ein *von Wald entblößtes* Land, einen nackten Boden zu verstehen hat. Auf der Tundra können sowohl Höhen als auch Täler, Heide, Moorgrund, Seen, Flüsse u. s. w. vorkommen, aber keine Vegetation. Vielleicht würde eine mikroskopische Untersuchung auch auf der Tundra eine kleine Welt aller Arten lebender Geschöpfe entdecken, aber den Blicken eines gewöhnlichen Beobachters zeigte sich nur niedriges Weidengebüsch, graues Rentiermoos, einige wenige Grasarten und eine Menge kryptogamer Gewächse. Von Tieren wird man außer Rentieren nur Wölfe, Füchse, Blaufüchse, Raben, Krähen, Eulen und eine ungeheure Menge Ratten und Mäuse gewahr.[6]

Interessant, wie Ulla-Lena Lundberg hingegen die Taiga schildert: »Aufgelockerter Wald mit Mooren und Sümpfen und Wiesen und wieder Wald, neuerliche Sumpflöcher, größere Moor- und Heideflächen, alles federnd weich und intensiv duftend nach dem Regen.«[7] Und wie sie den immensen Taigagürtel mit seiner Breite von 2500 Kilometern zum größten Reichtum Sibiriens erklärt, »obwohl immer von den sibirischen Bodenschätzen geredet wird«.

Neben seinen linguistischen Untersuchungen geht es Castrén um Feldstudien, ein Studium vor Ort: einerseits die Bereisung mit dem Augenschein der Landschaft bis jenseits des Urals. Die sibirische Tundra bezeichnet er als das Ende der Zivilisation, und er reist darüber hinaus. Andererseits geht es ihm um die Gewinnung von Erkenntnissen über die den Finnen verwandten Völkerschaften, wobei Castrén in erster Linie Linguist, Philologe war und erst in zweiter Ethnograf. So legt er es darauf an, auf der Kola-Halbinsel die sámischen Dialekte zu erlernen, so wie später auch Samojedisch, das Nenzische der Bolschesemel'schen Tundra. Köstlich die kurze Schilderung seiner Kellerbehausung, in der er zwischen lauter Mäusen und Ratten eine syrjänische Sprachlehre verfasst. In Karelien ist es hingegen die Volksdichtung, die Urpoesie der Finnen, das *Kalevala*, dem er genau wie Elias Lönnrot nachspürt.

Reisen als »anspruchsvollste Form des Sammelns von Erfahrung«[8] führt die Diskrepanz zwischen behördlicher Grenzziehung und der Lebenswirklichkeit der Nomaden vor Augen. Es herrscht eine andere Art der Wahrnehmung als bei den Ureinwohnern, eine andere oder überhaupt eine Klassifizierung der Völkerschaften wird angestrebt. Die kartografische Erfassung erscheint als Definitionsmacht, um ein Land »in den Griff« zu bekommen. Eine Aufwertung indigener Lebensweisen zeigt sich erst zu einem Zeitpunkt, wenn es schon weitgehend zu spät ist.

1829, zehn Jahre vor Castrén war Alexander von Humboldt – ebenfalls im Auftrag des Zaren – auf seiner letzten Reise bis nach Sibirien vorgedrungen, eigentlich mit dem Ziel, wenn schon nicht die Gipfel des Himalaja, so wenigstens die Altaiberge zu besteigen. Unter anderem kam er bis Tobolsk, dem Verwaltungszentrum Sibiriens im Zarenreich, und bis an Ob und Irtysch, an der Grenze zur Mongolei und China. Castrén gelangte auf seiner ersten Sibirienreise bis nach Obdorsk (ab 1933 Salechard), an der Mündung des Ob. In seiner Darstellung des Lebens der Chanten und Mansen griff er auch auf frühere Reisebeschreibungen wie die von Peter Simon Pallas zurück, der 1771 über die Obischen Ostjaken (heute: Chanten) schrieb: »eine der ersten sibirischen Nationen, welche die Russen entdeckt und unterwürfig gemacht haben«.[9]

Das westliche Sibirien war seit 1581 Teil des russischen Machtraums (die Gebiete gleich östlich des Urals waren schon seit 1499 Teil des Großfürstentums Moskau). Die Eroberung des Sibir am Irtysch durch Kosakenführer Jermak Timofejew erfolgte unter Zar Iwan IV. Unter Zar Feodor I.

kam das Land der Ostjaken bis zur Mündung des Ob hinzu, 1644 war man bis zur Amurmündung vorgedrungen. Wissenschaftliche Forschungsreisen begannen mit Vitus Bering, einem Dänen in russischen Diensten, um 1730.

Die Einteilung in West- und Ostsibirien stammt aus einer Zeit, als nur die Gouvernements Tobolsk, Tomsk (Westsibirien) und Jenisseisk, Irkutsk (Ostsibirien) von Russland administrativ geordnet waren. Der Name Ostsibirien wurde später auf alle weiteren Erwerbungen im Osten übertragen. Der Norden Westsibiriens »wird von der Tundra eingesäumt, die namentlich im Westen ungeheure Strecken einnimmt«.[10] Eintönige Nadelwälder mit Birken, Erlen, Weiden (Taiga) haben sich in dem breiten Gürtel nördlich vom Altai bis zur Baumgrenze entwickelt, nördlich davon erstreckt sich die arktische Tundra. Am Fuß der Altaiberge – statt am Ural – siedelte Castrén die Wiege der finnischen Völker an, auch deshalb wagt er sich auf seiner zweiten Sibirienreise so weit vor. Und um seine Hypothese zu belegen, sammelte er vor allem sprachliche Verwandtschaftsbelege. Für ihn sind die Finnen kein vereinzeltes »Volk der Sümpfe«, sondern mit einem Sechstel der Menschheit verwandt; damit aber schürt er Befürchtungen, »die unter russischer Herrschaft lebenden finnischen Stämme zu einem eigenen, von Russland unabhängigen Reich zu versammeln«, so der damalige russische Generalgouverneur Menschikow zum Rektor der Universität Helsinki.[11]

Seine zweite Sibirienreise in den Jahren 1845 bis 1848 führte Castrén noch weiter in den Osten und Südosten Sibiriens, bis an den Jenissei und über den Baikalsee hinaus an die mongolisch-chinesische Grenze, wo er im Auftrag der Kaiserlichen Akademie der Wissenschaften weitere linguistische Forschungen treiben sollte und Grammatiken von bis dahin unbekannten Völkern zusammenstellte. Sein Auftrag lautete auf eine Untersuchung der Ausbreitung der Samojeden, Ostjaken und Wogulen bis jenseits des Baikalsees, der Stämme am oberen Ob und am Jenissei: den Kamyschinten, Karagassen, Sojoten, »soweit sie noch nicht ausgestorben sind«; nötig sei eine Korrektur der Angaben Julius von Klaproths in dessen *Asia polyglotta* von 1823.

Bereits schwer an Tuberkulose erkrankt, verbrachte er vier Wochen stoisch in einer elenden Jurte unter verbannten Deutschen und Polen und lauter Mücken, Läusen, Flöhen. Aufgrund der Strapazen dieser langen Reise verschlechterte sich Castréns Gesundheitszustand besorgniserregend. Sein Reisebegleiter Johan Reinhold Bergstadi erkrankte an Skorbut und musste zurückbleiben, Castrén verbrachte den Polarwinter allein am 70. Breitengrad bei Tolstoi Nos an der Mündung des Jenissei, wo ihm abends das Polarlicht scheint und das Tageslicht von einer so mystischen Beschaffenheit dünkt, »dass [er] bei seiner Betrachtung stets an die Prophezeiung vom Jüngsten Gericht denken muss«. [12]

Im Juni 1848 sah Castrén seine Mission als erfüllt an. »Ständiges Fieber, Lungenschmerzen, Husten und allgemeine Entkräftung deuteten auf den Ausbruch eines lebensgefährlich akuten Stadiums der Tuberkulose. Es wurde eine qualvolle Heimreise. Castrén befand sich in mehr als elender Verfassung. Zu Fieber und Hustenkrämpfen gesellten sich noch Ruhr und Skorbut, außerdem plagten ihn bedrohlich wirkende Anfälle von Blutsturz«, heißt es im Rahmen einer 1988 geplanten Neuausgabe der Reisebeschreibungen für die Buchreihe *Trajekt* bei dem finnougrischen Linguisten Mikko Korhonen. Im Dorf Balaj auf der Reise nach Krasnojarsk geben ihn die Ärzte schon auf, fünf Gerichtsbediente verlesen einen Prikas, mit dem all sein Eigentum beschlagnahmt wird, aber der Gouverneur sendet einen Arzt, der ihn mit zwei Aderlässen rettet. Nun will Castrén nur noch fort aus diesem »Wolfsland« ohne geweihte Erde für eine ehrliche Bestattung.

Am 25. Januar 1849 erreichte Castrén St. Petersburg, erstattete der Akademie Bericht über seine Expedition und kehrte nach Helsinki zurück. In heimischer Umgebung erholte er sich erstaunlich rasch so weit, dass er wieder arbeiten und heiraten konnte. Am Zarenhof war ihm allerdings schon bei seinem ersten Besuch im März 1845 offenes

Misstrauen entgegengeschlagen: Ihm wird vorgehalten, in einer deutschen Zeitschrift, dem *Ausland*, sei ein Artikel erschienen, der ihn und Lönnrot als Führer der Fennomanen ausweise: »Nehmen Sie sich in Acht! Sie stehen an der Spitze einer finnischen Partei, die gegen die russische Politik arbeitet.«[13] In seinem Tagebuch notiert er ebenfalls, er sei froh, »als Freiwilliger von hier nach Sibirien reisen zu dürfen; sonst würde [er] wohl als Verbannter dorthin gelangen«. Überhaupt erlebt er die Atmosphäre als stickig und unfrei: Am Zarenhof trifft er auf »eine Schar von Pedanten, darunter viele Dilettanten«. Eigene Meinungen sind unter dem seit 1825 regierenden Nikolaus I. allemal verdächtig. Und auch für Finnland sollten sich die Zensurvorschriften unter Generalgouverneur Menschikow[14] mit dem Edikt von 1850 verschärfen: Alle Publikationen auf Finnisch wurden verboten, »soweit sie nicht ›religiöser Erbauung oder ökonomischem Nutzen‹ dienten«.[15]

Dennoch erstritt Castrén sich 1851 eine Berufung auf den neu eingerichteten Lehrstuhl für Finnische Sprache und Literatur an der Universität Helsinki, das Angebot für eine Stelle bei der Russischen Akademie lehnte er ab, denn das hieße, »die Wüsten Sibiriens gegen die Petersburgs zu tauschen«. Mit dem Ertrag seiner Reisen verfügte er über Unmengen von Material, auf dessen Auswertung er sich jetzt konzentrieren wollte. Castrén »stand nun auf der Höhe seines Ruhms«, so Korhonen weiter. »Reisen und Forschungen hatten seinen Namen in der gelehrten Welt weithin bekannt gemacht. Die Heimat feierte ihn als Nationalhelden.« Doch seine Karriere fand ein jähes Ende: Im Spätwinter 1852 verschlechterte sich sein Zustand drastisch. Diesmal setzte sich die Tuberkulose in Zwerchfell und Darmtrakt fest und führte zu Magenkrämpfen. Am 7. Mai 1852 starb Matthias Alexander Castrén.

Im Jahr 1853 erschienen gleich zwei deutsche Ausgaben der Reisen Castréns in Leipzig bzw. St. Petersburg. *M. A. Castrén's Reisen im Norden*, aus dem Schwedischen von Henrik Helms,

Leipzig: Avenarius und Mendelssohn 1853, lag dieser neuen Edition zugrunde. Der Titel *Reisen in Taiga und Tundra* ist somit neu. Herangezogen wurde ferner die im Auftrag der Kaiserlichen Akademie der Wissenschaften in St. Petersburg edierte Übertragung Anton Schiefners (M. A. Castrén, *Reiseerinnerungen aus den Jahren 1838–1844*. St. Petersburg 1853), die sich heute allerdings weitaus hölzerner liest als die von Henrik Helms.

Die neue deutsche Textfassung wurde mit dem schwedischen Original verglichen und behutsam überarbeitet, an einigen wenigen Stellen auch korrigiert, die Orthografie normalisiert (z. B. Boote statt Böte). Das gilt auch für die Schreibung finnischer Eigennamen (Väinämöinen statt Wäinämöinen), insbesondere Ortsnamen (Peltovuoma statt Peldowuoma). Im Übrigen wurden die von Castrén verwendeten schwedischen Namensformen beibehalten, also Åbo für Turku, Helsingfors für Helsinki, Torneå für Tornio, Enare für Inari etc.

Eine Neuübersetzung wiederum könnte leicht den historischen Ton und seine Poesie verfehlen, wenn nicht verfälschen; sie würde heutzutage notwendig statt von Lappen von Sámen sprechen, statt von Samojeden von Nenzen und von Chanten statt Ostjaken. Die Syrjänen wären demnach die Nördlichen Komi. Der Begriff der »Lappmarken« schließlich, die Verwaltungsbezirke der Kolonialmächte Schweden (einschließlich Norwegen) und Russland bzw. des Großfürstentums Finnland, das zu dieser Zeit noch ein Teil des Zarenreichs war, wären auszulöschen und aufzulösen in ein neues, seinerzeit vollkommen fiktives Land namens »Sámenland/Saepmie/Sápmi«.

Es wäre nicht mehr der Ton Castréns. Der Blick auf das Fremde, das durchaus Exotische wäre verfremdet, die Perspektive postkolonial verdreht. Allein die Spekulationen über die Charakterzüge verschiedener Nationen wie der Finnen und der Russen am Weißen Meer machen die Erzählung zu einer historisch bedingten. Dabei ist Castrén ein überaus genauer Beobachter, ohne je in Rassismus zu verfallen, betreibt er ein *nature writing*, das jedes Vorurteil – wie etwa das von Peter Simon Pallas über die Unreinheit der fischenden Ostjaken – den Stürmen der Tundren aussetzt, bis es sich verflüchtigt.

Nach Castréns Tod werden seine Feldstudien zu einem Modell wissenschaftlichen Forschens, zu einem Höhepunkt kommt es um 1900.[16] In der Nachfolge Castréns reisen junge Studenten der Finno-Ugristik nach Sibirien: U. T. Sirelius zu den Ob-Ugriern (Chanten und Mansen) in den Jahren 1898–1900, 1907 zu den Ostjaken (Chanten) und Wotjaken (Udmurten); Artturi Kannisto zwischen 1901 und 1906 zu den Wogulen (Mansen). Seit 1870 gehörte auch die Kamera zu ihrer selbstverständlichen Ausrüstung. Im Auftrag der Finnischen Literaturgesellschaft, des Finnischen Altertumsvereins und der 1883 gegründeten Finno-Ugrischen Gesellschaft dokumentierten sie vor allem die Verwandtschaftsbeziehungen der Völker untereinander, auch in sprachlicher und (für die Zeit typisch) in entwicklungsgeschichtlicher Hinsicht. Vor allem Sirelius entwickelte seine Fotografie in ästhetischer Richtung weiter und gelangte zu äußerst expressiven, teilweise gestellten (jedenfalls nicht unbedingt authentischen) Bildern von Fischern und Jägern.

Mit den Anfängen im Jahr 1877 während der sibirischen Expedition August Ahlqvists diente die Fotografie zusammen mit ersten linguistischen Tonaufnahmen Dokumentationszwecken bei der Sammlung ethnografischer Artefakte. Mit der zunehmenden Russifizierung zur Jahrhundertwende, der sich Finnland widersetzte, wuchs auch die Geschwindigkeit, mit der gesammelt wurde, was an ursprünglichen Zeugnissen verloren zu gehen drohte. Zwar erfüllten sich die Befürchtungen Otto Donners, des Senators und Begründers der Finno-Ugristik, nicht, die arktischen Völker würden rasch der Assimilierung erliegen, stattdessen erhielten Mordwinen, Tscheremissen (Mari), Syrjänen und Wotjaken eigene Autonome Sowjetrepubliken, Ostjaken und Wogulen immerhin autonome Gebiete (Autonomer Kreis der Chanten und Mansen).

Allerdings gab es in aufklärerischem Sinne und dem sozialdarwinistischen wie marxistischen Entwicklungsdenken geschuldet Bemühungen um den Erhalt von Sprachen und Folklore, häufig überhaupt erst die Schaffung einer Schrift- und Literatursprache. Ausgelöscht hingegen wurden schamanistische Vorstellungen und Aberglauben und ersetzt durch Bildung, Gesundheitskampagnen und hygienische Unterbekleidung. Mit der NEP-Politik Stalins ab 1929 kamen auch die Ethnografie und die Landeskunde in der Sowjetunion an ihr Ende: Der Ingenieur löste den Sammler ab, im neuen sowjetischen Raum »sollten die alten ethnischen Grenzen des Vielvölkerreiches keine Rolle mehr spielen«, »das Wissen um Orte und das Wissen vor Ort hielten sich abseits, gingen in den Untergrund«,[17] und so sind auch heute wieder die Ethnografie anderer Völker als der Russen und vor allem ihre internationalen Kontakte bedrohlich.

Der erste internationale Finno-Ugrische Kongress fand erst 1960 in der Sowjetunion statt, und inzwischen stehen die Zeichen erneut auf Konfrontation. Sofi Oksanen zitierte in ihrer Frankfurter Rede den früheren russischen Kulturminister Wladimir Medinski, der erklärte, die finno-ugrische Zusammenarbeit sei »eine antirussische Bewegung«, die die Einheitlichkeit der russischen Kultur zerstören wolle – und das im Jahr 2005! Damals wie heute ging es natürlich in erster Linie um Bodenschätze und Naturressourcen, die sich in den Siedlungsgebieten der arktischen Völker verbergen und freigesetzt werden sollen. Wesentlich für den Herrschaftserhalt ist immer mehr die Tilgung authentischer Spuren.

Klaus-Jürgen Liedtke
Berlin-Kreuzberg, 22.7.2018 / 30.7.2022

Anmerkungen

1 So wie Philipp Hackert Augenzeuge der Vesuvausbrüche 1774 und 1779 wurde.

2 https://www.matthes-seitz-berlin.de/matthes-seitz-berlin/reihe/naturkunden.html (Stand 15.07.2022).

3 Der vorliegende Band, S. 35 f.

4 Ulla-Lena Lundberg, *Sibirien. Selbstporträt mit Flügeln.* München: Frederking & Thaler 2006, S. 141. Erstauflage Stuttgart 2003. Im Original heißt es: »... så lärer väl rättvisligen en hvar utom Samojeden nödgas erkänna, att ofvan jord ej finnes någonting vederstyggligare, än en Sibirisk tundra.«

5 Ebd., S. 132.

6 Der vorliegende Band, S. 274.

7 Lundberg, *Sibirien*, S. 98.

8 Karl Schlögel, *Im Raume lesen wir die Zeit.* Frankfurt/Main: S. Fischer 2006, S. 264.

9 Peter Simon Pallas, *Reise durch verschiedene Provinzen des Russischen Reichs.* Leipzig: Reclam 1987, S. 237.

10 *Brockhaus' Konversations-Lexikon* Bd. XIV, 1895, S. 921.

11 Zitiert nach Bernhard Estlander, *Mathias Alexander Castrén. Hans resor och forskningar. En levnadsteckning.* Helsingfors: Söderström, S. 170.

12 Estlander, *Mathias Alexander Castrén*, S. 147.

13 Ebd., S. 111.

14 Nicht dem bei Castrén erwähnten, nach Sibirien Verbannten.

15 Hans Peter Neureuter, *Johan Vilhelm Snellman, Leben, Werk, Deutschlandreise.* In: Snellman, *Deutschland. Kommentarband*, Sammlung Trajekt Bd. 9. Stuttgart/Helsinki 1984, S. 576 f.

16 Die folgende Darstellung stützt sich auf den Band *Iso Karhu. The Great Bear*, der 1980 in Kooperation mit dem Museovirasto im Verlag der SKS in Helsinki erschien.

17 Schlögel, *Im Raume lesen wir die Zeit*, S. 482; 483.

Inhalt

Reise nach Lappland im Jahr 1838 *5*

1 Reise von Torneå nach Kyrö in der Enare-Lappmark *5*

2 Reise von Kyrö nach Utsjoki *36*

3 Rückreise von Utsjoki nach Kemi *55*

Reise in das russische Karelien im Jahr 1839 *76*

Reise nach Lappland, dem nördlichen Russland und Sibirien in den Jahren 1841–1844 *95*

1 Reise von Kemi nach Enare *95*

2 Reise von Enare nach der Stadt Kola *105*

3 Reise von Kola nach Archangelsk *139*

4 Reise auf dem Weißen Meer nach der terskischen Lappmark *168*

5 Reise von Archangelsk nach Mesen *180*

6 Reise von Mesen nach Pustosersk *189*

7 Aufenthalt in Pustosersk und Reise von dort nach Ischemsk und Kolwa *241*

8 Reise von Kolwa nach Obdorsk in Sibirien *258*

9 Aufenthalt in Obdorsk *281*

Anmerkungen des Herausgebers *314*

Abbildungen *321*

Klaus-Jürgen Liedtke, Nachwort *333*

Matthias Alexander Castrén, 1813 in Tervola, Lappland, geboren, war Ethnologe und Begründer der ural-altaischen Sprachwissenschaft. 1851 wurde er zum ersten Professor des Lehrstuhls für Finnische Sprache und Literatur an der Universität Helsinki ernannt. Seine *Reseminnen*, 1853 auf Deutsch erschienen als *Reisen im Norden*, werden mit dieser Ausgabe im deutschen Sprachraum erneut zugänglich gemacht. Castrén starb 1852 in Helsinki.

Henrik Helms, 1814 geboren, war Linguist und Skandinavist. Seine Veröffentlichungen umfassen populäre landeskundliche Werke über Lappland, Grönland, Finnland und Island sowie Wörterbücher des Schwedischen und Dänischen und Übersetzungen aus dem Schwedischen und Norwegischen. Helms starb 1878.

Klaus-Jürgen Liedtke, 1950 geboren, arbeitet als Schriftsteller und Übersetzer in Berlin. Für seine Übertragung der Werkausgabe von Gunnar Ekelöf wurde er 2005 mit dem Paul-Celan-Preis ausgezeichnet. Die historische Übersetzung Castréns von Henrik Helms hat er für die vorliegende Ausgabe überarbeitet.

Reisen in Taiga und Tundra erscheint als Buch der Friedenauer Presse. Gegründet wurde die Friedenauer Presse 1963 in der Wolff's Bücherei im Berliner Stadtteil Friedenau, dem sie ihren Namen verdankt. Der Verleger Andreas Wolff, Enkel des Petersburger Verlegers M. O. Wolff, veröffentlichte bis 1971 in loser Folge 36 Drucke. Von 1983 bis 2017 wurde der Verlag von Katharina Wagenbach-Wolff geführt, seit 2020 ist die Friedenauer Presse ein Imprint des Verlags Matthes & Seitz Berlin.

Dieses Buch wurde gefördert von FILI – Finnish Literature Exchange.

FRIEDENAUER PRESSE
Winterbuch

Erste Auflage Berlin 2022

Frontispiz: M. A. Castrén, Ölgemälde von G. Budkowski 1845
© Museovirasto / Museiverket Helsinki / Helsingfors;
die Kopie stellte freundlicherweise der Verlag Otava, Helsinki, zur Verfügung.

© für die Abbildungen S. 323: Museum Europäischer Kulturen / Bildarchiv Preußischer Kulturbesitz; S. 324–330: Museovirasto / Museiverket Helsinki / Helsingfors

Titel der Originalausgabe:
Reseminnen från åren 1838-1844 (Helsingfors 1852)

Gestaltet und gesetzt von ciconia ciconia, Berlin.
Die Herstellung besorgte Hermann Zanier, Berlin.
Gedruckt und gebunden von Pustet, Regensburg.

ISBN 978-3-7518-0629-9

www.friedenauer-presse.de